KB243727

AI 시대 직업 세계

캐릭터와 인포그래픽으로 발견하는 나의 미래 직업

글 한상근

그림 지도 김인성, 김도형

씨마스21

미래를 향한 꿈을 키워 나가는 청소년 여러분께 설레는 마음으로 《AI 시대 직업 세계》를 선보입니다.

이 책은 흥미진진한 게임을 플레이하듯 즐겁게 직업 세계를 탐험할 수 있도록 기획되었습니다. 게임 속 캐릭터가 게임 퀘스트를 달성하며 성장하듯, 여러분도 책 속 직업 캐릭터와 교감하며 '나만의 진로 스토리'를 만들 수 있습니다.

이 책만의 특별한 장치를 소개합니다

첫째 생동감 넘치는 캐릭터들!

각 직업의 특징을 한눈에 보여 주는 캐릭터가 등장합니다. 직업의 특성을 상징적으로 보여 주는 캐치프레이즈와 함께 실제 일터에서 직업인들이 어떤 일을 하는지 쉽고 재미있게 이해할 수 있는 직업인 스토리를 수록하였습니다.

둘째 시각적이고 직관적인 정보 전달!

복잡한 직업 정보를 간결한 시각 자료로 제시하였습니다. 인포그래픽과 도표를 통해 직업 활동을 수행하는 데 필요한 능력과 직업 현황(수입, 업무 자율성, 직무 만족도) 등을 한눈에 파악하고 비교할 수 있습니다.

셋째 직업과 심리 검사의 연결!

직업별로 관련 있는 흥미, 적성, MBTI 유형을 마치 게임 캐릭터의 능력치처럼 제시하여, 자신의 심리적 특성에 어떤 직업이 잘 맞는지 확인하고 매칭해 볼 수 있습니다. 자신의 심리 유형을 모른다면 부록에 수록된 간이 심리 검사를 먼저 해 보고 자신의 심리 유형과 관련 있는 직업을 찾아볼 수 있습니다.

넷째 **다양한 직업군의 균형 있는 소개!**

전통 직업부터 새로운 직업까지 총망라하였습니다. 2022 개정 교육과정의 중학교《진로와 직업》교과서 13종, 고등학교《진로와 직업》교과서 9종에 실린 모든 직업은 물론, 사회 변화에 따라 새롭게 등장한 직업까지 수록하였습니다.

이 책을 이렇게 활용해 보세요

이 책은 다양하게 활용할 수 있습니다. 처음부터 차례대로 읽으며 다양한 직업들을 알아보고 관심이 가는 직업에 대해 깊이 탐색해 볼 수 있습니다. 특정 직업이 궁금할 때는 바로 그 직업이 소개된 페이지로 가서 직업 정보를 확인할 수도 있습니다. 또한 부록에 있는 심리 검사를 먼저 한 후, 자신의 검사 결과에 맞는 직업들을 집중적으로 찾아보는 것도 효과적인 방법입니다. 다양한 직업들을 탐색한 후에는 관심 있는 직업 정보를 비교 분석하고, 나에게 필요한 자격증이나 대학 전공 등을 바탕으로 '나만의 진로 로드맵'을 작성해 보는 것을 추천합니다.

이 책을 만들면서 가장 중요하게 생각한 것은 바로 청소년 여러분의 시선이었습니다. 어른들이 말하는 '좋은 직업'이 아니라, 여러분이 정말로 즐거워하고 마음껏 잠재력을 발휘할 수 있는 일을 찾는 여정에 이 책이 든든한 동반자가 되기를 진심으로 바랐습니다. 드넓은 직업의 바다 앞에서 여러분의 고민을 덜어주는 나침반이 되기를 기대합니다.

한상근

이 책을 보는 방법

☑ 세 가지 방식으로 직업 정보 알아보기

❶ 캐릭터와 이야기

❸ 글

❷ 인포그래픽

❶ 캐릭터와 이야기로 알아보기

영화나 드라마에서 본 멋진 직업인부터 우리 주변의 평범한 직업인들까지! 게임 캐릭터로 만나 봅시다. 실제 일터에서 어떤 일을 하는지 읽다 보면 어느새 멋진 직업인이 된 나의 미래 모습을 그려 볼 수 있습니다.

❷ 인포그래픽으로 알아보기

이 직업은 어떤 능력과 흥미, 적성이 필요하고 직업 현황은 어떠한지를 인포그래픽으로 한눈에 파악하고, 이 직업이 나에게 맞는지 또 확인할 수 있습니다.

❸ 글로 알아보기

내 꿈의 직업을 발견했다면! 이 직업이 어떤 일을 하는지, 어떤 사람에게 잘 어울리는지 그리고 직업인이 되려면 어떤 준비를 해야 하는지 자세히 알아볼 수 있습니다.

☑ 각 항목별 직업 정보 살펴보기

❶ 캐릭터와 이야기로 알아보기

- **직업명** 직업의 한글명과 영문명 확인하기
- **해시태그** 직업이나 직업인을 떠올리게 하는 특별한 단어나 문구 확인하기
- **직업인 캐릭터** 직업인 캐릭터가 내가 상상한 직업인의 모습과 비슷한지 생각하기
- **직업인 이야기** 직업인이 어떤 멋진 일을 하는지, 세상에 어떤 기여를 하는지 알아보기

❷ 인포그래픽으로 알아보기

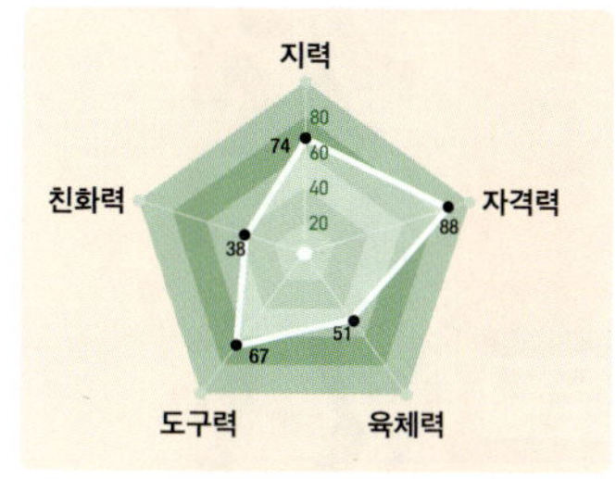

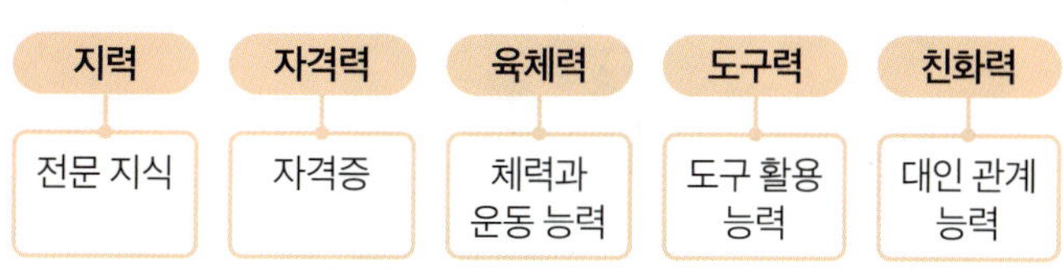

흥미	관습형(C), 실재형(R)
적성	수리논리력, 공간지각력
MBTI	INTP, INTJ

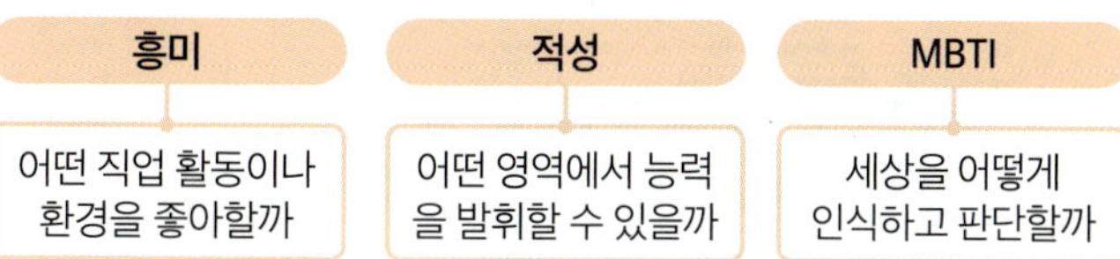

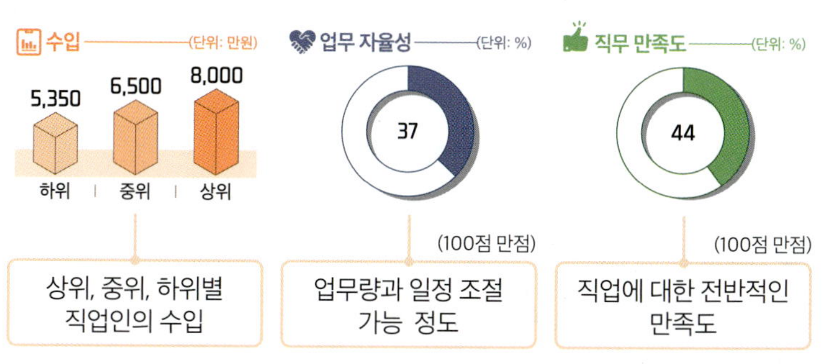

❸ 글로 알아보기

- **어떤 일을 할까요?** 직업인이 수행하는 업무를 자세히 확인하기
- **어떤 사람에게 어울릴까요?** 직업인에게 필요한 적성(능력)과 흥미 확인하기
- **커리어패스** 직업인이 되기 위해 필요한 학력, 자격증, 전문 지식, 진출 분야나 관련 직업 및 전직 가능 직업, 관련 기관을 확인하여 나의 진로 설계에 적용하기

☑ 한쪽으로 구성된 직업 살펴보기

사회 변화에 따라 새롭게 등장한 직업과 사회의 보이지 않는 곳에서 묵묵히 자신의 역할을 수행하는 직업을 모아 분야별로, 한 쪽으로 구성하였습니다. 하는 일과 직업인이 되려면 어떤 준비를 해야 하는지 알 수 있습니다.

- **직업명** 직업의 한글명과 영문명 확인하기
- **해시태그** 직업이나 직업인을 떠올리게 하는 특별한 단어나 문구 확인하기
- **직업인 캐릭터** 직업인 캐릭터가 내가 상상한 직업인의 모습과 비슷한지 생각하기
- **하는 일** 직업인이 수행하는 업무 자세히 확인하기
- **AI와 함께하는 직업 생활** AI와 지혜롭게 협업하는 방법 확인하기
- **커리어패스** 직업인이 되는 데 필요한 학력, 자격증, 직업인의 진출 분야나 관련 직업 및 전직 가능 직업을 확인하여 나의 진로 설계에 적용하기

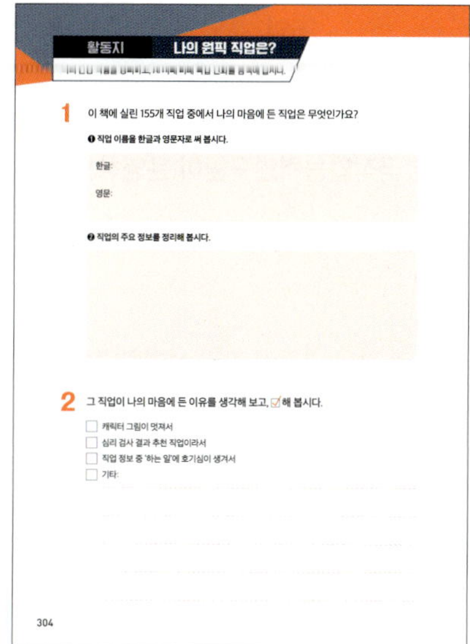

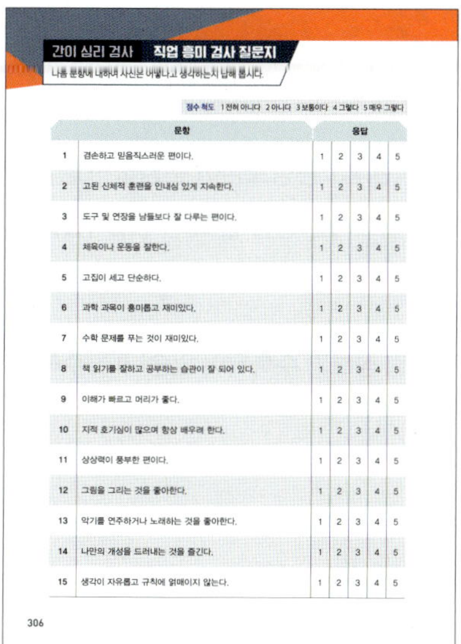

활동지/심리 검사를 통해 직업 탐색하기

활동지를 통해 관심을 갖게 된 직업 정보를 정리하고, AI 시대에 미래 직업이 어떻게 변화할지 탐색할 수 있습니다.

또한 심리 검사를 통해 흥미/적성/MBTI 유형을 확인하고 자신에게 어울리는 직업을 탐색할 수 있습니다.

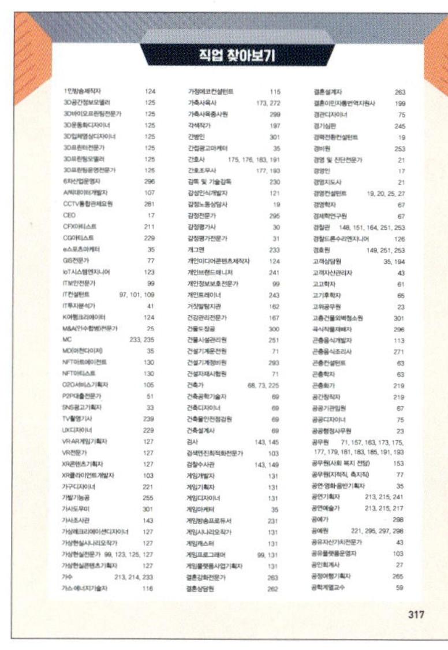

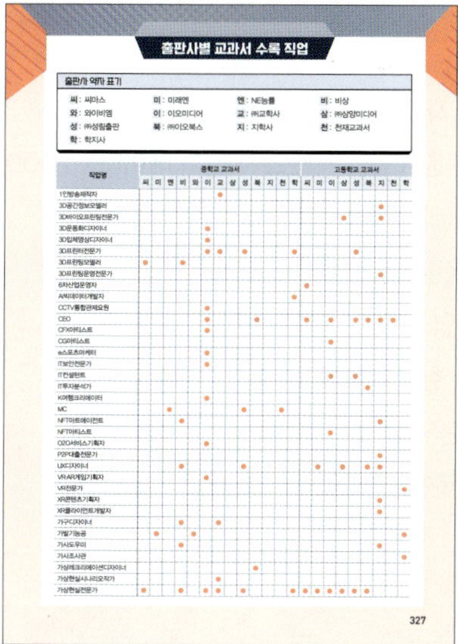

직업 찾아보기/출판사별 교과서 수록 직업 확인하기

관심 있는 직업을 한 번에 찾고자 할 때와 이 책에 수록된 직업이 《진로와 직업》 교과서 22종 중 어느 출판사의 교과서에 실려 있는지 확인할 때 활용할 수 있습니다.

1. 이 책에 나오는 직업명은 한국고용정보원이 운영하는 임금직업포털, 한국직업능력연구원이 운영하는 커리어넷, 국립국어원 표준국어대사전 등을 참고해서 표기했습니다.

2. 이 책에는 모두 155개 직업 정보가 수록되어 있습니다. 수록 직업은 다음과 같은 기준에 따라 선별하였습니다.
   - 일자리 전망이 밝은 직업
   - 청소년의 희망 직업
   - 직업 세계에서 비중이 큰 직업
   - 직업 세계의 트렌드가 반영된 신직업

3. 155개 직업의 세부 정보에 관련 직업/전직 가능 직업으로 총 1,300여 개의 직업을 안내하였습니다.

4. 2022 개정 교육과정 중·고《진로와 직업》교과서에 수록된 직업을 모두 조사·수집하여 155개 직업 및 관련/전직 가능 직업에 반영하였습니다.

5. 직업별 정보는 다음 자료를 참고하여 정리하였습니다.
   - 한국직업능력연구원, 〈직업 지표 조사 결과 데이터〉, 2000~2022.
   - 한국고용정보원, 〈한국직업사전〉, 2020.
   - 한국고용정보원, 〈한국직업전망〉, 2023.
   - 한국고용정보원, 임금직업포털 웹사이트
   - 한국고용정보원, 〈한국고용직업분류〉, 2024.
   - 통계청, 〈한국표준직업분류〉, 2024.
   - 그 밖에 직업과 관련된 책자와 인터넷 자료

6. 직업별 능력치와 직업 현황 수치는 다음 자료를 참고하여 정리하였습니다.

- 능력치/업무 자율성/직무 만족도: 한국직업능력연구원, 〈직업 지표 조사 결과 데이터〉, 2000~2022.
- 수입: 한국고용정보원, 임금직업포털 웹사이트

7. 이 책의 직업 분류는 고용노동부, 〈한국고용직업분류〉의 대분류 체계를 응용하여 다음과 같이 8개 분야로 분류하였습니다.

이 책	한국고용직업분류
01 경영·금융	0. 경영·사무·금융·보험직
02 연구 및 공학 기술	1. 연구직 및 공학 기술직
03 교육·법률·사회 복지·군인	2. 교육·법률·사회 복지·경찰·소방직 및 군인
04 보건·의료	3. 보건·의료직
05 예술·방송·스포츠	4. 예술·디자인·방송·스포츠직
06 미용·여행·음식·경비	5. 미용·여행·숙박·음식·경비·청소직
07 영업·판매·운송	6. 영업·판매·운전·운송직
08 건설·정비·생산	7. 건설·채굴직
	8. 설치·정비·생산직
	9. 농림어업직

8. 부록에 제시된 간이 심리 검사지와 결과표는 다음 웹사이트와 자료를 참고하여 정리하였습니다.

- 한국직업능력연구원, 커리어넷
- ㈜어세스타, www.mbti.co.kr
- 안현희·안창규, 《홀랜드® 적성 검사 해석 지침서》, 인싸이트
- 교육부·한국직업능력연구원, 《2018 중학생 직업 적성 검사 활용 안내서》
- 폴 D. 티거 외, 《나에게 꼭 맞는 직업을 찾는 책》, 민음인, 2021. 재구성

차례

01 경영·금융

02 연구 및 공학 기술

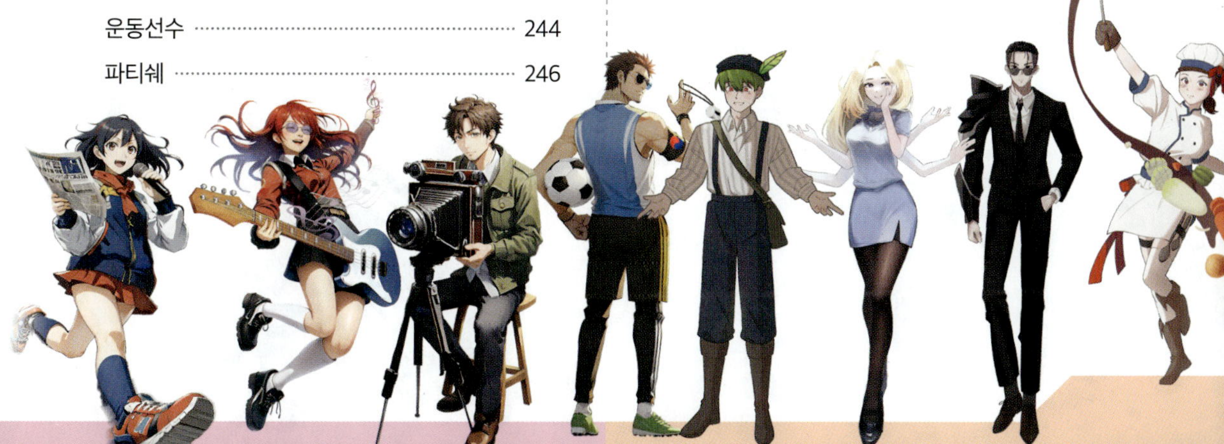

01

경영·금융

이 분야의 직업인은 대부분의 단체나 회사에서 볼 수 있습니다. 이들은 회사나 단체의 중요한 결정을 내리고, 사업을 계획하여 이끌어 갑니다. 금융과 보험에 관한 일을 처리하는 직업인도 이 분야에 속합니다.

기업고위임원

CHIEF EXECUTIVE OFFICER   CHIEF EXECU

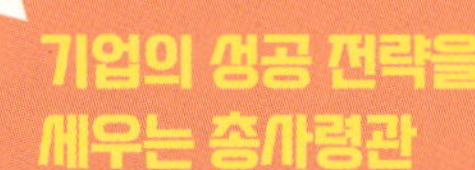

기업의 성공 전략을 세우는 총사령관

나는 우리 회사의 대표이고 회사의 운명을 좌우하는 결정권자야. 사람들은 나의 멋진 모습만 보지만 중요한 결정을 내리는 선택의 순간에는 참 힘들고 외롭지. 나의 선택에 따라 사업의 성패와 회사의 운명까지도 달라질 수 있기 때문이야!

능력치

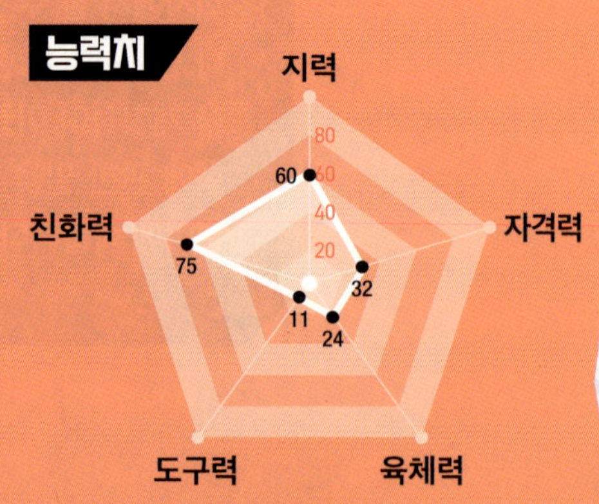

심리검사 유형

흥미	진취형(E), 탐구형(I)
적성	수리논리력
MBTI	ENTJ, ESTJ

 어떤 일을 할까요?

기업의 대표로서, 조직을 만들고 직원을 임명함.

기업의 목표를 세우고, 목표 달성을 위한 전략과 정책을 수립함.

조직이나 부서의 활동을 조정하고 사업체 운영의 문제점을 파악하여 해결함.

어떤 사람에게 어울릴까요?

리더십을 발휘해 사람들을 이끄는 것을 좋아하는 사람

상황을 깊이 생각하고 논리적으로 분석하는 것을 좋아하는 사람

문제의 원인을 파악하고 해결책을 세울 수 있는 사람

합리적으로 판단하고 결정할 수 있는 사람

직업 현황

수입 ——— (단위: 만 원)

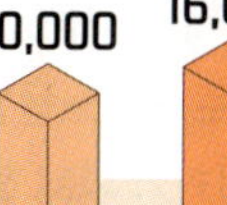
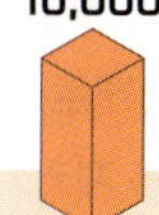

7,350 | 10,000 | 16,000

하위 | 중위 | 상위

업무 자율성 ——— (단위: %)

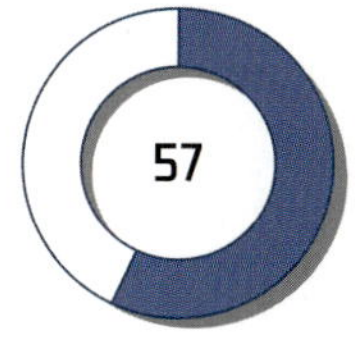

57

직무 만족도 ——— (단위: %)

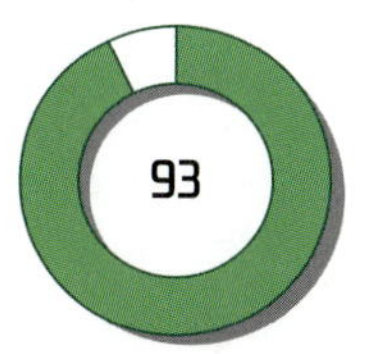

93

AI와 함께하는 직업 생활

AI는 많은 정보를 빠르고 정확하게 분석하여 미래 사회를 예측할 수 있고, 사람은 기업의 장기적인 전략 수립에 필요한 리더십과 판단력을 발휘할 수 있어요.

커리어패스

관련 학과

경영학과, 경제학과, 산업공학과, 산업경영학과

진로 준비

- 대학 학위가 필수적인 것은 아니지만, 현직 고위 임원들은 대부분 대학을 졸업하였고, 나아가 석사 이상의 과정을 마쳐 전문 지식을 갖추었음.
- 경영학과나 경제학과에서 기업 운영 이론을 배우는 것과 공학 분야를 전공하여 기술에 대한 전문 지식을 쌓는 것이 도움이 될 수 있음.

전문 지식

전략 경영, 재무 관리, 재무 회계, 재무제표 분석, 비용 관리, 마케팅 원론

진출 분야

민간 기업체, 공기업

관련 직업

CEO, 사장, 최고경영자, 최고경험관리자, 기업경영인, 창업가, 벤처사업가, 외식업경영자, 외식업체매니저, 자영업자, 중소기업관리자, 경영인, 기업인, 사업가

전직 가능 직업

기업체고문, 대학교수, 사회적기업가, 지속가능경영전문가

관련 기관

한국경제인협회 www.fki.or.kr
한국경영자총협회 www.kefplaza.com

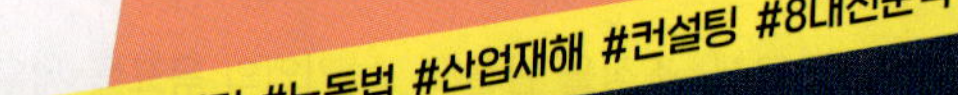

노무사

노동자를 지키는 정의로운 수호자

직장에서 부당하게 해고를 당했거나 임금을 받지 못했다면, 또는 산업 재해로 고통을 받고 있다면 걱정하지 말고 내게로 와! 노동법이라는 무기로 노동자의 권리를 지키기 위해 힘껏 싸워 줄게!

능력치

심리검사 유형

흥미	사회형(S), 관습형(C)
적성	자기성찰능력, 수리논리력, 언어능력
MBTI	INTJ, ENTJ

어떤 일을 할까요?

부당 해고, 임금 체불, 산업 재해 등에 관한 사건에서 노동자나 사업주를 대리함.

사업주에게 노동 관련 법률에 관한 자문을 제공함

노동 관련 분쟁을 예방하기 위한 방법을 제시함.

어떤 사람에게 어울릴까요?

사람들과 잘 어울리며 함께 일하는 것을 좋아하는 사람

맡은 일에 책임감을 가지고 꼼꼼하게 일하는 사람

자신의 생각과 감정을 잘 이해하고 감정 조절을 잘 할 수 있는 사람

문제를 객관적으로 분석하여 알맞은 문제 해결 방법을 찾을 수 있는 사람

직업 현황

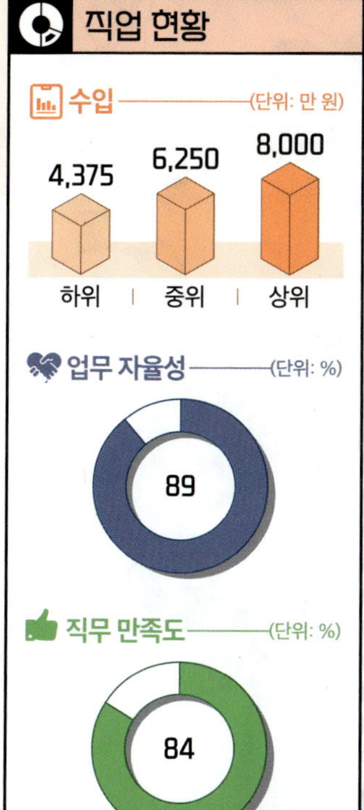

AI와 함께하는 직업 생활

AI는 노동 관련 데이터를 신속하게 분석할 수 있고, 사람은 근로자와 회사의 갈등을 더 깊이 이해하고 공정하게 해결하는 역할에 집중할 수 있어요.

커리어패스

관련 학과

법학과, 사회학과, 행정학과, 경영학과, 경제학과

진로 준비

- 대학에서 노동 문제와 노동법에 관한 지식을 배우면 실무에 도움이 됨.
- 국가에서 주관하는 공인노무사 자격증을 반드시 취득해야 함.

전문 지식

노동법, 민법, 상법, 인적 자원 관리론, 사회 보험법, 노동 경제학, 통계학

진출 분야

노무 법인, 로펌(법률 사무소), 개인 노무 사무소, 기업체의 경영 전략 부서, 정부 부처나 공공 기관의 인사 관련 부서

관련 직업

인사컨설턴트, 산업안전전문가, 경력전환컨설턴트, 노무관리사, 인사 및 인재개발관리자, 인재관리자

전직 가능 직업

헤드헌터, 경영컨설턴트, 라이프코치, 인생설계사, 생활설계사, 생활코치, 노년플래너, 감정노동상담사, 자기인식훈련프로그램지도자, 임종설계사, 귀농귀촌플래너

관련 기관

한국공인노무사회 www.kcplaa.or.kr

#기업문제해결 #경영전략 #성공 #성과 #컨설팅

경영컨설턴트

MANAGEMENT CONSULTANT

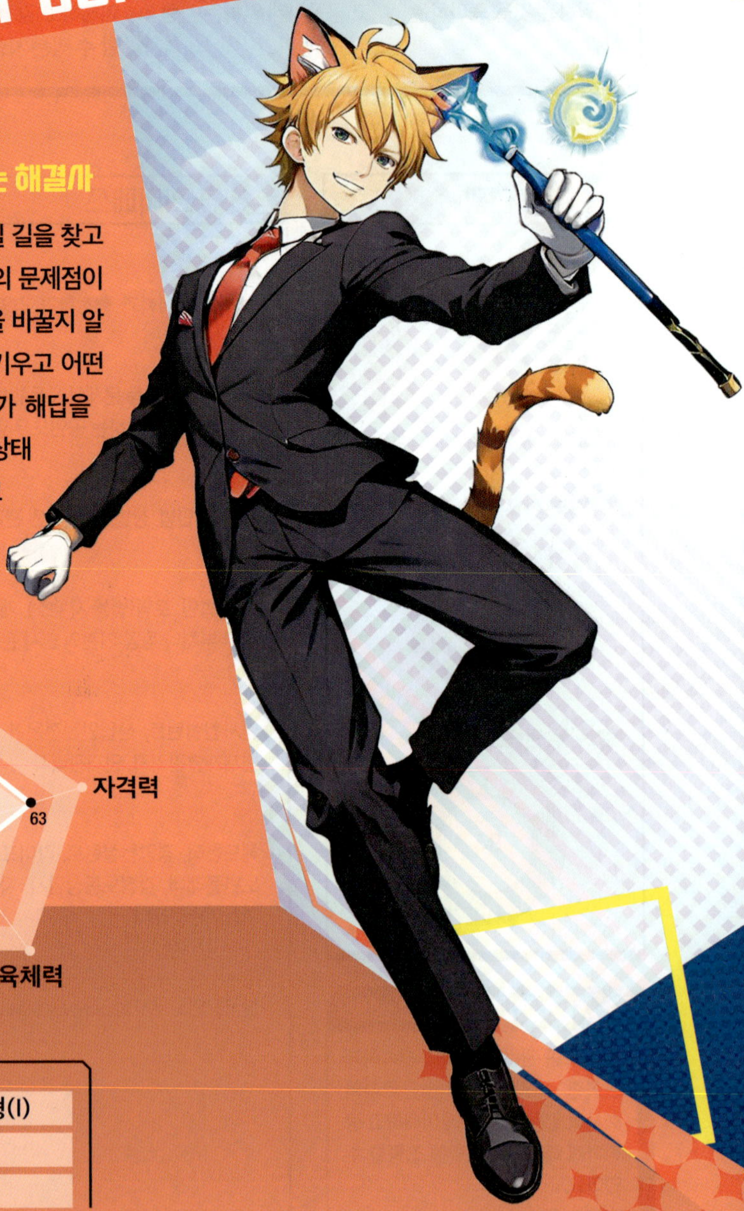

기업의 위기 탈출을 이끄는 해결사

위기에 빠진 기업을 다시 일으킬 길을 찾고 있다면 나를 찾아와! 나는 기업의 문제점이 무엇인지, 무엇을 버리고 무엇을 바꿀지 알려 주는 일을 해. 어떤 사업을 키우고 어떤 사업을 접을지 모르겠다면 내가 해답을 찾아 줄 수 있어! 기업의 현재 상태와 문제를 정확히 꿰뚫어 보고 해결할 돌파구를 알려 줄게.

능력치

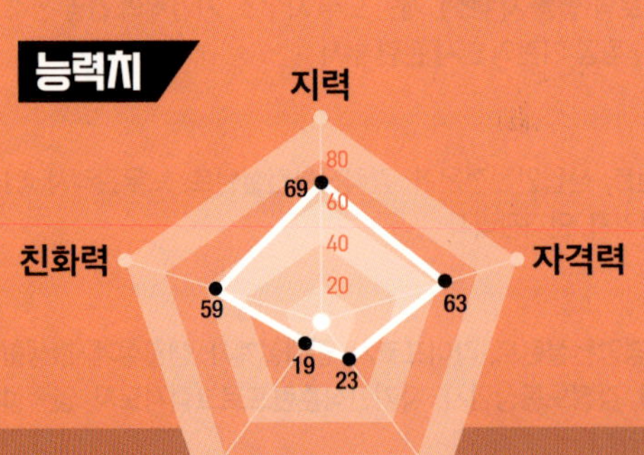

심리검사 유형

흥미	진취형(E), 탐구형(I)
적성	수리논리력
MBTI	ENTJ, INTP

어떤 일을 할까요?

기업의 경영 전반에 대한 문제점을 분석하고 해결책을 제시함.

기업의 조직 체계를 진단하고 분석하여 개선할 점을 제안함.

고객 회사의 문제 해결 방안을 제시하는 컨설팅 프로젝트 제안서를 작성함.

어떤 사람에게 어울릴까요?

다른 사람들을 잘 이끌 수 있는 사람

새로운 것에 호기심이 많고 깊이 알아가는 것을 좋아하는 사람

다양한 정보에서 새로운 아이디어를 생각할 수 있는 사람

자신의 생각을 논리적으로 정리하고 표현할 수 있는 사람

직업 현황

수입 (단위: 만 원)

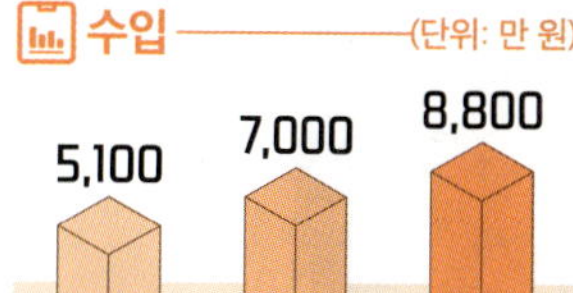

하위	중위	상위
5,100	7,000	8,800

업무 자율성 (단위: %)

98

직무 만족도 (단위: %)

82

AI와 함께하는 직업 생활

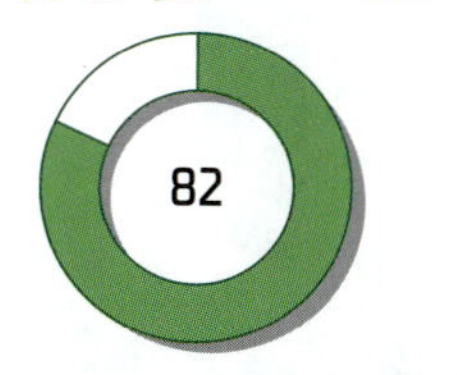

AI는 기업의 데이터로 보고서를 작성할 수 있고, 사람은 기업의 본질적인 문제를 파악하고 창의적인 해결책을 제시하는 통찰력을 발휘할 수 있어요.

커리어패스

관련 학과

경영학과, 회계학과, 세무학과, 경제학과, 산업공학과, 심리학과

진로 준비

- 경영 컨설팅 업무를 하려면 높은 수준의 전문성이 필요하므로 보통 석사 이상의 학위를 갖추어야 함.
- 기업에 처음 입사하면 기업 관련 법률과 자료를 분석하고 보고서를 작성하는 일을 하면서 전문성을 쌓음.
- 경영지도사와 기술지도사 자격증이 있으면 취업에 유리함.

전문 지식

회계학, 경제학, 마케팅, 전략 경영, 데이터 분석, 프로젝트 관리, 산업 분석, 통계학

진출 분야

경영 컨설팅 업체, 경영 및 경제 관련 연구원, 기업 인수 합병 관련 컨설팅 회사, 품질 인증 관련 연구소

관련 직업

경영 및 진단전문가, 직무능력평가사, 산업공학기술자, 경영지도사, 단순화컨설턴트, 비즈니스전문가, 신사업아이디어컨설턴트

전직 가능 직업

마케팅전문가, 회계사, 세무사, 노무사, 창업창직전문가, 창업투자전문가, 탄소배출권거래중개인, 환경법컨설턴트, 농촌융복합산업컨설턴트

관련 기관

한국경영기술지도사회 www.kmtca.or.kr
중소벤처기업진흥공단 www.kosmes.or.kr

행정공무원

PUBLIC OFFICIAL PUBLIC

**우리 곁에 꼭 필요한
국민의 봉사자**

나는 국민의 평범한 일상에 꼭 필요한 존재야. 새 생명의 탄생을 기록하는 출생 신고나 누군가의 마지막을 기록하는 사망 신고 등의 행정 업무뿐만 아니라, 나무가 쓰러져 통행이 불편하다는 민원을 해결하는 일도 해. 산불이나 홍수 같은 재해가 발생하지 않도록 미리 살피고 재난 피해가 생기면 가장 먼저 현장으로 달려가지.

능력치

심리검사 유형

흥미	관습형(C), 사회형(S)
적성	대인관계능력
MBTI	ISFJ, ESFJ

🏳 어떤 일을 할까요?

공공 기관에서 법령과 업무 처리 규정에 따라 행정이나 민원 업무를 수행함.	각종 승인과 검사나 허가, 기술적인 업무, 연구, 농어촌 지도 업무 등을 담당함.	시군구의 행정 사무실에서 주민 등록, 축생, 사망, 홀인 등이 서류른 접수하거나 발급함.

👤 어떤 사람에게 어울릴까요?

주어진 일을 정확하고 꼼꼼하게 하는 사람	다른 사람을 도와주고 봉사하는 일에 보람을 느끼는 사람	사람들과 쉽게 어울리고 폭넓은 인간관계를 유지하는 사람	모임이나 단체에서 다른 사람과 잘 협력할 수 있는 사람

📊 직업 현황

📊 수입 ──────(단위: 만 원)

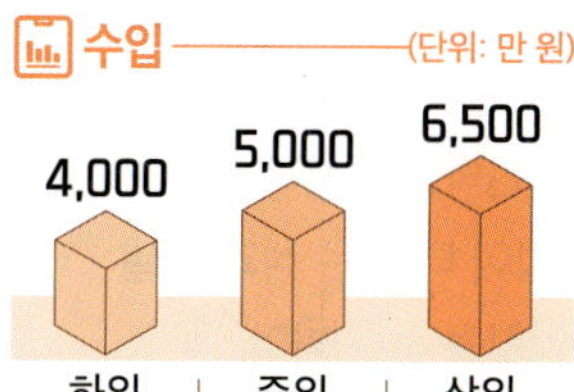

4,000	5,000	6,500
하위	중위	상위

💙 업무 자율성 ──────(단위: %)

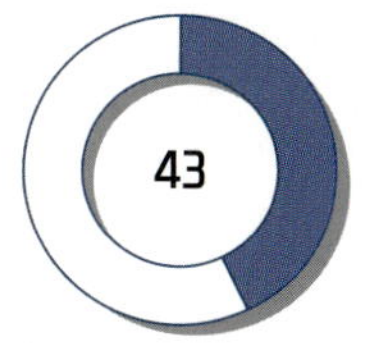

43

👍 직무 만족도 ──────(단위: %)

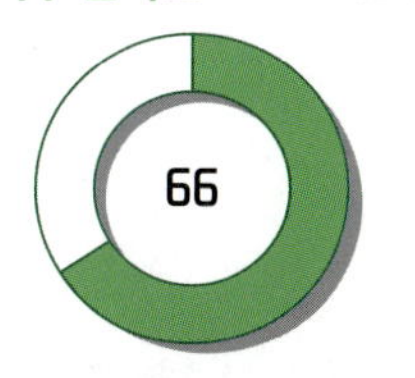

66

🤖 AI와 함께하는 직업 생활

AI는 반복적인 민원 처리와 행정 업무를 빠르고 정확하게 수행할 수 있고, 사람은 시민의 어려움에 공감하고 개인 맞춤형 서비스를 제공할 수 있어요.

♟ 커리어패스

🎓 관련 학과

행정학과, 법학과, 사회복지학과, 경영학과, 경제학과, 회계학과

🚩 진로 준비

- 전공에 상관없이 누구나 도전할 수 있으며, 행정학이나 법학을 전공하면 자격증 시험 준비나 실무에 도움이 됨.
- 5급(행정 고시), 7급, 9급 공무원 시험에 합격해야 함.
- 변호사, 의사, 회계사, 약사, 변리사 등의 전문 자격증이 있는 사람은 특별 채용 시험을 통해 공무원이 될 수 있음.

📋 전문 지식

정부론, 정책학, 지방 자치론, 행정법, 경제학, 통계학, 조직 관리와 리더십

👥 진출 분야

중앙 정부의 부처, 시청, 구청, 행정복지센터

📇 관련 직업

관세행정사무원, 병무행정사무원, 조세행정사무원, 법원공무원, 고위공무원, 보건직공무원, 산림감독관, 공공행정사무원, 통화정책전문관료, 속기사

💼 전직 가능 직업

행정사, 회계사, 법무사, 스마트재난관리자

🏢 관련 기관

행정안전부　www.mois.go.kr
인사혁신처 사이버국가고시센터　www.gosi.kr

#돈관리 #경영성과 보고 #세금신고 #감사

회계사

ACCOUNTANT ACCOUNTANT ACCOUNTANT

기업의 돈 흐름을 살피는 파수꾼

나는 기업이 돈을 어떻게 벌고 어디에 쓰는지, 그리고 돈이 얼마나 남았는지 등을 꼼꼼하게 기록하는 일을 해. 그리고 기업의 재무 상황을 분석해서 경영 전략을 제시하기도 하지. 마치 코치처럼 기업이 더 나은 성과를 낼 수 있도록 도와주는 역할을 하는 거야.

능력치

지력
77
80
60
40
20
자격력
88
친화력
70
육체력
20
도구력
44

심리검사 유형

흥미   진취형(E), 관습형(C)
적성   수리논리력
MBTI   INTJ, ENTJ

어떤 일을 할까요?

| 기업이나 기관의 회계에 관한 업무를 관리하고 회계 서류를 작성함. | 기업이나 기관의 재무 보고서의 내용이 적정한지 감사함. | 기업 간 거래나 관련 기록을 조사하고 회계 보고서를 파악하여 소득세 신고서를 작성함. |

어떤 사람에게 어울릴까요?

| 꼼꼼하며 맡은 임무를 책임감 있게 해낼 수 있는 사람 | 통계 자료나 수치에 대한 이해도가 높은 사람 | 다른 사람을 설득하거나 소통하는 능력이 뛰어난 사람 | 스트레스 상황을 잘 견딜 수 있는 사람 |

직업 현황

수입 (단위: 만 원)

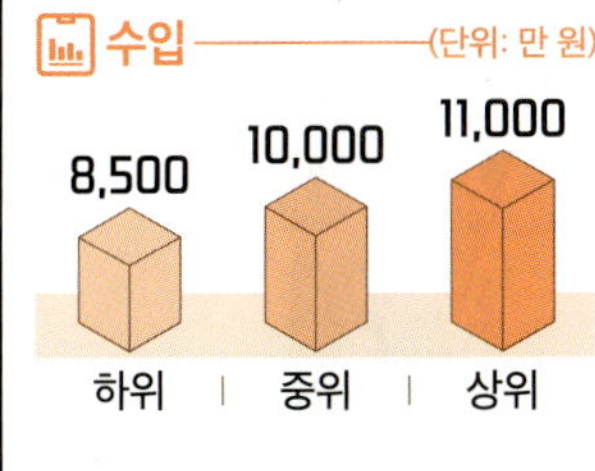

8,500 하위 | 10,000 중위 | 11,000 상위

업무 자율성 (단위: %)

96

직무 만족도 (단위: %)

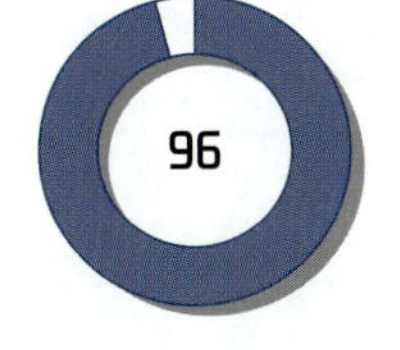

78

AI는 단순한 회계 작업과 데이터 분석을 빠르게 처리할 수 있고, 사람은 복잡한 재무 상황을 자세히 분석하고 기업에 맞는 전략을 고민하는 데 전문성을 발휘할 수 있어요.

커리어패스

관련 학과

회계학과, 경영학과, 경제학과, 금융경영학과, 금융보험학과, 세무학과

진로 준비

- 정식 회계사로 활동하려면 국가에서 주관하는 공인회계사 시험에 합격한 후, 지정 기관에서 실무 수습을 이수하고 한국공인회계사회에 등록을 마쳐야 함.
- 공인회계사 시험을 보기 위해서는 대학에서 관련 분야를 전공하는 것이 유리함.
- 외국과의 교류가 많아지면서 미국 공인회계사(AICPA) 자격증을 취득하는 사람이 늘어나고 있음.

전문 지식

회계 감사 및 세무 서비스에 관한 지식, 재무 조사 및 회계 사무에 관한 지식

진출 분야

회계 법인, 개인 회계 사무소, 학교, 정부 기관, 국영 기업체, 금융 기관, 일반 기업체의 재무 부서

관련 직업

회계사무원, 세무사

전직 가능 직업

경영컨설턴트, M&A(인수합병)전문가

관련 기관

한국공인회계사회 www.kicpa.or.kr
금융감독원 공인회계사시험 cpa.fss.or.kr

세무사

TAX ACCOUNTANT TAX ACCOUNTAN TA

세금 문제를 해결하는 전략가

세금은 국가나 지방 자치 단체가 도로 건설, 교육, 의료, 사회 복지 등 다양한 공공 서비스에 필요한 돈을 마련하기 위해 국민이나 주민으로부터 거두어들이는 돈이야. 소득세, 법인세, 재산세, 상속세, 증여세 등 세금의 종류와 결정 방법이 다양해서 사람들이 세금 문제를 어려워하지. 나는 납세자들이 세금을 정확히 이해하고, 불이익을 받지 않게 돕는 일을 해.

심리검사 유형

흥미	관습형(C), 진취형(E)
적성	수리논리력
MBTI	INTJ, ENTJ

🚩 어떤 일을 할까요?

납세자를 대신해 세금을 계산하고 납부함.

납세자가 적정하게 세금을 내도록 상담하고 도와줌.

세금 신고서를 작성하고, 부당한 세금을 요구받은 납세자를 대리하여 세무서와 협의를 진행함.

💡 어떤 사람에게 어울릴까요?

정확하고 빈틈없이 맡은 일을 처리하는 사람

정직하고 책임감이 강하며 다른 사람을 잘 설득할 수 있는 사람

통계 자료나 수치에 대한 이해도가 높은 사람

의견 차이를 좁혀 현실적인 해결책을 찾는 데 능숙한 사람

직업 현황

📊 수입 ——— (단위: 만 원)

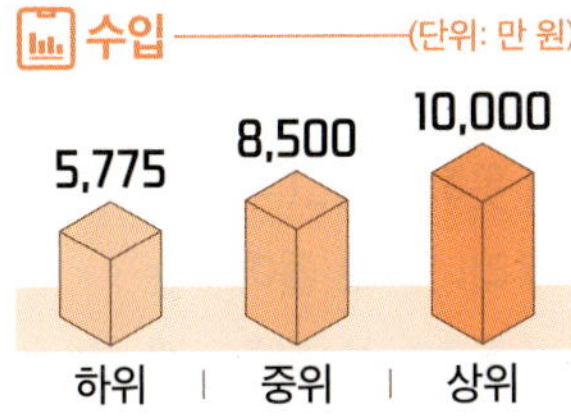

하위	중위	상위
5,775	8,500	10,000

💗 업무 자율성 ——— (단위: %)

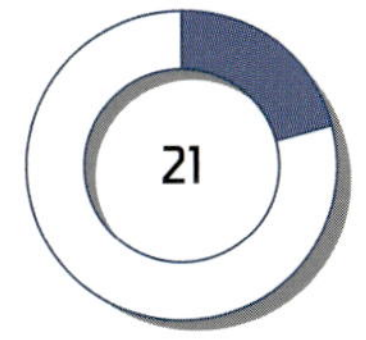

21

👍 직무 만족도 ——— (단위: %)

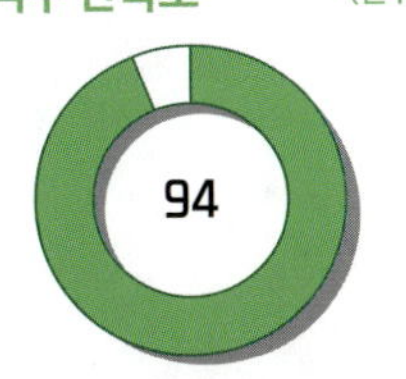

94

🤖 AI와 함께하는 직업 생활

AI는 세금 신고 업무를 효율적으로 지원할 수 있고, 사람은 복잡한 세법을 해석해 고객에게 가장 유리한 절세 방법을 제시하는 데 전문성을 발휘할 수 있어요.

♟ 커리어패스

🎓 관련 학과

세무학과, 경제학과, 경영학과, 수학과, 통계학과, 법학과

🚩 진로 준비

- 국가에서 주관하는 세무사 시험을 통과하여 자격증을 취득하고 6개월 동안의 실무 교육을 이수하면 세무사로 활동할 수 있음.
- 세무 자료 작성이나 재산세, 세무 조사 등 자신만의 전문 분야를 정해 경쟁력을 갖추는 것이 좋음.

📋 전문 지식

회계 장부 및 납세 관련 서류 작성, 세금 신고서 작성, 세무 컨설팅 능력에 관한 지식

👥 진출 분야

세무 법인, 개인 세무 사무소, 공공 기관이나 기업체의 세무 관련 부서

💼 관련 직업

조세행정사무원, 관세행정사무원, 회계사무원, 공인회계사, 세무조사원

💼 전직 가능 직업

회계사, 관세사, 경영컨설턴트, 사무관리자

🏢 관련 기관

국세청 www.nts.go.kr
한국세무사회 www.kacpta.or.kr

관세사

우리나라 산업의 안전 지킴이

상품을 수출하거나 수입하려면 공항이나 항구에서 반드시 나를 거쳐야 해. 내가 외국산 물건을 함부로 수입하지 못하게 막고 수입품에 세금을 붙이는 등 우리나라로 들어오는 물건이나 해외로 나가는 물건들을 법에 맞게 처리하고 있기 때문이야. 내가 역할을 잘 수행해야 기업들이 안전하고 활발하게 무역 활동을 할 수 있어.

능력치

심리검사 유형

흥미	관습형(C), 진취형(E)
적성	수리논리력
MBTI	ISTJ, ESTJ

어떤 일을 할까요?

수출입 과정에서 물품을 분류하고 세금을 매기는 업무를 수행함.

관세법과 관련 법령에 따라 서류를 작성하고 신고증을 내어주는 등 통관 절차를 진행함.

관세 환급과 통관 과정의 각종 이의 신청이나 심사 청구 업무를 담당함.

어떤 사람에게 어울릴까요?

정해진 절차에 따라 문제를 해결할 수 있는 사람

세심하고 꼼꼼하며 약속을 잘 지키는 사람

다른 사람을 이끌면서 함께 일하는 것을 좋아하는 사람

실생활에서 수학적 지식을 활용할 수 있는 사람

직업 현황

수입 ——— (단위: 만 원)

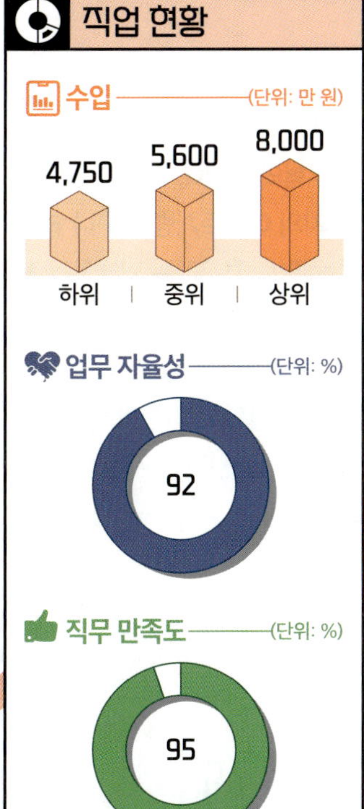

업무 자율성 ——— (단위: %)

92

직무 만족도 ——— (단위: %)

95

AI와 함께하는 직업 생활

AI는 수출입 관련 서류 작업과 규제 준수를 지원할 수 있고, 사람은 복잡한 관세 분쟁을 해결하고 최적의 무역 전략을 제시하는 역할에 집중할 수 있어요.

커리어패스

관련 학과

무역학과, 세무학과, 회계학과, 경영학과, 법학과, 행정학과

진로 준비

· 국가에서 주관하는 관세사 시험에 합격해야 함.
· 관세사 시험에 합격하고 6개월간 실무 수습 기간을 거친 후 관세사 등록을 마쳐야 정식 관세사로 활동할 수 있음.

전문 지식

관세법, 수출입 및 무역 관련 법령에 관한 지식, 수출 통관에 관한 서류 작성 능력

진출 분야

관세 법인, 개인 관세 사무소, 법무 법인의 관세 통상팀, 무역 관련 기업체, 관세청 산하 기관

관련 직업

관세행정사무원, 무역사무원

전직 가능 직업

세무사, 회계사, 해외세일즈맨

관련 기관

관세청 www.customs.go.kr
한국관세사회 krcaa.or.kr

감정평가사

PROPERTY APPRAISER PROPERTY APPRA

숨은 가치를 찾아내는 보물 사냥꾼

나는 도자기, 자동차, 집, 땅, 저작권 등 다양한 유·무형의 자산에 가격을 매기는 일을 해. 도시의 아파트처럼 누구나 쉽게 가격을 알 수 있는 경우에는 거래하는 사람의 합의로 충분하지만, 가치를 가늠하기 어렵거나 다툼이 발생할 수 있는 복잡한 거래에는 내 판단이 기준이 될 수 있어. 그렇기에 나는 원가나 시장성 등을 바탕으로 합리적인 평가액을 정하려고 노력하고 있어.

심리검사 유형

흥미	관습형(C), 진취형(E)
적성	수리논리력
MBTI	ESTJ, ISTJ

능력치

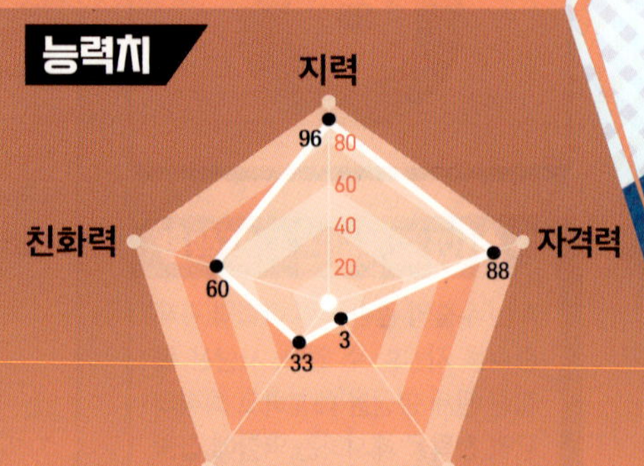

🚩 어떤 일을 할까요?

토지, 건물, 저작권, 어업권, 자동차 등 유·무형 자산의 경제적 가치를 산정함.

감정할 대상의 내용이나 성능, 구조 등 가치에 미치는 요인을 확인하고 정리함.

현장 조사, 손익 계산서 등의 자료를 검토하여 감정서를 작성함.

어떤 사람에게 어울릴까요?

부동산이나 자산 등의 현실적인 것에 흥미를 느끼는 사람

다른 사람과 토론하고 설득하는 것을 즐기는 사람

관련 자료를 모으고 정리해서 효과적으로 활용하는 능력이 뛰어난 사람

사물의 가치에 대해 깊게 탐구하여 합리적으로 판단할 수 있는 사람

직업 현황

수입 (단위: 만 원)

하위	중위	상위
7,000	10,000	15,000

업무 자율성 (단위: %)

79

직무 만족도 (단위: %)

90

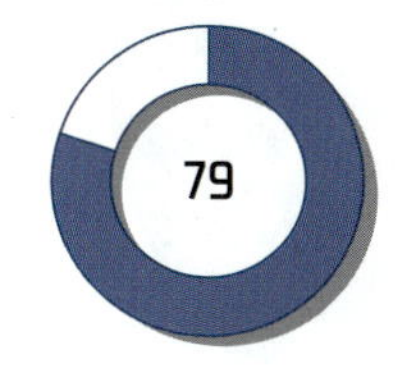

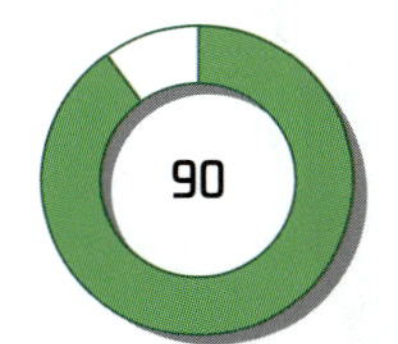

AI와 함께하는 직업 생활

AI는 시세와 통계 데이터를 신속하게 분석하여 자산의 기초 평가를 제공하고, 사람은 현장 조사 결과와 미래 가치를 종합적으로 고려하여 정확하게 감정할 수 있어요.

커리어패스

🎓 관련 학과

법학과, 경제학과, 부동산경영학과, 도시계획학과, 지역개발학과, 세무학과, 회계학과, 문화인류학과, 도시공학과

진로 준비

- 국가에서 주관하는 감정평가사 자격시험에 합격하고 1년간의 실무 교육을 받으면 감정평가사로 일할 수 있음.
- 감정평가사 자격 취득 후에는 주로 한국감정원, 감정 평가 법인, 합동 사무소, 공공 기관, 은행 등에 취업하거나 개인 사무실에서 일할 수 있음.

전문 지식

감정 평가에 관한 법규와 실무, 지리·부동산·건축·문화재에 관한 지식

진출 분야

감정 평가 법인, 감정평가사 합동 사무소, 감정평가협회, 공기업이나 은행, 개인 사무소

관련 직업

보석감정사, 문화재감정평가사, 미술품감정사, 콘텐츠가치평가사, 문서감정사, 위폐감정사, 감정평가전문가

전직 가능 직업

세무사, 회계사

관련 기관

한국감정평가사협회 www.kapanet.or.kr
한국미술감정원 www.koreanart.org

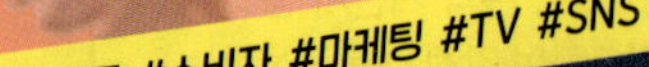

광고 및 홍보전문가

ADVERTISING EXPERT   ADVERTISING EXP

15초 만에 사람을 사로잡는 마술사

TV 광고를 15초의 마술이라고 해. 짧은 시간 동안 사람의 마음을 매혹시키기 때문이야. 사람들에게 새로운 정보와 경험을 주고, 사람들의 머릿속에 오래도록 기억되는 광고를 만드는 것이 나의 목표야. 내가 만든 광고를 TV나 스마트폰, 지하철이나 카페 등에서 발견할 때마다 짜릿함을 느끼거든!

능력치

심리검사 유형

흥미	진취형(E), 예술형(A)
적성	언어능력
MBTI	ENFJ, ENTP

🚩 어떤 일을 할까요?

광고할 상품을 조사하고 분석하여 광고 기획안을 작성함.

광고 행사를 기획하며 상품 판매 전략을 수립하고 홍보물을 제작함.

TV, 인터넷, 신문, 잡지 등에 사용할 광고 문구(카피)를 만듦 (카피라이터)

👤 어떤 사람에게 어울릴까요?

감수성이 풍부하고 예술에 관심이 많은 사람

다른 사람의 생각이나 관점에 영향을 줄 수 있는 적극적인 사람

전하고자 하는 메시지를 분명하게 표현할 수 있는 사람

주어진 주제와 상황을 독특하고 기발하게 표현할 수 있는 사람

직업 현황

📊 수입 ——————(단위: 만 원)

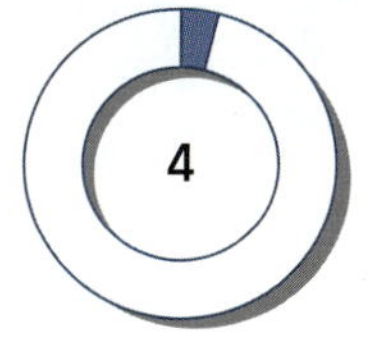

💓 업무 자율성 ——————(단위: %)

👍 직무 만족도 ——————(단위: %)

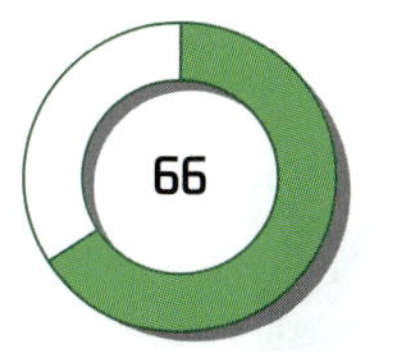

🤖 AI와 함께하는 직업 생활

AI는 고객 빅데이터를 분석하여 광고 효과를 예측할 수 있고, 사람은 고객의 마음을 사로잡는 창의적인 전략 수립과 브랜드 기획에 더 집중할 수 있어요.

♟️ 커리어패스

🎓 관련 학과

언론홍보학과, 광고홍보학과, 신문방송학과, 경영학과, 심리학과

🚩 진로 준비

- SNS나 개인 블로그를 운영하면서 광고 업무 수행에 필요한 디지털 역량을 높일 수 있음.
- 광고 관련 동아리 활동, 광고사에서 주관하는 공모전 참여, 인턴 경험 등 광고 관련 경험을 쌓으면 취업에 유리함.

📑 전문 지식

광고물 기획 및 제작 능력, 광고 전략 수립에 필요한 지식

👥 진출 분야

광고 회사, 홍보 대행사, 기업 및 공공 기관의 홍보나 마케팅 부서, 프리랜서, 광고 회사 창업

🪪 관련 직업

광고기획자, 카피라이터, 광고디자이너, SNS광고기획자, 크라우드펀딩기획자, 크라우드펀딩전문가, 영화전문홍보가, 디지털마케터, 사회관계망서비스광고기획자, 메타버스데이터마케터, 소셜네트워크마케팅전문가

💼 전직 가능 직업

마케팅전문가, 시장조사전문가, 국가브랜드전문가

🏢 관련 기관

한국광고산업협회 www.kaaa.co.kr
한국PR기업협회 www.kprca.or.kr

상품기획자

PRODUCT PLANNER PRODUCT PLANNER

별의별 상품을 기획하는
아이디어 요정

나는 소비자가 필요로 하는 상품을 기획하고 판매하는 만능 재주꾼이야. 나를 MD라고도 하는데 Merchandiser의 약자야. 제품 기획에서 공급과 판매까지 '무(M)엇이든 다(D)한다'고 해서 MD라는 우스갯소리도 있어. 매일 신상품이 계속 쏟아져 나오는 것은 나 같은 사람들이 있기에 가능한 일이야.

능력치

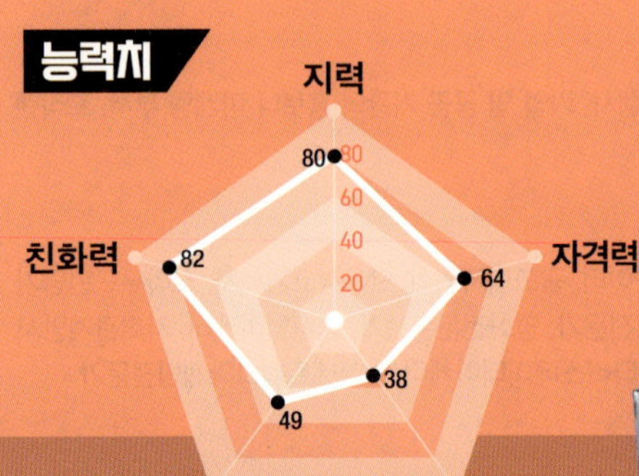

심리검사 유형

흥미	예술형(A), 진취형(E)
적성	수리논리력, 대인관계능력
MBTI	ENFP, ESFP

어떤 일을 할까요?

시장 상황을 분석하고 소비자가 원하는 새로운 상품에 관한 아이디어를 제시함.

시장성 있는 상품을 개발하고, 개발한 상품을 제조 업체와 협의하고 계약을 체결함.

제품 판매 전략을 세우고 매장 내 효과적인 상품 배치와 디스플레이 관리를 담당함.

어떤 사람에게 어울릴까요?

감수성이 풍부하고 창의적인 일을 좋아하는 사람

다른 사람에게 인정받는 것을 좋아하는 사람

새로운 아이디어를 내어 문제를 해결하는 능력이 뛰어난 사람

구성원들과 원활하게 협력하고 좋은 관계를 유지할 수 있는 사람

직업 현황

수입 (단위: 만 원)

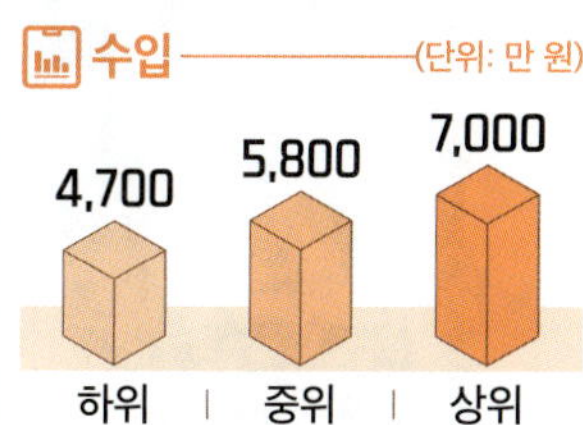

하위	중위	상위
4,700	5,800	7,000

업무 자율성 (단위: %)

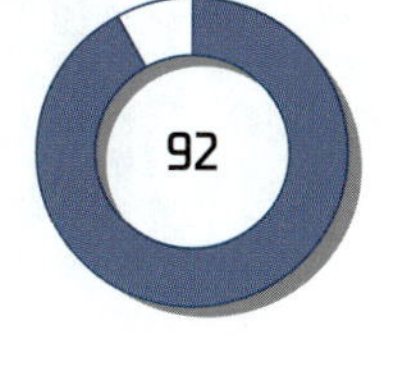

92

직무 만족도 (단위: %)

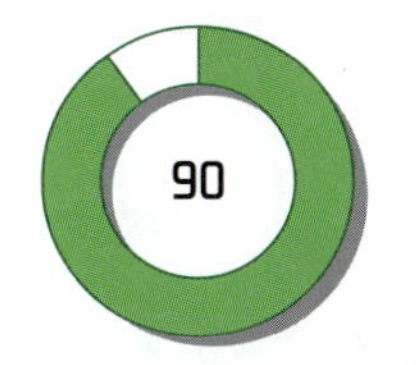

90

AI와 함께하는 직업 생활

AI는 시장 트렌드와 고객 선호도 데이터를 분석하여 보고서를 작성할 수 있고, 사람은 고객의 숨은 욕구를 파악해 창의적인 아이디어로 새로운 상품을 만들 수 있어요.

커리어패스

관련 학과

경영학과, 경제학과, 정보경영학과, 무역학과, 국제통상학과, 광고홍보학과, 유통물류학과

진로 준비

- MD(머천다이저) 전문 교육 과정이나 기업의 인턴 과정 등을 통해 기초를 쌓을 수 있음.
- 패션(의상)이나 식품 분야와 같은 특정 영역의 전문 지식을 갖추면 업무에 도움이 됨.

전문 지식

소비자의 소비 유형 파악 능력, 콘셉트 개발 및 신상품 기획 능력

진출 분야

홈쇼핑 업체, 백화점, 대형 마트, 인터넷 쇼핑 업체, 의류 회사, 식품 업체, 가전 업체, 가구 업체, 귀금속 업체

관련 직업

MD(머천다이저), 공연·영화·음반기획자, 상품판매원, 마케팅전문가, 상품공간스토리텔러, 그로스해커, 상품중개인, 고객상담원, 의료기기개발전문가

전직 가능 직업

행사기획자, 제품개발관리자, 캐릭터MD, 퍼포먼스마케터, 게임마케터, 스포츠마케터, e스포츠마케터, 간접광고마케터, 방송콘텐츠마케팅디렉터

관련 기관

대한상공회의소 www.korcham.net
한국산업인력공단 www.hrdkorea.or.kr

이벤트 기획자

EVENT PLANNER　EVENT P　EVEN

특별한 순간을 만드는 요술쟁이

나는 프러포즈, 결혼식, 불꽃 축제, 크리스마스 등 다양한 행사를 기획하고 진행하는 일을 해. 행사에 참여한 사람들이 즐거워하고 감동하는 모습을 보는 게 나의 가장 큰 기쁨이지. 삶이 힘든 사람들에게 위로와 활력을 주는 이벤트를 준비하고, 그들의 마음이 따뜻해지고 변화하는 모습을 보면 정말 뿌듯해.

능력치

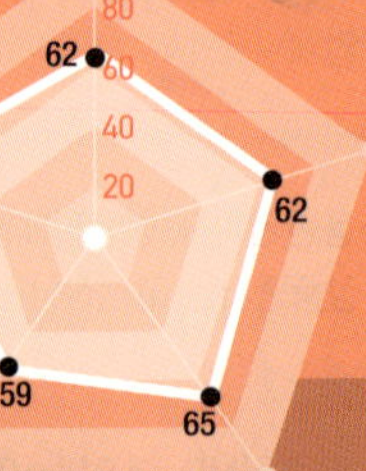

심리검사 유형

흥미	진취형(E), 예술형(A)
적성	대인관계능력
MBTI	INFJ, ENFP

🚩 어떤 일을 할까요?

전시회, 시사회, 축제, 국제회의 등 다양한 행사를 기획함.

고객과 만나 행사의 내용과 규모를 논의한 후 행사 범위와 형식을 계획하여 예산을 세움.

행사에 필요한 행사 지원자를 고용하고 교육시키며 행사를 감독함.

👤 어떤 사람에게 어울릴까요?

외향적이고 적극적이며 주목받는 것을 좋아하는 사람

감수성이 풍부하고 예술 분야에 관심이 많으며 창의력이 뛰어난 사람

다른 사람들을 효과적으로 이끌어 함께 목표를 달성할 수 있는 사람

의뢰인의 감정을 잘 이해하고 요구를 정확히 파악해 실행할 수 있는 사람

📊 직업 현황

📊 수입 ──── (단위: 만 원)

3,500 — 하위
4,500 — 중위
5,500 — 상위

💗 업무 자율성 ──── (단위: %)

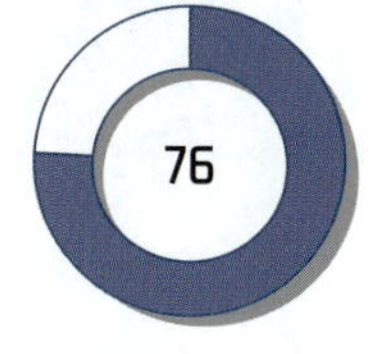

76

👍 직무 만족도 ──── (단위: %)

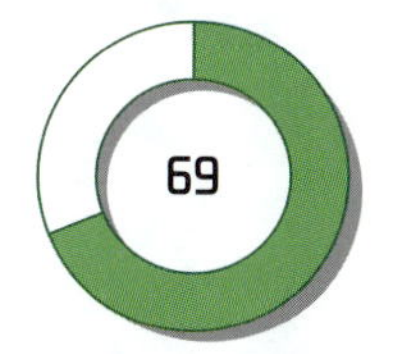

69

🤖 AI와 함께하는 직업 생활

AI는 고객 성향 분석, 일정 관리, 물품 준비 등 반복적인 업무를 효율적으로 처리하고, 사람은 특별한 경험과 감동을 주는 이벤트 기획과 현장 대응에 집중할 수 있어요.

♟ 커리어패스

🎓 관련 학과

광고홍보학과, 호텔관광경영학과, 경영학과, 국제지역학과, 국제학과, 연극영화학과

🚩 진로 준비

- 행사 기획은 실무 경력이 중요하기 때문에 행사 진행 요원으로 참여하여 행사 관련 경험을 쌓는 것이 취업에 유리함.
- 사설 학원에서도 행사기획자 교육을 받을 수 있음.

📇 전문 지식

이벤트 콘셉트와 주제 설정 능력, 행사 기획 및 마케팅에 관한 지식

👥 진출 분야

이벤트 전문 회사, 행사 기획사, 광고 대행사의 이벤트 부서, 전시 전문 업체, 컨설팅 업체, 호텔

📋 관련 직업

행사기획자, 파티플래너, 홍보도우미, 실내장식디자이너, 이벤트업종사자

💼 전직 가능 직업

마케팅전문가, 연예인매니저

🏢 관련 기관

한국이벤트협회 event-korea.or.kr
한국파티이벤트협회 kpec.org
한국이벤트문화협회 k-eca.co.kr

비서

SECRETARY SECRETARY SECRETARY S

CEO의 믿음직한 업무 파트너

잘 드러나지는 않지만, 최고의 실적을 내는 CEO 뒤에는 훌륭한 비서가 있는 법이지. CEO가 소중한 시간을 가장 효율적으로 활용할 수 있도록 일정을 관리하고, 올바른 판단과 정확한 결정을 내릴 수 있도록 정치, 외교, 경제, 교육, 법률, 산업에 관한 갖가지 정보를 정리해서 제공하는 게 내가 하는 일이야.

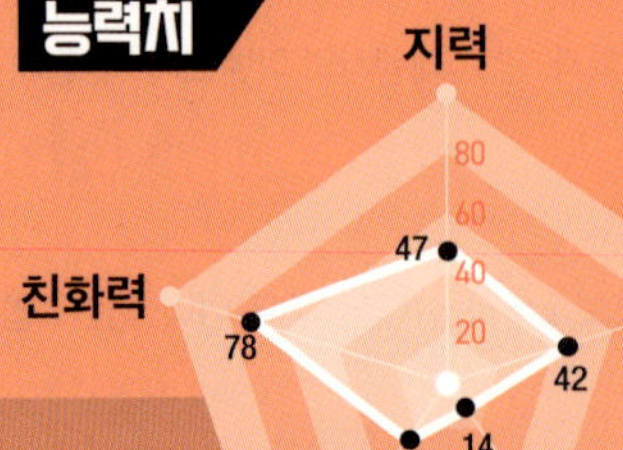

심리검사 유형

흥미	관습형(C), 사회형(S)
적성	대인관계능력
MBTI	ESFJ, ISFJ

🚩 어떤 일을 할까요?

상사의 일정을 계획, 관리, 조정하여 상사의 효율적인 업무 진행을 도움.

전화 응답, 회의 소집 연락, 외부 손님 응대 등의 업무를 수행함.

회의 참석 시 회의록을 작성하고 각 분야의 정보를 수집하고 정리하여 상사에게 보고함.

어떤 사람에게 어울릴까요?

세심하고 꼼꼼하며 맡은 일을 책임감 있게 해내는 사람

다른 사람의 성향이나 상황 파악이 빠르고 배려심이 많은 사람

구성원들과 원만한 관계를 유지할 수 있는 사람

정보나 자료 분석 능력이 뛰어나고 시간을 효율적으로 관리하는 사람

직업 현황

📊 수입 (단위: 만 원)

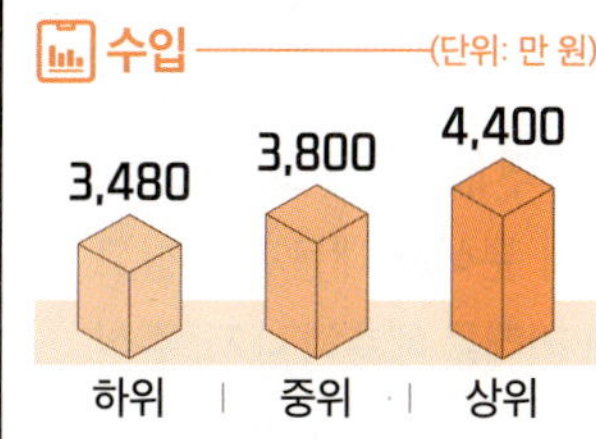

하위	중위	상위
3,480	3,800	4,400

💙 업무 자율성 (단위: %)

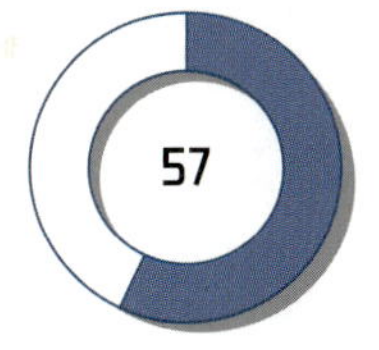

57

👍 직무 만족도 (단위: %)

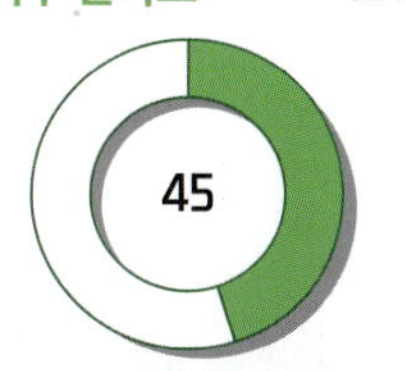

45

🤖 AI와 함께하는 직업 생활

AI는 일정 관리와 문서 작성을 자동화해 반복적인 업무를 줄여주고, 사람은 상사의 업무 패턴을 분석해 상황에 맞는 효과적인 소통과 전략적 지원에 집중할 수 있어요.

🏆 커리어패스

🎓 관련 학과

비서사무행정학과, 경영학과, 경영정보학과, 경제학과, 문헌정보학과

🚩 진로 준비

- 일반적으로 전문대졸 이상의 학력을 요구하는 곳이 많지만, 대기업이나 외국계 기업에서는 대학교 졸업 이상의 학력을 요구하는 경우가 많음.
- 일반 사무직으로 취업하여 비서직을 발령받기도 함.
- 컴퓨터 활용 능력과 어학 실력을 갖추면 취업에 유리함.
- 비서실이 있는 조직에서는 보통 비서, 비서과장, 그리고 비서실장과 같은 직위로 승진함.

📑 전문 지식

경제·경영·인사에 대한 지식과 실무 능력, 문서 작성 능력

👥 진출 분야

공공 기관이나 기업체의 비서실, 국회, 종합 병원, 변호사 사무실, 대사관

💼 관련 직업

전문비서, 일반비서, 속기사

💼 전직 가능 직업

이벤트전문가, 마케팅전문가, 홍보전문가

🏢 관련 기관

한국비서사무협회 www.kaap.org

애널리스트

ANALYST　ANALYST　ANALYST　ANALYST

주식 전망을 꿰뚫어 보는 예언자

나는 주식, 금융, 경제 관련 정보들을 조사하고 분석하여 기업의 가치와 미래 전망을 평가하는 일을 해. 국내외 시장 보고서뿐만 아니라 인공지능이 분석한 내용까지 참고해서 주식 시장의 미래를 예측해 내지. 주식 투자를 하려면 내가 만든 보고서를 참고하는 게 좋을 거야.

능력치

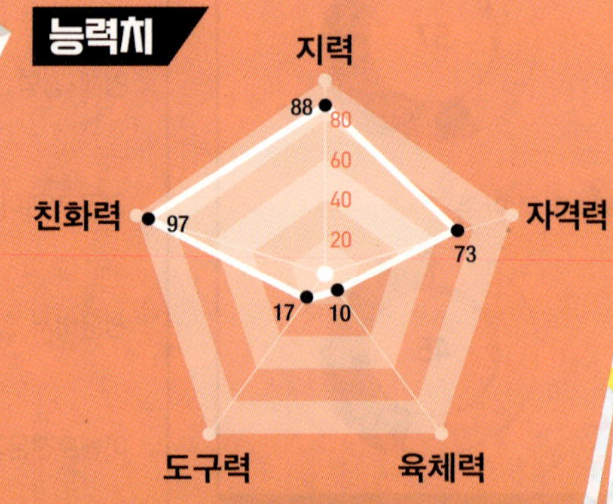

심리검사 유형

흥미	진취형(E), 탐구형(I)
적성	수리논리력
MBTI	INTJ, ENTJ

어떤 일을 할까요?

국내외 금융 시장 정보를 수집하고 분석하여 금융 회사나 투자자에게 투자 자문을 제공함.

경제 동향과 산업 전망을 바탕으로 개별 회사와 주식, 채권을 분석하고 이에 대한 전망을 제시함.

주식 종목별 매매가와 거래량 등의 흐름을 분석하여 주식 투자 전략을 제시함.

어떤 사람에게 어울릴까요?

다른 사람과 토론하고 논쟁하는 것을 즐기며 리더십이 있는 사람

하나의 주제를 깊이 탐구하며, 관련 자료를 수집하고 종합할 수 있는 사람

환율이나 물가 등 통계 자료와 수치를 분석할 수 있는 사람

문제 상황에 대처할 수 있는 문제 해결 능력이 뛰어난 사람

직업 현황

수입 (단위: 만 원)

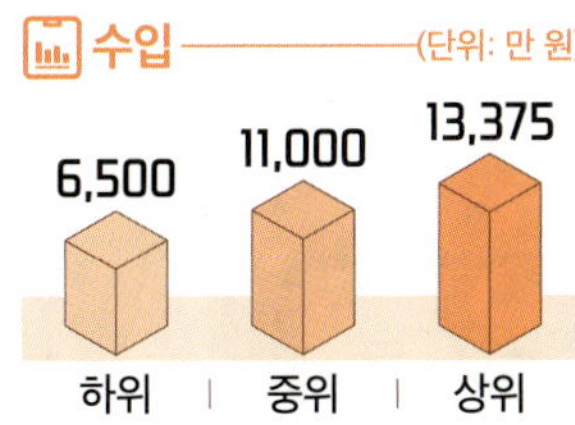

하위	중위	상위
6,500	11,000	13,375

업무 자율성 (단위: %)

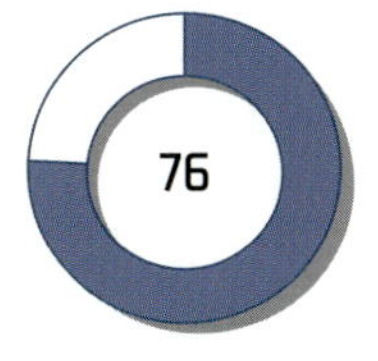

76

직무 만족도 (단위: %)

92

AI와 함께하는 직업 생활

AI는 많은 금융 데이터를 분석해 미래를 예측하는 모델을 만들고, 사람은 시장의 변화와 투자자들의 심리를 깊이 이해하여 현명한 투자 전략을 제시할 수 있어요.

커리어패스

관련 학과

경영학과, 경제학과, 국제통상학과, 금융경영학과, 금융보험학과, 통계학과, 회계학과

진로 준비

- 모의 투자 대회에 참여하거나 실제 주식 투자 경험을 쌓고, 꾸준히 국내외 경제 관련 기사와 증권사의 기업 분석 리포트를 읽으면 취업과 실무 역량을 키우는 데 도움이 될 수 있음.
- 증권사에서는 일반적으로 RA(Research Assistant)로 시작해 2~3년간 기업 조사 분석 업무를 거친 후, 내부 자체 시험을 통과해야 정식 애널리스트로 근무할 수 있음.

전문 지식

주식·채권·파생 상품에 관한 지식, 기업의 경영 및 재무에 관한 지식, 리포트 작성 능력

진출 분야

증권사, 자산 운용사, 선물 회사, 투자 자문 회사, 증권 금융 회사, 은행, 경제 연구소

관련 직업

투자분석가, 신용분석가, 재무분석가, IT투자분석가, 대체투자전문가, 브레인퀀트, 증권분석가, 금융자산운용가

전직 가능 직업

펀드매니저, 금융상품개발자, 증권딜러

관련 기관

한국애널리스트회 www.kciaa.or.kr
금융투자협회 www.kofia.or.kr

펀드매니저

FUND MANAGER FUND MAFUND M

금융 자산 투자의 황금손

펀드는 금융 회사에서 사람이나 기업으로부터 돈을 모아 주식이나 채권 등에 투자하고, 투자 수익을 투자자에게 나눠 주는 금융 상품이야. 나는 고객이 맡긴 돈을 운용하는 펀드매니저야. 경제 변화나 주식 시장을 분석해서 고객이 최대의 수익을 가져갈 수 있도록 투자 계획을 세우지. 수백 억, 혹은 수천 억의 손실과 이익이 내 손에 달려 있으니 투자를 결정할 때는 늘 긴장이 돼.

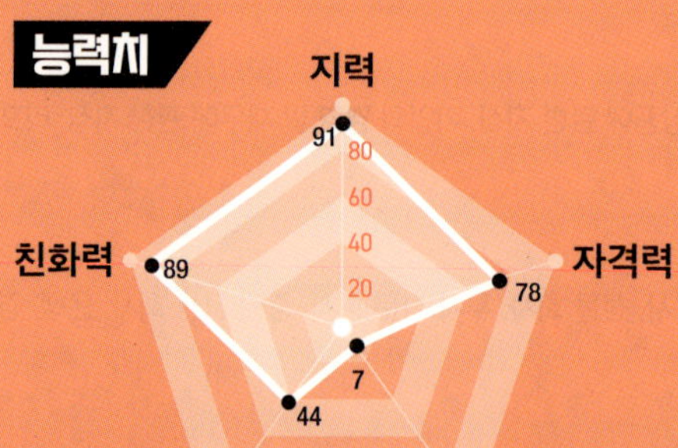

심리검사 유형

흥미	진취형(E), 관습형(C)
적성	수리논리력
MBTI	ENTJ, INTJ

🚩 어떤 일을 할까요?

개인 또는 기관의 투자금을 효율적으로 운영하기 위해 투자 계획을 세움.

주식과 채권의 가격 변동을 분석하고 경제 상황을 고려하여 펀드 운용 계획을 세움.

펀드별로 수익률을 평가하여 변동 원인을 분석하고 수익률을 높이는 방법을 연구함.

💡 어떤 사람에게 어울릴까요?

다른 사람에게 긍정적인 영향을 주며 팀을 이끄는 리더십이 있는 사람

맡은 일에 책임감을 다하며 다른 사람의 믿음을 저버리지 않는 사람

통계 자료와 수치를 분석할 수 있는 수리논리력이 있는 사람

큰 흐름과 사소한 변화를 함께 보며 상황을 판단할 수 있는 사람

📊 직업 현황

📈 수입 ——— (단위: 만 원)

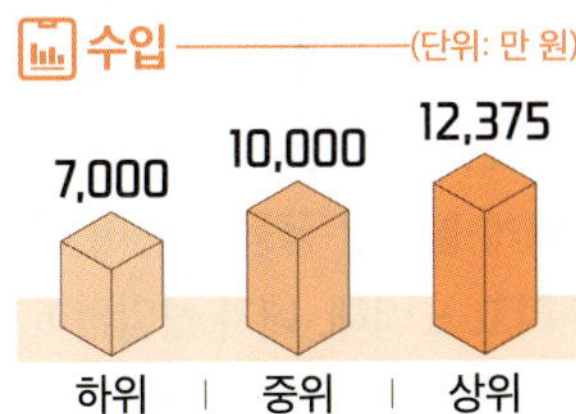

💙 업무 자율성 ——— (단위: %)

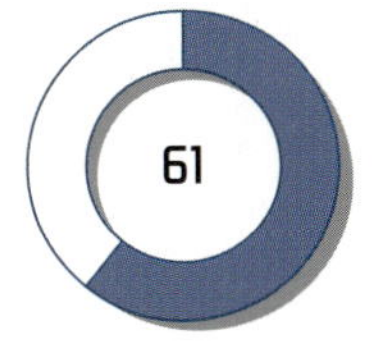

👍 직무 만족도 ——— (단위: %)

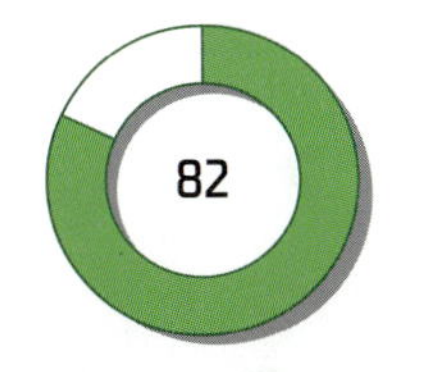

🤖 AI와 함께하는 직업 생활

AI는 시장 위험 요소를 분석해 투자 포트폴리오를 제안하고, 사람은 급변하는 시장에서 예리한 직관과 위험 관리 능력으로 최적의 전략을 실행할 수 있어요.

♟️ 커리어패스

🎓 관련 학과

경영학과, 경제학과, 금융경영학과, 세무학과, 수학과, 통계학과, 회계학과

🚩 진로 준비

- 펀드매니저로 일하려면 투자자산운용사 자격증을 취득한 후 금융 기관에 입사해야 함.
- 모의 투자 대회 등 금융 관련 공모전 입상은 취업에 도움이 될 수 있음.
- 경제와 금융 관련 뉴스, 시장 분석 자료 등 관련 정보를 꾸준히 접하고, 투자 관련 동아리 활동과 모의 투자 대회에 적극적으로 참여하는 것도 취업과 실무 능력 향상에 도움이 됨.

📖 전문 지식

주식과 채권에 관한 지식, 증권과 펀드 및 파생 상품에 관한 지식

👥 진출 분야

자산 운용 회사, 증권사, 보험사, 투자 자문 회사, 자산 운용 회사 창업

👤 관련 직업

자산운용가, 신용분석가, 디지털자산관리자, 재무상담가, 고객자산관리자, 공유자산가치전문가, 금융자산운용가

💼 전직 가능 직업

애널리스트, 증권딜러, 외환딜러

🏢 관련 기관

금융투자협회 www.kofia.or.kr
금융투자교육원 www.kifin.or.kr

#신용카드 #예적금 #보험 #대출 #고객의 필요

금융상품개발자

FINANCIAL PRODUCT DEVELOPER FINANC

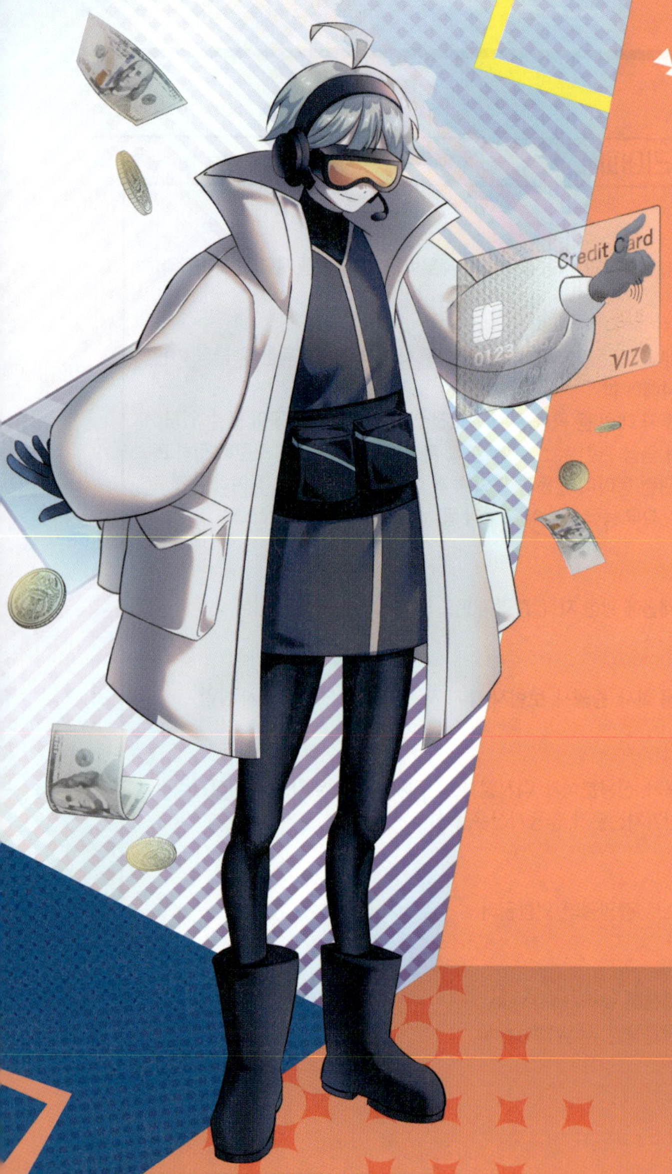

금융 시장의 연금술사

물건을 살 때 사용하는 신용 카드나 돈을 모으기 위한 적금 통장, 필요한 돈을 빌릴 때 사용하는 대출 서비스 등은 모두 내가 만든 금융 상품이야. 나는 사회 현상이나 변화를 관찰하여 고객에게 필요한 금융 상품이 무엇인지 읽어 내려고 노력해. 내가 끊임없이 고민하며 만든 금융 상품이 사람들의 경제 생활에 도움을 줄 때 보람을 느끼지.

능력치

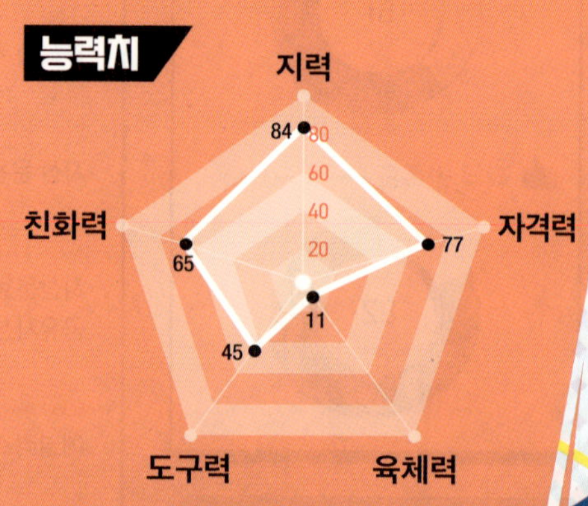

심리검사 유형

흥미	진취형(E), 관습형(C)
적성	수리논리력
MBTI	INFJ, ENFP

어떤 일을 할까요?

사회 변화 및 금융 시장의 현황과 전망을 분석함.

사람들이 관심을 가지고 투자할 만한 금융 상품을 개발함.

회사의 이익을 고려하여 주식, 채권, 펀드, 예금과 적금, 연금 등 다양한 금융 상품의 내용을 결정함.

어떤 사람에게 어울릴까요?

새로운 아이디어를 생각하는 것을 좋아하고 잘하는 사람

다른 사람들의 욕구에 민감하며 다른 사람과 함께 일하는 것을 즐기는 사람

통계 자료와 수치를 분석할 수 있는 수리논리력이 있는 사람

큰 흐름과 사소한 변화를 함께 보며 상황을 판단할 수 있는 사람

직업 현황

수입 (단위: 만 원)

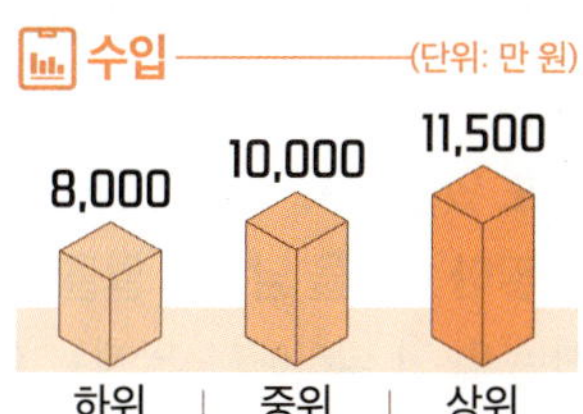

업무 자율성 (단위: %)

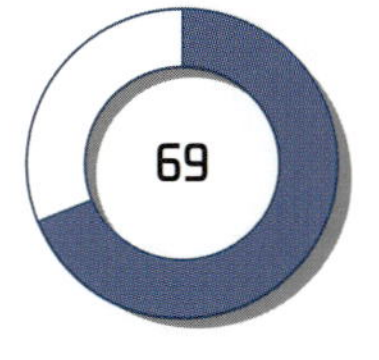

직무 만족도 (단위: %)

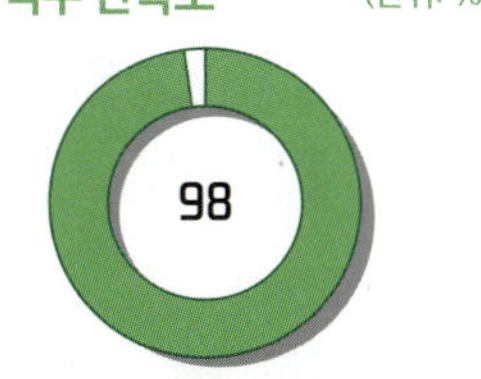

AI와 함께하는 직업 생활

AI는 고객 데이터와 시장 트렌드를 분석해 유용한 정보를 추출하고, 사람은 고객의 숨은 욕구를 발견해 창의적인 아이디어로 혁신적인 금융 상품을 설계할 수 있어요.

커리어패스

관련 학과

경영학과, 수학과, 통계학과, 경제학과, 회계학과, 국제경영학과

진로 준비

- 국가 전문 자격인 보험계리사 자격증을 취득하면 취업에 도움이 됨.
- 보험 회사나 금융 회사에 입사하여 금융 상품 개발 업무를 맡을 수도 있음.
- 보험계리사 자격증을 취득한 후 금융 상품 개발 업무를 하기 위해 금융 회사에 입사하는 경우도 있음.

전문 지식

예금·투자 신탁·주식 및 채권 등 금융에 관한 지식, 시장 분석 능력, 데이터 분석 능력

진출 분야

생명 보험 회사, 손해 보험 회사, 보험개발원, 은행, 회계 법인, 증권사

관련 직업

보험상품개발자, 보험계리사, 보험설계사, 금융전문가, 은행사무원

전직 가능 직업

투자분석가, 신용분석가, 펀드매니저, 증권딜러, 보험심사원

관련 기관

한국보험계리사회 www.actuary.or.kr
금융투자교육원 www.kifin.or.kr
보험개발원 www.kidi.or.kr

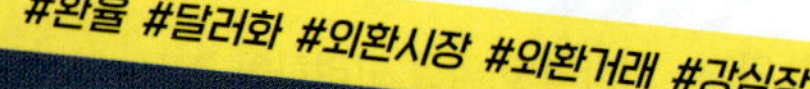

증권 및 외환딜러

SECURITY AND FOREIGN EXCHANGE DEALER

국제 금융 시장을 움직이는 승부사

환율은 다른 나라의 돈(외환)을 우리나라 돈으로 바꿀 때 적용되는 비율인데, 수시로 바뀌어. 1달러가 우리나라 돈으로 1,200원일 때도 있고 1,300원일 때도 있는 거지. 나는 외환을 쌀 때 사서 비쌀 때 팔아 이익을 남기는 일을 해. 0.1초 안에 적게는 몇 만 달러에서, 많게는 수천 만 달러가 오가는 시간 싸움이라 바짝 긴장하게 돼.

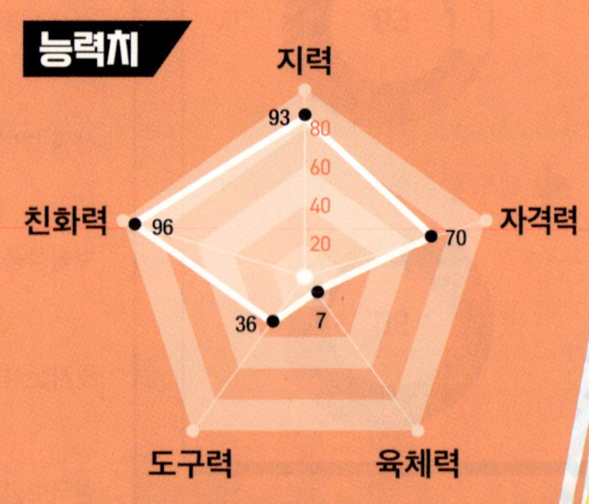

심리검사 유형

흥미	탐구형(I), 관습형(C)
적성	수리논리력
MBTI	ESTP, INTJ

어떤 일을 할까요?

달러화, 유로화, 엔화, 위안화 등 외국 화폐를 쌀 때 사고 비쌀 때 팔아 그 차액을 남김.

세계 정세 변화, 외환 시장 동향, 주식 및 채궈 변동 등 금융 관련 정보를 수집하고 분석함.

주가와 환율 변화를 예측하여 매매 시점을 결정하고 이를 토대로 외국 화폐를 거래하는 업무를 수행함.

어떤 사람에게 어울릴까요?

사회 변화에 관심이 많고 변화의 원인을 깊게 탐구하는 과정을 즐기는 사람

어떤 일을 미리미리 준비하고 대비하는 성향이 강한 사람

통계 자료와 수치를 분석하여 논리적으로 문제를 해결할 수 있는 사람

현상의 원인과 결과를 분석하여 규칙을 발견할 수 있는 사람

직업 현황

수입 (단위: 만 원)

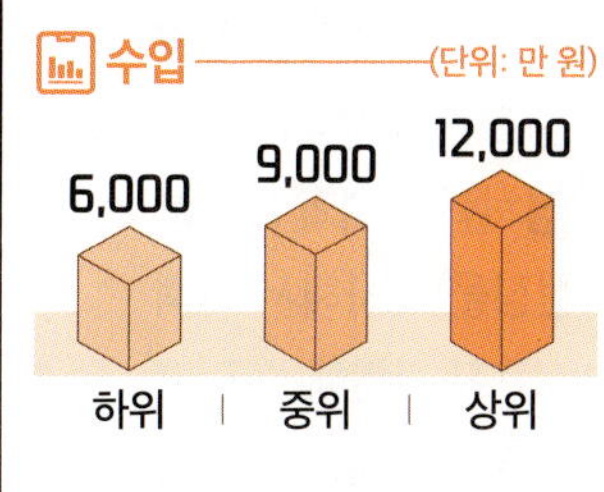

업무 자율성 (단위: %)

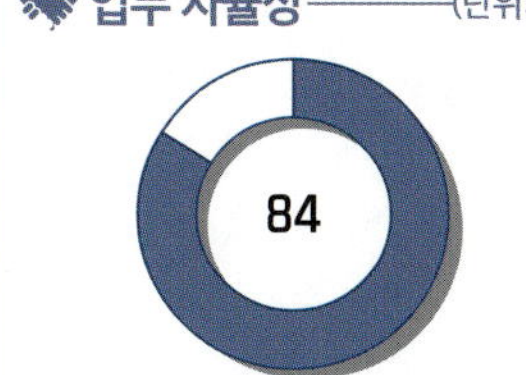

직무 만족도 (단위: %)

AI와 함께하는 직업 생활

AI는 실시간 증권 시장 데이터 분석을 통해 거래 전략을 제시하고, 사람은 예측 불가능한 위기 상황에서도 빠른 판단과 신속한 의사결정으로 손실 위험을 줄일 수 있어요.

커리어패스

관련 학과

국제통상학과, 금융보험학과, 경영학과, 경제학과, 금융경영학과, 회계학과, 수학과, 통계학과

진로 준비

- 외환전문역, 국제금융역 등 국가 공인 자격증을 따면 취업에 유리함.
- 외환 거래 관련 법규와 외환 거래에 필요한 전문 지식, 그리고 외국어 실력을 갖추면 취업 시 경쟁력이 높아짐.
- 일반적으로 은행에 입사한 후 자체 선발 과정을 통해 외환딜러 업무를 맡게 됨.

전문 지식

국제 외환 시장에 관한 지식, 환율 변화 예측 능력, 세계 금융에 관한 지식

진출 분야

은행, 금융 기관, 자산 운용사, 투자 전문 회사

관련 직업

애널리스트, 은행사무원, 증권사직원, 주식딜러, 금융자산운용가

전직 가능 직업

펀드매니저

관련 기관

한국무역협회 www.kita.net
한국금융연수원 www.kbi.or.kr

#사고조사 #냉철한 판단 #보험금 #공정한 해결

손해사정사

CLAIM ADJUSTER

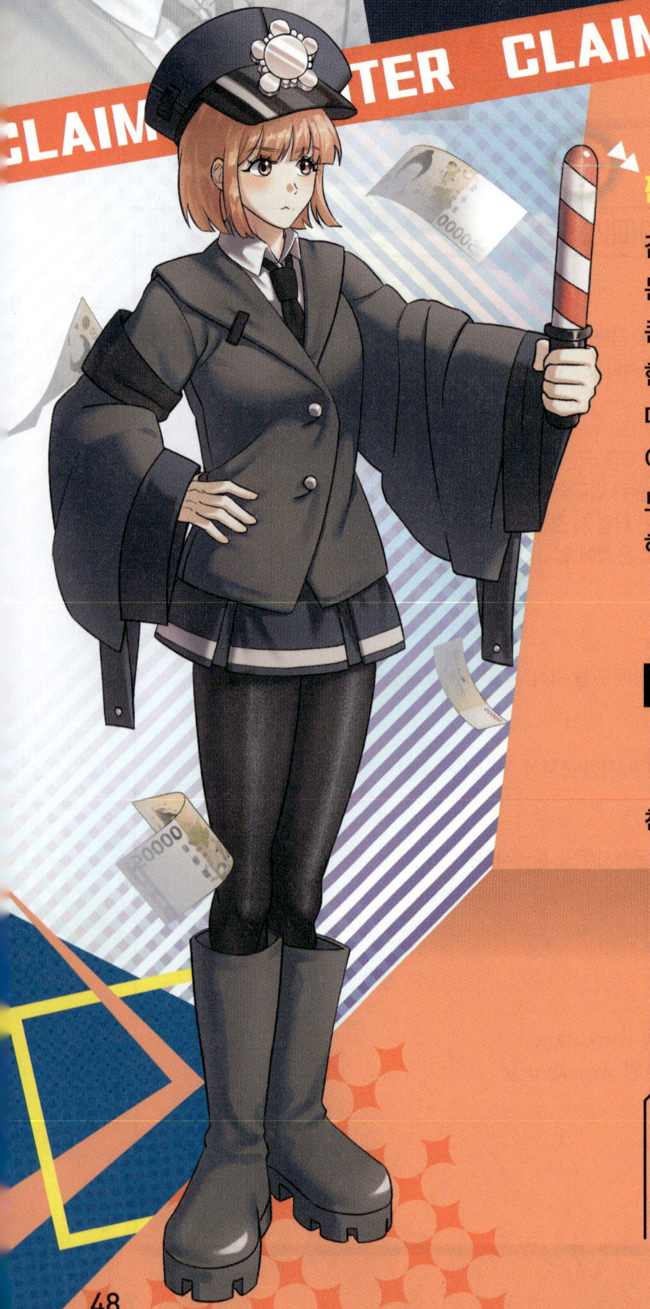

진실을 찾는 사고 현장의 탐정

갑자기 사고가 생겨 피해를 봤을 때 가입해 둔 보험으로 보험금을 받을 수 있다면 정말 큰 도움이 되겠지? 나는 그런 상황에서 중요한 역할을 해. 마치 탐정처럼 고객과 자세한 대화를 나누고 사고 현장을 조사해서 고객이 입은 피해가 얼마나 큰지 확인해. 그리고 보험 회사와 고객이 모두 만족하도록 공정하게 보험금을 계산하지.

능력치

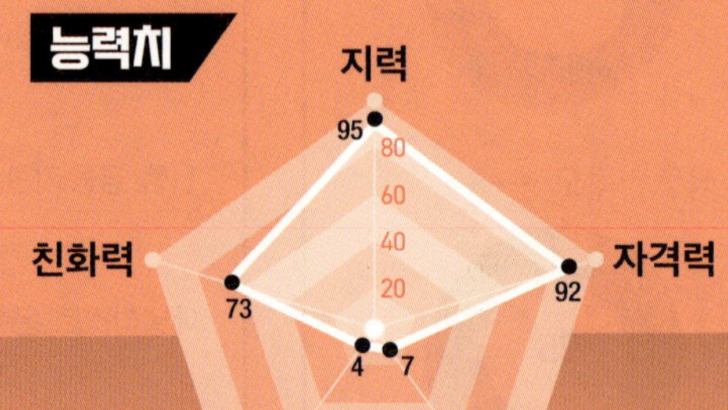

심리검사 유형

흥미	사회형(S), 진취형(E)
적성	수리논리력
MBTI	INTJ, ISFJ

🚩 어떤 일을 할까요?

사고 현장을 조사하고 손해 사실을 확인하여 실제 손해 정두를 분석하고 판단함.

보험금을 청구할 수 있는지를 판단하고 필요하면 변호사나 의사의 자문을 구함.

사고 조사 자료와 보험 약관 등을 분석하고 종합해서 지급해야 학 보험금을 계산함.

👤 어떤 사람에게 어울릴까요?

사소한 부분까지 주의 깊게 살피는 꼼꼼하고 세심한 사람

다른 사람과 원활하게 소통하며, 사교적이고 정직한 사람

통계 자료와 수치를 분석할 수 있는 수리논리력이 있는 사람

다양한 근거를 종합하여 합리적인 결론을 낼 수 있는 사람

📊 직업 현황

📈 수입 ──────(단위: 만 원)

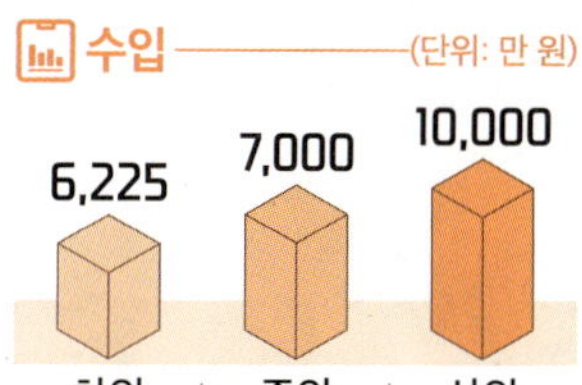

💓 업무 자율성 ──────(단위: %)

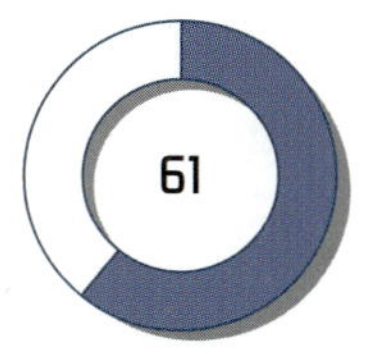

👍 직무 만족도──────(단위: %)

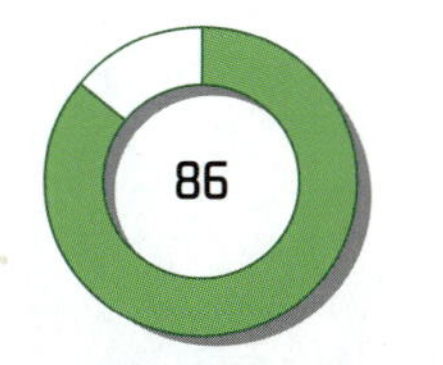

🤖 AI와 함께하는 직업 생활

AI는 사고 관련 정보와 보험 약관을 분석해 정확한 손해액을 계산할 수 있고, 사람은 고객의 심리적 어려움을 이해하며 공정한 분쟁 조정으로 신뢰를 쌓을 수 있어요.

♟ 커리어패스

🎓 관련 학과

금융보험학과, 법학과, 통계학과, 수학과, 경영학과, 경제학과

🚩 진로 준비

- 손해사정사가 되려면 국가 공인 자격증을 취득하고 6개월간 실무 수습을 마친 뒤 금융위원회에 등록해야 함.
- 손해 사정 회사에서 손해사정사 보조인으로 경력을 쌓은 뒤 자격시험을 통해 손해사정사로 진출하는 경로도 있음.

📇 전문 지식

보험 관련 법규 및 보험 약관에 관한 지식, 손해액 및 보험 금액의 평가 능력

👥 진출 분야

은행, 금융 기관, 자산 운용사, 투자 전문 회사

📇 관련 직업

보험계리사, 보험설계사, 애널리스트, 신용분석가, 외환딜러, 환경손해평가사

💼 전직 가능 직업

금융상품개발자, 보험심사원, 손실방지전문가

🏢 관련 기관

한국손해사정사회 www.kicaa.or.kr
보험개발원 www.kidi.or.kr

은행사무원

BANK CLERK BANK CLERK BANK CLERK

고객의 재산을 지켜주는 금고지기

세상의 모든 돈과 금은 은행으로 모이지. 나는 그 돈과 금을 안전하게 지키는 일을 맡고 있어. 사람들은 인공지능과 디지털 기술이 발달하면서 내가 설 자리가 없어질거라고 하지만 사람들의 희망과 필요를 이해하고 그에 맞는 금융 상담을 해 주는 일은 나를 대신하기 힘들지. 세상에 돈과 금이 존재하는 한, 고객의 재산을 지키고 키우는 나의 역할은 계속될 거야.

능력치

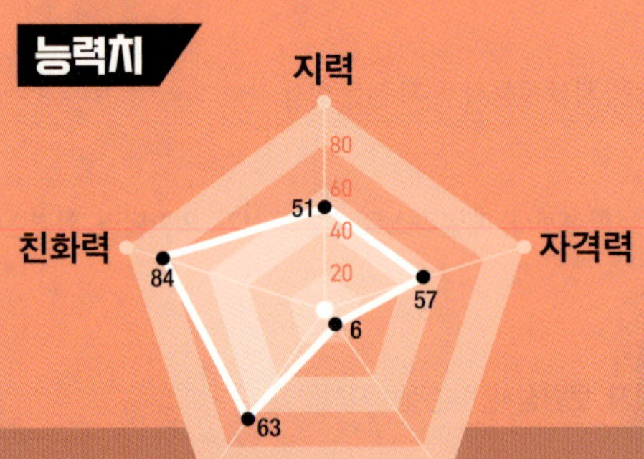

심리검사 유형

흥미	관습형(C), 진취형(E)
적성	수리논리력
MBTI	ISFJ, ESTP

 어떤 일을 할까요?

은행에서 예금과 적금 등 금융 상품을 판매하거나 공과금 수납, 환전 등의 일을 함.	은행에서 계좌 개설, 고객의 적금이나 예금 수납, 대출 상담이나 승인 등의 일을 함.	고객의 거래에 대한 문의에 답하고 문제점을 해결함.

어떤 사람에게 어울릴까요?

정직하고 윤리 의식이 있는 사람	작은 부분까지 꼼꼼하게 확인하는 정확하고 세심한 사람	현금의 수납이나 지급을 정확하게 계산할 수 있는 수리논리력이 있는 사람	고객의 요구를 이해하고 도움을 줄 수 있는 문제해결력이 있는 사람

직업 현황

 수입 (단위: 만 원)

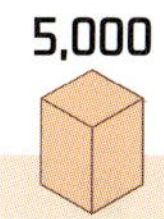 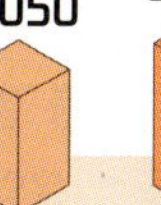 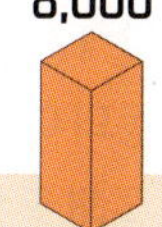

5,000 6,050 8,000

하위 | 중위 | 상위

 업무 자율성 (단위: %)

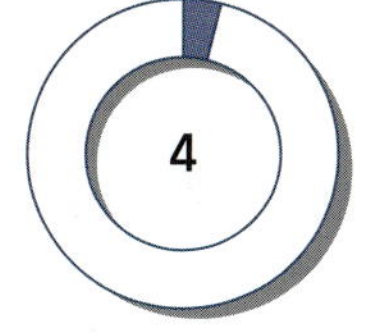

4

 직무 만족도 (단위: %)

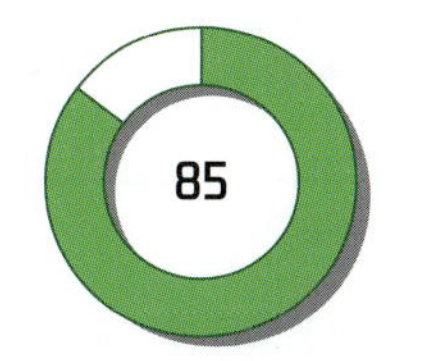

85

AI와 함께하는 직업 생활

AI는 반복적인 창구 업무와 기초 정보 제공 업무를 처리하고, 사람은 고객의 복잡한 요구 사항을 이해해 신뢰를 바탕으로 맞춤형 상담을 할 수 있어요.

커리어패스

🎓 관련 학과

경제학과, 경영정보학과, 경영학과, 세무회계학과, 회계학과

진로 준비

- 학력 제한이 없는 경우도 있지만, 대부분 대졸 이상의 학력을 요구함.
- 자산관리사, 투자자산운용사, 여신심사역, 외환전문역 등의 자격증을 취득하면 취업에 도움이 됨.
- 은행에 취업하면 일반적으로 사원, 주임, 계장, 대리, 과장, 차장, 지점장 순으로 승진할 수 있음.

전문 지식

신용 및 대출에 관한 지식, 은행 업무에 관한 보고서 작성 능력

진출 분야

은행, 저축 은행, 농협, 신협, 여신 전문 금융 회사, 자산 운용사, 종합 금융 회사

관련 직업

금융상품개발자, 은행원, P2P대출전문가, 금융관련사무원

전직 가능 직업

출납창구사무원, 증권사무원, 보험심사원, 오피스프로듀서

관련 기관

금융감독원 www.fss.or.kr
한국금융연수원 www.kbi.or.kr

국회의원

MEMBER OF NATIONAL ASSEMBLY

국민을 대리하여 법을 만드는 국회의 전사

- 헌법을 포함한 법률을 만들거나 개정하여 국민의 권리와 국가 운영에 필요한 규칙을 정함.
- 국가나 국민에게 재정적 부담을 주는 조약이나 입법에 대해 검토하고 동의 여부를 결정함.
- 국정 감사와 조사를 통해 정부 운영의 문제를 발견하고 바로잡도록 함.

AI와 함께하는 직업 생활

AI는 정책 데이터를 분석하고 여론을 예측할 수 있고, 사람은 국민의 목소리를 경청하고 국가의 미래 비전을 제시하며 갈등을 조정하는 리더십을 발휘할 수 있어요.

커리어패스

관련 학과	법학과, 정치외교학과, 경제학과, 행정학과, 사회학과, 경영학과, 국어국문학과
진로 준비	• 특정 학력이나 전공은 필수 조건이 아니며, 어느 분야에서든 자신의 능력을 발휘하고 뛰어난 성과를 내는 것이 유리함. • 특정 정당 또는 선거권자의 추천을 받거나 무소속으로 선거에 출마하여 당선되어야 함. • 정당이나 시민 단체에서 정치 활동 경험을 쌓고 지지자를 모으면 정계 진출에 도움이 됨.
진출 분야	정당, 국회
관련 직업	정치가, 정치인보좌관
전직 가능 직업	대통령, 정부고위공무원, 정치컨설턴트, 정치분석가

국제개발 협력전문가

INTERNATIONAL DEVELOPMENT COOPERATION EXPERT

개발 도상국에 희망의 씨앗을 심는 정원사

- 개발 도상국의 발전과 복지를 위한 활동을 조직하고 이끎.
- 국제기구, 정부 기관 또는 NGO와 협력하여 국제 개발 협력 프로젝트를 계획하고 실행함.
- 국제 협력 사업의 결과를 평가하고, 더 나은 성과를 위한 개선 방안을 제시함.

AI와 함께하는 직업 생활

AI는 지원 대상 국가의 데이터를 분석하여 효율적인 지원 방안을 제시할 수 있고, 사람은 현지 문화를 이해하고 주민들과 공감하며 지속 가능한 협력을 끌어낼 수 있어요.

🚩 커리어패스

🎓 관련 학과	국제관계학과, 국제비즈니스학과, 국제학부, 영어영문학과, 스페인어학과
🚩 진로 준비	• 대학교의 국제 관계 관련 학과나 외국어 관련 학과를 졸업하면 취업에 유리함. • 세계 이슈, 국제 사회 문제, 개발 도상국에 대한 관심과 이해가 필요함. • 국제 대학원에서 국제 협력에 관한 전문 지식을 습득할 수 있음.
👥 진출 분야	정부 기관, NGO, 국제기구, 국제 개발 관련 연구 기관, 대학 내 국제 협력 연구 기관
🗂 관련 직업	국제관계전문가, 국제전문가, 국제개발협력기획자
💼 전직 가능 직업	국제공무원, 외교관

국제회의 전문가

INTERNATIONAL CONFERENCE EXPERT

국제회의의 모든 것을 책임지는 감독관

- 국제회의의 주제와 목적을 정해 회의를 기획하고 유치함.
- 회의나 행사 주최에 필요한 서류를 작성하여 관련 기관이나 단체에 제출함.
- 회의 진행을 위해 통역사와 운영 요원을 섭외하고 교육하며 국제회의가 원활하게 진행되도록 지휘함.

AI와 함께하는 직업 생활

AI는 번역과 통역을 보조하고 회의 자료를 정리하는 일을 하며, 사람은 다양한 문화 배경의 사람들과 세심하게 소통하며 복잡한 회의 주제를 조율하는 데 전문성을 발휘해요.

커리어패스

관련 학과	경제학과, 경영학과, 국제관계학과, 관광학과, 호텔관광학과, 글로벌비즈니스학과
진로 준비	• 국제 대학원이나 관광 대학원에 진학하면 관련 지식을 배울 수 있음. • 민간 교육 기관에서 국제회의 프로그램 설계나 기획 등에 관한 교육을 받을 수 있음. • 외국어 능력을 갖추는 것과 국제 행사 관련 경험이 중요함.
진출 분야	공공 기관 회의 주관 기획사, 기업 행사의 기획사, 국제회의 및 컨벤션 주관 전문 기업체
관련 직업	국제회의기획자, 컨벤션기획자
전직 가능 직업	통역가, 이벤트전문가

기후변화 전문가

CLIMATE CHANGE EXPERT

뜨거워지는 지구를 지키는 기후 행동가

- 기후 변화의 원인을 분석하고 기후 변화에 대응하는 방안을 연구하고 제시함.
- 기후 변화의 영향을 분석하고 기후 변화를 완화시키는 기술을 개발함.
- 기후 변화의 위험성을 널리 알리고 대응 방안을 교육함.

AI와 함께하는 직업 생활

AI는 방대한 기후 데이터를 분석하여 미래의 기후 변화를 예측할 수 있고, 사람은 복합적인 해결책을 제시하고 국제 사회의 협력을 주도하는 일에 집중할 수 있어요.

🚩 커리어패스

🎓 관련 학과	환경학과, 환경공학과, 에너지공학과, 지구과학과, 지구해양과학과
🚩 진로 준비	• 대학원에서 기상학, 천문학, 환경공학, 환경학 등을 전공하고 석사 학위나 박사 학위를 받아야 취업에 유리함. • 한국에너지공단, 한국환경공단에서 기후 변화 정책이나 기후 변화와 관련한 새로운 연구의 흐름을 배울 수 있음.
👥 진출 분야	정부의 관련 부서, 국책 연구소, 민간 연구소
📇 관련 직업	기후변화대응전문가, 날씨조절관리자, 기후변화컨설턴트
💼 전직 가능 직업	기후활동가, 기후변화연구원, 기후과학자

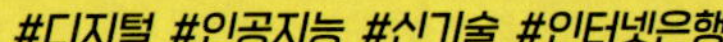

핀테크 전문가

FINTECH EXPERT

편리한 금융 생활을 개척하는 디지털 마법사

- 저축, 보험 가입, 주식 거래 등 다양한 금융 업무를 금융 기관 방문 없이 컴퓨터나 스마트폰으로 할 수 있는 프로그램을 개발함.
- 다양한 플랫폼에서 금융 거래(간편 결제 등)가 가능한 시스템을 개발함.
- 해킹과 같은 금융 사고 방지를 위해 인증 서비스를 개발함.

AI와 함께하는 직업 생활

AI는 금융 데이터의 분석과 시스템 알고리즘을 개발하고, 사람은 사용자가 겪는 불편함을 개선하고 새로운 디지털 금융 서비스 기획과 보안 강화 업무에 집중할 수 있어요.

커리어패스

관련 학과	컴퓨터공학과, 소프트웨어공학과, 금융공학과, e비즈니스학과, 수학과, 통계학과
진로 준비	• 직업 훈련 기관에서 핀테크 교육과정을 이수할 수 있음. • 핀테크비즈니스학과, 핀테크융합학과가 개설된 대학원에서 전문 지식을 배울 수 있음.
진출 분야	모바일 금융 서비스를 제공하는 핀테크 기업, 은행, 증권사, 보험 회사
관련 직업	전자상거래전문가, 금융공학자, 금융기술전문가
전직 가능 직업	응용소프트웨어개발자

02

연구 및
공학 기술

이 분야의 직업인은 높은 수준의 지식과 기술을 바탕으로 인문, 사회, 자연과학, 공학 등 다양한 분야에서 새로운 것을 연구하고, 사람들에게 필요한 제품이나 기술을 개발하여 우리 주변의 문제를 해결하는 일을 합니다.

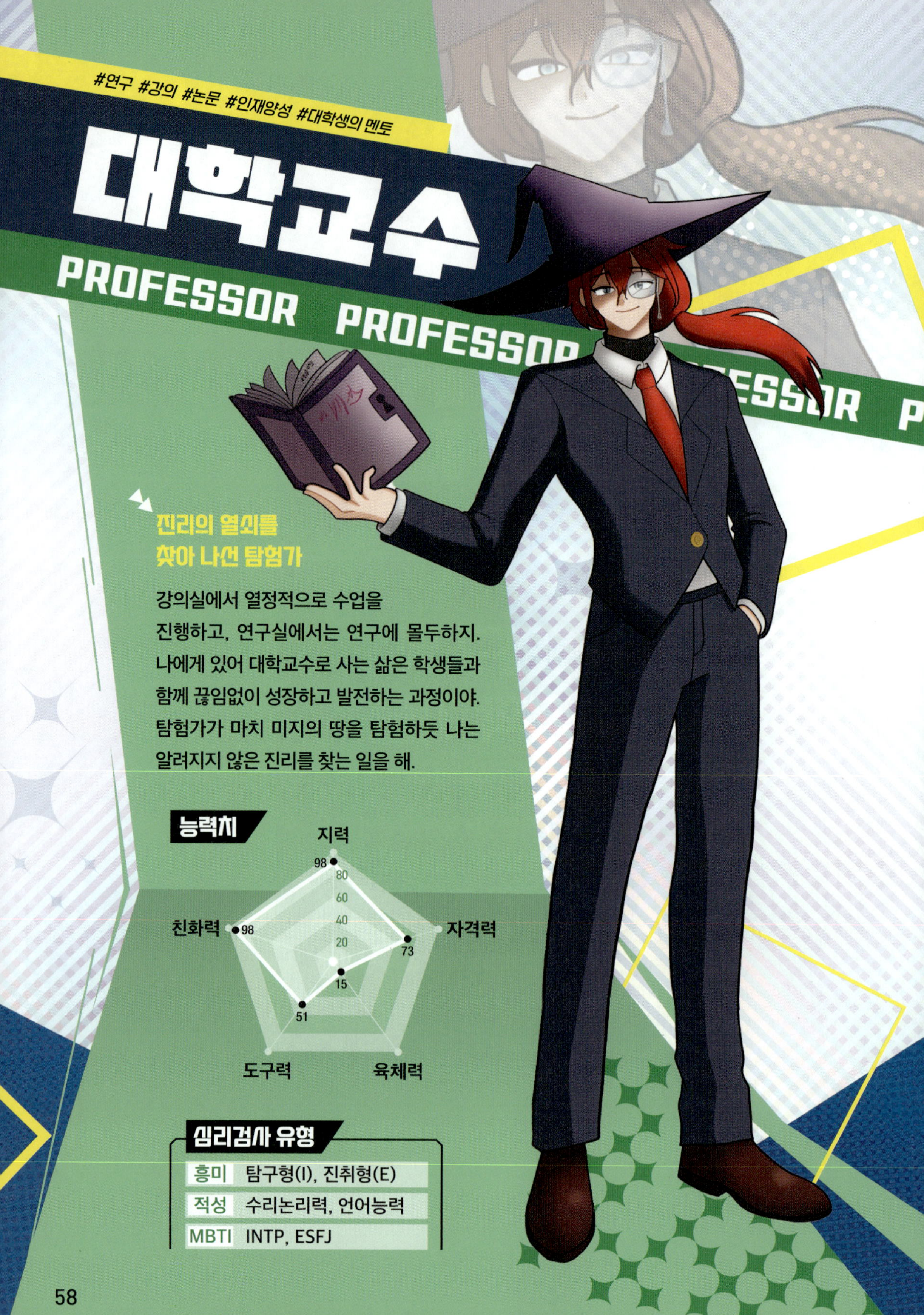

대학교수
PROFESSOR PROFESSOR

찐리의 열쇠를 찾아 나선 탐험가

강의실에서 열정적으로 수업을
진행하고, 연구실에서는 연구에 몰두하지.
나에게 있어 대학교수로 사는 삶은 학생들과
함께 끊임없이 성장하고 발전하는 과정이야.
탐험가가 마치 미지의 땅을 탐험하듯 나는
알려지지 않은 진리를 찾는 일을 해.

심리검사 유형

흥미	탐구형(I), 진취형(E)
적성	수리논리력, 언어능력
MBTI	INTP, ESFJ

🚩 어떤 일을 할까요?

대학에서 자신의 전공 분야를 연구하고 논문을 발표함.

학생들에게 전공과목을 강의하고, 시험 문제를 출제하고 그 결과를 평가함.

학생들의 연구 계획과 논문을 지도하고 상담함.

👤 어떤 사람에게 어울릴까요?

깊이 있는 탐구와 논리적인 판단이 가능한 사람

토론과 논쟁을 즐기고, 다른 사람에게 영향을 미치고 싶어하는 사람

자신의 생각을 명확히 표현하고, 다른 사람의 의견을 잘 이해하는 사람

통계 자료를 해석하고 합리적으로 문제를 해결할 수 있는 사람

📊 직업 현황

📊 수입 ———— (단위: 만 원)

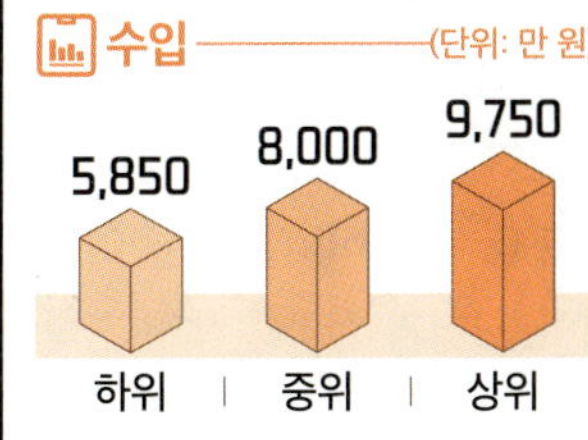

하위	중위	상위
5,850	8,000	9,750

🤝 업무 자율성 ———— (단위: %)

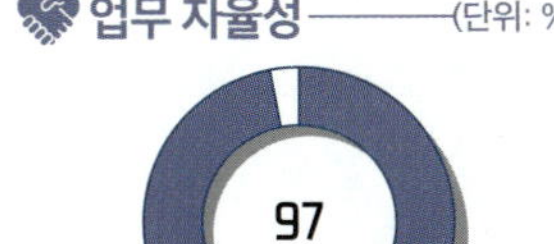

97

👍 직무 만족도 ———— (단위: %)

99

🤖 AI와 함께하는 직업 생활

AI는 방대한 연구 자료를 검색하여 빠르게 정리할 수 있고, 사람은 학생에게 비판적으로 생각하는 방법을 가르치고 깊이 있는 학문 탐구를 이끌어줄 수 있어요.

♟ 커리어패스

🎓 관련 학과

법학과, 경제학과, 국어국문학과, 사학과, 사회학과, 심리학과, 영어영문학과, 철학과, 전기전자공학과, 생물학과, 건축공학과, 전자공학과, 물리학과, 의학과 등

🚩 진로 준비

- 대학교 졸업 이후 대학원에 진학하여 석사와 박사 학위를 받는 것이 일반적임.
- 문학이나 예술 분야에서는 박사 학위가 없어도 해당 분야에서 뛰어난 업적을 쌓거나 오랜 실무 경험을 갖추면 대학 교수로 임용되기도 함.
- 자신의 전공 분야를 깊이 있게 연구하고, 국내외 학술지에 연구 결과를 논문으로 발표하여 연구 업적을 쌓는 것이 중요함. 연구 논문 실적은 대학교수 임용 시 중요한 평가 기준이 됨.

📋 전문 지식

해당 학문 분야에 관한 전문 지식, 학생 지도 및 상담 능력, 전문 분야 논문 작성 능력

👥 진출 분야

국공립 전문대학 및 대학교, 사립 전문대학 및 대학교, 대학원

👤 관련 직업

공학계열교수, 사회계열교수, 의약계열교수, 인문계열교수, 사범계열교수, 자연계열교수, 대학강사

💼 전직 가능 직업

연구원

🏢 관련 기관

한국대학교육협의회 www.kcue.or.kr
한국전문대학교육협의회 www.kcce.or.kr

인문학연구원

LIBERAL ARTS RESEARCHER   LIBERAL ART

옛것을 탐험하며 오늘을 밝히는 모험가

나는 시간 여행을 하며 과거의 문학이나 역사, 철학 등을 파헤치는 모험을 하고 있어. 과거 사람들의 발자취를 따라가며 인간의 삶과 사회를 깊이 이해하고, 현대 사회의 문제를 해결하고 더 나은 미래를 위한 아이디어를 찾아내지. 모험의 결과를 책이나 학술지에 담아 다른 모험가들과 나누고, 함께 지식을 쌓아가는 것도 큰 즐거움이야.

능력치

심리검사 유형

흥미	탐구형(I), 관습형(C)
적성	수리논리력, 언어능력
MBTI	INTJ, INTP

⚑ 어떤 일을 할까요?

문학, 역사학, 철학, 언어, 인류학 등의 분야를 조사하고 연구함.

인문학 관련 지식을 활용하여 기존 이론을 발전시키고 새로운 이론을 정립함.

인간과 역사, 언어학 등의 주제를 연구하고, 학술 논문과 보고서를 작성함.

⚙ 어떤 사람에게 어울릴까요?

논리적이고 합리적으로 생각하는 사람

꼼꼼하고 세심하며 책임감이 강한 사람

문제를 논리적으로 분석하고 합리적으로 해결할 수 있는 사람

말과 글로 자신의 생각과 감정을 효과적으로 전달할 수 있는 사람

◐ 직업 현황

📊 수입 ──────── (단위: 만 원)

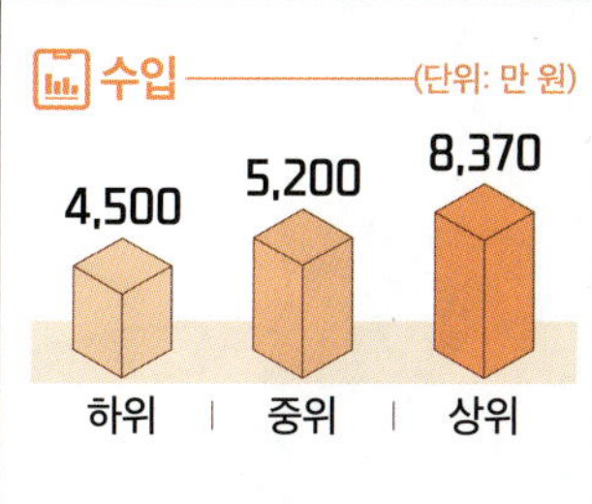

하위	중위	상위
4,500	5,200	8,370

🤝 업무 자율성 ──────── (단위: %)

91

👍 직무 만족도 ──────── (단위: %)

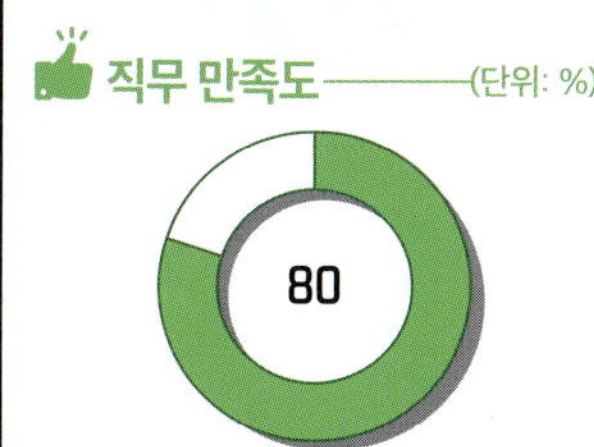

80

🤖 AI와 함께하는 직업 생활

AI는 방대한 문헌을 검색하여 데이터를 분석할 수 있고, 사람은 인간과 사회에 대한 본질적인 질문을 던지고 깊은 통찰력으로 시대를 이해하여 새로운 가치를 만들어요.

♟ 커리어패스

🎓 관련 학과

국어국문학과, 역사학과, 철학과, 고고학과, 언어학과, 종교학과, 민속학과

🚩 진로 준비

- 대학에서 인문학을 전공하고, 대학원에서 석사나 박사 학위를 반드시 취득해야 함.
- 자신의 전공 분야를 연구하여 국내외 학술지에 연구 논문을 발표하고 관련 학회 활동에 참여하면 실무에 도움이 됨.
- 대학원에서 공부한 전공 분야와 관련 있는 연구소나 연구원에 취업하는 경우가 일반적임.

📋 전문 지식

철학, 문학, 역사학, 언어학, 종교학, 고고학, 인류학 등 인문학 분야 전공 지식

👥 진출 분야

대학 부설 연구소, 정부 출연 연구 기관, 민간 연구 기관

🪪 관련 직업

인문학자, 철학자, 역사학자, 역사학연구원, 언어학자, 심리학자, 정신분석가, 고고학자, 디지털고고학자

💼 전직 가능 직업

대학교수, 미디어윤리학자, 로봇윤리학자, 윤리기술대변자, 재난인문학전문가, 첨단과학기술윤리학자, 세계윤리관리자

🏢 관련 기관

한국연구재단 www.nrf.re.kr
한국학중앙연구원 www.aks.ac.kr
하이브레인넷 www.hibrain.net

생명과학연구원

BIOLOGICAL SCIENCE RESEARCHER BIOL

생명의 신비를 밝히는 탐정

나는 하루 종일 현미경을 무기로 삼아 생명의 신비를 탐구하고 있어. 꽃이 어떻게 피어나는지, 우리 몸에 병이 왜 생기는지 등 다양한 수수께끼를 풀기 위해 노력하지. 때로는 질병을 일으키는 세균들과 대결하며, 실험과 연구를 거듭하지. 작은 세포에서부터 거대한 생태계에 이르기까지, 나의 일터는 끝없는 탐험의 세계야.

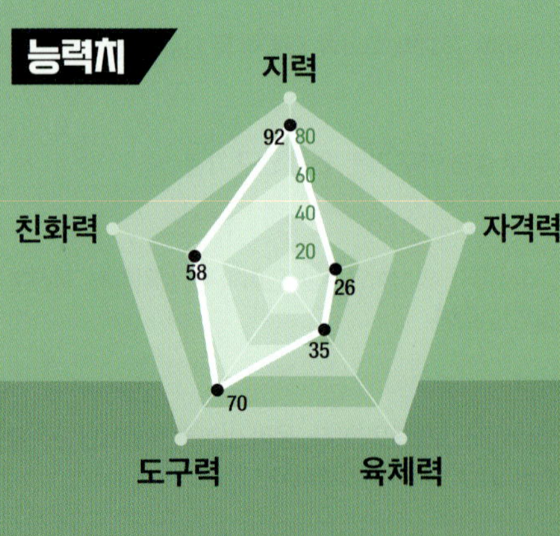

심리검사 유형

흥미	탐구형(I), 관습형(C)
적성	수리논리력
MBTI	ISTP, INTJ

어떤 일을 할까요?

생물학, 식품, 농업, 임업 등 생명과학 분야를 깊이 있게 조사하고 연구함.

살아 있는 유기체에 관한 깊이 있는 연구를 통해 새로운 이론을 제시함.

생명 과학 분야에 관한 실험을 설계하고 데이터를 분석하며, 그 결과를 학술 논문과 보고서로 작성함.

어떤 사람에게 어울릴까요?

새로운 것에 호기심이 많고 깊이 있는 탐구 과정을 즐기는 사람

어떤 일이든 미리 준비하고 대비하는 성향이 강한 사람

자연의 법칙을 과학적 연구 방법에 따라 연구할 수 있는 사람

실생활의 문제를 체계적인 단계에 따라 해결할 수 있는 사람

직업 현황

수입 (단위: 만 원)

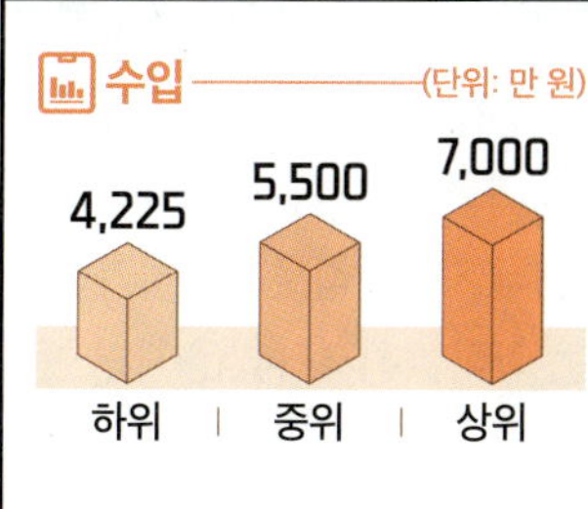

4,225 하위
5,500 중위
7,000 상위

업무 자율성 (단위: %)

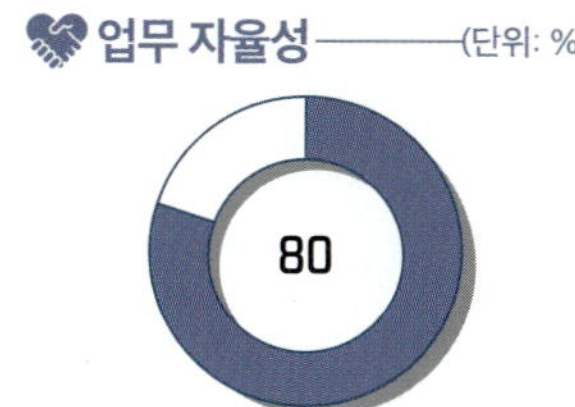
80

직무 만족도 (단위: %)

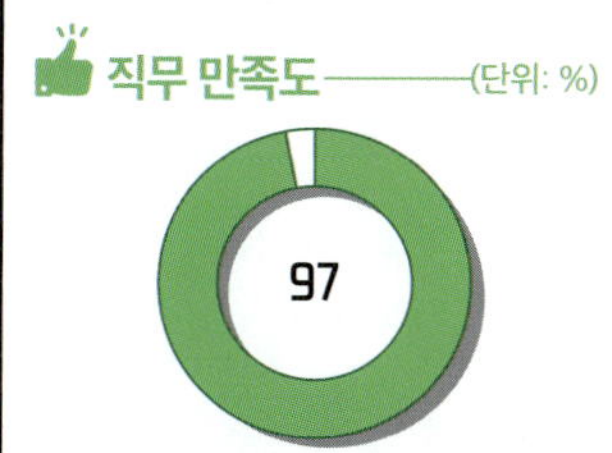
97

AI와 함께하는 직업 생활

AI는 유전 정보와 실험 데이터를 분석할 수 있고, 사람은 새로운 가설을 세워 실험을 설계하며 생명 현상의 미스터리를 푸는 창의적인 사고와 탐구 정신을 발휘해요.

커리어패스

관련 학과

생물학과, 생물정보공학과, 유전생명공학과, 뇌인지과학과, 식물자원학과, 동물자원학과

진로 준비

- 대학에서 생명과학을 전공하고 대학원에서 석·박사 학위를 취득해야 함.
- 자신의 전공 분야에서 조사와 연구를 수행하여 학술 논문을 발표하고 관련 학회에 참여하면 취업에 도움이 됨.
- 연구소에서 경력을 쌓으면 대학교수가 되거나 창업을 할 수도 있음.

전문 지식

생물학, 식품, 농업, 임업, 수산학, 식품학의 전문 지식

진출 분야

국공립 연구소, 국립 대학교, 사립 대학교, 전문대학, 대학원, 민간 연구 기관

관련 직업

생명공학연구원, 생명정보연구원, 생물정보분석가, 생물공학연구원, 유전체분석가, 생물학자, 식물학자, 생태학자, 곤충학자, 곤충컨설턴트, 동물학자, 조류학자, 해양생물학자, 해양연구원, 과학자, 복제전문가

전직 가능 직업

유전공학연구원, 인공장기제조전문가, 유전상담사, 생태모방기술전문가, 세계자원관리자, 야생동물생태복원사, 종복원전문가, 해양생명공학자, 생태계복원관리 연구원

관련 기관

한국생명공학연구원 www.kribb.re.kr
한국연구재단 www.nrf.re.kr
하이브레인넷 www.hibrain.net

자연과학연구원

NATURAL SCIENCE RESEARCHER　　NATURA

자연의 수수께끼를 풀어내는 과학 수사대

난 천체 망원경으로 밤하늘을 바라보며 우주의 기원과 질서를 연구하고, 지층의 흔적으로 지구의 역사를 탐구해. 우주와 자연에 대한 궁금증을 과학적인 방법으로 해결하고, 새로운 물질이나 자연법칙을 발견하기도 하지. 내 목표는 아직 밝혀지지 않은 자연 현상의 수수께끼를 하나씩 하나씩 푸는 거야.

능력치

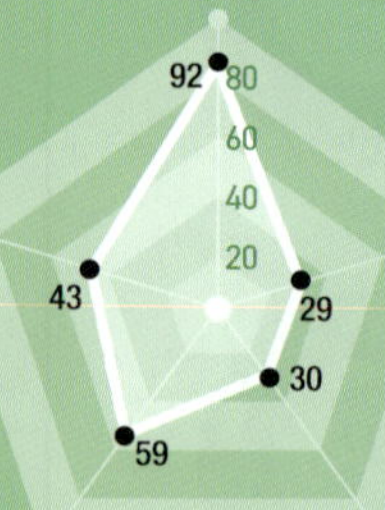

심리검사 유형

흥미	탐구형(I), 진취형(E)
적성	수리논리력
MBTI	INTJ, ISTP

어떤 일을 할까요?

물리학, 생물학, 화학, 지구 및 기상 과학, 천문 및 우주 과학 등 자연 과학 분야에서 조사와 연구를 수행함.

공학이나 사회 과학 분야에 적용할 수 있는 수학적 또는 통계학적 기술을 연구함.

자연 현상을 깊이 있게 조사하고 분석하여 학술 논문이나 보고서를 작성함.

어떤 사람에게 어울릴까요?

독립적으로 일하는 것을 좋아하며, 집중력이 좋은 사람

토론과 논쟁을 즐기며, 다른 사람들을 설득할 수 있는 사람

복잡한 계산을 잘할 수 있고, 과학의 원리를 이해할 수 있는 사람

통계 자료의 도표나 그래프를 해석할 수 있는 능력이 있는 사람

직업 현황

수입 (단위: 만 원)

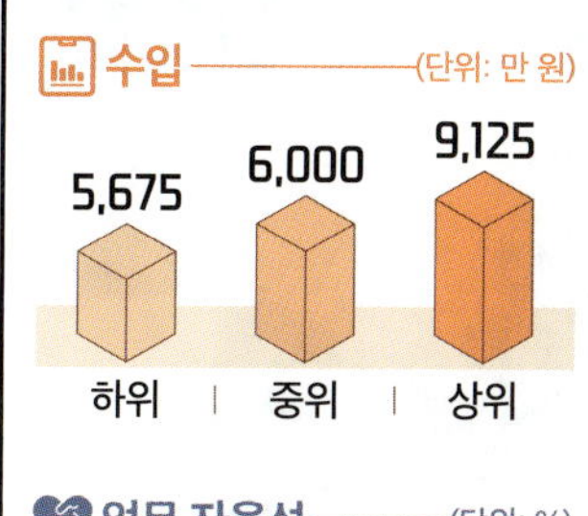

업무 자율성 (단위: %)

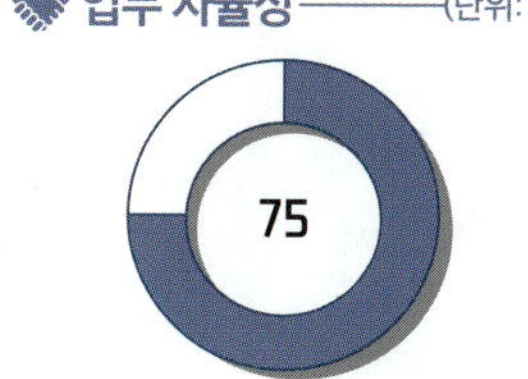

직무 만족도 (단위: %)

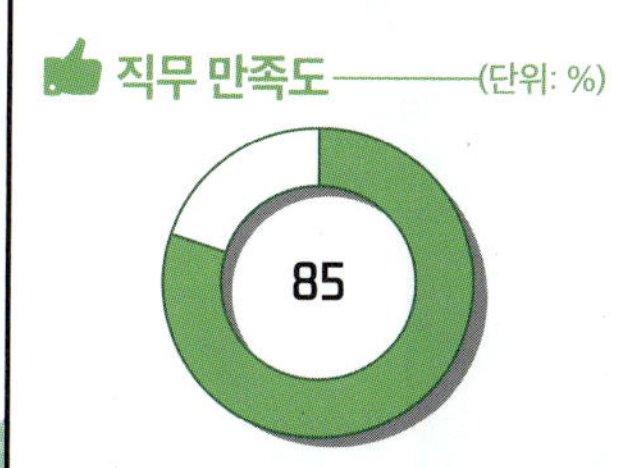

AI와 함께하는 직업 생활

AI는 복잡한 계산과 가상 실험을 수행할 수 있고, 사람은 자연 현상에 대한 근원적인 호기심을 바탕으로 새로운 법칙을 발견하는 연구에 집중할 수 있어요.

커리어패스

관련 학과

수학과, 물리학과, 화학과, 지구환경과학과, 천문우주학과, 대기과학과, 해양학과, 지질학과, 우주과학과

진로 준비

- 대학에서 자연과학을 전공하고 대학원에서 석·박사 학위를 취득해야 함.
- 자신의 전공 분야에서 조사와 연구를 진행하여 학술 논문을 발표하고 관련 학회에 참가하면 취업에 도움이 됨.
- 연구소나 연구원에서 경력을 쌓은 뒤 대학교수가 되거나 창업을 하는 경우도 있음.

전문 지식

물리학, 생물학, 지구과학, 농학, 임학, 수산학, 식품학 등에 관한 전문 지식

진출 분야

국공립 연구소, 국립 대학교, 사립 대학교, 전문대학, 대학원, 민간 연구 기관

관련 직업

물리학자, 수학자, 화학자, 천문학자, 해양학자, 지질학자, 고기후학자, 기상연구원, 대기과학자, 미세조류전문가, 병리학자, 생화학자, 기상학자, 과학자

전직 가능 직업

연구실안전관리사, 해양공학자, 수자원개발전문가

관련 기관

국가수리과학연구소 www.nims.re.kr
한국연구재단 www.nrf.re.kr
하이브레인넷 www.hibrain.net

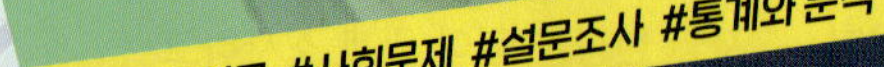

사회과학연구원

SOCIAL SCIENCE RESEARCHER   SOCIAL S

우리 사회에 희망을 제시하는 연구자

나는 사회를 움직이는 규칙을 찾아내는 일에 열중하고 있어. 정치, 경제, 문화 현상을 관찰하고 깊이 파고들어 눈에 보이지 않는 규칙과 법칙을 찾아내지. 사람들이 공통으로 겪는 문제나 특이한 사회 현상의 원인을 알아내고 영향을 예측해서 사회 정책 결정에 도움을 주기도 해.

능력치

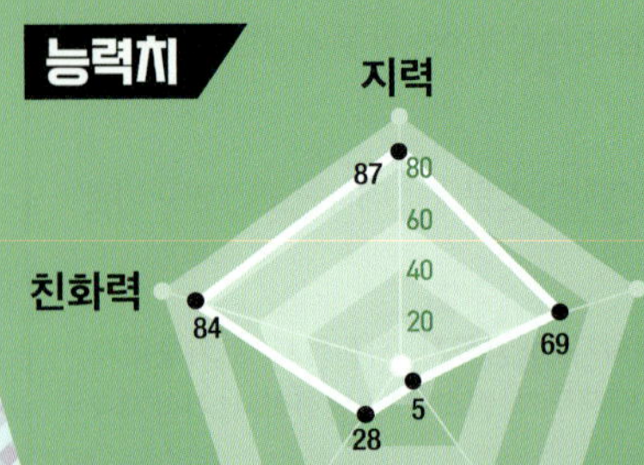

심리검사 유형

흥미	탐구형(I), 사회형(S)
적성	수리논리력, 언어능력
MBTI	INTP, INTJ

어떤 일을 할까요?

정부나 민간단체, 대학의 연구소에서 사회 현상을 여구하며 사람 가의 관계와 사회적 행동을 탐구함.

정치, 경제, 사회, 문화 등에 나타나는 현상을 깊이 있게 연구하고, 엽구 논문이나 정책 보고서를 작성함.

설문 조사나 심층 면담 등을 통해 사회 현상을 체계저으로 연구하고 결과를 분석해서 논문으로 발표함.

어떤 사람에게 어울릴까요?

직접 자료를 찾고 조사하거나 탐구하는 활동을 즐기는 사람

다른 사람의 감정을 잘 이해하고 사람들과 잘 어울리는 사람

복잡한 사회 현상에 대해 논리적으로 분석할 수 있는 사람

말과 글로 생각을 정확히 전달하고 이해할 수 있는 사람

직업 현황

수입 (단위: 만 원)

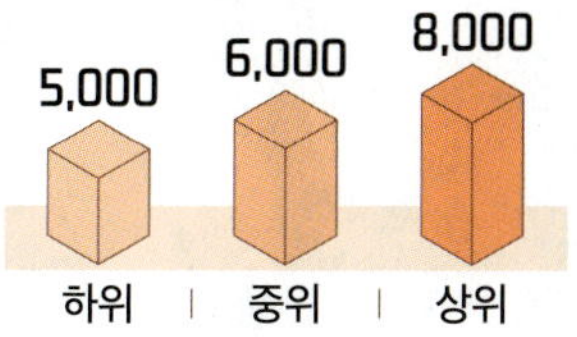

5,000 하위 | 6,000 중위 | 8,000 상위

업무 자율성 (단위: %)

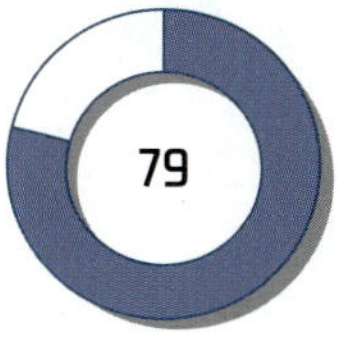

79

직무 만족도 (단위: %)

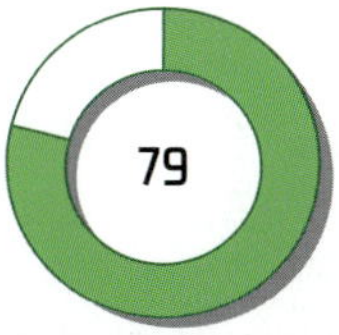

79

AI와 함께하는 직업 생활

AI는 사회 현상에 대한 대규모 데이터를 분석하여 패턴을 찾아내고, 사람은 복잡한 인간 행동과 사회 구조를 이해하여 더 나은 사회를 위한 정책을 제안할 수 있어요.

커리어패스

관련 학과

정치외교학과, 경제학과, 사회학과, 행정학과, 신문방송학과

진로 준비

- 대학 졸업 후 대학원에서 사회 과학 분야를 전공하고 석사나 박사 학위를 취득해야 함.
- 관심 있는 전공 분야를 깊이 연구하고 연구 논문을 작성하여 학술지에 게재하면 연구원으로 취업하는 데 큰 도움이 됨.

전문 지식

정치·경제·사회·문화 등에 관한 전문 지식, 전문 분야의 학술 논문 작성 능력

진출 분야

국책 연구소, 지역의 공공 연구소, 민간 기업의 연구소, 시민 단체, 비영리 기관

관련 직업

사회학연구원, 정치학연구원, 경제학연구원, 언론학연구원, 교육학연구원, 정치학자, 통계원, 기후경제학자, 통계학자, 경영학자, 사회조사분석사, 사회학자

전직 가능 직업

대학교수, 공공기관임원, 연금전문가, 친고령산업전문가, 대안화폐전문가, 미래가이드

관련 기관

한국사회학회 www.ksa21.or.kr
한국정치학회 www.kpsa.or.kr
한국경제학회 www.kea.ne.kr

건축가
ARCHITECT ARCHITECT ARCHITECT A

도시의 풍경을 디자인하는 화가

나는 세상의 모든 공간을 더 멋지게 꾸미는 일을 해. 단순히 건물을 짓는 것뿐만 아니라, 도시의 스카이라인에 새로운 이야기를 더하거나, 자연과 하나가 되는 아름다운 공간을 만들어 내는 것도 나의 역할이야. 매일매일 창의력을 발휘해서 세상을 더 아름답게 만들기 위해 노력할 거야.

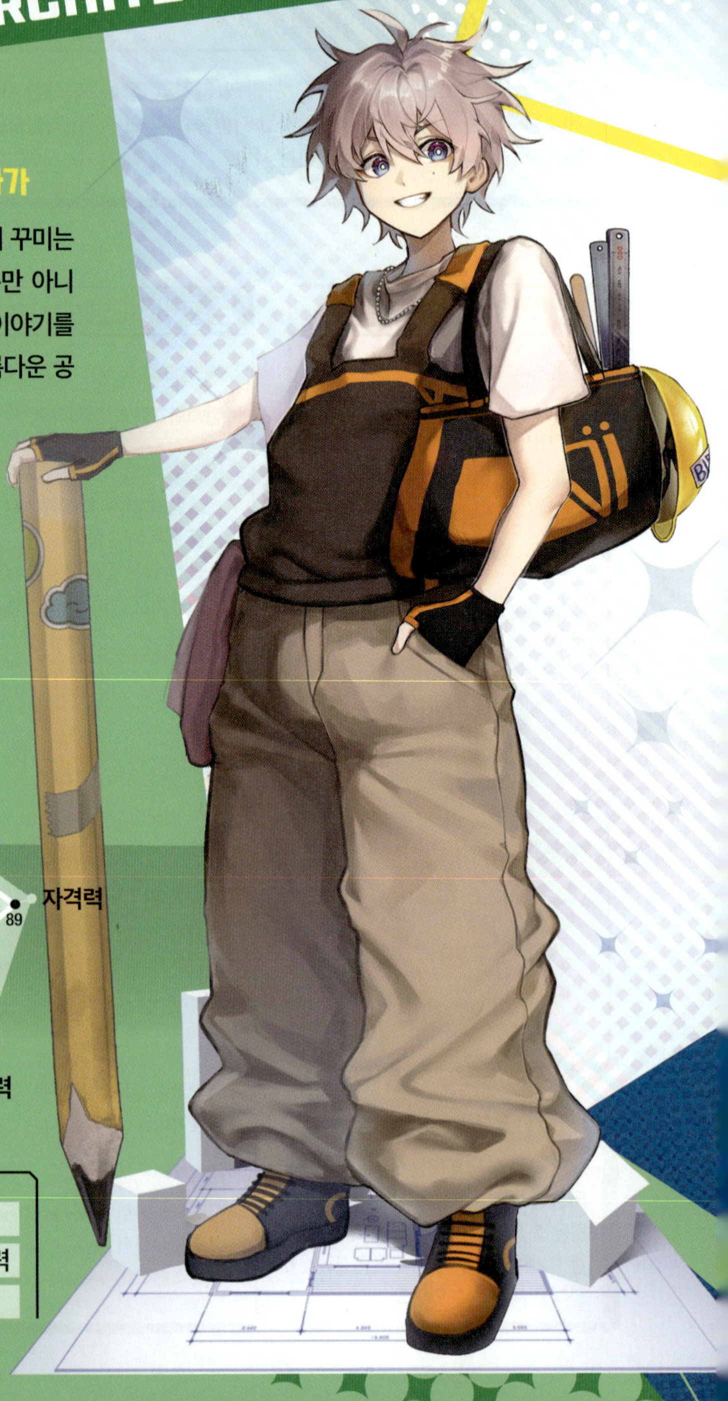

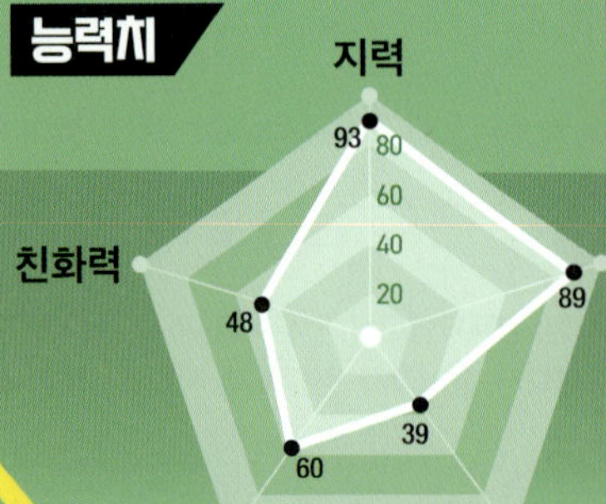

심리검사 유형

흥미	탐구형(I), 실재형(R)
적성	수리논리력, 공간지각력
MBTI	INTP, INTJ

🚩 어떤 일을 할까요?

건축물을 기획하고 설계하며, 건축물의 시공을 책임짐.	건축물의 외관과 내부 공간을 디자인하고 설계 도면을 작성함.	시공 현장에서 설계 도면에 따라 건축물이 정확하게 시공되도록 관리·감독함.

💡 어떤 사람에게 어울릴까요?

내용을 깊이 이해하기 위해 자료 수집이나 분석에 노력을 기울이는 사람	손이나 도구를 사용하는 조작을 즐기는 사람	수학 기호의 의미를 알고 실생활에서 수학적 지식을 적용할 수 있는 사람	머릿속으로 입체적인 물체의 위치나 모습을 상상하여 떠올릴 수 있는 사람

📊 직업 현황

📈 수입 ——— (단위: 만 원)

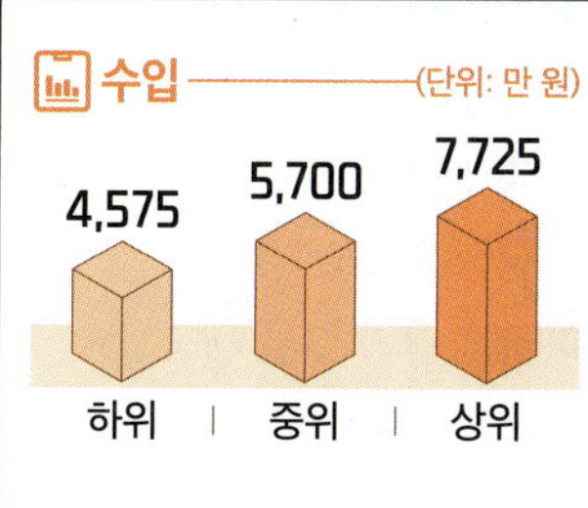

하위	중위	상위
4,575	5,700	7,725

🤝 업무 자율성 ——— (단위: %)

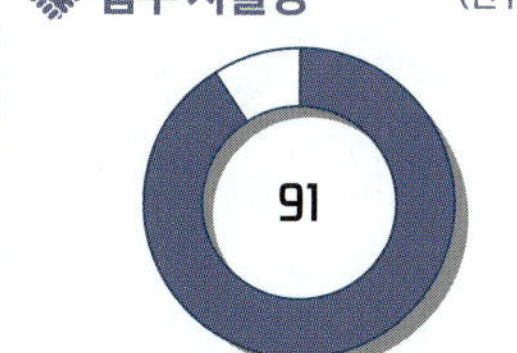

91

👍 직무 만족도 ——— (단위: %)

96

🤖 AI와 함께하는 직업 생활

AI는 건축물의 구조 분석과 설계 도면 제작을 효율적으로 처리하고, 사람은 아름답고 실용적인 공간 기획에 예술적인 감각과 인간적 감성을 발휘할 수 있어요.

♟ 커리어패스

🎓 관련 학과

건축학과(5년제), 건축공학과(4년제), 건축과(3년제)

🚩 진로 준비

- 건축가가 되기 위해서는 일반적으로 전문대학이나 대학교에서 건축 관련 학과를 졸업해야 함.
- 대학 졸업 이후 건축사 사무소에 건축사보로 취업하고 실무 경력을 쌓은 후 건축사 자격을 취득해야 함.
- 특성화 고등학교에서 건축과를 전공하고 현장 경력을 쌓은 후 건축사 자격을 취득하는 경우도 있음.

📇 전문 지식

건축 설계, 건축 디자인, 건축 계획, 건축 구조, 건축 재료, 건축 시공, 건축 사법

👥 진출 분야

건축사 사무소, 건설 회사의 설계 부서, 엔지니어링 업체

👤 관련 직업

건축공학기술자, 녹색건축전문가, 전통건축원, 건축디자이너, 건축설계사, 목조주택빌더, 한옥건축가, 주택임대관리사, 부동산중개인

💼 전직 가능 직업

친환경건축연구원, 빌딩정보모델링전문가, 건축물안전점검원

🏢 관련 기관

대한건축사협회 www.kira.or.kr
한국건축가협회 kia.or.kr

토목공학기술자

CIVIL ENGINEER CIVIL ENGINEER CIVIL

자연을 길들이고
문명의 기반을 닦는 개척자

나는 험준한 산맥을 뚫고, 거대한 강을 가로질러 길을 내. 불가능한 일을 가능하게 만드는 사람이지. 도로 건설부터 댐 건설까지, 대규모 공사를 모두 내가 담당하고 있어. 자연과 치열한 싸움을 벌이며 인간의 길을 개척하는 것이 나의 숙명이야.

심리검사 유형

흥미	관습형(C), 실재형(R)
적성	수리논리력, 공간지각력
MBTI	INTP, INTJ

🚩 어떤 일을 할까요?

도로, 철도, 지하철, 터널, 항만, 댐 등을 설계하고 토목 공사 현장을 관리하고 감독함.

공사 현장의 지형, 지질, 도로 상황 등을 자세히 조사하고 분석하여 토목 공사를 설계함.

토목 공사가 설계대로 정확하게 진행되고 있는지 감독하는 감리 업무를 수행함.

💡 어떤 사람에게 어울릴까요?

맡은 일에 대한 책임감이 강하고 약속을 잘 지키는 사람

어떤 대상이나 기계를 조작하는 활동을 좋아하는 사람

까다롭고 복잡한 계산에 능숙하며, 과학의 원리를 잘 이해할 수 있는 사람

입체 도형을 보고 전개도를 떠올릴 수 있는 능력이 있는 사람

📊 직업 현황

📊 수입 (단위: 만 원)

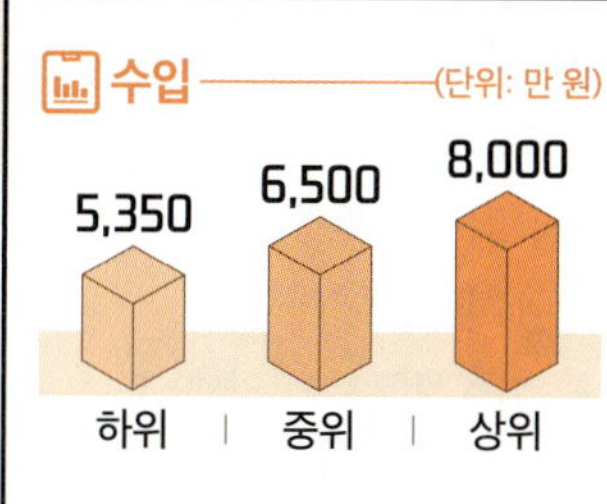

💞 업무 자율성 (단위: %)

👍 직무 만족도 (단위: %)

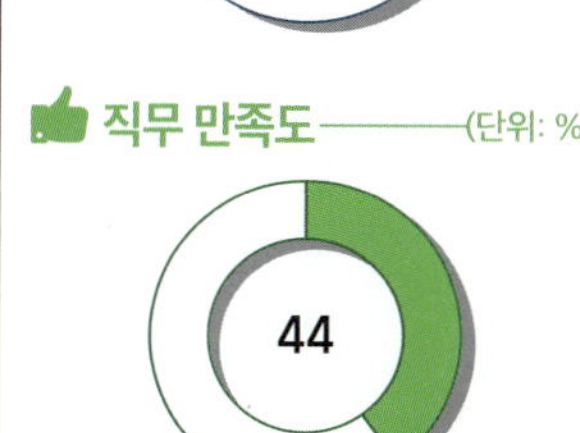

🤖 AI와 함께하는 직업 생활

AI는 지형과 재료 분석, 시공 시뮬레이션을 통해 설계 효율을 높이고, 사람은 복잡한 환경 조건을 분석하여 지속 가능한 기반 시설 설계와 미적 가치 구현에 집중할 수 있어요.

♟ 커리어패스

🎓 관련 학과

토목공학과, 건설환경공학과, 지역환경토목학과, 해양토목공학과, 토목환경공학과, 건설시스템공학과

🚩 진로 준비

- 전문대학이나 대학교에서 토목 관련 학과를 졸업하면 취업과 실무에 도움이 됨.
- 건설 업체에 입사 후 2~4년 정도의 경력을 쌓으면 토목공학 경력 기술자로 인정을 받을 수 있음.
- 토목공학기술자로 경력을 쌓은 후 토목 설계와 감리를 전문으로 하는 엔지니어링 회사를 창업할 수 있음.

📋 전문 지식

구조 역학, 토질 역학, 수리학, 콘크리트 공학, 강구조 공학, 도로 공학, 터널 공학, 상하수도 공학

👥 진출 분야

건설 회사, 토목 엔지니어링 회사, 토목 감리 전문 업체, 도로포장 전문 공사 업체

👤 관련 직업

엔지니어, 건설기계운전원, 건설자재시험원, 설계엔지니어, 토목공학자

💼 전직 가능 직업

도시계획가, 공무원

🏢 관련 기관

한국토목시공기술사협회 www.kopcea.or.kr
한국건설기술인협회 www.kocea.or.kr

조경기술자
LANDSCAPE ENGINEER

도시의 오아시스를 만드는 풍경 디자이너

나는 흙, 물, 식물을 재료로 삼아 끊임없이 새로운 작품을 만들고 있어. 정원을 디자인하고 나무를 심고 때로는 물길을 만들어서 자연과 사람이 만나는 도시의 오아시스를 만들지. 삭막한 도시에 사는 사람들에게 계절마다 아름답게 변하는 정원을 선물하기 위해 매일 나의 창의력을 한껏 발휘해서 멋진 작품을 만들 거야.

능력치

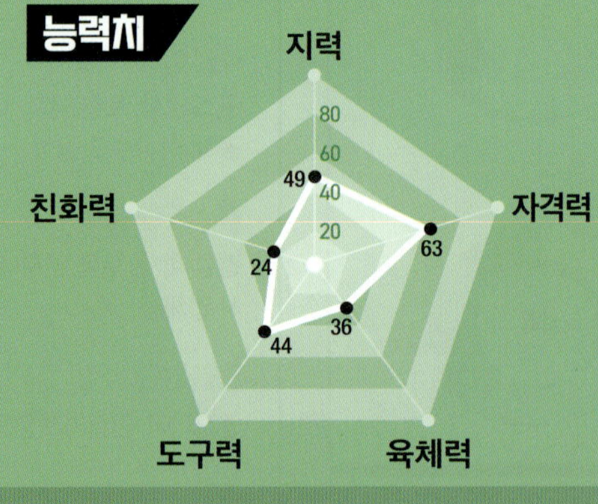

심리검사 유형

흥미	예술형(A), 탐구형(I)
적성	수리논리력, 공간지각력
MBTI	INFP, INTJ

어떤 일을 할까요?

정원이나 공원을 지형과 용도에 맞게 설계하고 계획하며, 조경 공사를 관리하고 감독함.	고객과 협의하여 설계 계획을 수립하고 나무나 바닥 등 공사에 필요한 재료비를 산출함.	나무와 잔디를 심고, 조경 시설물과 부설물을 설치하고 마감하는 작업을 조정하고 감독함.

어떤 사람에게 어울릴까요?

감수성이 풍부하고, 미술이나 음악에 관심이 많은 사람	자연과 식물에 관한 호기심이 많으며, 이를 깊이 탐구할 수 있는 사람	체계적인 시간 관리나 예산 관리에 필요한 수리논리력을 갖춘 사람	입체 도형의 보이지 않는 부분도 파악할 수 있는 사람

직업 현황

수입 (단위: 만 원)

- 하위: 4,971
- 중위: 6,100
- 상위: 8,000

업무 자율성 (단위: %)

50

직무 만족도 (단위: %)

64

AI와 함께하는 직업 생활

AI는 식물 성장 데이터와 환경 조건을 분석하여 최적의 공간을 시뮬레이션하고, 사람은 생태계 보전과 삶의 풍요로움을 동시에 실현하는 조경 설계에 집중할 수 있어요.

커리어패스

관련 학과

조경학과, 환경디자인학과, 도시공학과, 도시계획학과

진로 준비

- 특성화 고등학교, 전문대학, 대학교에서 조경 관련 학과를 졸업해야 함.
- 조경 관련 국가 자격증(기능사, 산업기사, 기사, 기술사)을 취득해야 함.
- 조경기술자는 국가 공무원이 되거나, 대학원 과정을 마치고 대학교수나 연구원이 될 수도 있음.

전문 지식

조경 설계, 조경 디자인, CAD(Computer-Aided Design), 식물학, 생태학, 조경 시공

진출 분야

조경 설계 사무소, 엔지니어링 회사, 조경 컨설팅 회사, 조경 식재 공사 업체, 조경 관리 업체

관련 직업

조경원, 친환경건축컨설턴트, 건축가, 토목공학기술자, 정원사

전직 가능 직업

나무의사, 도시숲조성관리전문가, 아보리스트, 테마공원디자이너

관련 기관

한국건설기술입협회 homenet.kocea.or.kr:1443
한국조경협회 www.ksla.or.kr

도시 및 교통설계전문가

URBAN AND TRAFFIC-RELATED PROFESSIONAL

도시의 가능성을 발굴하는 도시의 조각가

도시의 숨겨진 자원과 가능성을 발견하여, 도시를 더욱 풍요롭게 만드는 것이 나의 임무야. 수많은 사람들이 함께 살아가는 도시가 스스로 성장하고 발전할 수 있도록 시스템을 만드는 거지. 도시 사람들이 행복하게 살아가는 모습을 상상하며, 오늘도 도시의 미래를 설계하고 있어.

능력치

심리검사 유형

흥미	관습형(C), 진취형(E)
적성	수리논리력, 공간지각력
MBTI	ISTP, INTJ

어떤 일을 할까요?

도시계획가는 국토와 도시의 효율적이고 지속 가능한 개발을 위해 주거, 상업, 교통 등의 계획을 수립함.

도시계획가는 도시와 지역의 특성, 토지 이용 현황 등을 조사하고 분석하여 토지 이용 계획을 세움.

교통전문가는 차량과 사람들이 더 편리하게 이동할 수 있도록 도로망이나 교통 시설물을 설계함.

어떤 사람에게 어울릴까요?

체계적이고 조직적인 활동을 좋아하는 사람

모임에서 리더 역할을 주도하며 다른 사람을 이끄는 사람

다양한 정보를 분석하여 논리적으로 문제를 해결할 수 있는 사람

머릿속으로 입체적인 물체의 위치나 모습을 떠올릴 수 있는 사람

직업 현황

수입 (단위: 만 원)

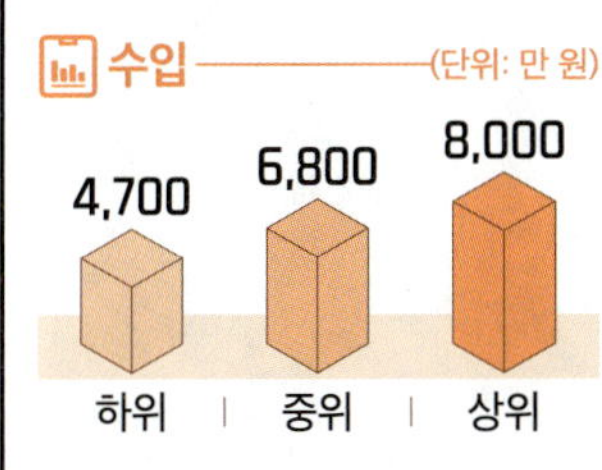

하위	중위	상위
4,700	6,800	8,000

업무 자율성 (단위: %)

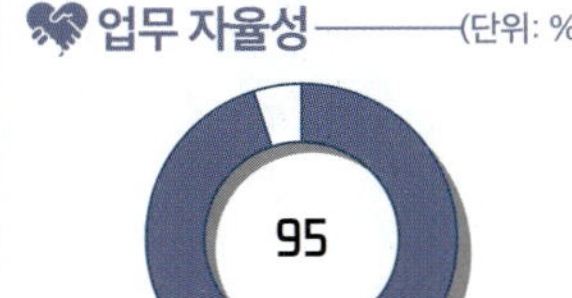

95

직무 만족도 (단위: %)

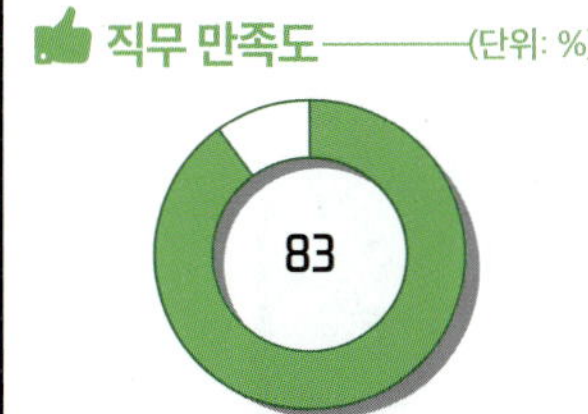

83

AI와 함께하는 직업 생활

AI는 도시 데이터 분석으로 차량 흐름을 예측하고, 사람은 삶의 질 향상을 목표로 미래 도시의 비전을 제시하고 인간 중심의 교통 체계를 설계하는 일에 전문성을 발휘해요.

커리어패스

관련 학과

도시공학과, 도시계획학과, 도시환경계획학과

진로 준비

- 대학의 도시 계획 관련 학과에 진학하여 공부하는 것이 취업에 유리함.
- 도시계획기사(기술사), 교통기사(기술사)와 같은 국가 자격을 취득하면 취업과 실무에 도움이 됨.
- 중앙 정부나 지방 정부에서 도시 계획에 전문성이 있는 사람을 기술직(도시 계획) 공무원으로 선발함.

전문 지식

도시 계획론, 도시 재생, 지역 개발론, 교통 수요 예측, 교통 시설 계획, 지능형 교통 시스템(ITS)

진출 분야

정부 기관, 지방 자치 단체, 공기업, 연구소, 엔지니어링 회사, 건설 회사

관련 직업

도시계획가, 도시재생전문가, 경관디자이너, 공공디자이너, 교통계획설계가, 교통설계전문가, 교통영향평가원, 도시개발기술자

전직 가능 직업

도심항공모빌리티전문가, 스마트그린도시기획자, 스마트도시계획가, 스마트도시전문가, 스마트시티전문가, 지능형교통시스템연구원, 지능형교통체계전문가, 도시교통설계전문가

관련 기관

한국도시계획기술사협회 www.pupa.or.kr
한국건설기술인협회 www.kocea.or.kr

측량 및 공간정보전문가

LAND SURVEYING AND SPATIAL DATA PROFESSIONAL

땅의 지문을 채취하는 과학 수사 대원

나는 지구를 놀이터 삼아, 곳곳의 정보를 수집하고 관리하는 일을 하고 있어. 측량기를 사용해 땅의 형태와 위치, 고도와 면적 등의 정보를 꼼꼼히 모으지. 이렇게 모은 정보는 정확한 지도를 만드는 데에도 활용되고, 새로운 도시를 계획하거나 재난을 관리하는 등 다양한 분야에서 유용하게 활용할 수 있어.

능력치

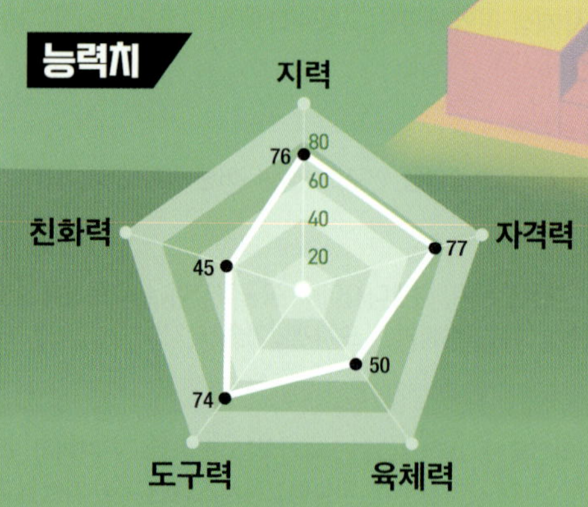

심리검사 유형

흥미	관습형(C), 실재형(R)
적성	수리논리력, 공간지각력
MBTI	ISTP, INTJ

🚩 어떤 일을 할까요?

측량전문가는 땅, 바다, 하천, 우주 등 모든 공간상의 위치를 정확하게 측정함.

공간정보전문가는 상하수도, 도로 등 지상과 지하의 다양한 정보를 데이터베이스로 구축하고 관리함.

공간정보전문가는 수집된 공간 데이터를 검토하고, 이를 가공하여 공간 정보를 분석함.

💡 어떤 사람에게 어울릴까요?

작은 부분까지 주의를 기울이며 책임감 있게 주어진 일을 수행하는 사람

직접 몸으로 느끼고 움직이는 체험을 중요하게 생각하는 사람

과학의 원리를 이해하고 정확한 계산을 할 수 있는 수리논리력을 갖춘 사람

지도의 등고선으로 위치나 모양을 상상할 수 있는 공간지각력을 갖춘 사람

📊 직업 현황

수입 (단위: 만 원)

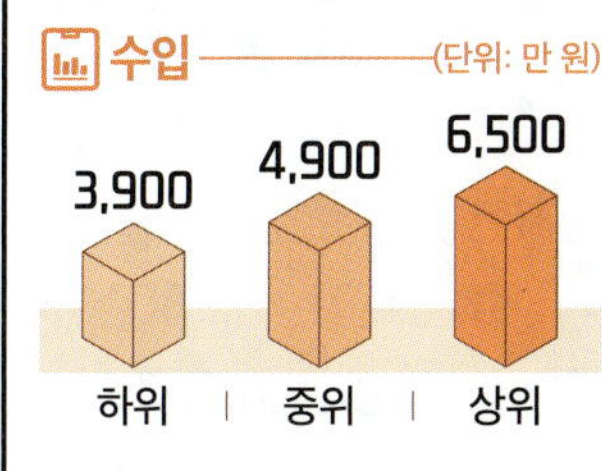

- 하위: 3,900
- 중위: 4,900
- 상위: 6,500

업무 자율성 (단위: %)

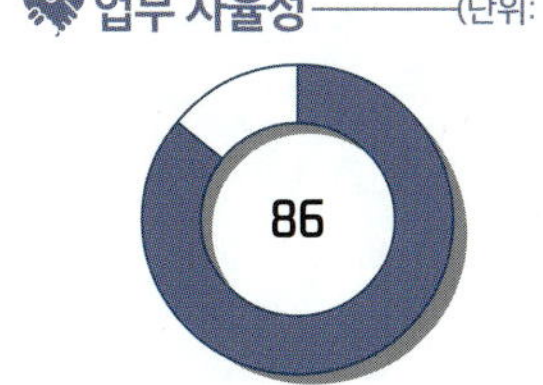

86

직무 만족도 (단위: %)

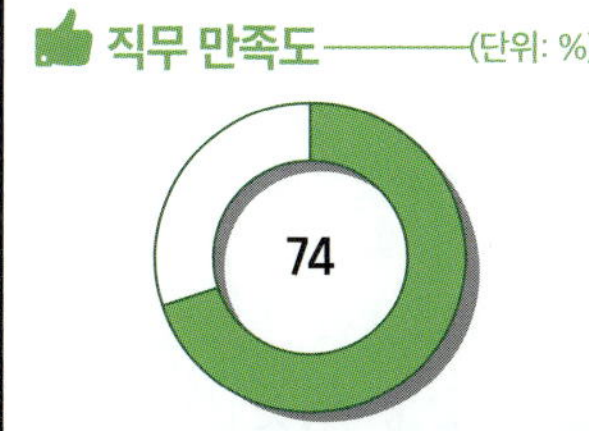

74

🤖 AI와 함께하는 직업 생활

AI는 위성 이미지와 지형 데이터를 빠르게 분석하고, 사람은 복잡한 지형 정보를 해석하여 다양한 목적의 공간 정보를 생산하고 전략적 활용 방안을 제시할 수 있어요.

🏆 커리어패스

🎓 관련 학과

지리학과, 공간정보학과, 지적공간정보학과, 도시정보공학과, 지적학과, 지적토목학과

🚩 진로 준비

- 전문대학이나 대학교에서 공간 정보나 지리 정보 관련 학과를 졸업하면 취업에 유리함.
- 국가 자격인 측량 및 지형공간정보기사(기술사), 지적기사(기술사) 등을 취득하면 취업과 실무에 도움이 됨.
- 공간정보전문가는 공무원이 되거나 공공 기관에 취업할 수 있으며, 대학원 과정을 마치면 연구직이나 대학교수가 될 수도 있음.

📋 전문 지식

측량학, 지형학, 공간 정보 시스템(GIS), GPS 측량, 측량 및 공간 정보 시스템 설계

👥 진출 분야

측량 지적 엔지니어링 업체, 지도 제작 업체, 공간 정보 업체, 건설 회사, 엔지니어링 업체, 부동산 감정 평가 회사, 공공 기관

🧑 관련 직업

GIS전문가, 지도제작자, 지리정보시스템전문가, 측량기술자

💼 전직 가능 직업

공무원(지적직, 측지직), 연구원, 대학교수

🏢 관련 기관

한국공간정보산업협회 www.kasm.or.kr
국토지리정보원 www.ngii.go.kr
한국국토정보공사 www.lx.or.kr

#기계 #자동차 #로봇 #엔지니어 #볼트와너트

기계공학기술자

MECHANICAL ENGINEER

MECHANICAL ENG

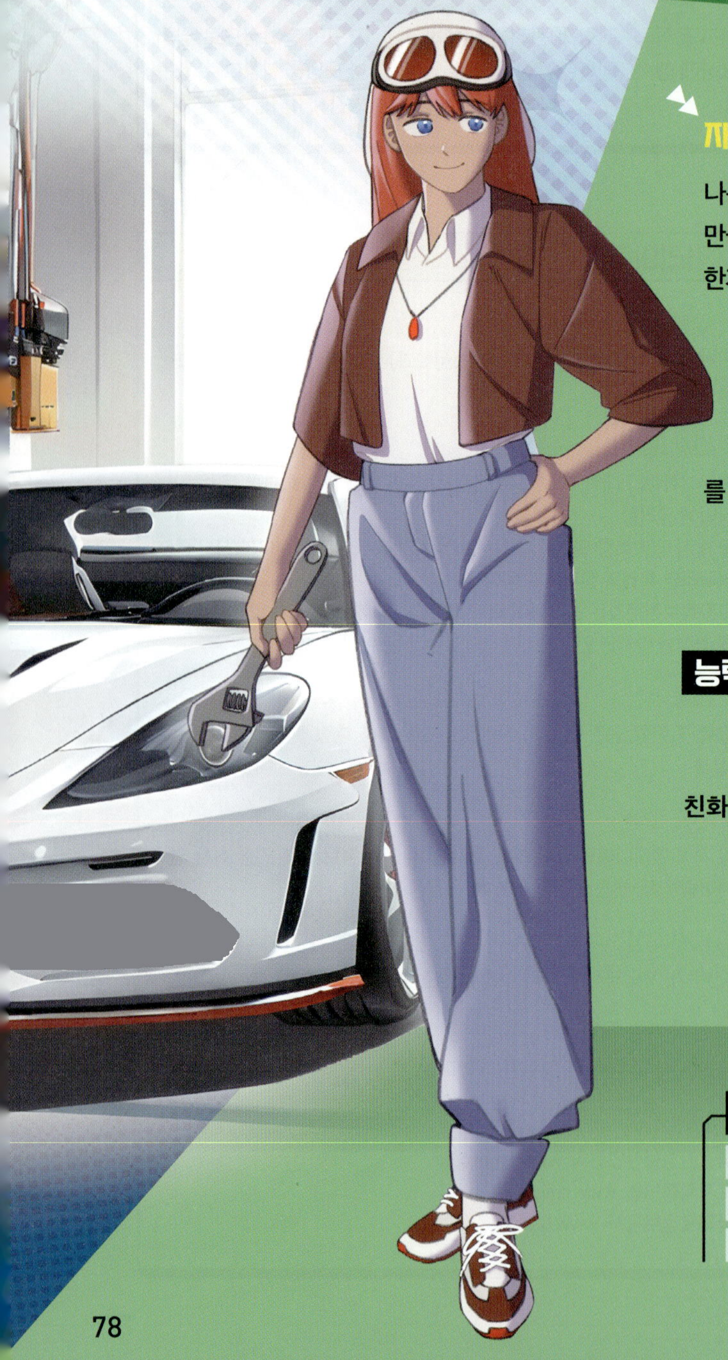

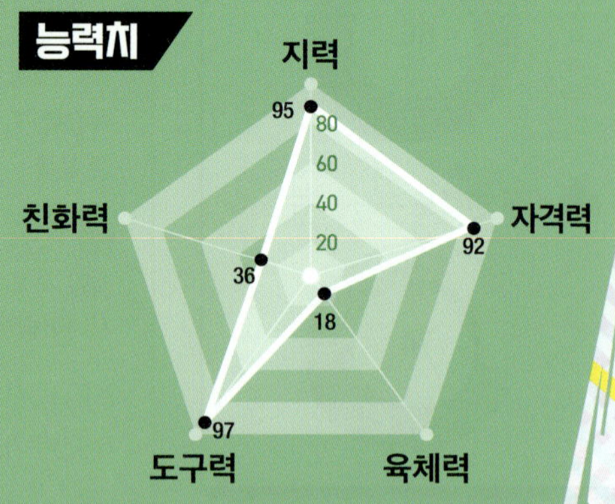

자신의 한계를 뛰어넘는 기계 혁명가

나는 최고의 성능과 디자인을 갖춘 슈퍼카를 만들기 위해 매일 도전하고 있어. 물리 법칙의 한계를 뛰어넘기 위해, 새로운 소재와 기술을 개발하기 위해 나의 하루를 실험과 연구로 채우고 있지. 실험과 연구가 매번 성공적일 수는 없지만 실패는 경험을 늘려 줄 뿐! 모두의 시선을 사로잡는 최고의 슈퍼카를 개발하기 위한 나의 여정은 계속될 거야.

능력치

심리검사 유형

흥미	관습형(C), 탐구형(I)
적성	수리논리력, 공간지각력
MBTI	ISTJ, INTP

🚩 어떤 일을 할까요?

장비를 사용하여 기계 설비, 기계 장비, 기계 부품 등의 신뢰성과 안정성을 시험함.

공작 기계, 운송 장비, 산업 생산 설비 등 다양한 산업용 기계를 각 분야의 요구에 맞게 설계하고 제작함.

각종 과학 기술 정보와 자료를 수집하고 분석하여 기계의 성능 개선과 개발에 조언을 줌.

👤 어떤 사람에게 어울릴까요?

새로운 것에 호기심이 많고 집중력이 좋은 사람

기계와 도구에 관심이 많으며, 기계와 도구를 잘 다루는 사람

입체 도형을 보고 전개도를 떠올릴 수 있는 공간 지각력을 갖춘 사람

과학적 원리와 방법을 적용하여 문제를 해결하는 수리논리력을 갖춘 사람

직업 현황

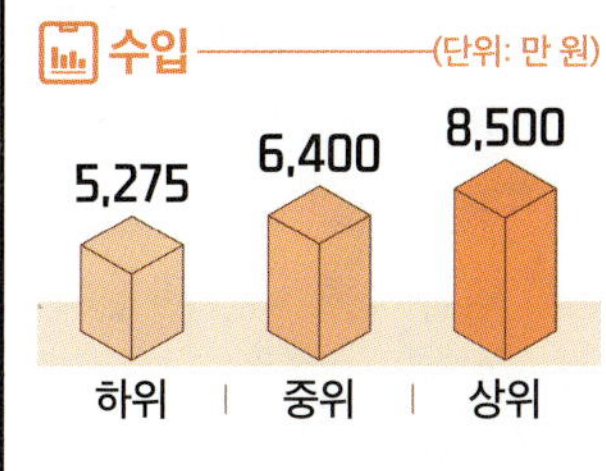

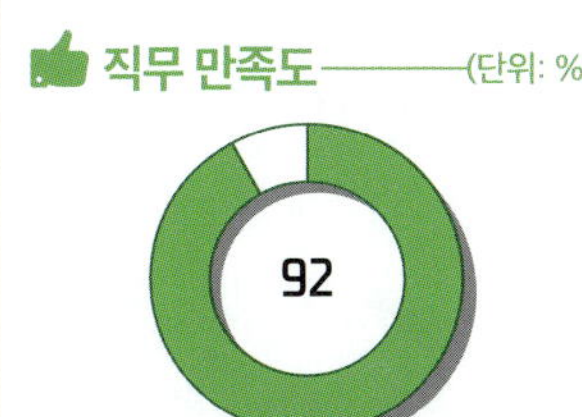

🤖 AI와 함께하는 직업 생활

AI는 기계의 성능을 예측하고 개선 사항을 분석하여 생산 공정 효율화를 지원하고, 사람은 기계 시스템의 복잡한 문제를 해결하거나 새로운 원리로 혁신적인 기계를 개발해요.

커리어패스

🎓 관련 학과

기계공학과, 기계설계공학과, 생산기계공학과, 기계산업공학과, 기계시스템공학과, 건설기계공학과, 자동차공학과

🚩 진로 준비

- 기계공학기술자가 되기 위해서는 대학에서 기계공학 관련 학과를 졸업하는 것이 유리함.
- 기계공학과 관련된 국가 자격으로는 기계설계기사, 일반기계기사, 기계기술사, 차량기술사, 조선기사(기술사), 철도차량기사(기술사) 등이 있음.

📋 전문 지식

재료 역학, 유체 역학, 기계 설계, 생산 공학, 자동차 공학, 항공 우주 공학

👥 진출 분야

산업용 설비(플랜트), 공작 기계, 자동차·항공기·기차·선박 등의 수송용 기계 또는 군사 무기나 로봇 등을 제조하는 기업체나 연구소

👤 관련 직업

기계엔지니어, 자동차공학기술자, 조선공학자, 선박엔지니어, 조선해양공학자, 극초음속비행기기술자, 기계 및 반도체엔지니어, 기계설비사, 발명가, 롤러코스터엔지니어, 전기차설계기술자

💼 전직 가능 직업

친환경선박개발자, 위험관리원, 발사체추진기관시험원, 미래자동차전문가, 자율주행자동차엔지니어, 자율주행자동차개발자

🏢 관련 기관

한국기계산업진흥회 www.koami.or.kr
한국건설기계산업협회 www.kocema.org
한국자동차산업협회 www.kama.or.kr

로봇공학기술자

ROBOT ENGINEER   ROBOT ENGINEER   ROB

상상을 현실로 바꾸는 로봇 창조자

로봇은 이미 우리 일상에 깊숙이 들어와 있어. 공장에서 용접 로봇이나 자동 생산 로봇이 일하고, 식당에서는 서빙 로봇이 음식 나르는 걸 도와주잖아. 그리고 병원에서 로봇이 정교한 수술을 담당하기도 해. 이제 곧 나의 로봇 연구를 도와줄 조교 로봇도 등장하지 않을까? 상상 속의 로봇, 내가 만들어 낼 테니 기대해도 좋아.

능력치

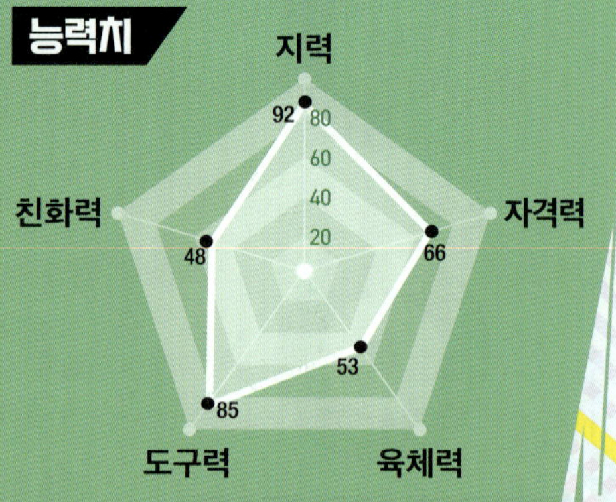

심리검사 유형

흥미	탐구형(I), 실재형(R)
적성	수리논리력, 공간지각력
MBTI	ISTJ, INTP

🚩 어떤 일을 할까요?

로봇의 핵심 구성 요소와 주변 장치, 제작 도구 등을 설계하여 새로운 로봇을 개발함.

로봇을 구성하는 하드웨어와 소프트웨어를 통합하여 시제품을 제작하고, 기능과 성능을 테스트함.

산업 현장에서 사용되는 산업용 로봇이나 자동화 시스템을 설치하고 운용함.

👤 어떤 사람에게 어울릴까요?

새로운 것에 호기심이 많으며, 몸을 움직여서 하는 일을 좋아하는 사람

기계와 도구에 관심이 많으며, 기계와 도구를 잘 다루는 사람

입체적인 물체의 위치나 모양을 떠올릴 수 있는 공간지각력을 갖춘 사람

과학적 원리와 방법을 적용하여 문제를 해결하는 수리논리력을 갖춘 사람

◑ 직업 현황

📊 수입 ——— (단위: 만 원)

하위	중위	상위
5,900	7,000	8,450

💙 업무 자율성 ——— (단위: %)

50

👍 직무 만족도 ——— (단위: %)

73

🤖 AI와 함께하는 직업 생활

AI는 로봇의 행동 제어와 학습 능력을 강화하고, 사람은 로봇과 인간이 공존할 수 있는 기술 개발과 로봇이 해결할 수 있는 새로운 문제를 발굴하는 일에 집중할 수 있어요.

♟ 커리어패스

🎓 관련 학과

기계공학과, 반도체공학과, 전자공학과, 메카트로닉스공학과, 제어계측공학과

🧭 진로 준비

- 대학의 기계공학과 등 관련 학과를 졸업하면 취업에 유리함.
- 로봇 고등학교에서 로봇 특화 교육을 받을 수 있음.
- 대학이나 연구소에서 로봇을 전문적으로 연구하고 개발하려면 대학원에서 로봇 관련 전공 석사나 박사 학위를 취득해야 함.
- 로봇을 직접 만들어 보거나 로봇 경진 대회에 참가하면 실력을 키울 수 있으며 취업에도 도움이 됨.

📑 전문 지식

로봇 제어, 센서, 인공지능, 로봇 시뮬레이션, 기계 학습, 자율 주행, 전자 회로

👥 진출 분야

로봇 제조 업체, 자동차 제조 업체, 의료 기기 제조 업체, 국공립 연구소, 대학교, 물류 업체

🪪 관련 직업

로봇개발자, 로봇공학자, 로봇엔지니어, 군사로봇전문가, 노인돌봄로봇개발자, 생체모방로봇개발자, 서비스로봇개발자, 실버로봇서비스기획자, 실버케어로봇공학자, 로봇동작생성연구원, 의료용로봇전문가

💼 전직 가능 직업

지능로봇개발자, 인공지능전문가, 기계공학기술자, 항공공학기술자

🏢 관련 기관

한국로봇산업협회 www.korearobot.or.kr
한국로봇산업진흥원 kiria.org

#금속 #반도체 #신소재 #나노섬유

금속·재료공학기술자

METAL AND MATERIAL ENGINEER METAL AN

새로운 물질을 창조하는 연금술사

나는 새로운 재료를 창조하는 일을 해. 다양한 물질들을 조합해서 이전보다 더 강하고, 더 가볍고, 더 우수한 혁신적인 재료를 개발하는 거지. 스마트폰의 고속 충전 배터리부터 친환경 전기 자동차나 초고온 우주 발사체까지! 우리 주위에 있는 수많은 제품이 나의 창의력과 열정의 산물이야.

능력치

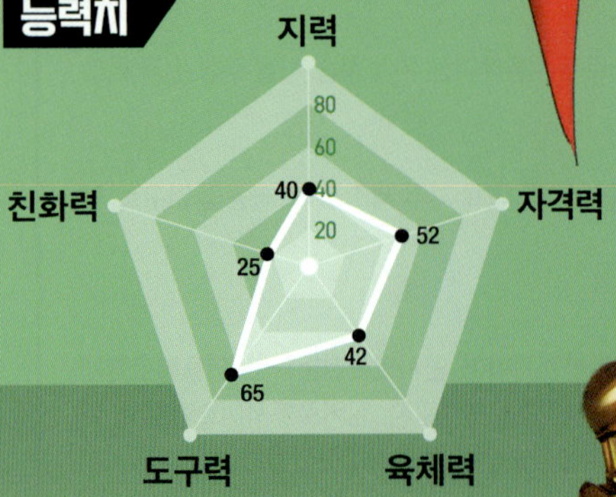

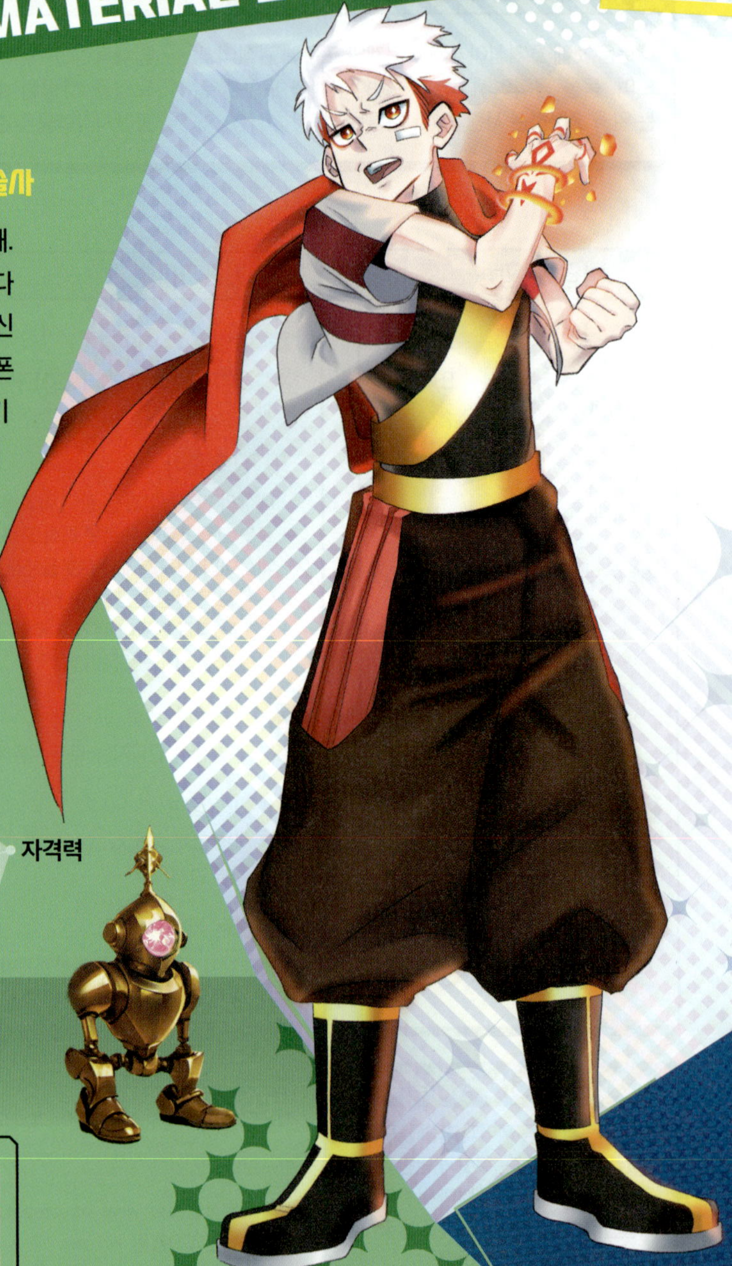

심리검사 유형

흥미	탐구형(I), 진취형(E)
적성	수리논리력, 공간지각력
MBTI	ISTJ, INTP

🚩 어떤 일을 할까요?

산업 분야에서 사용되는 금속, 비철 금속, 세라믹, 반도체, 복합 재료 등 각종 재료를 연구하고 개발함.

광석으로부터 금속 재료를 응집, 추출 처리하는 공정을 개발함

재료를 제조하는 현장을 지휘하고 감독하며, 생산된 재료의 품질을 검사하고 관리함.

💡 어떤 사람에게 어울릴까요?

호기심이 많으며, 다양한 자료를 수집하여 연구하는 것을 좋아하는 사람

토론을 잘 이끌며 다른 사람을 효과적으로 설득할 수 있는 사람

수학 기호의 의미를 이해하고 실생활에 적용할 수 있는 사람

여러 가지 도형의 회전된 모양을 머릿속에 그릴 수 있는 사람

📊 직업 현황

📈 수입 (단위: 만 원)

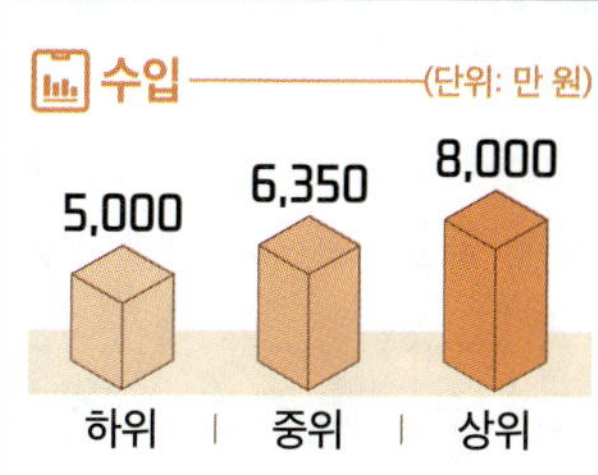

하위	중위	상위
5,000	6,350	8,000

💓 업무 자율성 (단위: %)

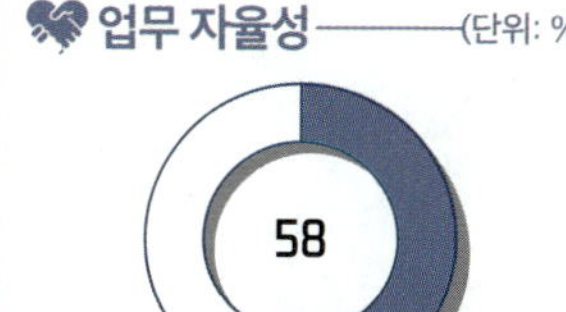

58

👍 직무 만족도 (단위: %)

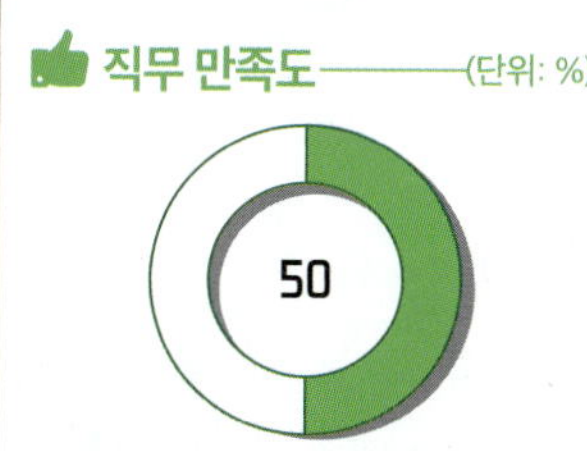

50

🤖 AI와 함께하는 직업 생활

AI는 신소재의 물성을 예측하고 개발 과정을 시뮬레이션할 수 있고, 사람은 자연의 한계를 뛰어넘는 새로운 재료를 구상하여 미래 산업의 기반을 마련하는 역량을 발휘해요.

♟️ 커리어패스

🎓 관련 학과

재료공학과, 금속공학과, 신소재공학과, 첨단소재공학과, 전자재료공학과, 반도체공학과

🚩 진로 준비

- 대학에서 재료공학, 금속공학, 신소재공학 등을 전공하면 취업에 유리함.
- 대학이나 연구소에서 신소재를 연구하고 개발하려면 대학원에서 석사나 박사 학위를 취득해야 함.

📋 전문 지식

금속학, 고분자학, 복합 재료학, 재료 미세 구조, 재료의 전기적 성질, 재료 분석

👥 진출 분야

제철소, 전자·조선·자동차·항공기·반도체 등의 제조 분야 사업체

🪪 관련 직업

신소재공학기술자, 재료공학자, 나노공학기술자, 금속공학자, 금형기술자

💼 전직 가능 직업

로봇공학기술자, 반도체공학기술자, 산업안전원, 산업안전전문가

🏢 관련 기관

한국금속공업협동조합 www.koreametal.or.kr
한국금속재자원산업협회 kmria.or.kr
한국비철금속협회 www.nonferrous.or.kr

화학공학기술자
CHEMICAL ENGINEER CHEMICAL ENGINEE

세상에 필요한 모든 것을 만드는 현대판 연금술사

화장품, 비누, 옷감, 플라스틱 등 사람들이 매일 사용하는 수많은 제품은 나의 손을 거쳐 탄생해. 석유나 광물, 심지어 나무까지! 자연에서 얻은 재료들을 어떻게 조합하고 가공해야 사람에게 필요한 제품으로 만들 수 있을지 연구하고 실험하는 게 내가 하는 일이야. 사람들이 나로 인해 더 편리한 삶을 살게 된다고 생각하면 어깨가 으쓱해져.

능력치

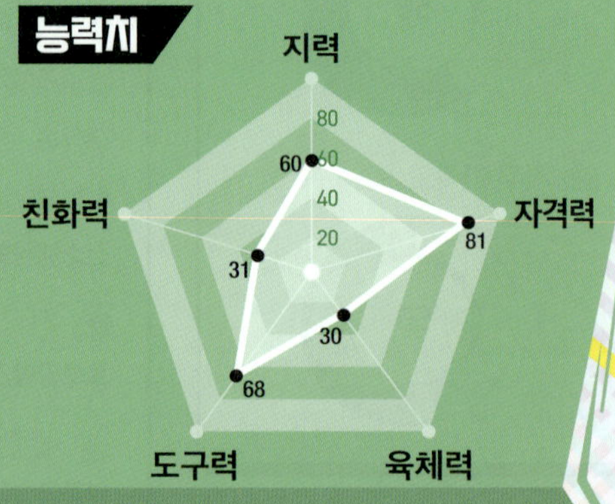

심리검사 유형

흥미	탐구형(I), 관습형(C)
적성	수리논리력, 공간지각력
MBTI	ISTP, INTJ

어떤 일을 할까요?

천연자원을 활용하여 우리 생활에 필요한 다양한 화학 제품을 개발하고 생산하는 업무를 지휘하고 관리함.

화학 제품을 효과적으로 생산할 수 있도록 생산 공정 최적화 과정을 설계함.

생산된 제품이 품질 기준을 충족하는지 확인하고 원료, 제품, 폐기물에 대한 기준을 마련하고 관리함.

어떤 사람에게 어울릴까요?

관찰력이 뛰어나며, 집중력을 발휘하여 업무를 수행할 수 있는 사람

세부 사항에 주의를 기울이며 책임감 있게 맡은 일을 수행하는 사람

분석적인 사고를 바탕으로 논리적으로 탐구할 수 있는 사람

입체 도형을 보고 전개도를 머릿속으로 떠올릴 수 있는 사람

직업 현황

수입 (단위: 만 원)

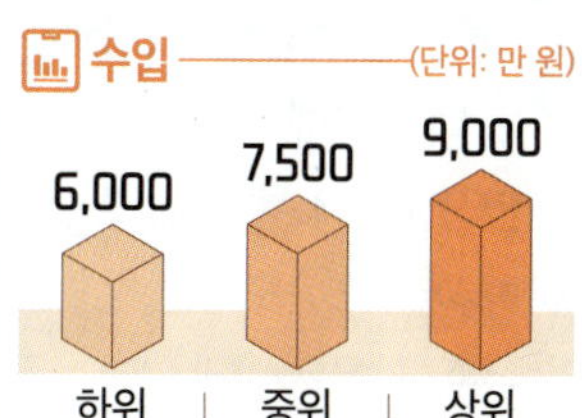

하위	중위	상위
6,000	7,500	9,000

업무 자율성 (단위: %)

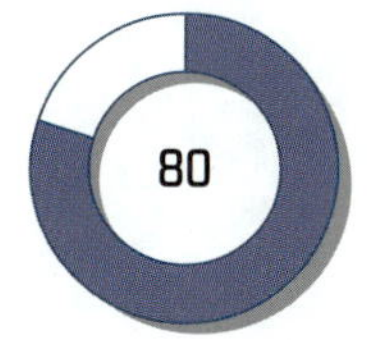

80

직무 만족도 (단위: %)

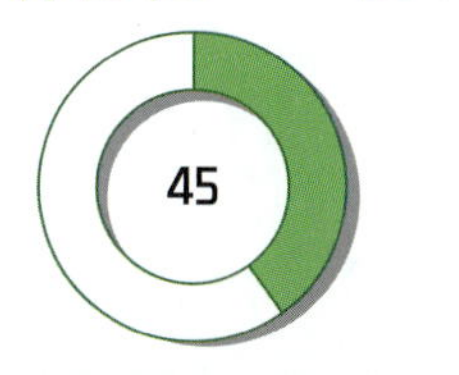

45

AI와 함께하는 직업 생활

AI는 화학 반응의 분석과 화학 공정의 생산 효율성을 높이고, 사람은 새로운 물질 개발과 유용한 화학 제품 연구 그리고 안전하고 친환경적인 공정 설계에 집중해요.

커리어패스

관련 학과

화학공학과, 정밀화학과, 고분자공학과, 응용화학공학과

진로 준비

- 화학 관련 학과를 졸업한 후 기업체에 입사하여 경력을 쌓으면 화학공학 기술자로 일할 수 있음.
- 대학원에서 석사나 박사 학위를 취득하면 대학교수나 연구원으로 일할 수 있음.

전문 지식

화공 열역학, 유체 역학, 공정 제어, 분리 공정, 화학 반응 공학, 화학 공학 실험

진출 분야

석유 정제·화학 약품·비료·농약·화장품 등의 제조 업체, 신소재 개발 업체나 환경 과학 분야의 기업체

관련 직업

화학공학자, 맞춤형화장품조제관리사, 석유화학공학자, 탄소포집연구자, 탄소포집활용저장기술자, 플라스틱제품생산자, 화공 및 기계엔지니어, 화장품연구원

전직 가능 직업

화학물질안전관리사, 대학교수, 연구원

관련 기관

한국화학산업협회 www.kpia.or.kr
한국프라스틱공업협동조합연합회 www.kfpic.or.kr

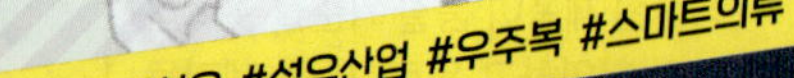

섬유공학기술자

FIBER AND TEXTILE ENGINEER FIBER AN

새로운 섬유를 개발하는 발명가

내 손끝에서 탄생하는 섬유는 그냥 섬유가 아니야. 나는 조그마한 원자들을 조립해서 세상이 없던 초강력, 초경량, 다기능성 섬유를 만들지. 내 덕분에 사람들의 삶은 더 편리하고 안전해졌어. 불에도 끄떡없는 소방복, 비가 와도 뽀송뽀송한 방수복뿐만 아니라 우주나 깊은 바닷속에서도 끄떡없이 버티는 특별한 섬유를 개발하는 것도 바로 내가 하는 일이야.

능력치

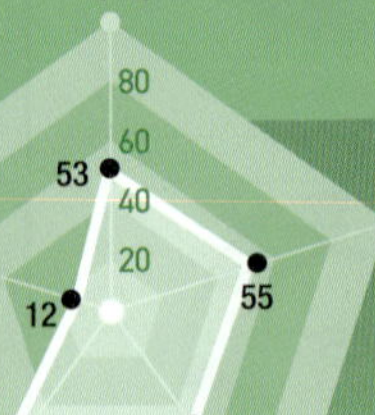

심리검사 유형

흥미	탐구형(I), 관습형(C)
적성	수리논리력, 공간지각력
MBTI	ISTP, INTJ

🚩 어떤 일을 할까요?

새로운 섬유 소재를 연구하고 개발하며, 기존 섬유의 성능 향상을 위한 연구를 수행함.

섬유의 제조 및 가공 공정을 설계하고, 생산 효율성과 품질을 극대화하기 위해 최적화 작업을 수행함.

생산된 섬유 제품의 품질을 검사하고 관리하여 최상의 품질을 확보함.

👤 어떤 사람에게 어울릴까요?

패션과 새로운 소재에 대한 열정과 호기심이 많은 사람

지속적인 연구와 실험, 기계를 조작하는 활동에 관심이 많은 사람

화학, 물리, 수학 등 기초 과학 지식을 활용해 문제를 해결할 수 있는 사람

전개도를 보고 입체적인 모습을 상상하여 떠올릴 수 있는 사람

📊 직업 현황

📊 수입 (단위: 만 원)

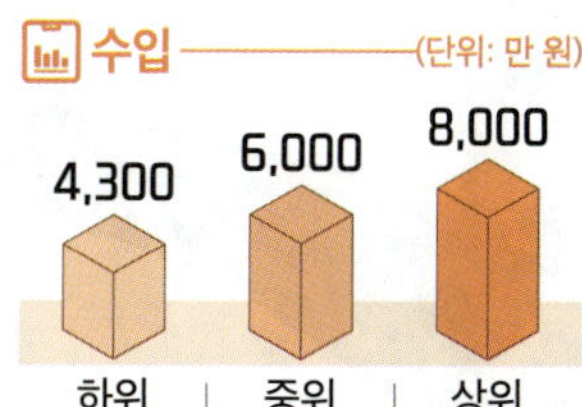

4,300 하위 | 6,000 중위 | 8,000 상위

💗 업무 자율성 (단위: %)

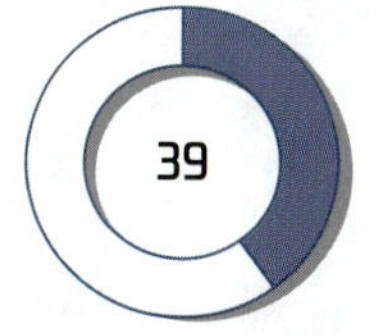

39

👍 직무 만족도 (단위: %)

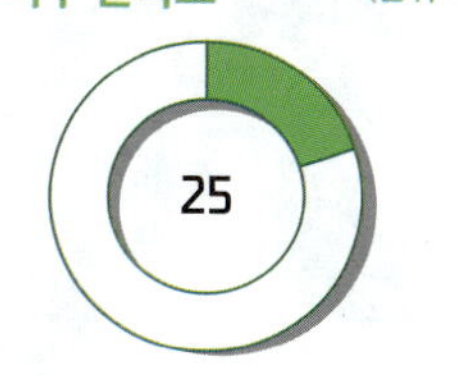

25

🤖 AI와 함께하는 직업 생활

AI는 섬유 소재의 특성과 생산 공정을 분석하여 공정 최적화를 지원하고, 사람은 편안함과 기능성 그리고 패션 트렌드까지 고려한 새로운 섬유 개발에 전문성을 발휘해요.

♟ 커리어패스

🎓 관련 학과

섬유공학과, 섬유산업학과, 섬유시스템공학과, 재료공학과

🚩 진로 준비

- 대학에서 섬유공학, 섬유산업학 등을 전공하면 취업에 유리함.
- 특성화 고등학교의 디지털섬유과 등에서 섬유 기술에 관한 교육을 받을 수 있음.
- 새로운 섬유 소재를 연구하거나 개발하려면 대학원에서 석사 또는 박사 학위를 취득해야 함.

📋 전문 지식

섬유 재료, 섬유 가공, 섬유 염색, 섬유 기계, 섬유 시험, 섬유 설계

👥 진출 분야

섬유 제조 기업체, 의류 기업체, 자동차 및 항공 우주 사업체, 염색 가공 업체

📇 관련 직업

섬유엔지니어, 섬유공학자, 섬유 및 염료시험원, 의복제조원

💼 전직 가능 직업

스마트의류개발자, 나노섬유의류전문가

🏢 관련 기관

한국섬유산업연합회 www.kofoti.or.kr
한국패션협회 www.koreafashion.org

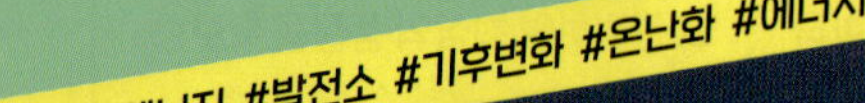

전기공학기술자

ELECTRICAL ENGINEER ELECTRICAL ENG

세상을 밝히는 에너지 메이커

전기에너지는 현대 문명을 밝히는 등불이고 무기야. 나는 다양한 에너지원 중에서 가장 효율적인 솔루션을 찾아내는 일을 맡고 있지. 빠르게 발전하는 에너지 기술 트렌드를 분석하고, 새로운 전기 에너지를 안전하게 관리해, 인류의 지속 가능한 미래를 만드는 것이 나의 가장 큰 목표야.

능력치

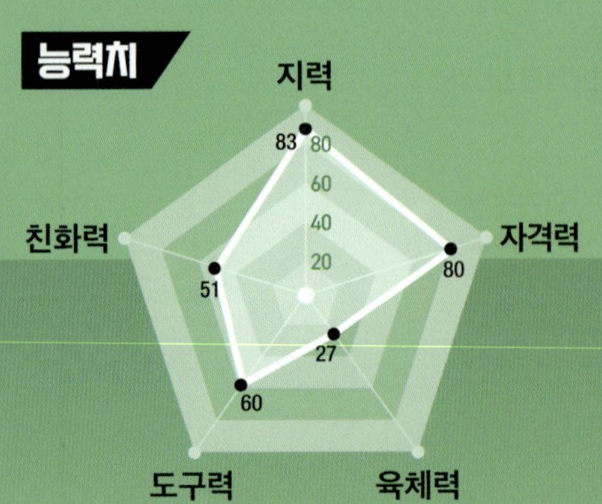

심리검사 유형

흥미	실재형(R), 탐구형(I)
적성	수리논리력, 공간지각력
MBTI	ISTJ, INTP

🏁 어떤 일을 할까요?

전력 시스템, 전기 회로, 전기 장비 등을 설계하며, 효율성과 안정성을 고려한 시스템을 개발함.

전기 장비와 시스템이 원활하게 작동하는지 테스트하고, 문제가 발견되면 수리 및 유지 보수를 진행함.

새로운 전력 시스템 기술을 연구하고 기존 시스템을 개선하여, 에너지 효율을 높이는 방법을 모색함.

👤 어떤 사람에게 어울릴까요?

기계에 관심이 많으며 다양한 장비를 능숙하게 다루는 사람

창의적이며, 새로운 일에 도전하는 것을 주저하지 않는 사람

통계 자료를 이해할 수 있으며 주어진 문제의 규칙을 발견할 수 있는 사람

입체 도형의 보이지 않는 부분까지 파악하고 떠올릴 수 있는 사람

📊 직업 현황

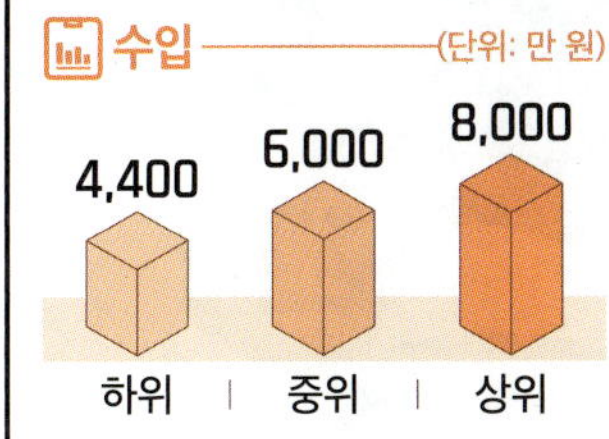

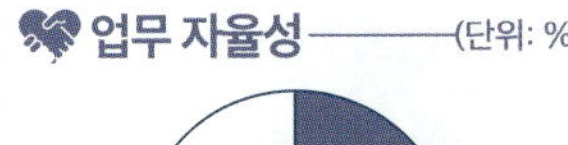

직무 만족도 (단위: %)

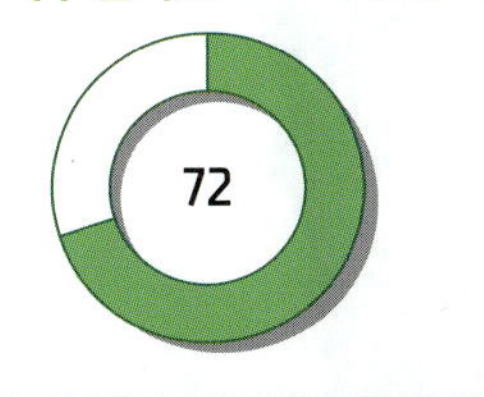

🤖 AI와 함께하는 직업 생활

AI는 전력 시스템 효율성 분석과 실시간 제어 지원을 담당하고, 사람은 스마트 시티 전력망 설계, 신재생에너지 개발, 안전한 전력 공급 시스템 구축에 전문성을 발휘해요.

♟️ 커리어패스

🎓 관련 학과

전기공학과, 전자공학과, 전기전자공학과, 전자컴퓨터공학과, 정보통신공학과, 전기설비과

🚩 진로 준비

- 대학에서 전기공학이나 전기전자공학 등을 전공하면 취업에 유리함.
- 전기과, 전기에너지과 등이 개설된 특성화 고등학교를 졸업하고 전기 분야의 기술인 경력을 쌓으면 전기공학기술자가 될 수 있음.
- 전기기사(기술사), 전기공사기사, 전기안전기술사 등의 국가 자격을 취득하면 취업과 실무에 도움이 됨.

📑 전문 지식

회로 이론, 전자기학, 전력 공학, 제어 공학, 전력 시스템, 자동 제어, 전기 설비

👥 진출 분야

전기 공사 업체, 전기 기기 설비 업체, 감리 업체, 통신 업체, 엔지니어링 업체, 종합 건설 회사, 발전·변전 시설

📇 관련 직업

발전 및 배전장치조작원, 전자공학기술자, 전기안전기술자, 전기기사

💼 전직 가능 직업

스마트그리드엔지니어

🏢 관련 기관

한국전기기술인협회 www.keea.or.kr
대한전기협회 www.kea.kr

전자공학기술자

ELECTRONICS ENGINEER ELECTRONICS

복잡하고 미묘한 전자 회로의 달인

나는 미세한 전자파를 정교하게 조절하여 새로운 회로를 설계하고, 다양한 전자 기기들을 마음대로 제어하는 특별한 능력이 있어. 스마트폰 화면을 손가락으로 터치해 앱을 켜고, 텔레비전 화질을 선명하게 만든 것도 모두 내 기술력 덕분이지. 앞으로도 눈에 보이지 않는 전자 회로를 설계해서, 세상을 더욱 편리하게 만들 거야.

능력치

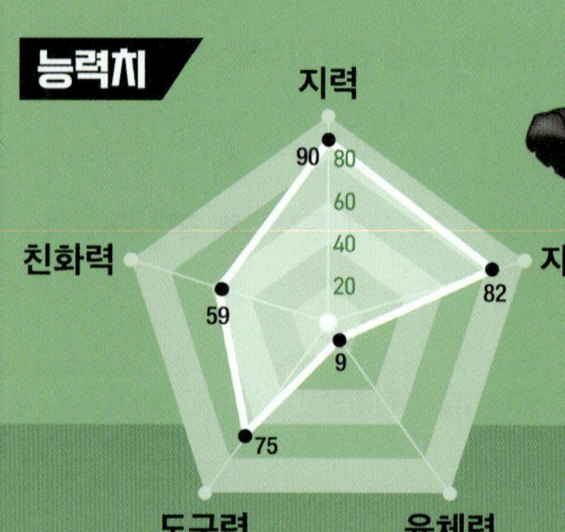

심리검사 유형

흥미	실재형(R), 관습형(C)
적성	수리논리력, 공간지각력
MBTI	ISTP, INTJ

🚩 어떤 일을 할까요?

컴퓨터, 반도체, 휴대 전화, 가전제품, 의료 기기 등 각종 전자 제품을 설계하고 개발함.

전자 장치를 작동시키는 전기 회로를 설계하고, 이 회로가 정확하게 동작하는지 테스트함.

공장이나 생산 설비 또는 건물 관리 시스템에 필요한 자동화 제어 시스템을 설계하고 유지·관리함.

🙂 어떤 사람에게 어울릴까요?

직접 경험하고 활동하는 체험을 중요하게 생각하는 사람

미세한 부분까지도 놓치지 않고 세심하게 관찰하고 탐구하는 사람

전자나 기계의 구조를 이해하고 신기술을 적용할 수 있는 사람

다양한 도형의 회전된 모양을 머릿속에 그릴 수 있는 사람

📊 직업 현황

📈 수입 — (단위: 만 원)

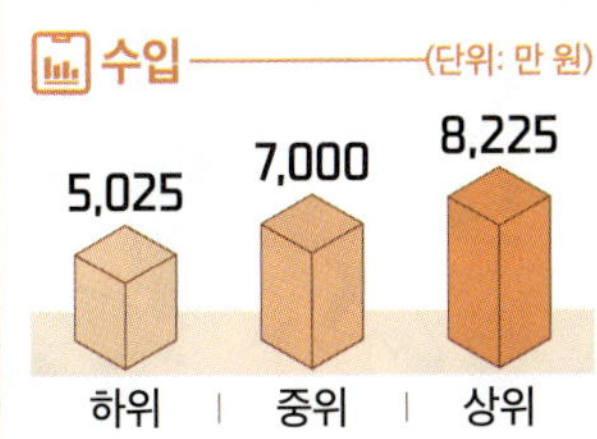

- 하위: 5,025
- 중위: 7,000
- 상위: 8,225

💗 업무 자율성 — (단위: %)

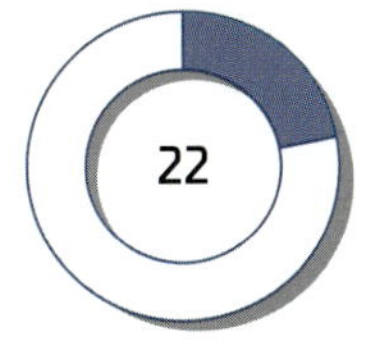

22

👍 직무 만족도 — (단위: %)

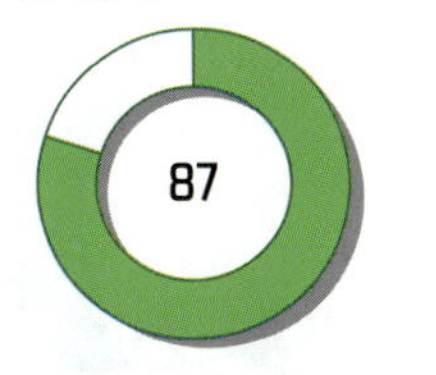

87

🤖 AI와 함께하는 직업 생활

AI는 전자 회로 설계도를 작성하고 결함을 감지하여 개발 속도를 향상시키고, 사람은 사용자의 경험을 깊이 고려하여 삶을 풍요롭게 할 혁신적인 전자 제품을 구상해요.

♟ 커리어패스

🎓 관련 학과

전자공학과, 전기공학과, 정보통신공학과, 전자컴퓨터공학과, 디스플레이융합공학과

🚩 진로 준비

- 대학에서 전자공학, 전기공학, 통신공학 등을 전공하면 취업에 유리함.
- 전자 공학 분야에서 연구·개발 업무를 수행하려면 대학원 졸업 이상의 학력이 필요한 경우가 많음.
- 전자공학기술자로 경력을 쌓은 후에는 기술 컨설팅이나 기술 영업 분야로 전직하거나 스타트업을 창업하기도 함.

📋 전문 지식

전자기학, 회로 이론, 전자 회로, 디지털 시스템, 반도체공학, 임베디드 시스템

👥 진출 분야

가전제품 제조 업체, 반도체 생산 업체, 전자 의료 기기 생산 업체, 사무 자동화 기기 생산 업체, 기업체 부설 연구소

👤 관련 직업

전자공학자, 스마트센서개발자, 스마트의료기기개발자, 스마트헬스케어전문가

💼 전직 가능 직업

생체인식전문가, 품질관리엔지니어, 스마트팩토리기술자, 두뇌시뮬레이션전문가, 버추얼휴먼매니저

🏢 관련 기관

한국전자정보통신산업진흥회 www.gokea.org
전기전자공학자협회 www.ieee.org

컴퓨터하드웨어기술자

COMPUTER HARDWARE ENGINEER   COMPU

컴퓨터의 혁신을 이끄는 최전방 공격수

나는 복잡한 컴퓨터 회로를 설계해서 기계에 생명을 불어넣는 일을 하고 있어. 컴퓨터의 두뇌인 CPU부터 모든 부품을 연결해 주는 몸통인 머더보드까지! 이 모든 걸 내 손으로 직접 설계하고 작동하게 만들지. 내 꿈은 새로운 컴퓨터 하드웨어를 개발해서 최신 기술의 기준을 제시하고, 컴퓨터 시장의 흐름까지 바꿔 버리는 거야.

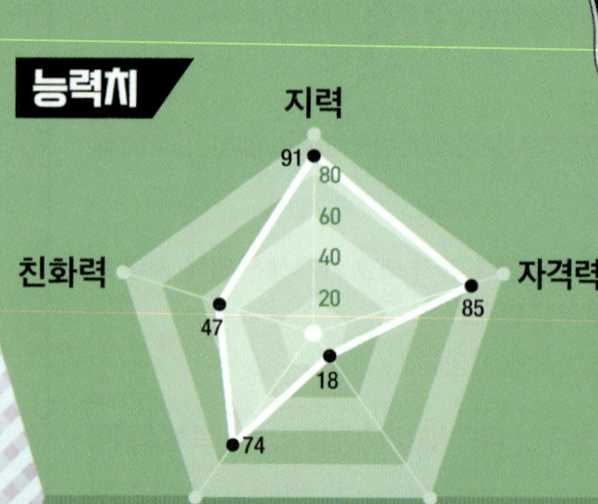

심리검사 유형

흥미	탐구형(I), 실재형(R)
적성	수리논리력, 공간지각력
MBTI	INTP, INTJ

🚩 어떤 일을 할까요?

컴퓨터 시스템, 프로세서, 메모리, 저장 장치, 머더보드 등 다양한 하드웨어를 설계하고 개발함.

개발한 하드웨어가 올바르게 작동하는지 성능을 평가하고 개선 작업을 수행함.

컴퓨터 하드웨어의 문제점을 점검하고 수리하며, 문제 발생 원인을 분석하고 적절한 해결책을 제시함.

💡 어떤 사람에게 어울릴까요?

필요한 정보를 능숙하게 수집하고 분석하여 문제를 해결하는 사람

손재주가 뛰어나 만들기를 잘하고, 기계에 관심이 많은 사람

과학 원리를 적용하여 실생활의 문제를 단계적으로 해결할 수 있는 사람

입체 도형을 보고 전개도를 머릿속으로 떠올릴 수 있는 사람

직업 현황

📊 수입 (단위: 만 원)

- 하위: 5,500
- 중위: 7,000
- 상위: 10,000

업무 자율성 (단위: %)

88

👍 직무 만족도 (단위: %)

87

AI와 함께하는 직업 생활

AI는 하드웨어의 성능을 분석하여 설계의 효율성을 높이고, 사람은 급변하는 기술 환경 속에서 차세대 컴퓨터 시스템을 구상하고 새로운 기능을 구현하는 일에 집중해요.

커리어패스

🎓 관련 학과

컴퓨터공학과, 전자공학과, 정보통신공학과, 전기공학과, 제어계측공학과

🚩 진로 준비

- 대학에서 컴퓨터공학, 전자공학, 정보통신공학 등을 전공하면 취업과 실무에 도움이 됨.
- 특성화 고등학교나 마이스터 고등학교의 컴퓨터과를 졸업하고 경력을 쌓은 뒤 추가 교육을 받는 방법이 있음.
- 컴퓨터 하드웨어를 설계하고 연구·개발하는 부서에서 일하려면 대학원에서 석사나 박사 학위를 취득해야 함.

📋 전문 지식

컴퓨터 구조, 디지털 논리 회로, 컴퓨터 시스템, 전자 회로, 프로그래밍, 운영 체제

👥 진출 분야

컴퓨터 및 관련 기기 생산 업체, 정보 통신 기기 생산 업체, 가전 업체

🧑 관련 직업

컴퓨터공학자, 컴퓨터하드웨어연구원, 컴퓨터시스템설계 및 분석가

💼 전직 가능 직업

컴퓨터설치·수리원, 컴퓨터강사, 시스템소프트웨어개발자, 응용소프트웨어개발자

🏢 관련 기관

한국IT전문가협회 www.ipak.or.kr
한국정보통신진흥협회 www.kait.or.kr

통신공학기술자

TELECOMMUNICATION ENGINEER　TELECO

공간의 한계를 뛰어넘는 통신의 개척자

전파와 신호를 조율하여 정보의 흐름을 원활히 하고, 통신을 가로막는 장애물과 간섭을 물리치는 게 내 임무야. 위성과 광섬유, 무선 주파수라는 무기를 사용해 전 세계 어디든 소통의 다리를 놓지. 공간을 극복하여 지구 반대편 사람과도 얼굴을 보며 대화하는 것뿐만 아니라 시간까지도 초월하는 소통의 날이 오기를 기대하며 새로운 기술을 연구하고 있어.

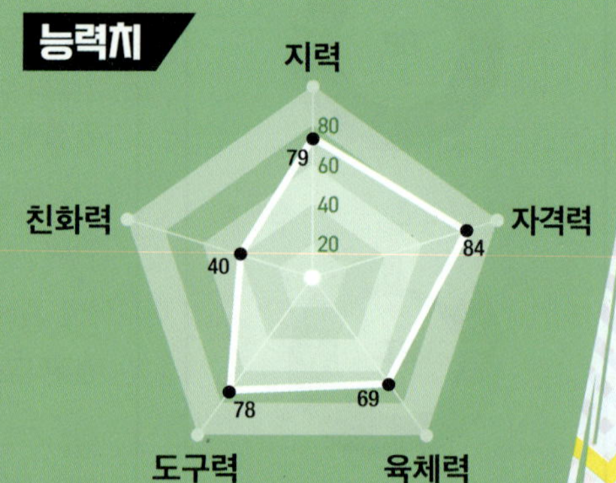

심리검사 유형

흥미	관습형(C), 탐구형(I)
적성	수리논리력, 공간지각력
MBTI	INTJ, ISTP

🚩 어떤 일을 할까요?

휴대 전화나 인터폰 등 다양한 통신 기기의 제작을 위해 회로도를 설계하고 실제 기기로 개발함.

라우터, 스위치, 서버 등 네트워크 장비를 설정하여 네트워크 환경을 최적화함.

네트워크나 통신 장비에서 발생하는 문제를 분석하고 해결하며, 예방 조치를 시행함.

💡 어떤 사람에게 어울릴까요?

기계나 전자 제품을 다루고 활용하는 데 관심이 많은 사람

창의적인 사고를 바탕으로 새로운 일에 도전하는 것을 좋아하는 사람

까다롭고 복잡한 계산에 능숙하며, 과학의 원리를 깊이 이해할 수 있는 사람

입체 도형의 보이지 않는 부분도 파악할 수 있는 사람

📊 직업 현황

📈 수입 (단위: 만 원)

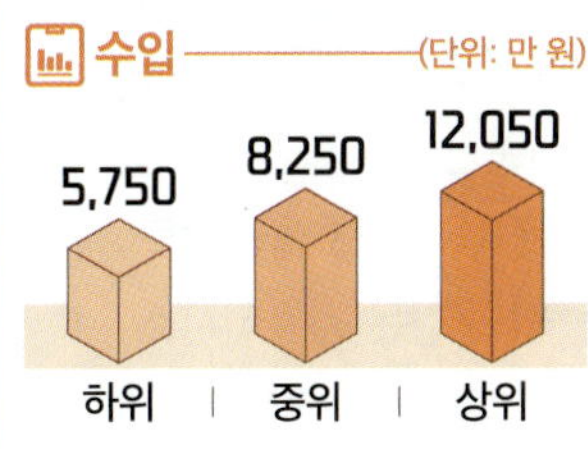

- 하위: 5,750
- 중위: 8,250
- 상위: 12,050

💗 업무 자율성 (단위: %)

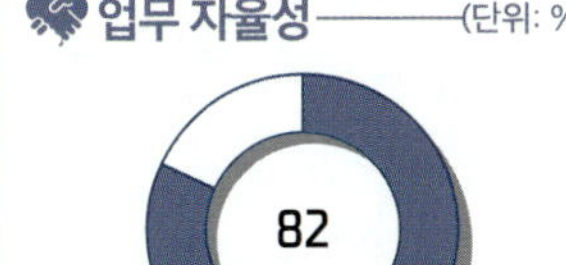

82

👍 직무 만족도 (단위: %)

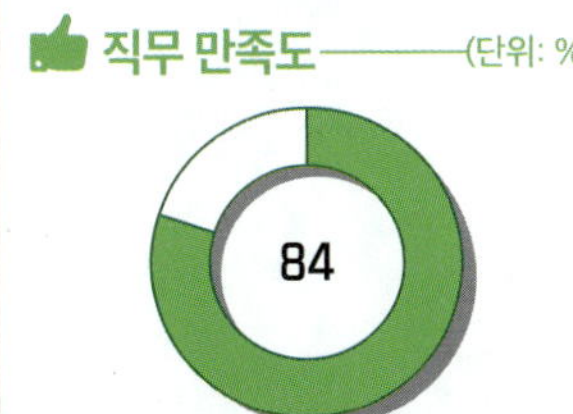

84

🤖 AI와 함께하는 직업 생활

AI는 통신망의 트래픽을 분석하여 최적화를 지원하고, 사람은 초고속·초저지연 통신 기술 개발과 사람과 사물을 연결하는 안정적인 통신 시설 구축에 전문성을 발휘해요.

♟ 커리어패스

🎓 관련 학과

정보통신공학과, 전파통신공학과, 컴퓨터정보통신공학과, 전자공학과, 전기공학과

🚩 진로 준비

- 정보통신공학 외에도 전자공학, 컴퓨터공학, 전파공학, 소프트웨어공학 등 다양한 전공자들이 통신공학 분야로 진출함.
- 통신 서비스의 연구·개발 업무에 종사하려면 대학원에서 석사나 박사 학위를 취득해야 함.
- 전자과, 전기전자과 등이 개설된 특성화 고등학교나 마이스터 고등학교를 졸업한 후, 추가 교육을 받는 방법이 있음.

📋 전문 지식

회로 이론, 전자기학, 통신 시스템, 디지털 통신, 광통신, 데이터 네트워킹

👥 진출 분야

유무선 통신 서비스 업체, 컴퓨터 네트워크 업체, 방송국, 휴대 전화 등 정보 통신 기기 제조 업체, 통신 설비 제조 업체

📇 관련 직업

네트워크전문가, 네크워크시스템개발자, 통신망설계운영기술자, 정보통신관리자, 통신공학연구원, 네크워크엔지니어

💼 전직 가능 직업

스마트인프라플랫폼구축전문가

🏢 관련 기관

한국정보통신기술협회 www.tta.or.kr
정보통신산업진흥원 www.nipa.kr
한국정보통신진흥협회 www.kait.or.kr

컴퓨터시스템전문가

COMPUTER SYSTEM PROFESSIONAL COM

컴퓨터의 성능을 최고로 높이는 디지털 세계의 건축가

나는 컴퓨터의 시스템을 필요에 맞게 설계하고, 예기치 못한 문제를 해결하며, 시스템의 성능을 최적의 상태로 만드는 일을 해. 시스템의 모든 부분이 안정적이고 효율적으로 작동하도록 설계하는 나와 같은 컴퓨터시스템전문가가 없었다면, 요즘처럼 컴퓨터가 보편화된 사회는 존재하기 어려웠을 거야.

능력치

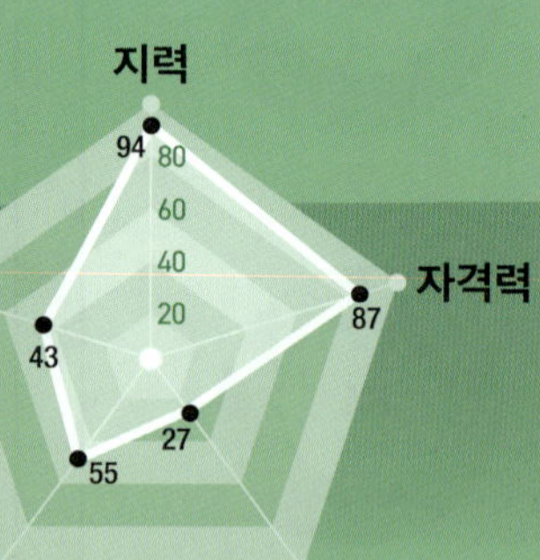

심리검사 유형

흥미	실재형(R), 관습형(C)
적성	수리논리력, 공간지각력
MBTI	INTP, ISTP

🚩 어떤 일을 할까요?

컴퓨터 하드웨어, 소프트웨어, 네트워크를 아우르는 전반적인 컴퓨터 시스템을 설계하고 설치함.	컴퓨터 시스템이 원활하게 작동하도록 전기저인 유지 보수와 모니터링을 수행함.	컴퓨터 시스템의 성능을 점검하고, 소프트웨어와 히드웨어를 업데이트하며, 문제가 발생하면 해결함.

어떤 사람에게 어울릴까요?

손을 사용하거나 도구를 다루는 조작 활동을 즐기는 사람	기록하고 정리하는 것을 좋아하며, 맡은 일을 꼼꼼하게 처리하는 사람	수학 기호의 의미를 이해하고, 수학적 지식을 적용할 수 있는 사람	입체 도형을 보고 그 전개도를 떠올릴 수 있는 사람

📊 직업 현황

📊 수입 ——— (단위: 만 원)

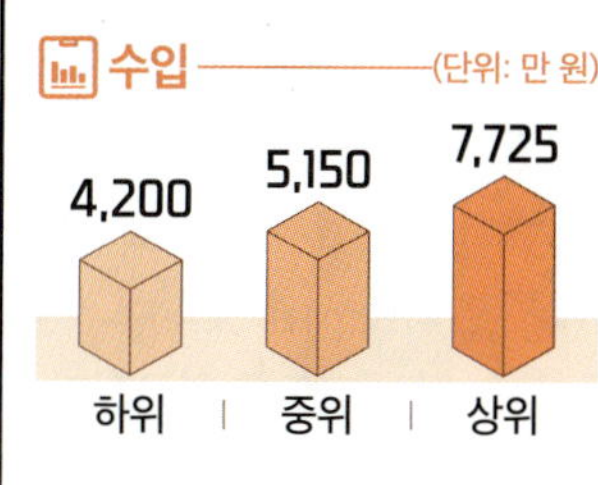

하위	중위	상위
4,200	5,150	7,725

업무 자율성 ——— (단위: %)

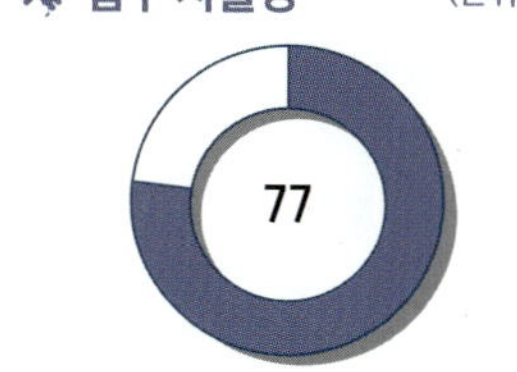

77

👍 직무 만족도 ——— (단위: %)

91

🤖 AI와 함께하는 직업 생활

AI는 시스템 운영 중 발생하는 이상 징후를 감지하여 해결 방안을 제안하고, 사람은 복잡한 시스템의 구조를 이해하고 예상치 못한 오류에 대응하는 최적의 시스템을 설계해요.

♟️ 커리어패스

🎓 관련 학과

컴퓨터시스템공학과, 컴퓨터공학과, 정보통신공학과, 전자공학과

🚩 진로 준비

- 기업의 생산성을 높이기 위해 컴퓨터 시스템이 도입되는 경우가 많으며 경영학, 경영정보학, 산업공학 등을 전공한 후 이 분야로 진출하기도 함.
- 기업체에 입사하여 경력을 쌓으면 사원, 프로젝트 리더, 프로젝트 매니저로 승진할 수 있으며, 독립적인 소프트웨어 업체를 운영할 수도 있음.

📋 전문 지식

컴퓨터 구조, 운영 체제, 컴퓨터 네트워크, 데이터베이스, 디지털 논리 회로, 프로그래밍

👥 진출 분야

시스템 통합(SI) 업체, IT 컨설팅 업체, 소프트웨어 업체, 기업체 전산실, 정보 기술 연구소

👤 관련 직업

시스템엔지니어, IT컨설턴트, 스마트공장시스템설치원, 시스템분석가, 컴퓨터시스템분석가, 플랫폼기획자, 플랫폼프로듀서

💼 전직 가능 직업

시스템아키텍트, 정보통신기술컨설턴트, 컴퓨터시스템감리전문가, 데브옵스엔지니어

🏢 관련 기관

한국정보통신진흥협회 www.kait.or.kr
한국IT서비스산업협회 www.itsa.or.kr
정보통신산업진흥원 www.nipa.kr

정보보안전문가

INFORMATION AND COMPUTER SECURITY PROFESSIONAL

소중한 정보를 지키는 디지털 수호천사

나는 중요한 정보들이 담긴 컴퓨터 서버에 아무나 접근하지 못하도록 감시하고 있지. 혹시라도 컴퓨터 서버에 침입자가 생기거나 악성코드가 발생하면, 내가 바로 출동해서 문제를 해결해. 침입자가 남긴 디지털 증거들을 꼼꼼히 분석해서 범죄 단서를 찾아내고 백신을 개발해서 악성 코드를 치료하지.

능력치

심리검사 유형

흥미	관습형(C), 실재형(R)
적성	수리논리력
MBTI	INTP, INTJ

🚩 어떤 일을 할까요?

컴퓨터 시스템의 보안 취약점을 분석하고, 안전하고 효율적이 부아 시스템을 설계하고 제안함.

모의 해킹 테스트를 수행하여 시스템의 부안 문제를 사전에 파악하고, 이에 대한 해결 방안을 제시함.

보안 시스템을 주기적으로 최신 상태로 유지하고, 지속적인 관리와 보수 작업을 진행함.

💡 어떤 사람에게 어울릴까요?

세심하고 꼼꼼하며 책임감을 가지고 업무를 처리하는 사람

노력의 결과가 명확하고 즉각적으로 나타날 때 큰 보람을 느끼는 사람

복잡한 문제도 체계적으로 분석하여 해결할 수 있는 능력을 갖춘 사람

까다롭고 복잡한 계산에 능숙하며, 과학의 원리를 깊이 이해하는 사람

📊 직업 현황

📊 수입 (단위: 만 원)

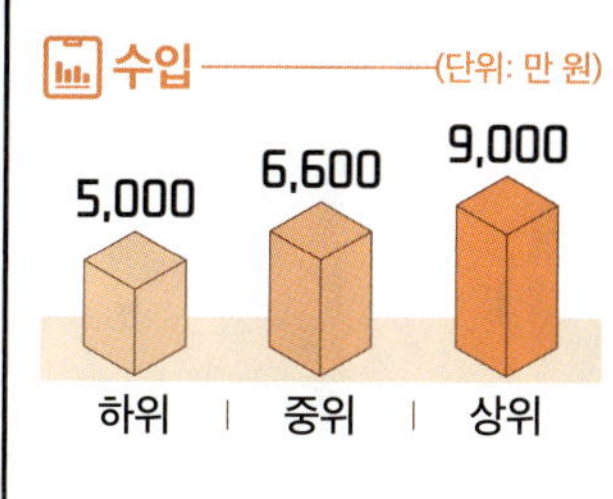

💙 업무 자율성 (단위: %)

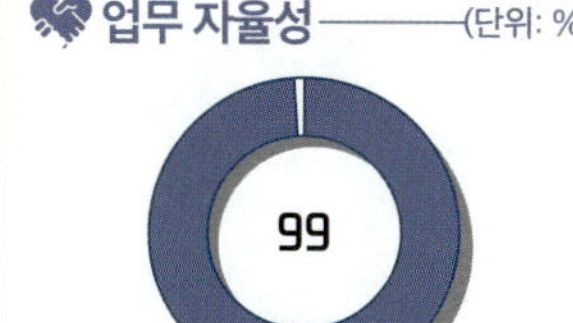

👍 직무 만족도 (단위: %)

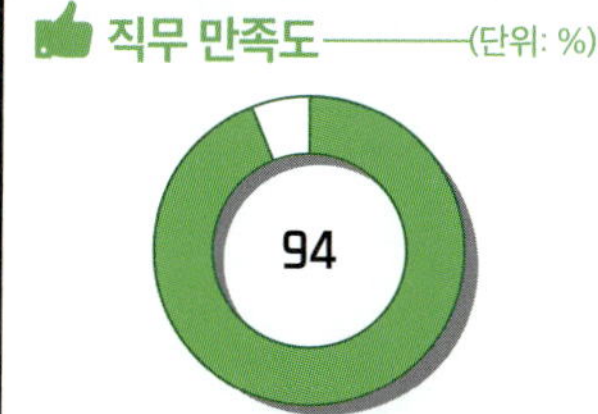

🤖 AI와 함께하는 직업 생활

AI는 사이버 위협을 실시간으로 탐지하여 패턴을 분석하고, 사람은 고도화되는 해킹 공격에 선제적으로 대응하고 정보 자산을 보호하기 위한 창의적인 보안 전략을 수립해요.

♟ 커리어패스

🎓 관련 학과

정보보호학과, 정보보안공학과, 해킹보안학과, 사이버경찰학과, 통계학과, 컴퓨터공학과, 수학과, 응용소프트웨어공학과

🚩 진로 준비

- 전문대학이나 대학교에서 정보 기술(IT)이나 정보 보호 관련 학과를 졸업하면 취업에 유리함.
- 사설 교육 기관에서도 컴퓨터 보안과 관련된 교육을 이수할 수 있음.
- 정보 보호 관련 동아리 활동을 하거나 각종 보안 관련 대회에서 상을 받으면 취업과 실무에 도움이 됨.

📋 전문 지식

컴퓨터 네트워크, 프로그래밍 언어, 정보 보안, 시스템 보안, 네트워크 보안, 클라우드 보안

👥 진출 분야

정보 보호 컨설팅 전문 업체, 바이러스 백신 개발 업체, 인터넷 서비스 제공 업체(ISP), 보안 시스템 개발 업체, 기업체나 국가 기관의 정보 보호 부서

👤 관련 직업

정보보호전문가, 개인정보보호전문가, 컴퓨터보안전문가, IT보안전문가, 사이버보안전문가, 자동화정보보안전문가, 자율주행차보안전문가, 정보 시스템 및 보안전문가, 화이트해커

💼 전직 가능 직업

데이터베이스개발자, 가상현실전문가, 게임프로그래머, 응용소프트웨어개발자

🏢 관련 기관

한국정보보호산업협회 www.kisia.or.kr

시스템소프트웨어개발자

SYSTEM SOFTWARE DEVELOPER SYSTEM

컴퓨터의 두뇌를 다스리는 지배자

나는 컴퓨터의 두뇌에 해당하는 윈도우 같은 운영 체제를 만드는 일을 해. 거대한 디지털 세상의 기반을 닦는 일이지. 기존 운영 체제의 한계를 넘어서는 새로운 운영 체제를 개발하는 것이 내가 하려는 일이야. 내가 만든 새로운 운영 체제는 더 빠르고 편리한 디지털 세상을 만들거야.

능력치

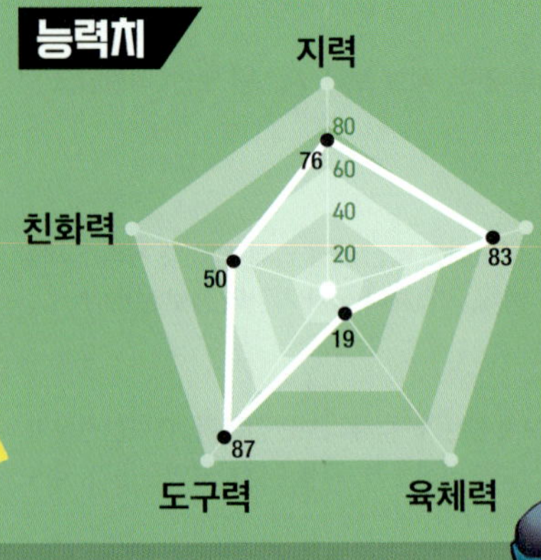

심리검사 유형

흥미	관습형(C), 탐구형(I)
적성	수리논리력
MBTI	INTP, INTJ

어떤 일을 할까요?

유닉스, 리눅스, 윈도우와 같은 컴퓨터 시스템의 운영 체제를 설계하고 개발함.

정보 보호에 필요한 방화벽, 인증, 인가 관련 소프트웨어를 설계하고 개발함.

컴퓨터 시스템에서 사용되는 다양한 유틸리티 소프트웨어를 설계하고 개발함.

어떤 사람에게 어울릴까요?

약속을 소중히 여기고, 규칙과 질서를 잘 지키는 사람

논리적으로 생각하고 새로운 일에 도전하는 것을 좋아하는 사람

수학 기호의 의미를 이해하고, 수학적 지식을 적용할 수 있는 사람

과학 실험의 원인과 결과를 파악할 수 있는 능력을 갖춘 사람

직업 현황

수입 (단위: 만 원)

4,600 하위
6,000 중위
9,000 상위

업무 자율성 (단위: %)

93

직무 만족도 (단위: %)

80

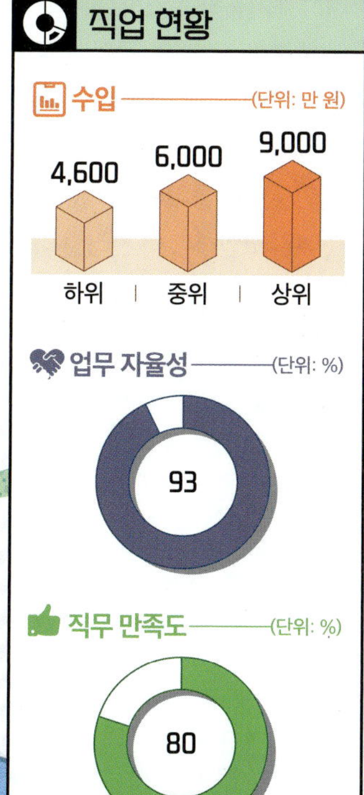

AI와 함께하는 직업 생활

AI는 소프트웨어 코드 작성과 버그 수정을 지원하고, 사람은 컴퓨터를 구동하는 근본적인 소프트웨어의 구조를 설계하고 복잡한 시스템을 개발해요.

커리어패스

관련 학과

소프트웨어공학과, 컴퓨터공학과, 전자공학과, 수학과, 응용소프트웨어공학과, 정보통신공학과

진로 준비

- 전문대학이나 대학교에서 소프트웨어공학이나 컴퓨터공학 등을 전공하면 취업에 유리함.
- 비전공자는 정보 통신 관련 사설 교육 기관이나 직업 훈련 학교에서 임베디드 전문가 양성 과정 등을 통해 관련 교육을 받을 수 있음.
- 이 분야의 회사에 입사하면 코더로 시작하여 경력을 쌓으면, 프로젝트 리더(PL)나 프로젝트 매니저(PM)로 승진할 수 있음.

전문 지식

컴퓨터 구조, 운영 체제, 컴퓨터 네트워크, 프로그래밍 언어, 운영 체제 설계, 컴퓨터 시스템 보안

진출 분야

시스템 소프트웨어 개발 업체, 미들웨어 업체, 전산 및 통신 장비 업체

관련 직업

응용소프트웨어개발자, 정보보안전문가, 통신공학기술자

전직 가능 직업

컴퓨터시스템개발자, IT컨설턴트, 양자컴퓨터전문가

관련 기관

한국정보통신진흥협회 www.kait.or.kr
한국인공지능·소프트웨어산업협회 www.sw.or.kr

응용소프트웨어개발자

APPLICATION SOFTWARE DEVELOPER

아이디어를 현실로 만드는 디지털 세상의 조각가

우리가 매일 편리하게 사용하는 스마트폰 앱, 기업의 업무용 프로그램, 은행 앱 등이 모두 응용 소프트웨어야. 나는 코드를 작성하여 이러한 프로그램을 만들어 내지. 어떤 기능을 추가할지, 어떻게 하면 사용자들이 더 편리하게 이용할 수 있을지 매일 고민하며 더 편리한 디지털 세상을 만들기 위해 노력해.

능력치

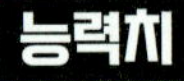

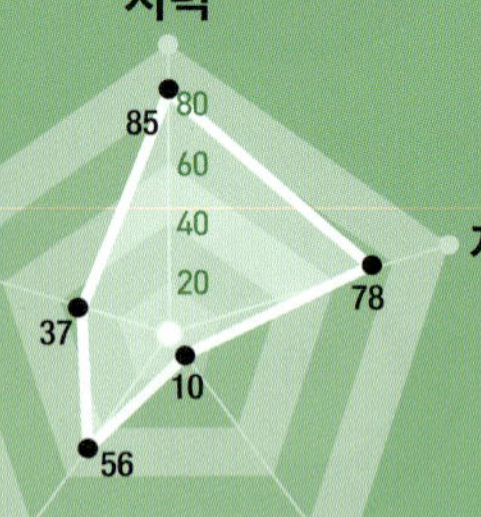

심리검사 유형

흥미	관습형(C), 진취형(E)
적성	수리논리력
MBTI	INTP, INTJ

🚩 어떤 일을 할까요?

회계, 유통, 인사, 영업, 결제, 예매 등 다양한 분야에 적용되는 소프트웨어를 개발함.	고객의 요구와 목적에 따라 응용 소프트웨어의 개발 범위와 목표를 설정함.	소프트웨어의 세부적인 기능 및 사양에 대해 상세하 설계를 진행하고 코딩을 함.

👤 어떤 사람에게 어울릴까요?

기록이나 정리를 잘하며, 맡은 일을 꼼꼼하게 처리하는 사람	외향적이고 적극적이며, 사람들과 원만한 관계를 유지하는 사람	통계 자료의 도표나 그래프를 이해하고 설명할 수 있는 사람	과학의 원리와 방법을 적용하여 실생활의 문제를 해결할 수 있는 사람

📊 직업 현황

📈 수입 — (단위: 만 원)

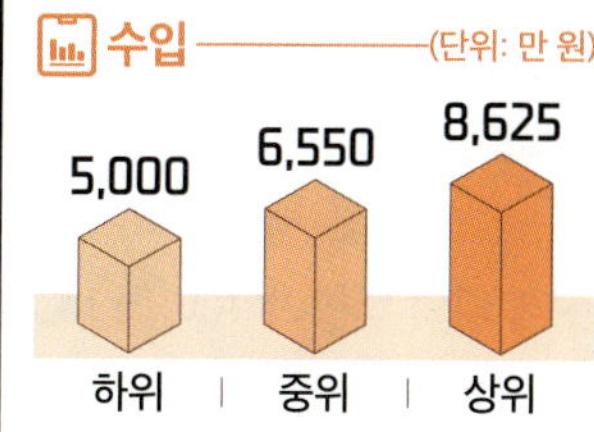

💜 업무 자율성 — (단위: %)

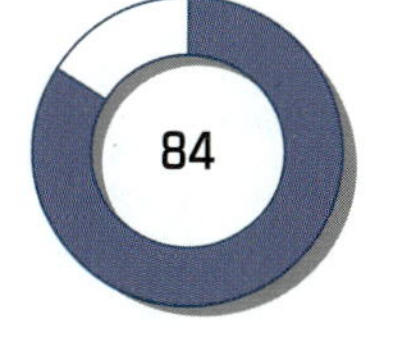

👍 직무 만족도 — (단위: %)

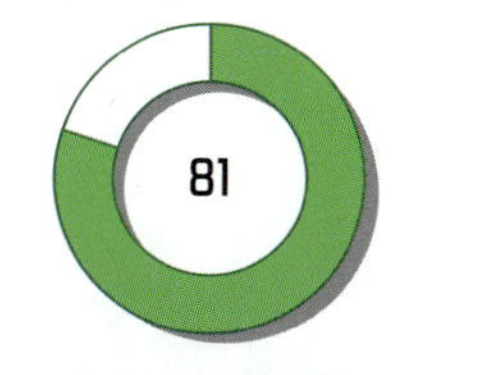

🤖 AI와 함께하는 직업 생활

AI는 소프트웨어 테스트와 오류 감지를 자동화하여 개발 과정의 효율성을 높이고, 사람은 사용자의 경험을 파악하여 삶을 편리하게 만드는 창의적인 소프트웨어를 기획해요.

♟ 커리어패스

🎓 관련 학과

소프트웨어공학과, 컴퓨터공학과, 수학과, 응용소프트웨어공학과, 전자공학과

🚩 진로 준비

- 전문대학이나 대학교에서 컴퓨터 관련 분야를 전공해야 취업에 유리함.
- 비전공자는 사설 교육 기관에서 C언어, 자바, 비주얼 스튜디오, 델파이, 파워빌더 등 프로그래밍 언어를 배우고 해당 분야에 진출할 수도 있음.
- 이 분야의 회사에 입사하면 코더로 시작하여 경력을 쌓으면 프로젝트 리더(PL)나 프로젝트 매니저(PM)로 승진할 수 있음.

📑 전문 지식

프로그래밍 언어, 데이터 구조, 컴퓨터 구조, 운영 체제, 데이터베이스, 컴퓨터 네트워크

👥 진출 분야

SI(시스템 통합) 업체, 소프트웨어 개발 업체, 금융권 등 기업체의 전산실

👤 관련 직업

프로그램개발자, 컴퓨터프로그래머, 소프트웨어전문가, XR클라이언트개발자, 검색엔진최적화전문가, 음성처리전문가, 지능형오염물질측정장치개발자, 앱개발자, 스마트폰애플리케이션개발자, 모바일앱개발자

💼 전직 가능 직업

공유플랫폼운영자, 디지털트윈전문가, 코딩강사

🏢 관련 기관

한국인공지능·소프트웨어산업협회 www.sw.or.kr
한국소프트웨어기술진흥협회 www.kosta.or.kr

웹개발자

WEB DEVELOPER WEB DEVELOPER WEB DE

웹사이트를 짓는 디지털 건축가

세상에 있는 수많은 웹사이트는 내 손을 거쳤어. 나는 광활한 인터넷 숲에서 웹사이트라는 멋진 집을 짓는 건축가 같은 존재지. 몇 줄 안 되는 코딩으로 사용자가 쉽고 편리하게 접근할 수 있는 웹사이트를 만들고 필요한 정보를 바로바로 찾을 수 있게 만드는 게 나의 역할이야. 아마 너도 내가 만든 웹사이트를 이미 방문했을지도 몰라.

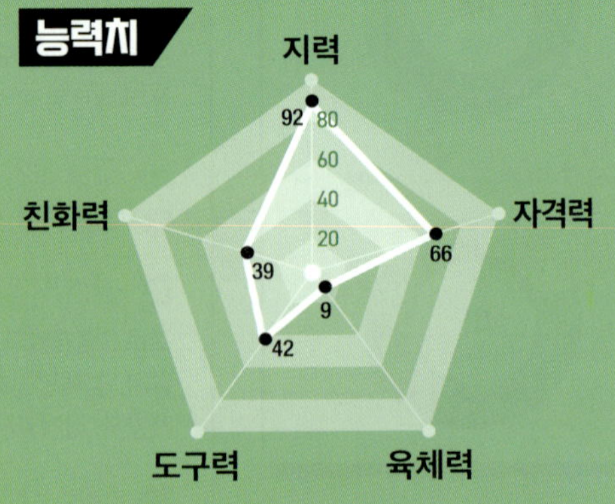

심리검사 유형

흥미	관습형(C), 탐구형(I)
적성	수리논리력
MBTI	INTP, INTJ

어떤 일을 할까요?

인터넷 상에서 다양한 자료를 효과적으로 보여 줄 수 있는 프로그램을 설계하고 작성함.

인터넷에 게시할 자료의 특성과 형식을 파악하고 분석함.

프로그래밍 언어(PHP, ASP, Java, JSP 등)를 이용하여 프로그램을 코딩함.

어떤 사람에게 어울릴까요?

책임감 있게 자신에게 주어진 일을 수행할 수 있는 사람

새로운 일에 도전하는 것을 좋아하는 사람

새로운 정보를 수집하여 문제 해결에 적용할 수 있는 사람

수학적 지식을 적용하여 문제를 해결하는 능력이 있는 사람

직업 현황

수입 (단위: 만 원)

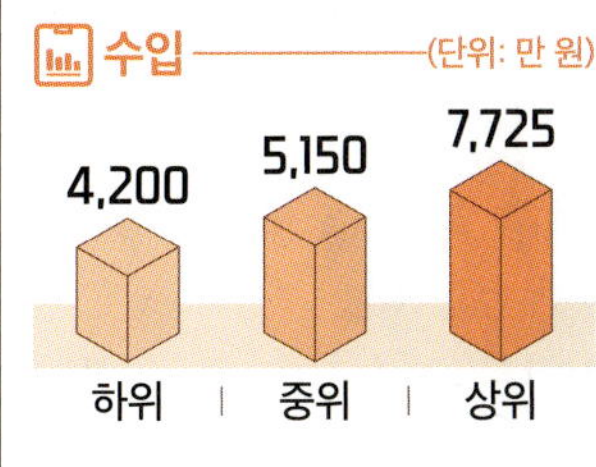

하위	중위	상위
4,200	5,150	7,725

업무 자율성 (단위: %)

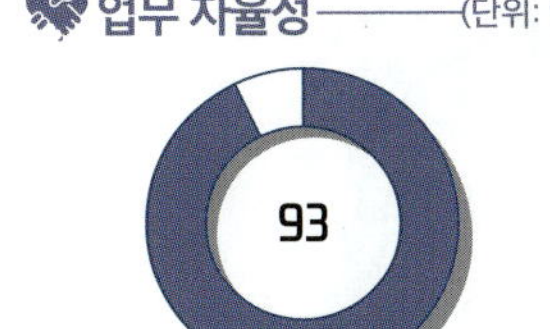

93

직무 만족도 (단위: %)

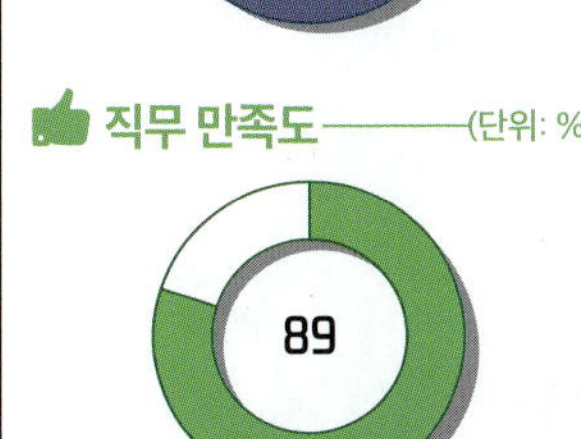

89

AI와 함께하는 직업 생활

AI는 웹 디자인 템플릿 제안과 코드 생성을 지원하고, 사람은 사용자가 직관적으로 정보를 얻고 즐거움을 느낄 수 있는 웹사이트를 구현하는 데 필요한 창의력을 발휘해요.

커리어패스

관련 학과

컴퓨터공학과, 컴퓨터정보공학과, 응용소프트웨어공학과, 정보통신공학과

진로 준비

- 전문대학이나 대학교에서 컴퓨터공학, 컴퓨터정보공학 등 컴퓨터 관련 분야를 전공하면 취업과 실무에 유리함.
- 비전공자는 프로그래밍이나 디자인을 교육하는 사설 교육 기관에서 관련 교육을 받을 수 있음.
- 프로그래밍이 아닌 웹 기획 업무의 경우, 인문 사회 계열을 전공한 사람이 진출하는 경우도 적지 않음.

전문 지식

웹 표준, 데이터베이스, 웹 프레임워크, 컴퓨터 네트워크, 소프트웨어공학, 웹 디자인, 정보 보안

진출 분야

웹사이트 제작 업체, 기업체 및 공공 기관의 전산실, 웹/서버 호스팅 업체, SI(시스템 통합) 업체

관련 직업

웹기획자, 서비스기획자, 스마트헬스케어서비스기획자, O2O서비스기획자

전직 가능 직업

응용소프트웨어개발자, 정보시스템운영자, 웹운영자, 정보보안전문가

관련 기관

한국인공지능·소프트웨어산업협회 www.sw.or.kr
한국소프트웨어기술진흥협회 www.kosta.or.kr

데이터분석가

DATA ANALYST DATA ANALYST DATA ANA

데이터에서 숨겨진
보석을 캐내는 디지털 광부

나는 방대한 데이터 속에서 트렌드나 가치 있는 정보를 발굴하고, 이를 통해 사람들이 더 나은 결정을 내릴 수 있도록 도와주는 일을 해. 다양한 데이터 소스를 수집하고 분석하여, 그 결과를 그래프나 숫자로 정리하고 이해하기 쉽게 전달하지. 나는 데이터를 통해 미래를 예측하여 기업의 성장을 이끌고 미래를 설계하는 토대를 만들 거야.

능력치

심리검사 유형

흥미	탐구형(I), 실재형(R)
적성	수리논리력
MBTI	INTP, INTJ

🚩 어떤 일을 할까요?

빅 데이터를 수집하고 분석하여 사람들의 행동 패턴이나 시장의 경제 상황을 예측함.

대용량 데이터를 처리할 수 있는 플랫폼을 활용하여 데이터를 처리하고 분석함.

프로그램을 활용해 데이터 분석 결과를 시각적으로 명확하게 표현하여 제시함.

👤 어떤 사람에게 어울릴까요?

깊이 있는 이해를 위해 자료 수집 등에 노력을 기울이는 사람

노력한 결과가 즉각적이며 명확하게 나타날 때 보람을 느끼는 사람

주어진 문제의 규칙을 파악하고, 통계 자료를 해석할 수 있는 사람

다양한 정보를 근거로 새로운 결론을 이끌어 낼 수 있는 사람

📊 직업 현황

📋 수입 (단위: 만 원)

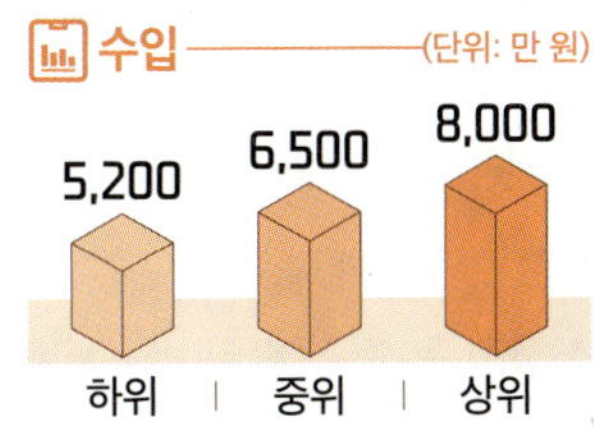

5,200 하위 | 6,500 중위 | 8,000 상위

💙 업무 자율성 (단위: %)

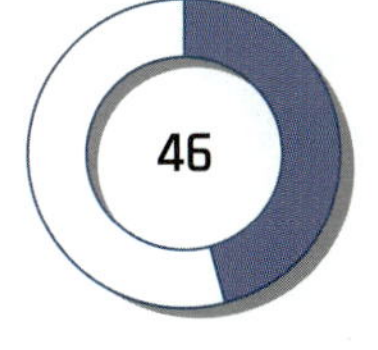

46

👍 직무 만족도 (단위: %)

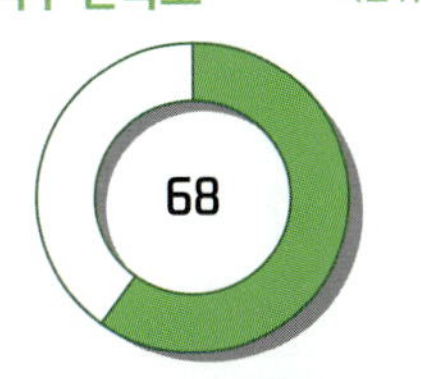

68

🤖 AI와 함께하는 직업 생활

AI는 방대한 자료를 수집하여 패턴을 찾아내고, 사람은 복잡한 데이터 속에서 의미 있는 통찰력을 도출하고 이를 바탕으로 기업의 전략적 의사결정을 돕는 역할에 집중해요.

🏆 커리어패스

🎓 관련 학과

컴퓨터공학과, 수학과, 통계학과, 경영학과, 심리학과

🧭 진로 준비

- 대학에서 컴퓨터공학을 전공하거나 수학이나 통계학 혹은 경영학이나 심리학 등을 전공하면 취업이나 실무에 도움이 됨.
- 민간 교육 기관에 개설된 데이터 분석 교육 과정을 통해서도 관련 지식을 습득할 수 있음.
- 데이터 분석 업무를 전문적으로 수행하려면 대학원에서 데이터 분석 관련 석사나 박사 학위를 취득해야 함.

📊 전문 지식

수학과 통계, 프로그래밍 언어, 데이터베이스, 데이터 시각화, 비즈니스 전문 지식

👥 진출 분야

소프트웨어 개발 업체, 금융 기관, 시장 조사 기업, 컨설팅 기업, 미디어 기업체

👤 관련 직업

빅데이터전문가, 빅데이터분석가, 데이터과학자, 데이터베이스개발자, AI빅데이터개발자, 데이터베이스관리자, 데이터엔지니어, 데이터컨설턴트, 환경빅데이터전문가, 데이터라벨러

💼 전직 가능 직업

데이터중개사, 데이터거래전문가

🏢 관련 기관

한국데이터산업진흥원 www.kdata.or.kr
한국데이터산업협회 www.kodia.kr

정보시스템운영자

INFORMATION SYSTEM ADMINISTRATOR

정보 시스템의 안전을 책임지는 파수꾼

네트워크를 관찰하고 방어벽을 강화하여 사이버 공격과 각종 오류를 실시간으로 무찌르는 게 나의 일이야. 디지털 시스템을 안정적으로 운영하고 모든 데이터가 빠르고 안전하게 흘러가도록 해야 하지. 예상하지 못한 일이 일어나더라도 신속하게 대응하고, 시스템의 성능을 최적화하는 게 나의 일상이야.

능력치

심리검사 유형

흥미	관습형(C), 진취형(E)
적성	수리논리력
MBTI	ISTP, INTP

어떤 일을 할까요?

컴퓨터 정보 시스템(서버 등)을 안정적이고 효율적으로 관리하고 운영함.

서버를 비롯한 정보 시스템의 성능과 기능을 실시간으로 모니터링하고, 문제 발생 시 신속하게 해결함.

사용자의 불편 사항과 요구 사항을 정기적으로 확인하고 개선 방안을 마련함.

어떤 사람에게 어울릴까요?

세심하고 꼼꼼하며 책임감이 강한 사람

리더십이 있어 다른 사람들을 잘 이끌 수 있는 사람

과학 실험에서 원인과 결과의 관계를 명확하게 파악할 수 있는 사람

까다롭고 복잡한 계산에 능숙하며 과학의 원리를 이해하는 사람

직업 현황

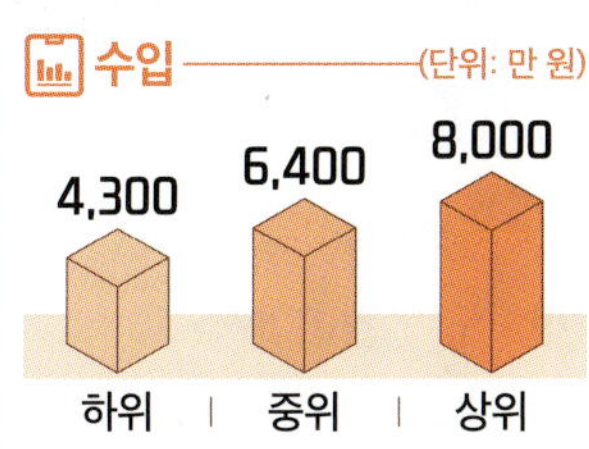

수입 (단위: 만 원)

- 하위: 4,300
- 중위: 6,400
- 상위: 8,000

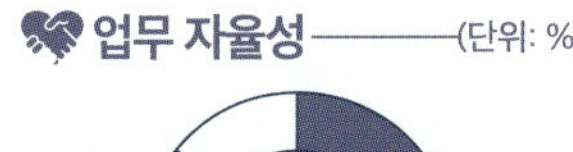

업무 자율성 (단위: %)

86

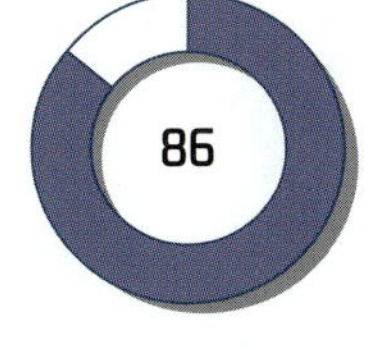

직무 만족도 (단위: %)

73

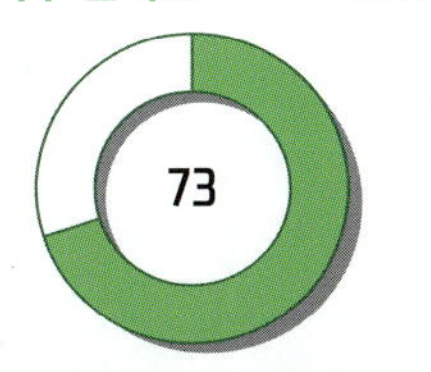

AI와 함께하는 직업 생활

AI는 시스템 모니터링과 실시간 장애 알림을 지원하고, 사람은 예측이 어려운 장애에 신속하게 대응하고 안정적인 서비스 운영을 위한 최적의 방안을 모색할 수 있어요.

커리어패스

관련 학과

컴퓨터공학과, 전자공학과, 정보통신공학과, 응용소프트웨어학과

진로 준비

- 전문대학이나 대학에서 컴퓨터공학, 전자공학, 정보통신학 등을 전공하는 것이 취업에 유리함.
- 민간 교육 기관에서 정보 시스템 운영에 관한 전문적인 교육 과정을 이수할 수 있음.
- 인턴십이나 프로젝트 참여를 통해 관련 분야의 경험을 쌓으면 취업과 실무에 도움이 됨.

전문 지식

운영 체제, 컴퓨터 네트워크, 데이터베이스, 서버 하드웨어, 시스템 관리, 클라우드 컴퓨팅

진출 분야

데이터 센터, SI(시스템 통합) 업체, 기업체, 공공 기관, 대학교 등의 전산실

관련 직업

네트워크관리자, 컴퓨터시스템전문가

전직 가능 직업

IT컨설턴트, 응용소프트웨어개발자, 정보보안전문가

관련 기관

한국클라우드산업협회 kcloud.or.kr

#디지털 #홈페이지 #다양한 콘텐츠 #웹디자인 #사용자경험

웹운영자

WEB MASTER   WEB M
MASTER
STE   WEB MASTER   WEB M

특별한 웹사이트를 만드는
만능 플래너

나는 수많은 아이디어를 조합하고 디자인해서 세상에 하나뿐인 특별한 웹사이트를 만들어. 웹사이트에 올릴 글도 쓰고 시선을 끌 이미지도 만들어야 하고, 이 모든 걸 살아 숨 쉬게 만드는 코딩까지, 하나의 웹사이트가 운영하기 위해 내가 하는 일이 정말 많아.

능력치

지력
80
60
40
20
86
친화력
자격력
76
6
14
도구력
40
육체력

심리검사 유형

흥미   관습형(C), 진취형(E)
적성   수리논리력
MBTI   ISTP, INTP

어떤 일을 할까요?

웹 서버를 구축하고 효율적으로 관리하며, 홈페이지 운영 전반에 걸쳐 실무적인 책임을 담당함.

홈페이지에 포함될 항목과 제공할 서비스 내용을 기획하고 선정함.

홈페이지의 제작과 디자인 업무를 총괄하고 책임짐.

어떤 사람에게 어울릴까요?

책임감 있게 자신에게 주어진 일을 원활하게 수행하는 사람

문제 해결을 위해 팀원을 주도적으로 이끌고 나갈 수 있는 사람

문제를 논리적으로 분석하고 효과적으로 해결할 수 있는 사람

수학적 지식을 실제 문제 해결에 적용할 수 있는 능력을 갖춘 사람

직업 현황

수입 ——— (단위: 만 원)

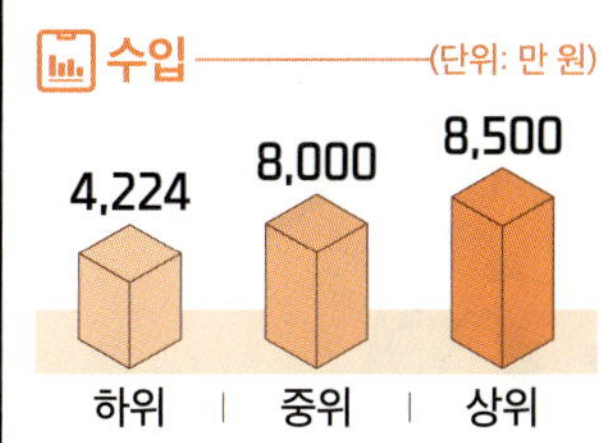

하위	중위	상위
4,224	8,000	8,500

업무 자율성 ——— (단위: %)

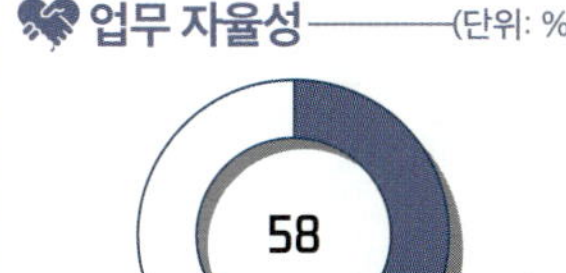

58

직무 만족도 ——— (단위: %)

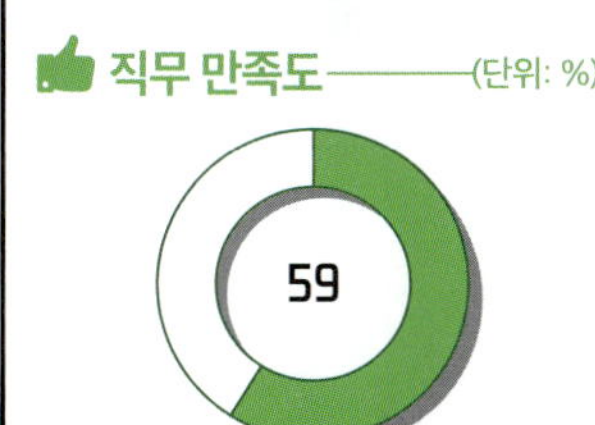

59

AI와 함께하는 직업 생활

AI는 웹사이트의 트래픽과 사용자 행동을 분석하고, 사람은 사용자의 의견을 경청하고 서비스 개선을 위한 창의적인 아이디어를 발굴하여 웹사이트 활성화 전략을 세워요.

커리어패스

관련 학과

응용소프트웨어공학과, 컴퓨터공학과, 전자공학과, 정보통신학과

진로 준비

• 전문대학이나 대학교에서 응용소프트웨어공학, 컴퓨터공학, 전자공학 등 컴퓨터 관련 분야를 전공하면 취업에 유리함.
• 민간 교육 기관에서 웹마스터나 웹운영자 교육 과정을 이수할 수 있음.
• 프로그래밍 언어뿐만 아니라 디자인을 함께 배우면 취업과 실무 능력 향상에 도움이 됨.

전문 지식

웹 프레임워크, 웹 서버, 데이터베이스, 네트워크, 웹 서버 환경 구축, 웹 서버 보안

진출 분야

공공 기관, 포털 사이트, 미디어 기업, 웹사이트 운영 기업

관련 직업

웹마스터, 베타테스터

전직 가능 직업

정보시스템운영자, 정보보안전문가, 응용소프트웨어개발자

관련 기관

한국인공지능·소프트웨어산업협회 www.sw.or.kr
한국소프트웨어기술진흥협회 www.kosta.or.kr
한국정보기술연구원 www.kitri.re.kr

식품공학기술자

FOOD ENGINEER FOOD ENGINEER FOOD EN

건강한 먹거리를 만드는 식품 마법사

나는 음식 과학자이자 엔지니어야. 매일 음식의 모든 걸 분석하고 연구해서 더 안전하고 건강한 식품을 개발하지. 식재료마다 특성이 다 다르니 그에 맞는 조리 방법을 찾는 것도 중요해. 그래야 영양은 가득 채우고, 보기에도 좋고 먹기에도 좋은 음식을 만들 수 있으니까.

능력치

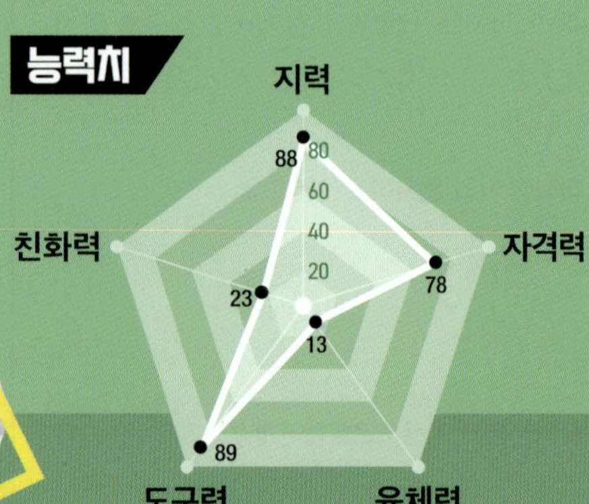

심리검사 유형

흥미	탐구형(I), 관습형(C)
적성	수리논리력, 공간지각력
MBTI	INTP, INTJ

🚩 어떤 일을 할까요?

식품의 생산, 가공, 저장 및 유통 과정에서 발생하는 기술적인 문제를 해결하고 효율성을 높임.

새로운 식품 제품을 개발하고 기존의 제품을 개선하여 더 나은 품질의 제품을 제공함.

식품 생산 공정을 설계하고 관리하여 생산성을 높이고, 동시에 높은 품질을 유지함.

😎 어떤 사람에게 어울릴까요?

논리적으로 생각하며 새로운 일에 도전하는 것을 좋아하는 사람

다양한 사람들의 취향이나 문화 등을 관찰하는 것을 좋아하는 사람

제품 생산 과정에 필요한 기술적인 요소와 시스템을 구성할 수 있는 사람

통계 분석과 논리적 사고를 통해 문제를 해결하는 능력을 갖춘 사람

📊 직업 현황

📈 수입 ————— (단위: 만 원)

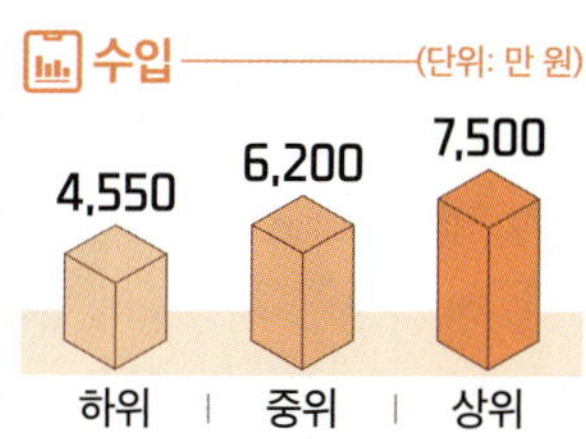

하위	중위	상위
4,550	6,200	7,500

💕 업무 자율성 ————— (단위: %)

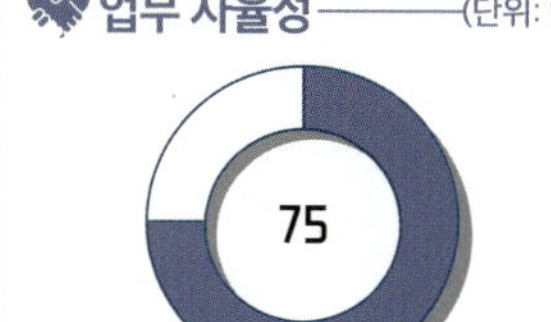

75

👍 직무 만족도 ————— (단위: %)

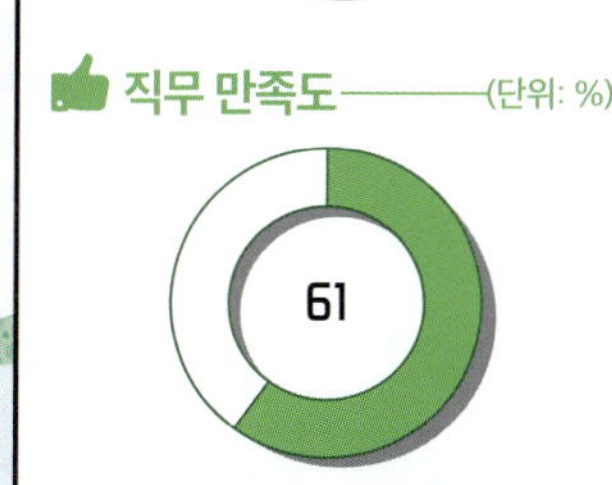

61

🤖 AI와 함께하는 직업 생활

AI는 식자재 성분을 분석하여 최적의 영양소 조합을 계산하고, 사람은 맛, 향, 식감 등 오감을 만족시키는 안전하고 건강한 음식을 개발하는 일에 전문성을 발휘할 수 있어요.

♟️ 커리어패스

🎓 관련 학과

식품가공학과, 식품영양학과, 식품생명공학과, 식품공학과, 한방건강약선학과, 식품학과, 생물학과, 식품조리학과, 조리과학과

🚩 진로 준비

- 대학에서 식품공학이나 식품가공학 등을 전공하면 취업에 유리함.
- 국가 자격증인 식품기술사(기사), 수산제조기술사(기사), 농산물품질관리사, 품질관리기술사 등을 취득하면 취업과 실무에 도움이 됨.
- 취업 후 경력을 쌓은 후에는 식품 가공 관련 업체를 창업하거나 대학에서 강의를 할 수 있음.

📑 전문 지식

식품 화학, 식품 가공, 식품 분석, 식품 위생, 식품공학, 유기 화학

👥 진출 분야

식품 제조 및 가공 업체, 건강 기능 식품 제조 업체, 식품 유통 업체, 식품의약품안전처 등의 정부 기관, 기업체의 식품 연구소, 식품 위생 검사 기관, 품질 검사 기관

📇 관련 직업

곤충음식개발자, 소믈리에, 영양사, 대체식품연구원, 식용곤충전문가, 전통식품제조원

💼 전직 가능 직업

배양육전문가, 식품융합엔지니어, 할랄전문가, 식품공장생산관리자, 식품제조업자, 대학교수

🏢 관련 기관

한국식품기술사협회 foodpe.or.kr
한국식품산업협회 www.kfia.or.kr

환경공학기술자

ENVIRONMENTAL ENGINEER ENVIRONME

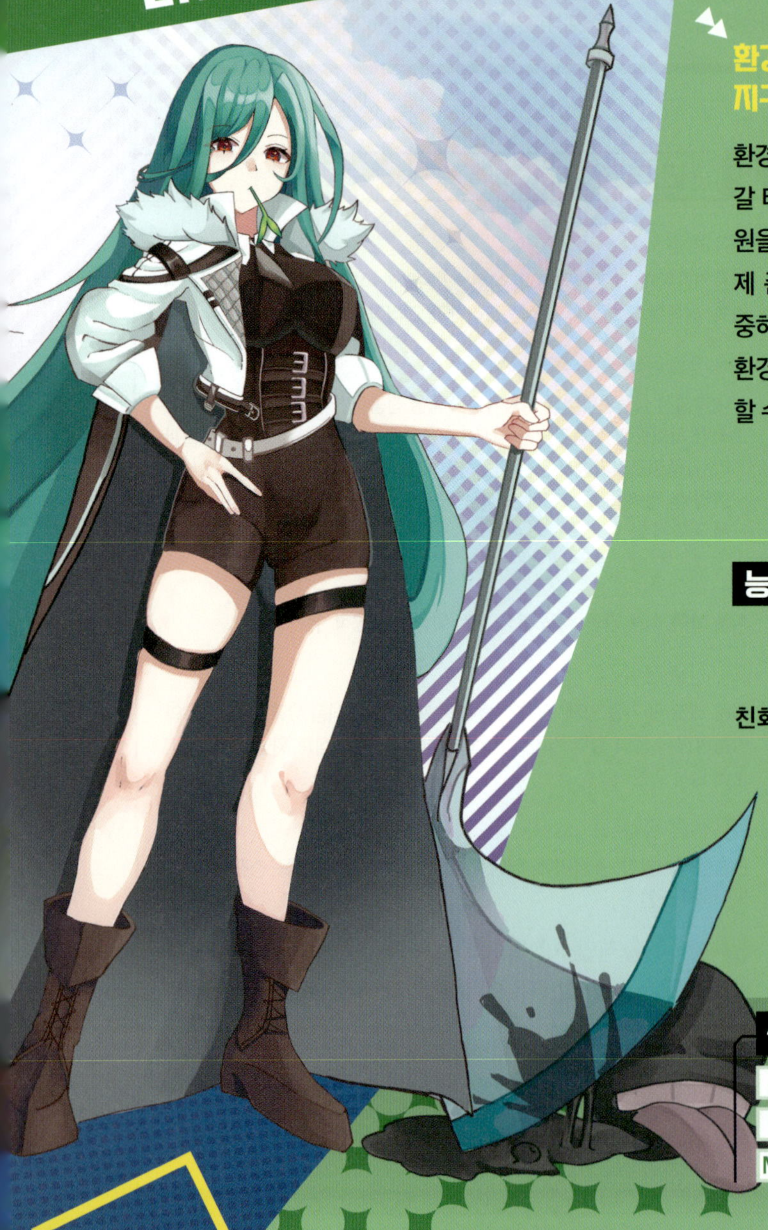

환경 오염의 원인을 뿌리 뽑는 지구 수호대

환경은 우리뿐만 아니라 미래 세대가 살아 갈 터전이니 잘 지켜야 해. 그래서 난 오염 원을 찾아내고 제거하는 건 물론이고, 규 제 준수도 철저히 감시하고, 위반하면 엄 중히 처벌하는 역할도 하고 있어. 더 나은 환경을 만드는 데 더 많은 사람들이 동참 할 수 있도록 캠페인을 벌이기도 하지.

능력치

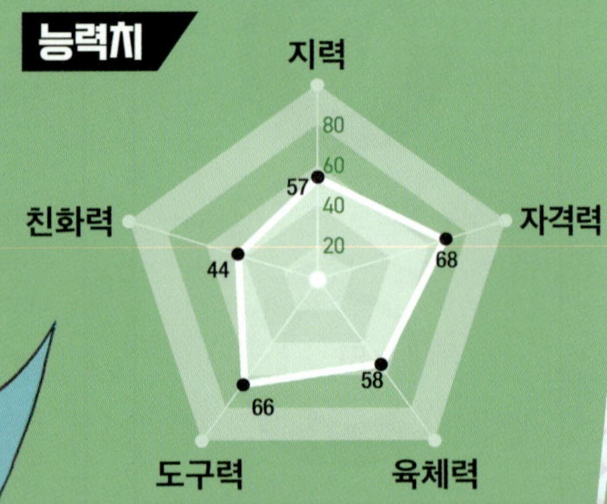

심리검사 유형

흥미	탐구형(I), 관습형(C)
적성	수리논리력
MBTI	INTP, INTJ

어떤 일을 할까요?

공학적 기술을 활용해서 대기 오염, 수질 오염, 소음 및 진동을 최소화하거나 해소함.

고체, 액체, 기체 상태의 오염 물질을 수집하고 측정 장치를 사용하여 분석함.

대기 및 수질 오염을 방지하는 시설, 장치 및 공법을 실험하고 연구하여 오염 방지 방안을 제시함.

어떤 사람에게 어울릴까요?

정보를 깊이 이해하기 위해 자료 수집과 연구에 노력을 기울이는 사람

꼼꼼하게 노트를 작성하고 정리하며, 체계적으로 일을 처리하는 사람

과학 실험에서 원인과 결과의 관계를 명확하게 파악할 수 있는 사람

다양한 정보를 근거로 새로운 결론을 이끌어 내는 능력을 갖춘 사람

직업 현황

수입 (단위: 만 원)

4,200 / 6,000 / 7,200

하위 | 중위 | 상위

업무 자율성 (단위: %)

95

직무 만족도 (단위: %)

79

AI와 함께하는 직업 생활

AI는 환경 오염 데이터를 분석하여 오염원을 예측할 수 있고, 사람은 기후 변화와 환경 문제에 대한 근본적인 해결책을 제시하고 지속 가능한 미래를 위한 정책을 수립해요.

커리어패스

관련 학과

환경공학과, 바이오환경과학과, 환경대기과학과, 지구환경과학과

진로 준비

- 대학에서 환경공학 관련 분야를 전공해야 함.
- 환경 공학 분야를 전문적으로 연구하고 실험하는 전문가가 되려면 환경 공학 분야에서 석사나 박사 학위를 취득해야 함.
- 국가 자격증인 대기관리기술사, 수질관리기술사, 환경측정분석사, 소음진동기술사(기사) 등을 취득하면 취업과 실무에 도움이 됨.

전문 지식

환경 미생물학, 수질 환경 공학, 대기 환경 공학, 토양 환경 공학, 환경 영향 평가

진출 분야

환경 전문 용역 업체, 환경 오염 방지 시설 업체, 폐기물 처리 회사, 건설 업체, 각종 환경 관련 연구소, 환경 영향 평가 업체, 정부 및 지자체, 공단 등 정부 투자 기관, 학교

관련 직업

환경컨설턴트, 대기환경기술자, 실내공기질관리사, 수질환경컨설턴트, 환경오염분석가, 제품환경컨설턴트

전직 가능 직업

탄소배출점검기록전문가, 온실가스관리컨설턴트, 탄소배출권거래컨설턴트, 가정에코컨설턴트, 빗물사용전문가

관련 기관

한국환경산업협회 www.keia.kr
국립환경과학원 www.nier.go.kr
한국환경연구원 www.kei.re.kr

한국환경기술인협회 www.keef.or.kr
대한환경공학회 www.kosenv.or.kr

가스·에너지 기술자

GAS AND ENERGY ENGINEER GAS AND ENERGY

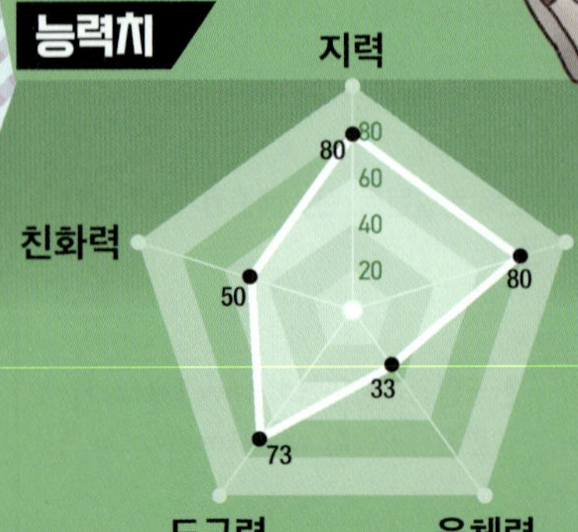

에너지 보물을 탐사하는 자원 발굴가

나는 지속 가능한 에너지를 확보하기 위해 위험을 무릅쓰고 에너지 자원을 탐사하지. 에너지 발굴을 위해 철저한 계획을 세우고 적합한 장비를 설계하는 것도 나의 역할이야. 복잡한 에너지 시스템을 살펴 에너지 낭비의 원인을 찾아내고 효율적으로 사용하기 위하여 구조를 분석하고 개선하는 일도 하지.

능력치

심리검사 유형

흥미	탐구형(I), 관습형(C)
적성	수리논리력, 공간지각력
MBTI	ISTJ, INTP

🚩 어떤 일을 할까요?

석유와 가스 같은 전통적인 에너지 개발 기술을 연구하고 이를 위한 시설과 장비를 설계함.

신재생 에너지와 원자력 에너지를 이용할 수 있는 공학적 방안을 제시함.

전력 생산을 최적화하는 발전 시스템을 개발하고 관리하며, 에너지의 효율성과 안정성을 높임.

👤 어떤 사람에게 어울릴까요?

물리적인 현상에 호기심이 많고 꾸준히 관찰하는 사람

체계적으로 계획을 세우고 차근차근 진행하는 꼼꼼한 사람

통계 자료를 이해하고 분석할 수 있는 수리논리력을 갖춘 사람

새로운 시스템을 구상하고 설계할 수 있는 창의적인 사람

📊 직업 현황

📊 수입 (단위: 만 원)

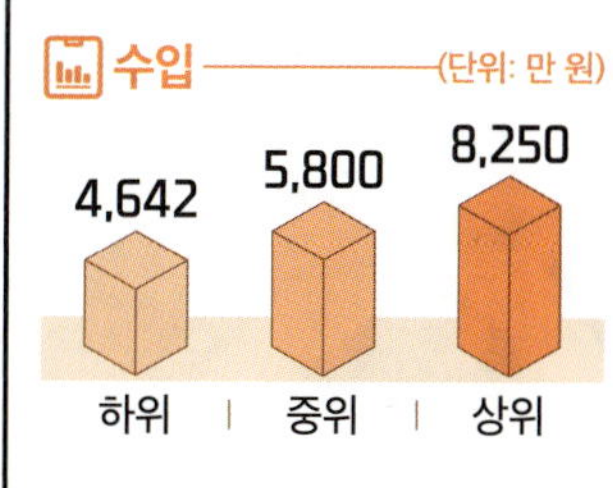

하위	중위	상위
4,642	5,800	8,250

💓 업무 자율성 (단위: %)

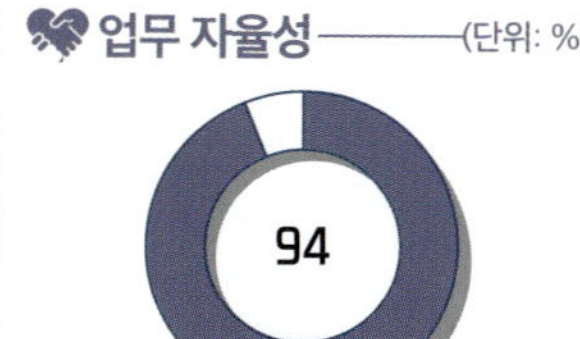

94

👍 직무 만족도 (단위: %)

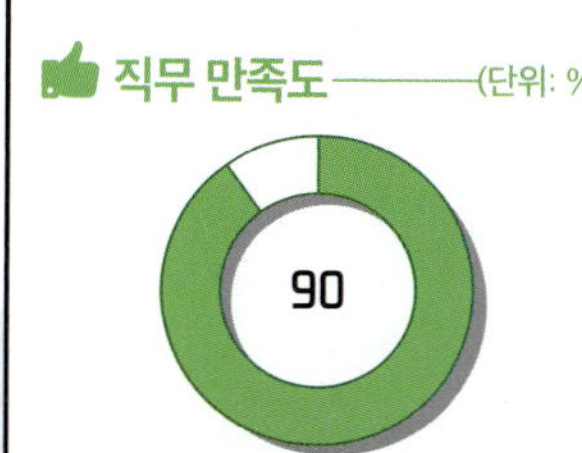

90

🤖 AI와 함께하는 직업 생활

AI는 에너지 소비 패턴을 분석하고 시설 점검 주기를 제안할 수 있고, 사람은 에너지 시설 안전 확보와 효율적인 에너지 공급 시스템 설계에 전문성을 발휘할 수 있어요.

♟️ 커리어패스

🎓 관련 학과

환경공학과, 전기공학과, 에너지공학과, 화학공학과, 전자공학과, 기계공학과, 재료공학과, 신소재공학과, 에너지자원공학과, 원자력공학과

🚩 진로 준비

- 대학에서 에너지공학 관련 학과를 졸업해야 함.
- 에너지의 효율 향상과 생산 비용 절감에 관한 연구나 실험을 수행하려면 대학원에서 석사나 박사 학위를 취득하는 것이 유리함.
- 에너지관리기능장(기사), 신재생에너지발전설비기사, 해양자원개발기사, 자원관리기술사 등의 국가 자격증을 취득하면 취업에 도움이 됨.

📋 전문 지식

유체 역학, 전자기학, 신재생에너지공학, 에너지 저장 시스템, 환경공학

👥 진출 분야

에너지 및 신재생 에너지 관련 정부 출연 연구 기관, 대학 부속 연구소

🪪 관련 직업

신재생에너지전문가, 에너지공학기술자, 대체에너지개발연구원, 에너지효율검증개발자, 수소연료전지전문가, 에너지수확전문가, 에너지저장장치전문가, 재생에너지전문가, 제4세대핵발전전문가, 해양에너지기술자, 폐기물에너지연구원, 대체에너지개발자, 수소경제전문가

💼 전직 가능 직업

친환경모빌리티에너지원개발자, 대학교수

🏢 관련 기관

한국신·재생에너지협회 www.knrea.or.kr
한국에너지기술연구원 www.kier.re.kr

비파괴검사원

NON-DESTRUCTIVE INSPECTOR NON-DE

숨은 결함까지 찾아내는 인간 투시경

나는 투시력을 갖춘 수사관처럼 건물과 장비의 숨겨진 결함을 찾아내는 일을 해. 어떤 단단한 금속이나 튼튼한 건물도 내 앞에서는 비밀을 감출 수 없어. 초음파와 방사선 탐지기를 무기 삼아 작은 결함도 놓치지 않는 치밀함으로 제품의 제조 과정이나 시설 보수 중에 발생할 수 있는 사고를 방지하는 역할을 하지.

능력치

심리검사 유형

흥미	실재형(R), 관습형(C)
적성	수리논리력, 공간지각력
MBTI	ISTP, INTJ

🚩 어떤 일을 할까요?

대상의 물리적, 기계적 특성을 고려하여 방사선과 초음파 등 적합한 탐지 방법을 결정하여 준비함.

검사 대상물에 손상을 주지 않으면서 내부에 존재하는 결함 유무를 확인함.

검사 결과를 분석하여 건축물이나 구조물의 안전성을 평가하고, 그 결과를 담은 검사 결과서를 작성함.

😀 어떤 사람에게 어울릴까요?

기계나 도구를 활용하고 조작하는 데 흥미가 있는 사람

세심하고 꼼꼼하여 검사나 평가 업무를 능숙하게 수행할 수 있는 사람

수학이나 과학 지식을 활용하여 문제를 해결할 수 있는 사람

다양한 도형을 회전시킨 형태를 머릿속으로 정확하게 떠올릴 수 있는 사람

◐ 직업 현황

📊 수입 (단위: 만 원)

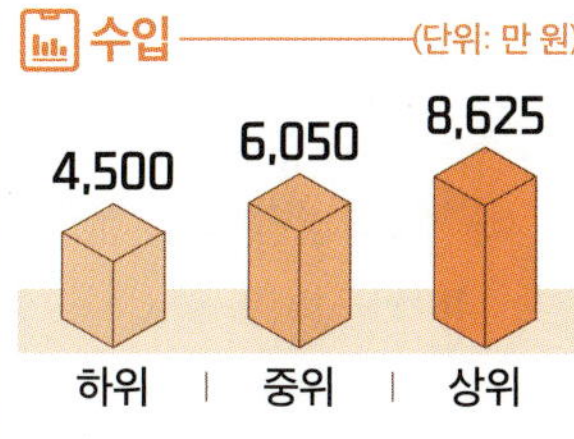

4,500 하위 | 6,050 중위 | 8,625 상위

💕 업무 자율성 (단위: %)

68

👍 직무 만족도 (단위: %)

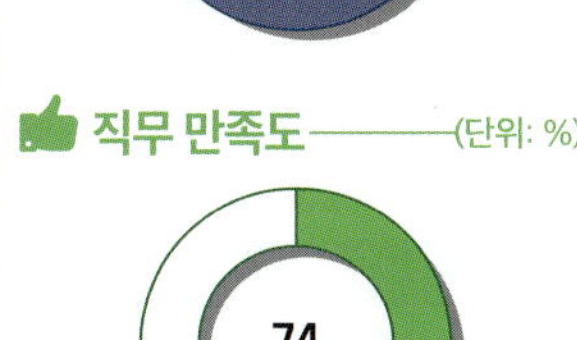

74

🤖 AI와 함께하는 직업 생활

AI는 X선이나 초음파 데이터 등을 분석하여 기본적인 결함을 식별하고, 사람은 미세하거나 숨겨진 결함을 찾아내 장비의 안전성을 최종적으로 판단하는 전문성을 발휘해요.

♟ 커리어패스

🎓 관련 학과

재료금속공학과, 재료공학과, 원자력공학과, 방사선학과, 전기과, 전자과

🚩 진로 준비

- 특성화 고등학교나 대학에서 원자력공학, 방사선학, 금속공학, 재료공학 등을 전공하면 유리함.
- 직업 전문 학교나 한국폴리텍대학에서 비파괴 관련 교육을 받을 수 있음.
- 국가 자격증인 비파괴검사기술사, 방사선비파괴검사기사, 초음파비파괴검사기사, 자기비파괴검사기사, 침투비파괴검사기사 등을 취득해야 함.

📋 전문 지식

재료 역학, 초음파 검사, 방사선 검사, 침투 탐상 검사, 안전 관리, 비파괴 검사 법규

👥 진출 분야

비파괴 검사 전문 업체, 제조 회사의 품질 관리 부서, 반도체 제조 회사, 플랜트 공사 업체, 조선소, 정유 회사, 건축 회사, 항공·우주 산업체

👤 관련 직업

품질관리사무원, 재료공학기술자

💼 전직 가능 직업

방사선사

🏢 관련 기관

한국비파괴검사협회 www.kandt.or.kr

반도체 공학기술자

SEMICONDUCTOR ENGINEERING TECHNICIAN

미시 세계를 탐험하는 우주복을 입은 엔지니어

- 전자 이론과 장비 조작 원리를 이용하여 반도체를 개발하거나 성능을 개선함.
- 반도체의 제조와 조립을 위한 공정별 최적의 조건 (온도, 압력, 시간, 사용량, 처리 방법 등)을 설정함.
- 반도체 제조에 필요한 설비와 장비를 설치하고 관리함.

AI와 함께하는 직업 생활

AI는 반도체 설계 시뮬레이션과 불량률 예측으로 생산 공정 최적화를 지원하고, 사람은 미세한 회로를 설계하고 환경 변화에 대비하여 기술의 개발 방향을 결정해요.

🚩 커리어패스

🎓 관련 학과	반도체공학과, 신소재공학과, 재료공학과, 전자공학과, 전기공학과, 물리학과
🚩 진로 준비	• 대학에서 금속재료공학이나 전자공학 등을 전공하고, 반도체 개발 업체에서 인턴십을 경험하면 취업과 실무에 도움이 됨. • 반도체 관련 연구 개발 업무를 하려면 대학원에서 석사나 박사 학위를 취득해야 함.
👥 진출 분야	반도체 개발 업체, 시스템 개발 업체, H/W 개발 업체, 통신 업체
📇 관련 직업	지능형반도체개발자, 반도체설비엔지니어, 반도체엔지니어, 반도체회로설계사
💼 전직 가능 직업	전자제품개발기술자, 재료공학기술자

인공지능 전문가

ARTIFICIAL INTELLIGENCE EXPERT

데이터와 알고리즘으로 세상을 바꾸는 마법사

- 자연어 처리, 패턴 인식 등과 같은 정보 처리 기술을 활용하여 인공지능 시스템을 설계하고 구축함.
- 기계가 데이터를 기반으로 학습하여 인식, 추론, 판단, 분류, 예측을 할 수 있도록 알고리즘을 구현함.
- C, C++, 자바, 델파이, 파워빌더 등의 프로그래밍 언어를 사용하여 인공지능 시스템을 개발하고 관리함.

AI와 함께하는 직업 생활

AI는 방대한 학습 데이터를 처리하고 알고리즘을 개선할 수 있고, 사람은 사람처럼 생각하고 학습하는 AI를 설계하고 윤리적인 문제 해결을 위한 방향을 제시할 수 있어요.

커리어패스

관련 학과	컴퓨터공학과, 수학과, 통계학과, 전자공학과, 제어계측공학과
진로 준비	• 대학에서 컴퓨터공학, 수학 등을 전공하면 취업에 유리함. • 인공지능과 관련된 전문적인 연구 개발 업무를 수행하려면 대학원에서 석사나 박사 학위를 취득해야 함. • 인공지능 관련 기업체의 인턴십 경험과 포트폴리오를 준비하면 취업과 실무에 도움이 됨.
진출 분야	인공지능 개발 업체, 인공지능 관련 연구소, 자연어 처리나 음성 인식·이미지 인식 분야 전문 업체
관련 직업	감성인식개발자, 인공지능개발자, 알고리즘전문가, 인공지능엔지니어, 인공지능윤리학자
전직 가능 직업	로봇공학기술자, 대학교수, 자동차공학기술자

클라우드 엔지니어

CLOUD ENGINEER

인터넷 세상의 디지털 공간 디자이너

- 인터넷 환경에서 필요한 자료를 저장하고 사용할 수 있는 웹 기반의 가상 서버를 개발하고 운용함.
- 클라우드 환경에서 인프라를 설계하고 가상 서버, 네트워크, 스토리지 등의 자원을 구성하고 관리함.
- 클라우드 시스템을 구축하고 이에 대한 유지 보수와 관리·운영을 담당함.

AI와 함께하는 직업 생활

AI는 클라우드의 성능을 최적화하고 안정적인 서비스 제공을 위해 시스템을 자동화하고, 사람은 복잡한 클라우드를 설계하고 기업의 요구에 맞는 솔루션을 제공해요.

🚩 커리어패스

🎓 관련 학과	컴퓨터공학과, 전자공학과, 소프트웨어공학과, IT시스템공학과
🚩 진로 준비	• 민간 교육 기관에서 운영하는 클라우드 교육 과정을 이수하여 관련 지식을 습득할 수 있음. • 아마존, 마이크로소프트, 구글 등 주요 클라우드 서비스 업체가 주관하는 클라우드 자격증을 취득하면 취업에 도움이 됨.
👥 진출 분야	시스템 통합(SI) 업체, 컴퓨터 시스템 개발 업체, 클라우드 서비스 업체, 기업체 및 공공 기관의 전산팀
📇 관련 직업	클라우드컴퓨팅개발자, 클라우드시스템엔지니어, 클라우드서비스기획자
💼 전직 가능 직업	응용소프트웨어개발자, 정보보안전문가

사물인터넷 전문가

INTERNET OF THINGS EXPERT

스마트 기기 간의 대화를 이끄는 디지털 오케스트라의 지휘자

- 사물끼리 인터넷을 통해 실시간으로 데이터를 주고받는 기술이나 환경을 개발함.
- 네트워크를 활용하여 센서와 사물 인터넷의 서비스 기술을 개발함.
- 사람의 생체 정보를 스마트폰으로 전송할 수 있는 애플리케이션을 제작함.

AI와 함께하는 직업 생활

AI는 실시간으로 IoT 기기를 감시하여 효율적인 운영을 지원하고, 사람은 생활의 편의를 위해 다양한 사물을 연결하고 새로운 가치를 창출하는 아이디어를 구상해요.

커리어패스

관련 학과	정보통신공학과, 전자공학과, 컴퓨터공학과, 위성정보융합공학과
진로 준비	• 전문적인 연구·개발 업무를 수행하려면 대학원에서 석사나 박사 학위를 취득해야 함. • 민간 교육 기관에서 운영하는 IoT 전문가 교육 과정을 통해 전문 지식을 습득할 수 있음.
진출 분야	유무선 통신 서비스 업체, 컴퓨터 네트워크 업체, 휴대전화 제조 업체, 통신 설비 제조 업체, 정보 통신 관련 연구소
관련 직업	IoT시스템엔지니어
전직 가능 직업	응용소프트웨어개발자, 가상현실전문가, 스마트팜컨설턴트

크리에이터

CREATOR

디지털 시대의 스토리텔러

- 유튜브 등 온라인 소셜 플랫폼에 게시할 영상 콘텐츠를 기획하고 제작함.
- 제작하고 싶은 영상 주제를 선정한 후, 이를 기반으로 촬영 계획을 수립함.
- 촬영 계획에 따라 직접 영상을 촬영하고 편집하여 콘텐츠를 완성함.

AI와 함께하는 직업 생활

AI는 영상 편집이나 배경 음악 생성을 보조하고, 사람은 자신만의 독창적인 아이디어와 감성을 담아 콘텐츠를 기획하고 시청자와의 진정한 소통에 전문성을 발휘해요.

커리어패스

관련 학과	연극영화학과, 신문방송학과, 언론정보학과, 광고홍보학과, 사진영상미디어학과, 방송영상학과, 미디어콘텐츠학과
진로 준비	• 학력이나 전공과 무관한 일이지만, 영상 관련 분야를 전공하면 취업에 도움이 됨. • 동아리 활동으로 영상 제작이나 편집 관련 일을 경험하면 실무에 도움이 됨. • 민간 교육 기관에서 유튜버나 크리에이터 교육 과정을 이수하면 실무에 필요한 지식이나 기술을 습득할 수 있음.
진출 분야	미디어 플랫폼(유튜브 등), 미디어 콘텐츠(MCN: Multi Channel Network) 회사
관련 직업	미디어콘텐츠창작자, 메타버스크리에이터, 개인미디어콘텐츠제작자, 콘텐츠크리에이터, 1인방송제작자, K여행크리에이터, 동영상콘텐츠기획자, 라이브커머스크리에이터, 영상크리에이터, 유튜브콘텐츠개발자
전직 가능 직업	카메라맨, 음향 및 녹음기사

#시제품 #모델링 #출력 #디지털 #신기술

3D프린터 전문가

3D PRINTER EXPERT

상상을 현실로 출력하는 3D 장인

- 개인이나 광고 대행사, 영화사 등으로부터 의뢰받은 제품을 3D 프린터를 활용하여 제작함.
- 컴퓨터 프로그램을 사용하여 디자인된 도면에 따라 3D 프린터를 조작함.
- 3D 프린팅 출력물의 표면을 다듬고 매끄럽게 만든 후, 채색 과정을 거쳐 최종 제품을 완성함.

AI와 함께하는 직업 생활

AI는 3D 모델링과 프린팅 과정 시뮬레이션, 품질 관리를 지원하고, 사람은 창의적인 디자인을 구상하고 새로운 제품 아이디어를 구현하는 일에 집중할 수 있어요.

커리어패스

관련 학과	컴퓨터공학과, 재료공학과, 기계공학과
진로 준비	• 학력이나 전공과 무관한 일이지만, 컴퓨터나 재료공학 등을 전공하면 취업에 도움이 됨. • 민간 교육 기관에서 3D 프린팅 교육을 받을 수 있음. • 국가 자격증인 3D프린터운용기능사, 3D프린터개발산업기사 등을 취득하면 업무에 도움이 됨.
진출 분야	3D 프린팅 업체, 3D 프린터 개발 업체, 3D 프린팅 교육 업체
관련 직업	3D공간정보모델러, 3D운동화디자이너, 3D입체영상디자이너, 3D프린팅운영전문가, 3D바이오프린팅전문가, 3D프린팅모델러
전직 가능 직업	가상현실전문가, 컴퓨터강사, 홈팩토리마스터

드론전문가

DRONE EXPERT

하늘을 정복한 드론 레이서

- 드론의 기체, 부품, 응용 장치, 소프트웨어 등을 연구하고 개발함.
- 드론을 조종하여 고공 영상이나 사진 촬영, 농약 살포 등의 업무를 수행함.
- 고장 난 드론을 점검하고 파손 부위를 수리함.

AI와 함께하는 직업 생활

AI는 드론 비행경로 최적화, 자율 주행, 영상 촬영 자동화를 담당하고, 사람은 드론의 안전 운항 관리와 드론을 활용한 창의적인 서비스 개발에 전문성을 발휘할 수 있어요.

커리어패스

관련 학과	스마트드론공학과, 기계공학과, 정밀기계공학과, 기계설계공학과, 컴퓨터공학과, 소프트웨어공학과
진로 준비	• 대학에서 기계공학이나 정밀기계공학 등을 전공하면 취업과 실무에 유리함. • 민간 교육 기관에서 드론 조종 기술 교육을 받을 수 있음. • 전문적인 드론 소프트웨어 제작 업무를 수행하려면 컴퓨터 분야를 전공하는 것이 유리함.
진출 분야	드론 제작 업체, 드론 교육 기관, 농약 살포 등 드론 서비스 업체
관련 직업	드론콘텐츠전문가, 경찰드론수리엔지니어, 농업드론조종사, 드론교관, 드론수리원, 드론정비사, 드론치안경찰, 방범드론설계자, 안심귀가드론도우미, 드론개발자, 드론조종사
전직 가능 직업	카메라맨, 스마트파머

#가상세계 #인공지능 #디지털 #신기술

가상현실 전문가

VIRTUAL REALITY EXPERT

현실과 가상을 넘나드는 공간 여행자

- 입체적인 가상 현실 시스템을 설계하고 개발함.
- 사용자들이 어떤 가상 세계를 원하는지 파악하고, 이를 바탕으로 개발 방향을 설정함.
- 프로그램 언어와 3차원 그래픽 제어 기술을 활용하여 실제 시스템을 구현하는 프로그래밍 작업을 수행함.

AI와 함께하는 직업 생활

AI는 사용자의 행동을 실시간 분석하고 가상 환경 디자인과 콘텐츠 생성을 보조하며, 사람은 사용자에게 새로운 경험을 주는 가상 세계를 기획하는 일에 창의력을 발휘해요.

🚩 커리어패스

🎓 관련 학과	사진영상미디어학과, 응용소프트웨어공학과, 정보통신공학과, 컴퓨터공학과
📊 진로 준비	• 비전공자도 소프트웨어 관련 지식을 습득하고 실무 역량을 갖추면 이 분야로 취업할 수 있음. • 전문적으로 가상 현실 기술을 연구하려면 대학원에서 석사나 박사 학위를 취득해야 함.
👥 진출 분야	영상 제작 업체, 게임 개발 업체, 소프트웨어 개발 업체
📇 관련 직업	VR전문가, VR·AR게임기획자, XR콘텐츠기획자, 가상레크리에이션디자이너, 가상현실시나리오작가, 가상현실콘텐츠기획자, 메타버스건축가, 메타버스게임개발자, 메타버스이벤트전문가, 메타버스전문가, 메타버스플랫폼개발자, 실감콘텐츠제작자, 실감형전시체험기획자, 메타버스콘텐츠크리에이터, 증강현실전문가, 홀로그램전문가, 홀로그램전시기획자
💼 전직 가능 직업	응용소프트웨어전문가, 정보보안전문가

항공우주 공학자

AEROSPACE ENGINEER

미지의 세계를 탐험하는 우주 개척자

- 항공기, 우주선, 로켓 등 각종 비행 물체를 연구하고 개발함.
- 항공기의 본체나 시스템, 전자 설비 등을 설계하고 연구함.
- 항공기 제조 공정을 감독하고 관련 기술을 지도함.

AI와 함께하는 직업 생활

AI는 항공기나 우주선의 설계와 비행 시뮬레이션을 수행하고, 사람은 미지의 우주를 탐험하기 위한 혁신적인 기술을 구상하고 고도의 정밀함을 요구하는 시스템을 개발해요.

커리어패스

관련 학과	기계공학과, 메카트로닉스공학과, 반도체공학과, 신소재공학과, 항공우주공학과
진로 준비	• 기계공학이나 항공우주공학 등을 전공하면 취업에 유리함. • 우주선이나 항공기 등을 전문적으로 연구하고 개발하는 업무를 수행하려면 대학원에서 석사나 박사 학위를 취득해야 함. • 국가 자격증인 항공기관기술사, 항공기체기술사, 항공산업기사 등을 취득하면 실무와 취업에 도움이 됨.
진출 분야	항공기 제작 업체, 항공 우주 관련 국가 기관, 항공 우주 부품 제조 업체
관련 직업	항공공학자, 우주발사체기술연구원, 우주센터발사지휘통제원, 우주전파예보관, 우주항공공학자, 인공위성개발원
전직 가능 직업	우주관리인, 우주비행사, 우주여행가이드

소셜미디어 전문가

SOCIAL MEDIA EXPERT

SNS 전쟁터에서 싸우는 키보드 전사

- 콘텐츠를 기획하고 제작하여 소셜 미디어 플랫폼에 게시하고 이용자들과 소통함.
- 소셜 콘텐츠의 이용 현황을 분석하여 산업 분야별 시사점을 도출하거나 효과적인 소셜 미디어 전략을 수립함.
- 소셜 미디어를 통하여 기업의 이미지를 높이고, 상품을 홍보하고 판매함.

AI와 함께하는 직업 생활

AI는 소셜 미디어의 트렌드를 분석하여 신규 개발 콘텐츠를 추천하고, 사람은 사용자의 마음을 움직이는 스토리텔링과 진정성 있는 소통에 전문성을 발휘할 수 있어요.

커리어패스

관련 학과	언론홍보학과, 심리학과, 마케팅경영학과, 미디어학과, 신문방송학과
진로 준비	• 특정 학력이나 전공이 필수 요건은 아니지만 홍보나 광고 분야를 전공하면 업무에 도움이 됨. • 사설 학원이나 직업 전문 학교에서 SNS 마케팅 관련 교육을 받을 수 있음. • 본인 계정의 SNS를 운영해 본 경험도 실무에 도움이 됨.
진출 분야	광고 업체, 마케팅 업체, 기업 내 홍보 마케팅팀
관련 직업	사이버평판관리자, 소셜미디어관리자, 소셜미디어기획자
전직 가능 직업	디지털장의사, 인터넷소셜이슈전문가

블록체인 전문가

BLOCKCHAIN EXPERT

블록체인 방패로 디지털 자산을 지키는 기사

- 블록체인 원리와 개념을 적용하여 금융, 결제, 운송 등 각종 정보 시스템을 개발함.
- 블록체인 기반 기술을 연구하고, 이를 활용한 다양한 애플리케이션을 개발함.
- 기존의 블록체인 플랫폼을 분석하고, 그 한계점을 파악하여 효율적이고 안전한 플랫폼을 구축함.

AI와 함께하는 직업 생활

AI는 블록체인 보안의 취약점 분석과 시스템 효율성 향상을 지원하고, 사람은 새로운 디지털 자산과 서비스의 개발, 데이터의 신뢰성 확보에 전문성을 발휘할 수 있어요.

커리어패스

관련 학과	컴퓨터공학과, 소프트웨어공학과, 응용소프트웨어공학과, 전자공학과, 경영학과, 경제학과
진로 준비	• 대학에서 컴퓨터나 금융 관련 분야를 전공하면 취업에 유리함. • 민간 교육 기관에서 운영하는 블록체인 교육 과정을 통해 블록체인 기술과 관련된 전문적인 지식을 습득할 수 있음. • 블록체인 관련 기업에서 인턴을 하거나 작은 규모의 블록체인 프로젝트를 진행하면서 실무 경험을 쌓는 것도 취업과 실무에 도움이 됨.
진출 분야	블록체인 개발 업체, 소프트웨어 업체, 금융 기관, NFT 전문 업체
관련 직업	NFT아트에이전트, NFT아티스트, 블록체인개발자
전직 가능 직업	응용소프트웨어개발자, 정보보안전문가

#스토리텔링 #게임의 규칙 #그래픽과 사운드 #디지털

게임 개발자

GAME DEVELOPER

게이머의 마음을 사로잡는 가상 세계의 설계자

- 게임 프로그램의 구조를 설계하고, 프로그래밍을 통해 게임의 기능과 동작을 구현함.
- 아이템, 스토리, 캐릭터 등을 기획하고, 제작 과정을 관리하여 게임의 완성도를 높임.
- 게임을 제작하기 위한 개발 환경을 제공하는 게임 엔진을 개발함.

AI와 함께하는 직업 생활

AI는 플레이어 행동 데이터를 분석하고 버그를 탐지하며 게임 캐릭터 행동 시뮬레이션을 수행하고, 사람은 즐거움과 감동을 주는 게임 세계관과 스토리라인을 기획해요.

커리어패스

관련 학과	게임공학과, 응용소프트웨어공학과, 정보통신공학과, 컴퓨터공학과
진로 준비	• 특성화 고등학교, 전문대학, 대학교에서 게임이나 소프트웨어 관련 분야를 전공하면 취업과 실무에 유리함. • 사설 학원에서도 게임 개발 관련 교육을 받을 수 있음. • 국가 자격증인 게임기획전문가를 취득하면 실무에 도움이 됨.
진출 분야	모바일 게임 개발 업체, PC 게임 개발 업체, VR·AR 게임 개발 업체
관련 직업	게임기획자, 게임프로그래머, 게임디자이너, 게임시나리오작가
전직 가능 직업	게임플랫폼사업기획자, 게임캐스터

인간 고유의 창의성

지금 우리는 눈부시게 발전하는 AI 덕분에 많은 편리함을 누리며 살아가고 있습니다. 그런데 과연 인공지능이 인간의 창의성까지 완전히 따라잡을 수 있을까요?

사람들은 대화할 때 단순히 언어만 사용하는 게 아닙니다. 몸짓, 표정, 시선 같은 비언어적인 요소들도 함께 활용하면서 말에 더 많은 의미를 담아냅니다. 예를 들면, '괜찮아.'라는 짧은 말도 표정이나 목소리 톤에 따라 위로와 안심, 때로는 어색함이나 불편함까지 다양한 감정으로 전달될 수 있습니다. AI 역시 이런 신호들을 어느 정도 분석할 수 있다고는 하지만, 결국 그 속에서 진짜 공감하거나 감정을 창조해 내는 건 아직은 쉽지 않은 일입니다.

같은 언어, 다른 감정 표현

괜찮아

사람만이 가지는 창의성은 예측하기 어려운 상황에서 남의 마음을 헤아리고, 그런 공감에서 새로운 생각을 만들어 내는 데서 비롯됩니다. AI가 점점 우리의 일상을 채우는 시대에도, 이런 능력이 바로 우리 각자를 특별하게 빛나게 해줄 경쟁력이 될 것입니다.

교육·법률·사회 복지·군인

이 분야의 직업인은 우리 사회를 위해 봉사하는 일을 합니다. 사회 곳곳에서 교육으로 사람들의 성장을 돕고, 법과 원칙이 지켜지고 사회의 안정과 질서가 유지되며 모두가 공정하게 살아갈 수 있도록 도와줍니다.

중·고등학교교사

SECONDARY SCHOOL TEACHER SECONDA

청소년의 길을 밝히는 등대

해리포터 시리즈의 덤블도어 선생님 알지? 마법사 세계에서 가장 존경받는 인물이잖아. 해리포터가 온갖 모험을 겪는 과정에서 든든한 버팀목이 되어 주었지. 나는 현실 세계의 덤블도어 선생님이 되고 싶어. 어둠을 밝히는 등대처럼 청소년들을 더 나은 미래로 이끄는 역할을 할 거야.

능력치

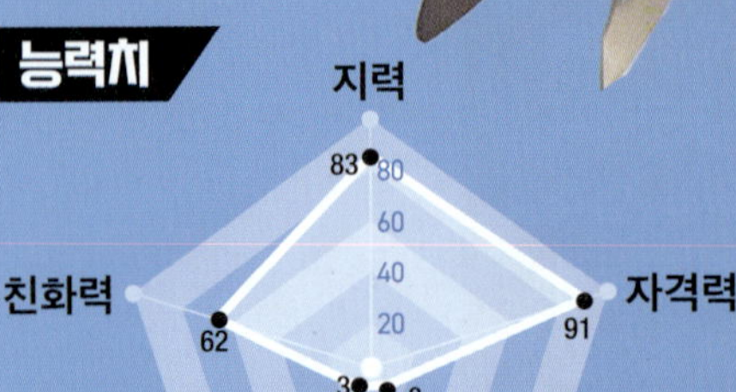

심리검사 유형

흥미	사회형(S), 관습형(C)
적성	자기성찰능력, 수리논리력, 언어능력
MBTI	ESFJ, ISFJ

어떤 일을 할까요?

중·고등학교에서 교육과정에 따라 학생들에게 교과목을 가르치고 학생들의 생활을 지도함.

담당 과목의 학습안을 설계하고 교과서와 시청각 자료 등 다양한 교재를 활용하여 수업을 진행함.

학생들의 고민을 상담해 주고 필요할 경우 학부모 상담을 하며 진로 지도와 생활 지도를 함.

어떤 사람에게 어울릴까요?

다른 사람의 성장을 돕고 가르치는 것에 흥미가 있는 사람

다른 사람의 감정을 잘 이해하고 사람들과 잘 어울릴 수 있는 사람

시간 관리를 잘하며 맡은 일을 책임지고 수행할 수 있는 사람

통솔력이 있으며, 문제를 단계별로 분석하고 해결할 수 있는 사람

직업 현황

수입 ──(단위: 만 원)

4,000 하위 | 5,200 중위 | 7,000 상위

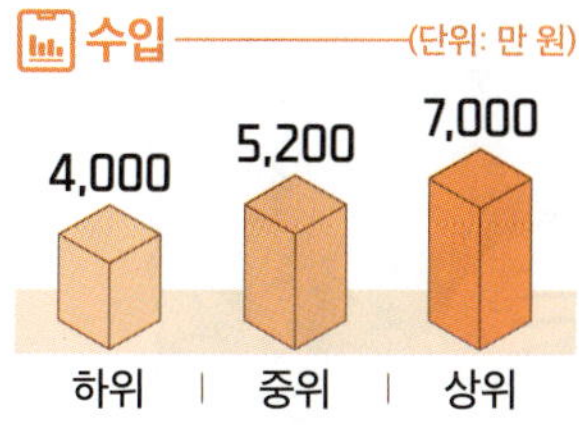

업무 자율성 ──(단위: %)

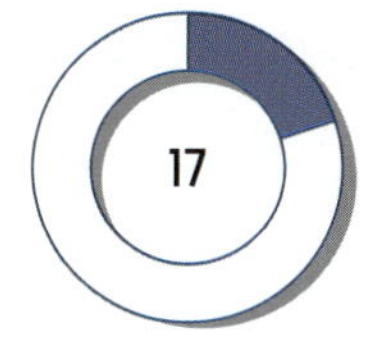

17

직무 만족도 ──(단위: %)

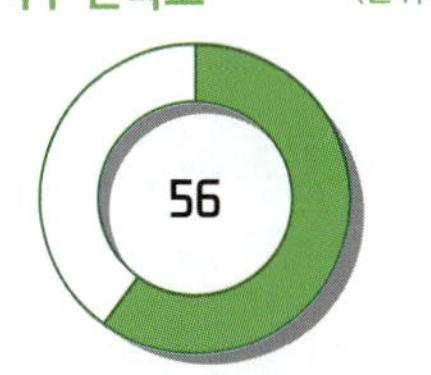

56

AI와 함께하는 직업 생활

AI는 학생의 학습 데이터를 분석하고 맞춤형 교육 자료를 추천할 수 있고, 사람은 학생의 고민을 경청하고 개성을 존중하며 꿈을 향해 나아가도록 이끌어줄 수 있어요.

커리어패스

관련 학과

국어교육과, 영어교육과, 수학교육과, 사회교육과, 역사교육과, 물리교육과, 화학교육과, 체육교육과, 미술교육과, 음악교육과, 교육학과

진로 준비

- 대학교의 사범 계열 학과를 졸업하는 것이 유리하지만 일반 학과에서도 교직 과목을 이수하면 중등학교 2급 정교사 자격을 취득할 수 있음.
- 중등학교 2급 정교사 자격을 취득한 후 시도 교육청에서 시행하는 교사 임용 시험에 합격해야 교사로 임용될 수 있음.

전문 지식

담당 교과에 관한 전문 지식, 학생 생활 지도 및 상담 능력, 강의 계획서 및 강의안 작성 능력

진출 분야

국공립 중학교와 고등학교, 사립 중학교와 고등학교

관련 직업

특수교육교사, 보조교사, 보건교사, 외국어교사, 국어교사, 수학교사, 상담교사, 전문상담교사, 체육교사

전직 가능 직업

장학사, 교육연구사, 학원강사, 교재개발원

관련 기관

한국교원단체총연합회 www.kfta.or.kr
전국교직원노동조합 www.eduhope.net

초등학교교사

ELEMENTARY SCHOOL TEACHER ELEMENTAI

초등학생의 꿈을 키워 주는 모험 대장

안녕? 나는 우리 반 학생들의 즐겁고 행복한 학교생활을 책임지고 있어. 하루 종일 아이들과 함께 웃고 배우며 성장하는 보람찬 나날을 보내고 있지. 수업 준비, 상담, 학부모님과의 소통까지 바쁜 일상에도 아이들의 해맑은 미소를 보면 힘이 불끈 솟아나! 언제나 우리 반 학생들이 꿈과 고민을 이야기할 수 있는 든든한 친구, 지원군이 되고 싶어.

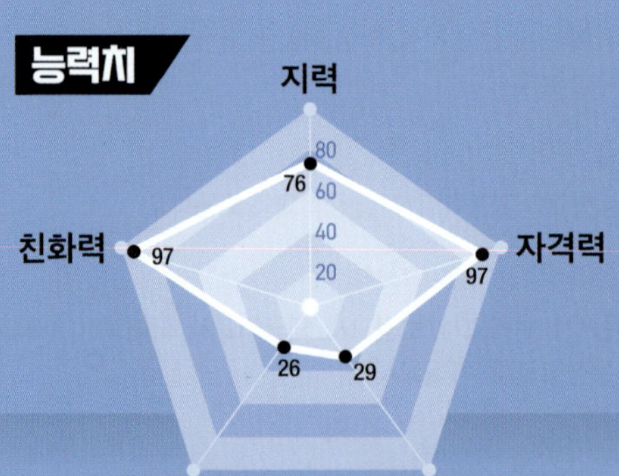

심리검사 유형

흥미	관습형(C), 사회형(S)
적성	대인관계능력, 자기성찰능력
MBTI	ISFJ, ESFJ

어떤 일을 할까요?

초등학생들에게 지식을 가르치고 바른 인성과 삶의 태도를 갖추도록 교육함.

주로 학급 담임 교사로 도덕, 국어, 수학, 과학, 체육 등 전 교과목을 가르침.

학생의 학습 과제물을 검사하고 시험 문제를 출제한 후 학습 평가를 실시함.

어떤 사람에게 어울릴까요?

다른 사람의 성장과 발전을 돕는 일에 흥미가 있는 사람

맡은 일에 책임감이 강하고 미리 준비하고 대비하는 사람

다른 사람들과 원활하게 의사소통을 하고 협력할 수 있는 사람

자신의 생각과 감정을 잘 이해하고 조절할 수 있는 사람

직업 현황

수입 (단위: 만 원)

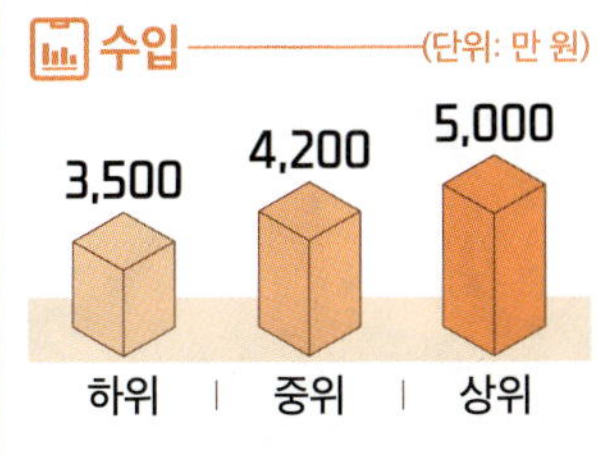

3,500 하위 | 4,200 중위 | 5,000 상위

업무 자율성 (단위: %)

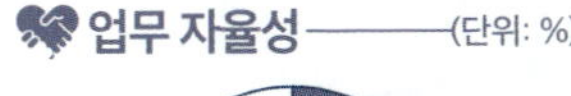
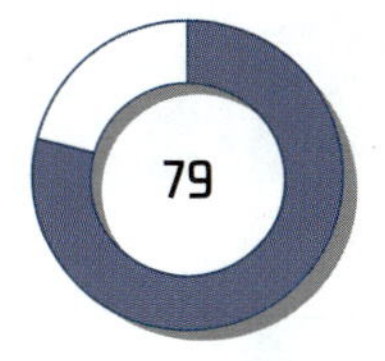

79

직무 만족도 (단위: %)

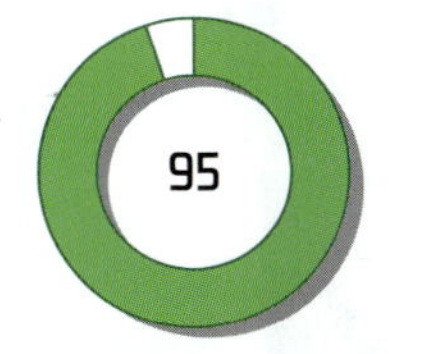

95

AI와 함께하는 직업 생활

AI는 학생의 학습 진도를 분석하고 개별화된 교육 활동을 지원하며, 사람은 학생의 성장 발달을 세심하게 살피고 정서적 유대감을 형성하며 바른 인성을 길러줄 수 있어요.

커리어패스

관련 학과

교육대학교의 전 학과, 한국교원대학교·이화여자대학교·제주대학교의 초등교육과

진로 준비

- 교육대학교나 초등교육과 졸업과 동시에 초등학교 2급 정교사 자격이 주어지며, 시도 교육청에서 시행하는 교원 임용 시험에 합격해야 함.
- 교육 전문직 시험에 합격하면 장학사나 교육연구사가 될 수 있음.

전문 지식

초등학교 전 교과목에 관한 지식, 교과 및 생활 지도 능력, 학습 계획안 작성 능력

진출 분야

국공립 초등학교, 사립 초등학교, 교육대학교 부설 국립 초등학교

관련 직업

특수학교교사, 진로진학상담교사

전직 가능 직업

장학사, 교육연구사, 교육연구원, 학원강사, 교재개발원

관련 기관

한국교원단체총연합회 www.kfta.or.kr
전국교직원노동조합 www.eduhope.net

특수학교교사

SPECIAL EDUCATION TEACHER SPECIAL

특별한 아이들의 선생님

장애를 가진 학생도 자신의 능력을 발휘하여 사회 구성원으로 잘 살아갈 수 있도록 돕는 것, 그것이 내 사명이야. 학생 개개인에게 딱 맞는 교육 방법을 연구하고 적용해서 학생들의 잠재력을 최대한 끌어올리고 자신감과 독립심을 길러 주려고 노력하지. 학생들이 점점 성장하는 모습을 지켜보는 게 나의 가장 큰 보람이고 기쁨이야.

심리검사 유형

흥미	사회형(S), 예술형(A)
적성	자기성찰능력, 수리논리력, 언어능력
MBTI	ISFJ, INFJ

어떤 일을 할까요?

장애를 가진 학생들을 대상으로 교과 지식과 직업 생활에 필요한 기능을 교육함.

일상생활 전반에 관한 지도와 건강 관리, 인성 교육을 담당함.

학생의 장애 유형에 따라 맞춤형 교육 방법을 적용하여 지도함

어떤 사람에게 어울릴까요?

혼자 일하기보다 함께 일하는 것을 좋아하며 봉사 정신이 강한 사람

감수성이 풍부하며 교육자로서 맡은 일에 책임감이 강한 사람

자신의 생각과 감정을 잘 이해하고 조절할 수 있는 사람

논리적인 문제 해결 능력과 원활한 의사소통 능력을 갖춘 사람

직업 현황

수입 (단위: 만 원)

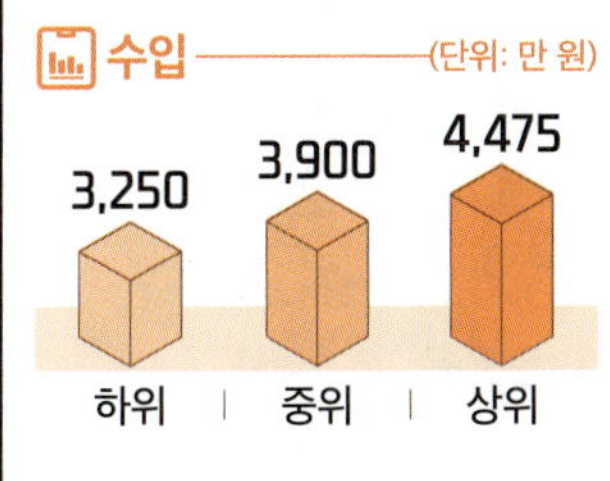

하위	중위	상위
3,250	3,900	4,475

업무 자율성 (단위: %)

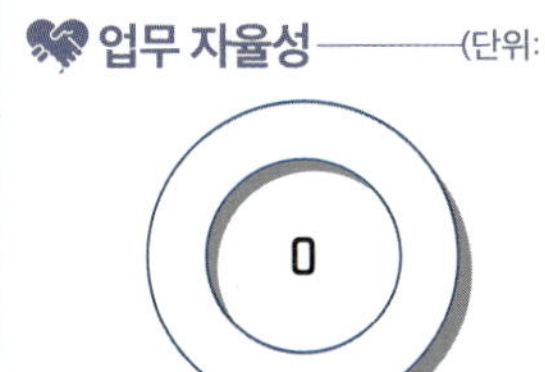

0

직무 만족도 (단위: %)

97

AI와 함께하는 직업 생활

AI는 학생의 발달 상태를 분석하여 학습 보조 도구를 제공하고, 사람은 각 학생의 특성과 필요에 맞는 개별화된 교육 과정을 설계하고 사랑과 인내로 학생의 성장을 지원해요.

커리어패스

관련 학과

유아특수교육과, 초등특수교육과, 중등특수교육과

진로 준비

- 특수학교교사 2급 정교사 자격을 취득해야 하며, 대학원에서 특수 교육을 전공하여 자격을 취득할 수도 있음.
- 교육 전문직 시험에 합격하면 장학사나 교육연구사로 일할 수 있음.

전문 지식

장애 학생 및 학생 지도에 관한 지식, 학습 지도와 생활 지도에 관한 능력

진출 분야

국공립·사립 특수 학교, 일반 학교 특수 학급, 교육청과 교육지원청의 특수교육지원센터

관련 직업

특수교사, 초등학교교사, 중등학교교사, 진로진학상담교사

전직 가능 직업

장학사, 교육연구사, 교육연구원

관련 기관

한국특수교육총연합회 www.kase.or.kr
국립특수교육원 www.nise.go.kr

유치원교사

KINDERGARTEN TEACHER KI

처음 만나는 선생님

유치원은 매일 예상치 못한 일들이 벌어지는 곳이야. 겁이 많은 아이, 고집이 센 아이, 수줍음이 많은 아이까지 다양한 친구들이 모여 함께 하는 경험을 하는 곳이기 때문이야. 어디선가 엉뚱한 일을 벌이고 있을지 모르는 아이들 때문에 한시도 긴장을 늦출 순 없지만, 아이들의 순수한 함박웃음을 보면 하루의 모든 피로가 풀리곤 해.

능력치

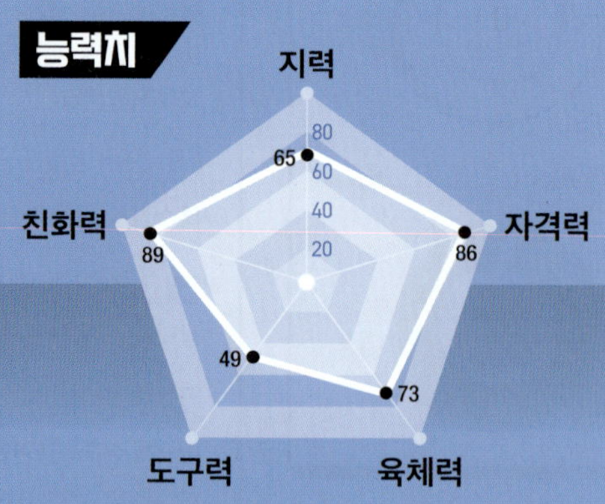

심리검사 유형

흥미	사회형(S), 예술형(A)
적성	대인관계능력, 자기성찰능력
MBTI	ISFJ, ESFP

🚩 어떤 일을 할까요?

초등학교 입학 전 아동에게 필요한 교육을 제공함.

유아들이 적극적으로 참여할 수 있는 다양한 수업 방법을 기획하고 지도함.

부모 교육, 가정통신문 발송, 출결 관리 등의 업무와 함께 아동들의 성장 관련 상담을 진행함.

👤 어떤 사람에게 어울릴까요?

다른 사람을 돌보고 가르치는 것을 좋아하고 공감 능력을 갖춘 사람

다양한 교육 활동에 관심이 많고 창의적인 사람

아이들을 이끄는 데 필요한 통솔력과 대인 관계 능력을 갖춘 사람

자신의 생각과 감정을 잘 이해하고 조절할 수 있는 사람

📊 직업 현황

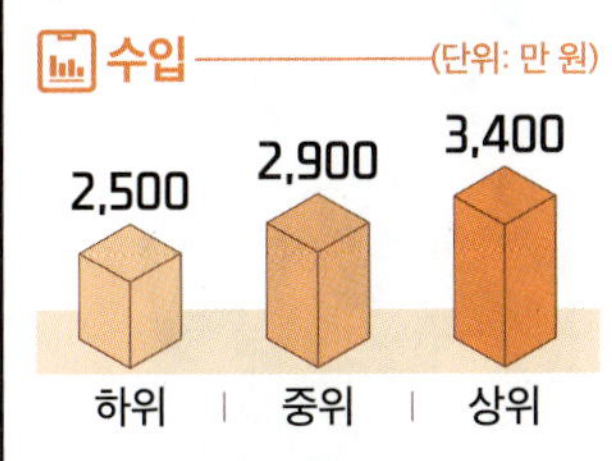

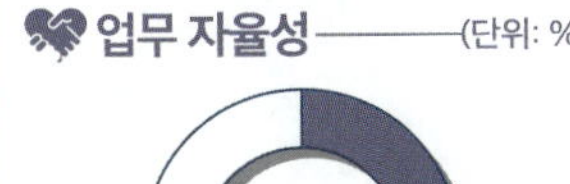

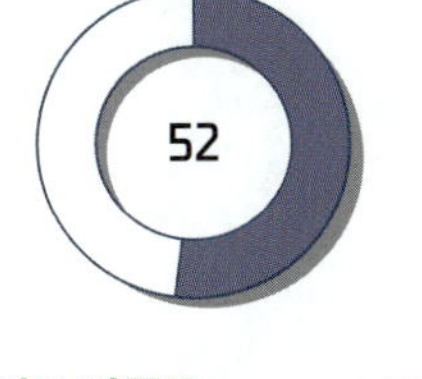

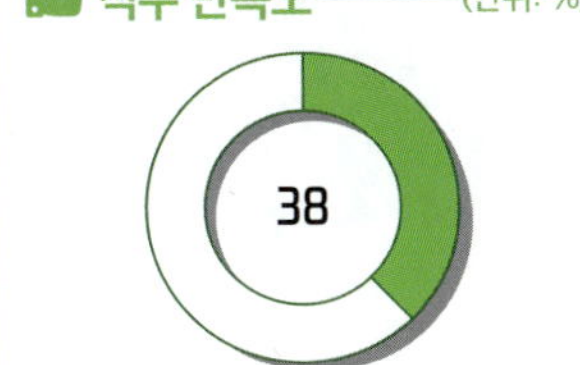

🤖 AI와 함께하는 직업 생활

AI는 영유아의 행동 패턴을 분석하여 학습 자료를 추천하고, 사람은 영유아의 정서 발달과 호기심을 자극하는 창의적인 놀이 교육을 제공하고 부모와 긴밀하게 소통해요.

♟ 커리어패스

🎓 관련 학과

유아교육과, 아동교육학과, 아동복지학과

🚩 진로 준비

- 대학이나 교육대학원에서 유아교육이나 아동학을 전공하면 유치원 2급 정교사 자격을 취득할 수 있음.
- 유치원 2급 정교사 자격을 취득하면 유치원에서 근무할 수 있음.
- 유치원에 근무하는 경우 일반적으로 2급 정교사, 1급 정교사, 원감, 원장 등으로 경력을 개발할 수 있음.

📋 전문 지식

유아의 발달 및 교육, 유아 언어, 유아 미술, 유아 과학

👥 진출 분야

국공립 유치원, 사립 유치원, 국립 대학 혹은 초등학교 병설 유치원

🪪 관련 직업

보육교사, 초등학교교사, 특수학교교사

💼 전직 가능 직업

유치원원장, 유치원원감, 유아교육관련 교재 및 교구제작자

🏢 관련 기관

한국국공립유치원교원연합회 www.kapkt.info
한국유치원총연합회 www.yoochiwon.or.kr

판사 및 검사

JUDGE AND PROSECUTOR JUDGE AND PRO

정의를 지키는 법의 집행자

재판은 서로 다툼이 생겼을 때 공정한 심판자가 모두의 이야기를 듣고 문제를 해결하는 과정이야. 나는 외부의 압력이나 이해관계에 휘둘리지 않고 법률에 따라 판단하는 역할을 하지. '유죄일까, 무죄일까? 어떤 판결이 정의로울까?'를 늘 고민하며, 진실을 가려 정의로운 판단을 하려고 노력해.

능력치

심리검사 유형

흥미	사회형(S), 관습형(C)
적성	자기성찰능력, 수리논리력, 언어능력
MBTI	ESTJ, ENTJ

🚩 어떤 일을 할까요?

판사는 검사와 변호사의 논쟁, 증언, 증거 등 재판 관련 자료를 검토하고 법률에 근거해 판결을 내림.

판사는 재판과 관련하여 증인의 채택, 증거 채택 방식, 재판 방식 등 재판 절차를 결정함.

검사는 범죄를 수사하여 죄가 있다고 판단되면 재판을 요구하여 법원이 정당하게 판결을 내리도록 함.

😀 어떤 사람에게 어울릴까요?

다른 사람들과 원활하게 협력할 수 있는 사람

법률 절차를 존중하고 맡은 일에 책임감이 강한 사람

논리적으로 사건을 정확하게 분석하고 판단할 수 있는 사람

다른 사람의 주장을 존중하며 자신의 의견도 명확하게 표현하는 사람

📊 직업 현황

수입 (단위: 만 원)

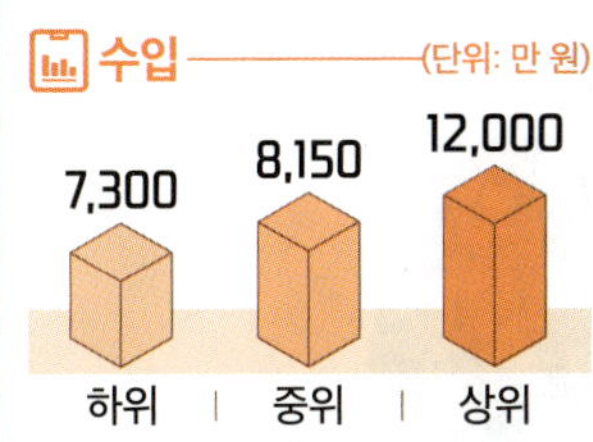

7,300 하위 | 8,150 중위 | 12,000 상위

업무 자율성 (단위: %)

84

직무 만족도 (단위: %)

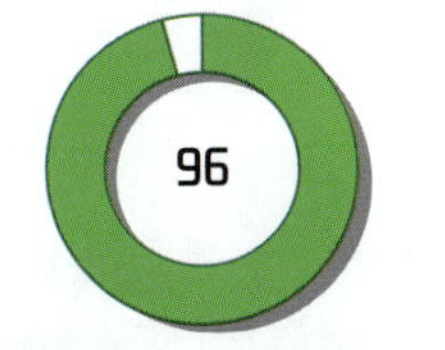

96

🤖 AI와 함께하는 직업 생활

AI는 방대한 판례와 법률 정보를 검색하여 사건 자료를 분석하고, 사람은 복잡한 사안의 진실을 탐구하고 정의로운 판단을 내려 공정한 사회 질서 유지에 중요한 역할을 해요.

♟ 커리어패스

🎓 관련 학과

법학전문대학원

🚩 진로 준비

- 판사나 검사가 되려면 법학전문대학원을 졸업하고 변호사 시험에 합격해야함.
- 판사로 임용되기 위해서는 7년 이상의 법조 경력을 쌓아야 함.
- 판사가 되면 경력을 쌓아 지방 법원과 고등 법원의 부장판사나 법원장으로 진로를 개척할 수 있음.

📋 전문 지식

민사 및 형사 소송에 관한 법률 지식, 재판 진행 및 관리 능력

👥 진출 분야

대법원, 고등 법원, 지방 법원, 가정 법원, 행정 법원, 대검찰청, 고등검찰청, 지방검찰청

📇 관련 직업

법관, 가사조사관, 검사, 법무사, 변리사, 노무사, 검찰수사관

💼 전직 가능 직업

변호사

🗄 관련 기관

대한민국 법원 www.scourt.go.kr
대검찰청 www.spo.go.kr

변호사

LAWYER LAWYER LAWYER LA

의뢰인을 대리하는
법정의 검투사

나는 의뢰인의 권리를 지키고, 정의를 지키
는 일을 해. 돈이나 힘이 있는
사람뿐만 아니라 사회적 약자
를 위해 법정에서 싸우지. 억울
한 일을 당해 법의 도움이 필요할 때는
언제든지 나를 찾아와. 복잡한 사건이라도
남들이 생각하지 못한 방법으로 해결책을
찾아 줄게.

능력치

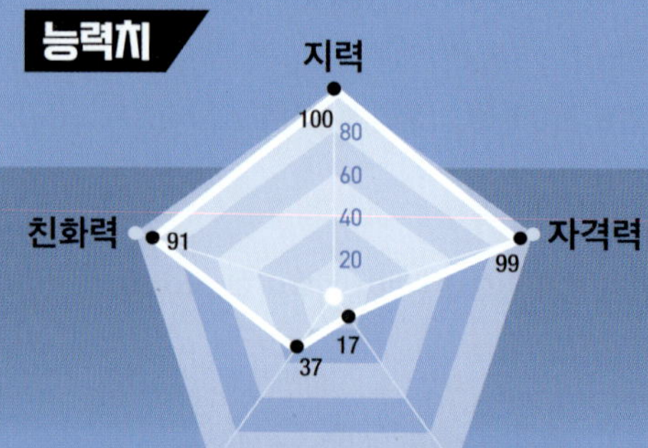

심리검사 유형

흥미	사회형(S), 진취형(E)
적성	자기성찰능력, 수리논리력, 언어능력
MBTI	ENTJ, ESTJ

어떤 일을 할까요?

법정에서 의뢰인의 입장을 대신 말하고 사건에서 이길 수 있도록 도와줌.

의뢰인에게 법률이나 소송 절차에 관한 자문을 제공하고 특정 행동이 법에 맞는지 조언해 줌.

계약서나 소송 서류와 같은 중요한 문서를 작성하고 그것이 법에 맞는지 확인해 줌.

어떤 사람에게 어울릴까요?

다른 사람과 함께 일하는 것을 좋아하며 소통 능력이 뛰어난 사람

법률 절차를 존중하고 맡은 일을 책임감 있게 수행하는 사람

자신의 생각과 감정을 잘 이해하고 조절할 수 있는 사람

논리적인 분석 능력으로 사건을 정확하게 판단할 수 있는 사람

직업 현황

수입 (단위: 만 원)

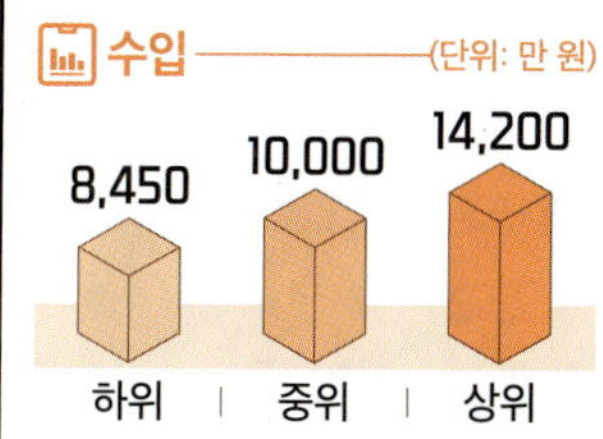

8,450 하위 | 10,000 중위 | 14,200 상위

업무 자율성 (단위: %)

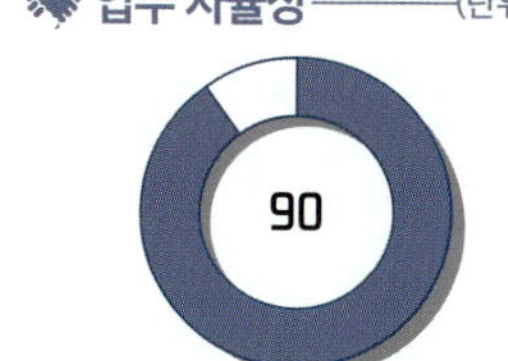

90

직무 만족도 (단위: %)

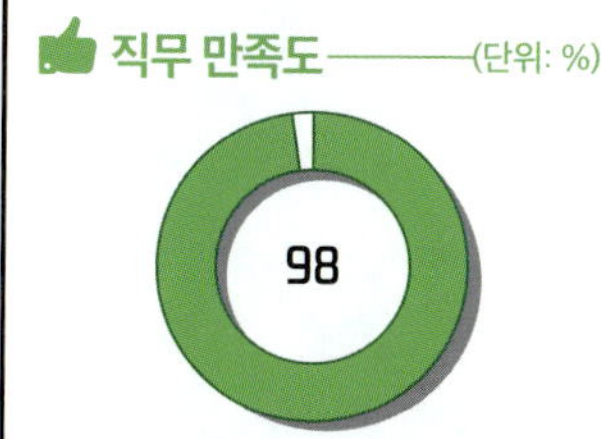

98

AI와 함께하는 직업 생활

AI는 법률 자료를 분석하여 승소 가능성을 예측할 수 있고, 사람은 의뢰인의 이야기를 경청하고 상황에 공감하며 전략적인 변론을 통해 의뢰인의 권리를 보호해요.

커리어패스

관련 학과

법학전문대학원

진로 준비

- 4년제 대학을 졸업하고 법학전문대학원에 입학해야 함.
- 법학전문대학원은 법학적성시험(LEET) 성적, 학부 성적, 외국어 시험 점수, 사회봉사 활동, 면접 등을 종합적으로 평가하여 학생을 선발함.
- 법학전문대학원 졸업 후 변호사 시험에 합격해야 변호사가 될 수 있음.

전문 지식

각종 법령에 관한 지식, 민사·형사·행정·조세 등에 관한 전문 지식

진출 분야

법무 법인(로펌), 공동 법률 사무소, 법률구조공단, 법원, 검찰, 헌법재판소, 정부 기관 및 기업체, 금융 기관, 개인 변호사 사무실

관련 직업

법무사, 법원공무원

전직 가능 직업

판사, 검사, 변리사

관련 기관

대한변호사협회 www.koreanbar.or.kr
대한민국 법원 www.scourt.go.kr

변리사

개발자의 권리를 지키는 특허권 수호자

나는 고객이 발명한 새로운 기술이나 디자인을 특허로 등록해서 다른 사람이 무단으로 사용하지 못하게 보호하지. 높은 보수를 받는 데다 사회적으로도 존경받는 직업이라 대학생들 사이에서는 8대 전문직 중 하나로 통해. 나처럼 다른 사람의 권리를 지켜 주는 일을 하고 싶다면, 특허 관련 법 지식을 연마한 후 변리사 시험의 관문을 통과해야 해.

능력치

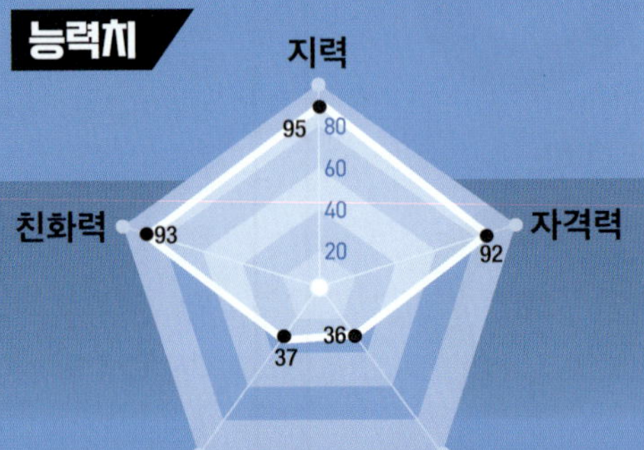

심리검사 유형

흥미	탐구형(I), 사회형(S)
적성	자기성찰능력, 수리논리력
MBTI	INTJ, ENTJ

어떤 일을 할까요?

새로운 기술, 상표, 디자인 등을 발명한 사람이 특허권을 취득할 수 있노록 법률적 지원을 제공함.

특허권을 얻는 과정에 필요한 사항을 고객에게 알려 주고, 특허 취득 관련 업무를 대행해 줌.

소유권 권리 분쟁이나 특허 발급 거부 등 특허 관련 분쟁에 대한 소송을 대리함.

어떤 사람에게 어울릴까요?

규칙과 절차를 따르는 걸 좋아하는 사람

법에 관한 교육이나 활동에 참여하기를 좋아하는 사람

책임감이 강하고 자신의 감정을 잘 다스릴 수 있는 사람

논리적으로 문제를 해결할 수 있고 의사소통 능력이 뛰어난 사람

직업 현황

수입 ——— (단위: 만 원)

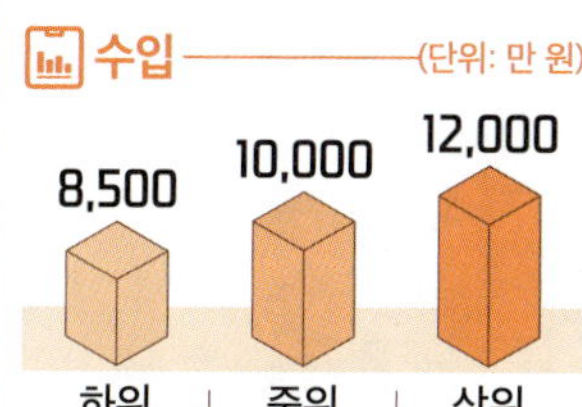

하위	중위	상위
8,500	10,000	12,000

업무 자율성 ——— (단위: %)

97

직무 만족도 ——— (단위: %)

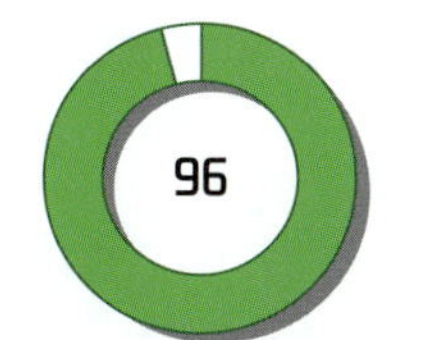

96

AI와 함께하는 직업 생활

AI는 특허 문헌을 검색하고 기술 트렌드를 분석하며, 사람은 발명자의 아이디어 보호를 위해 독창적인 특허 전략을 수립하고 기술의 가치를 평가하여 지식 재산권을 확보해요.

커리어패스

관련 학과

법학과, 전기공학과, 전자공학과, 정보통신공학과, 기계공학과

진로 준비

- 특허청에서 시행하는 변리사 시험에 합격해야 함.
- 변리사 시험 합격 후 6개월 간의 현장 연수를 이수해야 정식 변리사로 활동할 수 있음.
- 변호사도 실무 과정을 거치면 변리사로 일할 수 있음.

전문 지식

지식 재산권법, 상법, 민법, 특허법, 상표법, 디자인 보호법, 기계 공학, 화학 공학

진출 분야

특허 법인, 특허 법률 사무소, 특허청 등 공공 기관의 특허 부서, 기업체의 지식 재산권 부서

관련 직업

특허전문가, 지식재산전문가, 지식재산권전문가, 국제변리사

전직 가능 직업

변호사, 기술컨설턴트

관련 기관

대한변리사회 www.kpaa.or.kr
지식재산처 www.kipo.go.kr

경찰관

국민의 생명과 재산을 보호하는 영웅

나는 시민의 안전을 지키고 교활한 범죄자들을 잡아들일 때 가장 큰 보람을 느껴. 직접 몸으로 부딪쳐 범인을 잡기도 하지만, 경찰청 빅데이터를 활용해서 범죄자를 추적하고 체포하기도 하지. 앞으로는 인공 지능 기술로 수사 자료를 순식간에 분석해서 범죄자를 더 빠르게 잡을 거야. 기대해도 좋아.

능력치

심리검사 유형

흥미	사회형(S), 진취형(E)
적성	신체운동능력
MBTI	ESTP, INTP

🚩 어떤 일을 할까요?

범죄 수사를 통해 범인을 잡고, 범죄 예방을 위한 순찰을 하는 등 안전한 사회를 만들기 위해 노력함.	해킹, 인터넷 사기, 사이버 명예 훼손 등 사이버 공간의 안전을 위협하는 범죄를 수사함.	교통 법규 위반자를 단속하고 교통사고 예방 방안을 마련하는 등 교통안전을 위한 일을 수행함.

💡 어떤 사람에게 어울릴까요?

도덕적으로 올바른 판단을 내릴 수 있는 인성을 갖춘 사람	사람들과 잘 어울리며 봉사 활동에 참여하는 것을 좋아하는 사람	주관이 뚜렷하고 다른 사람들을 이끌고 나가는 통솔력이 있는 사람	신속하고 정확하게 반응할 수 있는 신체 능력을 갖춘 사람

📊 직업 현황

📊 수입 (단위: 만 원)

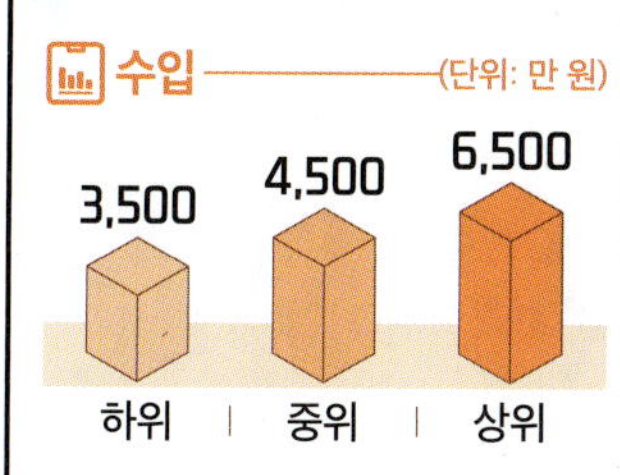

하위	중위	상위
3,500	4,500	6,500

💗 업무 자율성 (단위: %)

10

👍 직무 만족도 (단위: %)

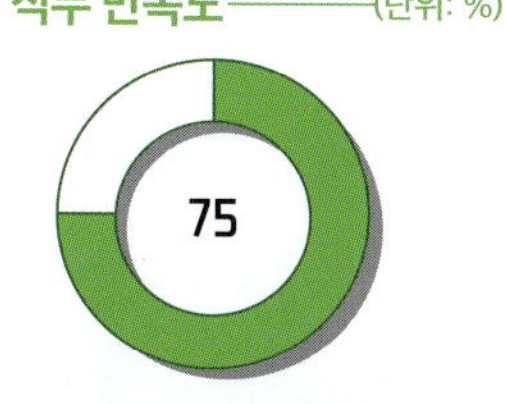

75

🤖 AI와 함께하는 직업 생활

AI는 범죄 데이터를 분석하여 위험 지역을 예측할 수 있고, 사람은 위험한 현장에서 시민의 안전을 지키기 위해 신속하게 판단하고 시민과 소통하며 신뢰를 쌓아요.

♟️ 커리어패스

🎓 관련 학과

경찰대학, 경찰행정학과, 해양경찰학과

🚩 진로 준비

- 경찰관이 되기 위해 반드시 대학을 졸업해야 하는 것은 아니지만, 경찰행정학과를 졸업하면 경찰 시험 준비에 큰 도움이 됨.
- 4년제 경찰행정학과를 졸업하고 순경 공개 채용에 합격한 후 일정 교육을 이수하면 순경으로 일할 수 있음.
- 경찰 공개 채용은 경찰대 학생(경찰대학), 경찰 간부 후보생(경찰교육원), 순경 공채로 구분하여 선발함.

📋 전문 지식

형법, 형사소송법, 경찰학에 관한 지식, 수사·형사·교통·사격·운전 등 경찰 실무 능력

👥 진출 분야

대한민국 경찰청, 시도 경찰청, 경찰서, 파출소, 지구대, 치안센터

📇 관련 직업

프로파일러, 해양경찰관, 사이버수사요원, 교도관, 수사관, 검찰수사관, 형사, 교통경찰, 범죄예방환경전문가

💼 전직 가능 직업

범죄심리학자, 경호원

🏢 관련 기관

경찰대학 www.police.ac.kr
중앙경찰학교 www.cpa.go.kr
경찰청 www.police.go.kr

소방관

화재 현장의 불꽃 영웅

불은 우리에게 매우 유용한 도구이지만 잘못 사용하면 위험한 파괴자가 될 수 있어. 나는 화재가 발생하면 즉각 현장으로 달려가 불을 끄고 위험에 빠진 사람을 구하지. 생명을 구해야 한다는 사명감이 나를 망설임 없이 뜨거운 불길 속으로 뛰어들게 하고 시커먼 연기를 뚫고 돌진하게 만들어.

능력치

심리검사 유형

흥미	현실형(R), 사회형(S)
적성	신체운동능력
MBTI	ESTP, ISTJ

어떤 일을 할까요?

화재나 사고 혹은 재난 발생 시 구급 출동, 진화, 구조 작업을 하여 생명과 재산을 보호함.

화재 예방을 위해 학교, 병원, 시장 등 건물 주변을 순찰하고 위험 요소와 소방 시설을 점검함.

소방용수 시설을 관리하여 소방용수를 효과적으로 공급함.

어떤 사람에게 어울릴까요?

도구나 기계를 조작하는 일에 흥미가 있는 사람

체력이 강하며, 몸을 직접 움직이는 활동을 좋아하는 사람

다른 사람을 배려하며 봉사 정신이 뛰어난 사람

화재 현장에서 신속하고 정확하게 대응할 수 있는 사람

직업 현황

수입 (단위: 만 원)

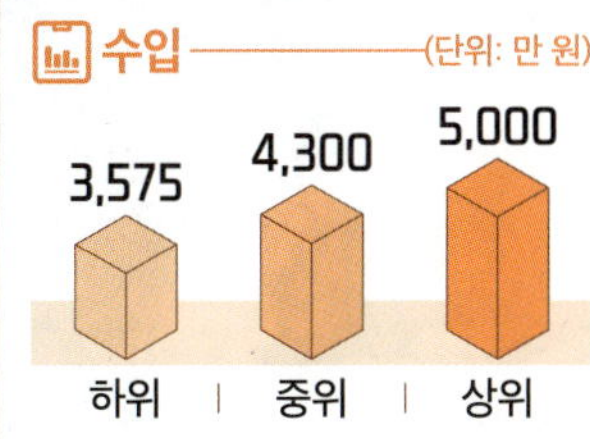

3,575 하위
4,300 중위
5,000 상위

업무 자율성 (단위: %)

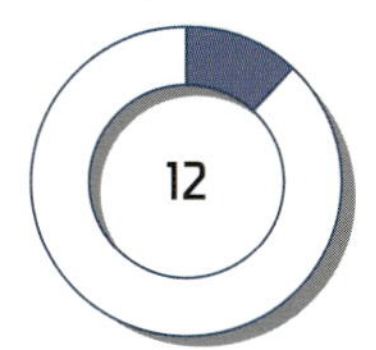

12

직무 만족도 (단위: %)

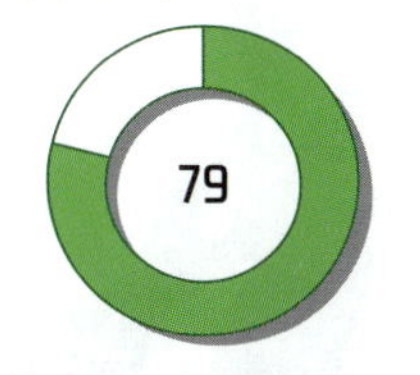

79

AI와 함께하는 직업 생활

AI는 재난 상황을 예측하고 구조 경로를 최적화할 수 있고, 사람은 화재 및 재난 현장과 같은 극한의 상황에서 침착하게 대응하며 인명과 재산을 보호할 수 있어요.

커리어패스

관련 학과

응급구조학과, 소방안전관리학과, 소방공학과

진로 준비

- 대학에서 관련 학과를 전공하면 소방 공무원 특별 채용 시험에 응시할 수 있음.
- 소방 공무원 공개 경쟁 채용 시험이나 소방간부후보생 선발 시험 등에 합격해야 함.
- 특별 채용 시험의 경우 구조·구급·소방 관련 학과 졸업자이거나 관련 자격증과 2년 이상의 경력 등을 갖춰야 응시할 수 있음.
- 취업에 도움이 되는 국가 자격증으로는 소방시설관리사, 소방안전교육사, 화재조사관, 소방안전관리자, 응급구조사 등이 있음.

전문 지식

소방 안전 점검·화재 예방·재난 사고에 관한 지식, 화재 진압 및 구조에 관한 실무 능력

진출 분야

소방청, 119구조본부, 119특수구조대, 중앙소방학교

관련 직업

응급구조사, 경찰관, 소방공학기술자

전직 가능 직업

산업안전원, 위험관리원, 방재전문가, 산업안전전문가

관련 기관

중앙소방학교 www.nfsa.go.kr
소방청119GOSI 119gosi.kr

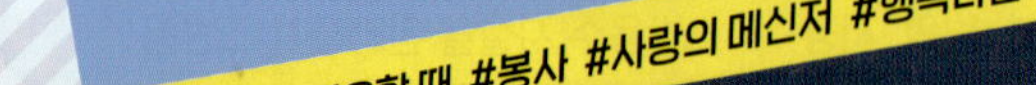

사회복지사

SOCIAL WORKER SOCIAL WORKER SOCIA

어려운 이웃들의 수호천사

나는 가난이나 장애로 힘든 이들에게 희망을 전하는 일을 해. 혼자 사시는 어르신들의 고독사와 아동 학대를 예방할 방법을 고민하고, 홀로 아이를 키우는 분들의 부담을 덜어 줄 시스템을 설계하지. 개인이 홀로 감당하기 힘든 문제들을 사회가 함께 풀어 모두가 더 나은 삶을 누릴 수 있게 돕는 이 일이 나는 참 좋아.

능력치

심리검사 유형

흥미	사회형(S), 관습형(C)
적성	자기성찰능력
MBTI	ISFJ, ENFJ

어떤 일을 할까요?

개인이나 가정이 어려움을 해결하고 안정된 생활을 할 수 있도록 도와줌.	도움이 필요한 사람을 만나 상담하고 해결해야 할 문제를 파악하여 적절한 지원을 제공함.	사회 복지 서비스가 필요한 사람들을 위한 맞춤형 사회 복지 프로그램을 기획하고 시행함.

어떤 사람에게 어울릴까요?

다른 사람을 돕는 일을 좋아하는 사람	다른 사람의 마음을 잘 헤아리며 자신의 감정도 잘 다스리는 사람	다른 사람들과 원활하게 협력할 수 있는 사람	세심하고 성실한 태도로 자신의 역할을 책임감 있게 수행하는 사람

직업 현황

수입 (단위: 만 원)

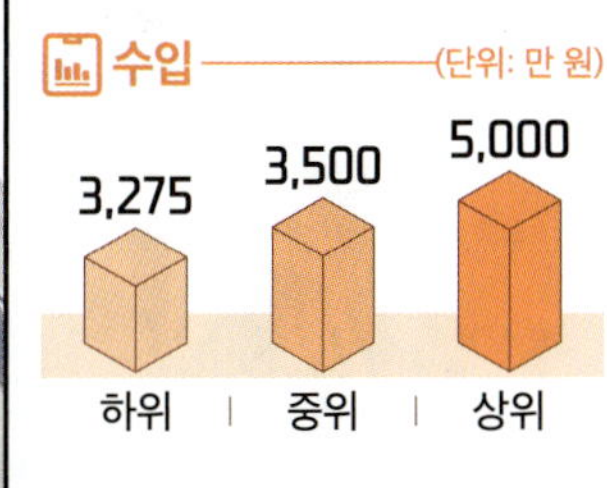

업무 자율성 (단위: %)

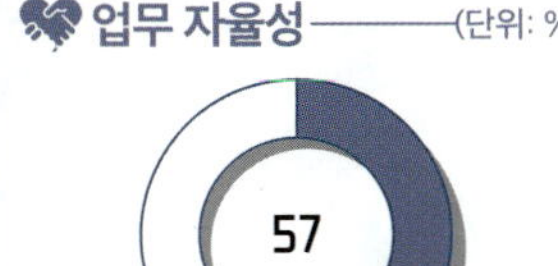

직무 만족도 (단위: %)

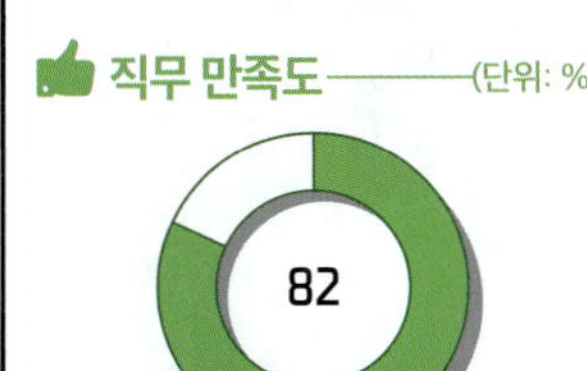

AI와 함께하는 직업 생활

AI는 복지 서비스 대상자를 선별하여 지원할 수 있는 복지 서비스를 추천하고, 사람은 복지 대상자가 겪는 어려움을 경청하고 공감하며 맞춤형 복지 서비스를 제공해요.

커리어패스

관련 학과

사회복지학과, 아동복지학과, 노인복지학과, 가족복지학과

진로 준비

- 대학에서 사회 복지 관련 교과목을 공부한 후 사회복지사 국가 자격증을 취득해야 함.
- 복지 시설에서 사회복지사 경력이 쌓이면 주임(선임) 사회복지사로 승진할 수 있음.

전문 지식

사회 복지 정책, 자원봉사, 지역 사회 복지, 사회 복지법, 인간 발달 및 행동, 위기 개입

진출 분야

사회 복지관, 노인 복지관, 장애인 복지관, 장애인 재활 시설, 아동 양육 시설, 노인 요양 시설, 병원, 학교

관련 직업

시민단체활동가, 청소년지도사, 의료복지사, 주거복지사, 노인복지매니저

전직 가능 직업

공무원(사회 복지 전담), 케어매니저, 사회사업가, 케어팜운영자, 네트워크관계카운슬러

관련 기관

한국사회복지사협회 www.welfare.net
한국정신건강사회복지사협회 www.kamhsw.or.kr

#심리치료 #정신건강 #마음의 소리 #행복찾기

상담전문가
COUNSELING EXPERT COUNSELING EXPE

마음의 소리를 읽어 주는 동반자

나는 마음에 쌓인 불안과 우울 등으로 고통받
는 사람들의 이야기를 들어 주고 해결책을 찾
는 일을 해. 다른 사람의 이야기를 듣는 것은
쉽지 않지만, 각자의 지나온 과정과 감춰 둔
감정을 살피며 함께 웃고 울기도 하지. 나의
도움을 받은 사람들이 자신이 정말로 원하는
것을 찾고 변하는 모습을 보면 정말 기뻐.

능력치
지력
80
60
53 40
20
친화력
78
자격력
82
20 19
도구력
육체력

심리검사 유형
흥미   사회형(S), 예술형(A)
적성   자기성찰능력
MBTI ISFJ, ENFJ

🚩 어떤 일을 할까요?

성격, 관계, 정신적 증상 등으로 어려움을 겪는 사람들이 자신의 문제를 해결하도록 도와줌.

우울, 불안 등 정신 건강이나 학습, 진로 문제로 상담을 요청하는 사람과 대화를 통해 문제를 파악함.

표준화된 심리 검사와 상담을 통해 개인의 심리를 탐색하며 그 결과를 분석하여 해석해 줌.

💡 어떤 사람에게 어울릴까요?

어려움에 처한 사람을 돕는 일에 열정이 있는 사람

목표 달성을 위해 계획을 세우며 맡은 일에 책임감이 있는 사람

다른 사람의 감정과 상황을 잘 파악하는 사람

자신의 감정을 잘 파악하고 조절할 수 있는 사람

직업 현황

📊 수입 ——— (단위: 만 원)

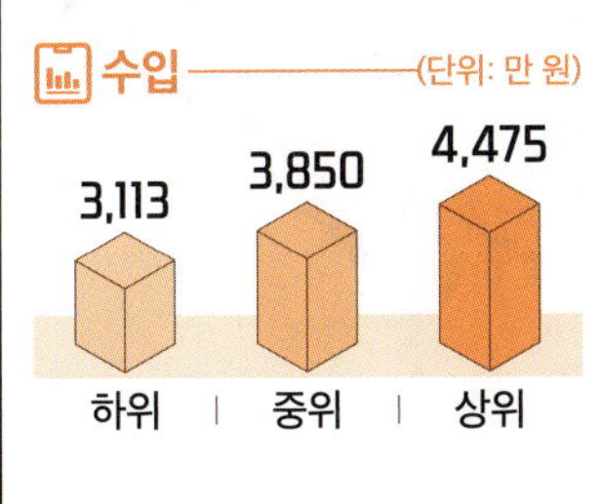

💟 업무 자율성 ——— (단위: %)

👍 직무 만족도 ——— (단위: %)

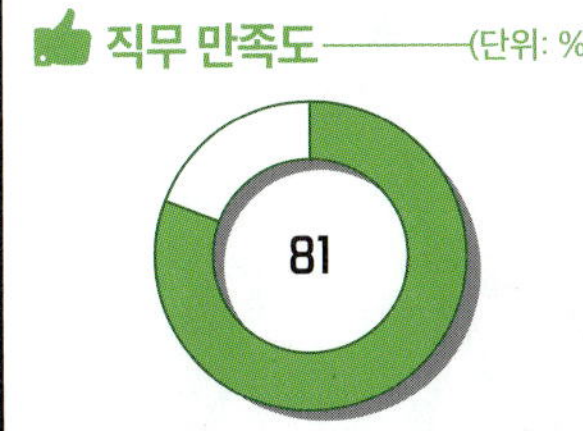

🤖 AI와 함께하는 직업 생활

AI는 상담 사례를 분석하고 진단 정보를 제공하며, 사람은 내담자의 복잡한 심리를 이해하고 깊은 공감과 신뢰를 바탕으로 심리적 치유를 돕는데 전문성을 발휘할 수 있어요.

♟ 커리어패스

🎓 관련 학과

심리학과, 상담심리학과, 산업심리학과, 교육심리학과

🚩 진로 준비

- 상담 관련 공부를 하고 상담심리사(한국상담심리학회)나 전문상담사(한국상담학회) 자격증을 취득해야 상담전문가로 일할 수 있음.
- 자격증 취득 후에도 전문가의 지도 아래 지속적인 실무 경험을 쌓아야 함.

📋 전문 지식

상담 이론, 상담 기술, 집단 상담. 정신 병리, 상담 윤리, 다문화 상담, 위기 개입, 심리 평가 도구

👥 진출 분야

사회복지관, 청소년 상담복지센터, 성폭력 상담소, 개인 상담소, 부부 상담센터, 기업체의 상담실. 자선 단체 및 인권 단체

🪪 관련 직업

상담사, 스포츠심리상담사, 미술심리상담사, 재활상담사, 직업재활상담사, 심리상담사, 시니어전화안부상담사

💼 전직 가능 직업

안전지도사, 청소년지도사, 매너컨설턴트, 소비자전문상담사, 장애인재활상담사, 괴롭힘방지조언사, 수면컨트롤러

🏢 관련 기관

한국상담심리학회 www.krcpa.or.kr
한국청소년상담복지개발원 www.kyci.or.kr

시민단체활동가

CIVIC GROUP ACTIVIST
CIVIC GROUP A

사회 변화를 이끄는 선봉장

나는 차별받고 소외된 이들을 위해 목소리를 높여 문제를 제기하고 정의를 위해 싸워. 불편하고 깨끗하지 않은 주거 환경 개선과 장애인들의 편리한 이동을 위해 시위를 벌이기도 했어. 사람들이 눈여겨 보지 않는 사회 문제를 발견하고 변화를 이끄는 선봉장이라는 자부심으로 활동하고 있어.

능력치

심리검사 유형

흥미	사회형(S), 진취형(E)
적성	자기성찰능력
MBTI	ISFJ, ENFJ

🚩 어떤 일을 할까요?

권력 감시, 인권 향상, 환경 보호, 부패 방지, 복지 증진, 공정한 경제 활동 등을 목표로 활동함.	각종 보고서를 작성하고 언론에 보도 자료를 배포하며 공청회나 집회 등을 통해 사람들의 의견을 모음.	시민과 전문가들이 참여할 수 있는 캠페인이나 교육을 운영하여 사회 변화를 끌어냄.

👤 어떤 사람에게 어울릴까요?

다른 사람의 문제를 해결하고 도와줄 때 만족감을 느끼는 사람	다른 사람을 설득하여 함께 목표를 달성하는 것을 중요시하는 사람	문제 해결 과정을 돌아보며 개선점을 찾을 수 있는 사람	문제를 깊이 파고드는 집중력과 논리적인 분석력을 갖춘 사람

📊 직업 현황

📊 수입 ——————(단위: 만 원)

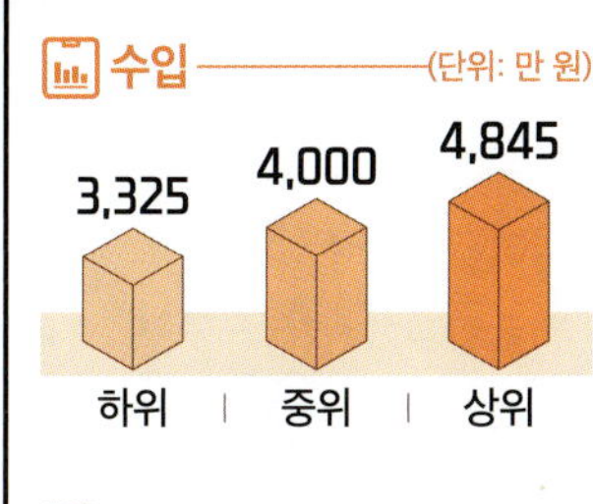

하위	중위	상위
3,325	4,000	4,845

🤝 업무 자율성 ——————(단위: %)

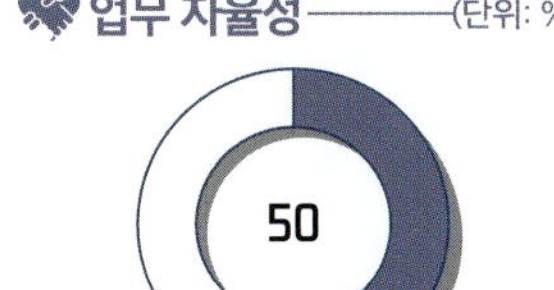

50

👍 직무 만족도 ——————(단위: %)

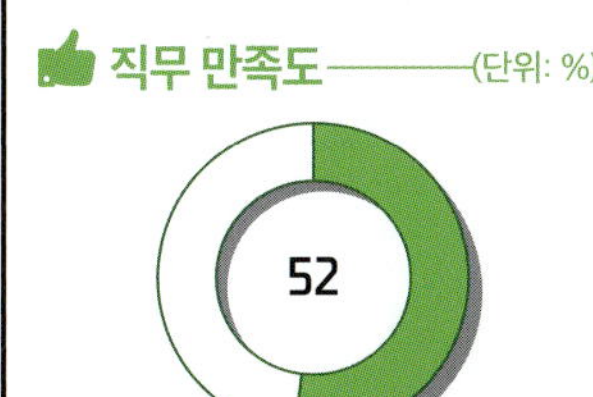

52

🤖 AI와 함께하는 직업 생활

AI는 사회 문제를 분석하고 새로운 정책의 효과를 예측하며, 사람은 불평등과 불합리에 맞서 약자의 목소리를 대변하고 사회 변화를 위한 시민의 참여를 이끌어낼 수 있어요.

♟️ 커리어패스

🎓 관련 학과

사회학과, 행정학과, 법학과, 사회복지학과, 경제학과 , 정치외교학과

🚩 진로 준비

- 시민 단체에서 활동하는 일에 학력 제한은 없지만, 실제로 활동하는 대부분의 시민단체활동가는 대학 졸업 이상의 학력을 소지하고 있음.
- 학생 시절 자원봉사 활동이나 단체 활동 참여를 통해 관련 분야 경험을 쌓은 후 시민 단체로 진출하는 경우가 많음.
- 시민 단체에 취업하여 경력을 쌓으면 팀장이나 소장 등의 직위로 승진할 수 있음.

📋 전문 지식

인권 문제, 환경 문제, 노동 문제, 정책 분석, 헌법과 법률, 사회 복지, 자금 관리, 미디어 활용

👥 진출 분야

인권 보호 단체, 환경 보호 단체, 노동 운동 단체, 여성 및 성평등 추구 단체, 청소년과 아동 권리 단체, 평화 및 반전 단체, 소비자 단체

💼 관련 직업

사회복지사, 사회과학연구원, 사회단체활동가, 환경운동가, 사회운동가

💼 전직 가능 직업

의회의원, 공무원

🏢 관련 기관

시민사회단체연대회의 www.civilnet.net
참여연대 www.peoplepower21.org

보육교사

NURSERY TEACHER NURSERY TEACHER NU

아이들의 첫 번째 사회생활 동반자

나의 하루는 아이들의 상상력에 함께 웃으며 날개를 달아주는 마법 같은 순간들로 가득해. 재잘대는 이야기에 귀 기울이다 보면, 어느새 아이들의 눈동자가 반짝이는 호기심으로 가득하지. 가끔은 토라진 얼굴로 울 것 같은 아이에겐 작은 농담과 포옹으로 웃음을 선물하기도 하지.

능력치

심리검사 유형

흥미	사회형(S), 예술형(A)
적성	대인관계능력, 자기성찰능력
MBTI	ISFJ, ENFJ

어떤 일을 할까요?

보육 시설에서 만 5세 미만의 취학 전 아동들을 부살피고 교육함

영유아들을 세심하게 관찰하여 각자의 특성에 맞춰 돌부고 그 결과를 보육 일지에 기록함.

영유아의 발달 상태를 평가하고, 부모와의 상담을 통해 아이의 석장을 도움.

어떤 사람에게 어울릴까요?

다른 사람을 가르치거나 도와주는 활동을 좋아하는 사람

감수성이 풍부하고 자신의 생각을 표현하는 것을 좋아하는 사람

다른 사람의 감정에 공감하고, 낯선 사람과도 잘 어울릴 수 있는 사람

자신의 마음을 잘 조절하며, 다양한 상황을 잘 관리할 수 있는 사람

직업 현황

수입 (단위: 만 원)

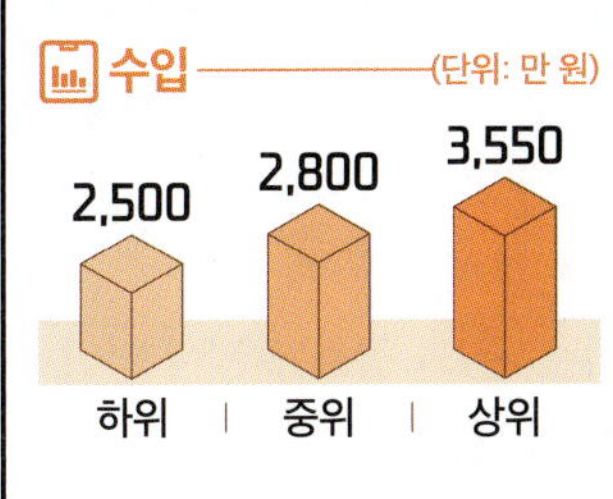

업무 자율성 (단위: %)

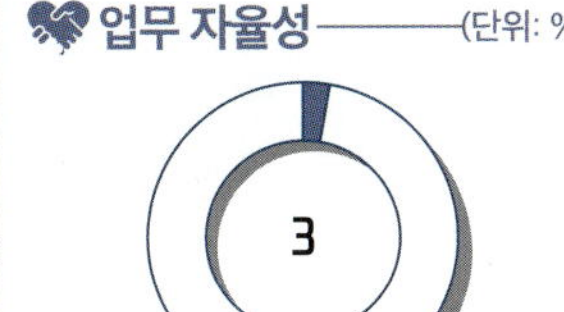

직무 만족도 (단위: %)

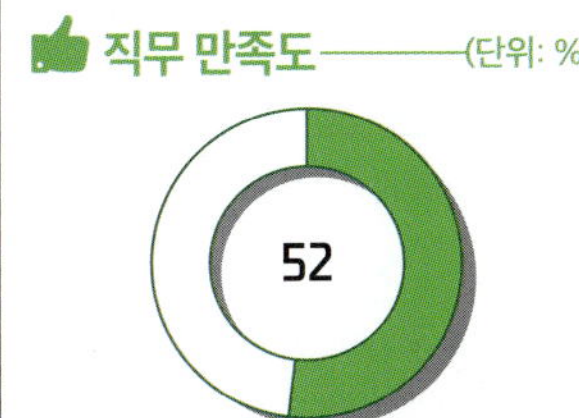

AI와 함께하는 직업 생활

AI는 아이들의 성장 데이터를 분석하여 맞춤형 놀이 활동을 추천하고, 사람은 아이들에게 따뜻한 사랑과 안정감을 제공하고 정서적 유대감을 형성하며 바른 인성을 길러줘요.

커리어패스

관련 학과

아동보육(학)과, 아동학과, 유아교육(학)과, 아동복지학과, 아동가족학과

진로 준비

- 전문대학 이상의 학력을 갖추고 보육 관련 교과목을 이수하면 보육교사 자격을 취득할 수 있음.
- 보육교사 자격을 갖추면 공개 채용을 통해서 공공 보육 시설이나 민간 보육 시설에 취업할 수 있음.
- 3급 보육교사로 시작하여 경력을 쌓으면 2급 보육교사, 1급 보육교사로 승급할 수 있음.

전문 지식

아동 권리와 복지, 놀이 지도, 언어 지도, 아동 음악, 아동 안전 관리, 아동 관찰 및 행동 연구, 보육 실습

진출 분야

국공립 보육 시설, 법인 보육 시설, 민간 보육 시설, 직장 보육 시설, 가정 보육 시설

관련 직업

유치원교사, 사회복지사, 복지시설생활지도원, 아동보육사

전직 가능 직업

레크리에이션전문가, 청소년지도사

관련 기관

한국보육진흥원 www.kcpi.or.kr
한국보육교직원총연합회 www.kaoet.org

장학관 및 교육 관련전문가

SCHOLARSHIP OFFICER AND EDUCATION PROFESSIONAL

신나는 교육을 이끌어 가는 선구자

- 장학관은 학교 교육 과정, 교육 방법, 장비 등을 평가하고, 관련 사항을 교사와 협의하며 조언을 제공함.
- 교육관련전문가는 교구와 교재 개발, 이러닝 콘텐츠 개발 등 교육과 관련한 업무를 수행함.
- 이러닝교육전문가는 시간과 장소에 제한 없이 학습할 수 있는 이러닝 도구를 제작함.

AI와 함께하는 직업 생활

AI는 교육 데이터를 분석하고 교육 정책 효과를 예측하며, 사람은 인재 양성을 위한 창의적인 교육 정책을 수립하고 교육 현장의 변화를 이끄는 리더십을 발휘해요.

커리어패스

관련 학과	교육학과, 국어교육과, 영어교육과, 불어교육과, 독어교육과, 사회교육과, 역사교육과, 지리교육과, 윤리교육과, 수학교육과, 물리교육과, 교육공학과
진로 준비	• 장학관의 전 단계인 장학사가 되기 위해서는 초중등 교사로서 5년 이상의 경력을 쌓고 교육 전문직 시험에 합격해야 함. • 장학사로 경력을 쌓으면 장학관으로 진급할 기회가 있음. • 이러닝전문가가 되기 위해서는 대학에서 교육 공학을 전공하는 것이 유리함.
진출 분야	교육부, 교육청, 교육지원청, 교육정보연구원, 과학관
관련 직업	독서지도사, 야외활동지도사, 온라인교육관리자, 온라인튜터, 이러닝시스템기획개발자, 종교교육지도자, 평생교육사, 한국문화강사, 한국어교사, 서비스강사, 디지털시니어금융교육강사
전직 가능 직업	교감, 교장, 교육연구원

성직자

CLERGY

신의 뜻을 전하는 예언자

- 종교 예식이나 의식을 주관하고, 설교를 통해 신의 가르침을 전함.
- 신자들을 정신적·도덕적으로 지도하며 교리를 해석해 줌.
- 교육 기관, 의료 기관, 경찰, 군대 등 여러 곳에서 교육적이고 종교적인 활동을 수행함.

AI와 함께하는 직업 생활

AI는 종교 경전을 분석하여 설교 자료를 제공할 수 있고, 사람은 신자의 마음을 위로하고 정신적인 평화를 가져다주며 공동체의 화합을 이끌 수 있어요.

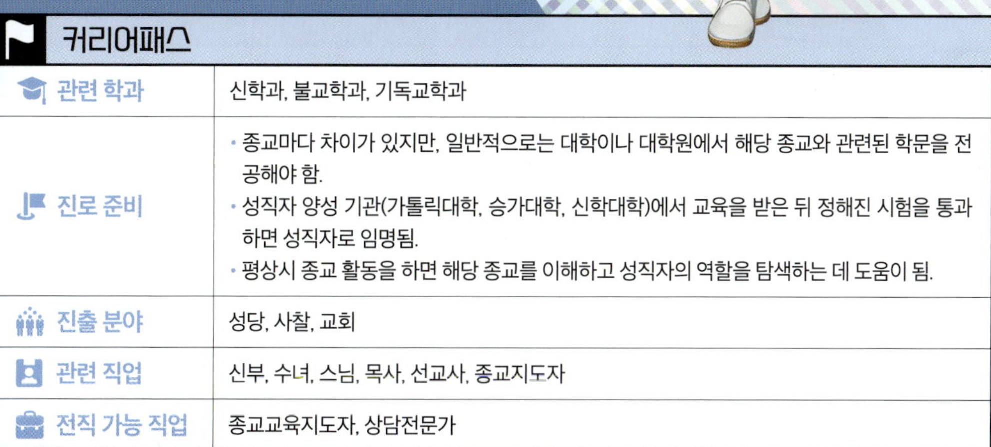

🚩 커리어패스

🎓 관련 학과	신학과, 불교학과, 기독교학과
🧭 진로 준비	• 종교마다 차이가 있지만, 일반적으로는 대학이나 대학원에서 해당 종교와 관련된 학문을 전공해야 함. • 성직자 양성 기관(가톨릭대학, 승가대학, 신학대학)에서 교육을 받은 뒤 정해진 시험을 통과하면 성직자로 임명됨. • 평상시 종교 활동을 하면 해당 종교를 이해하고 성직자의 역할을 탐색하는 데 도움이 됨.
👥 진출 분야	성당, 사찰, 교회
🧑 관련 직업	신부, 수녀, 스님, 목사, 선교사, 종교지도자
💼 전직 가능 직업	종교교육지도자, 상담전문가

프로파일러 및 디지털포렌식 수사관

PROFILER AND FORENSIC INVESTIGATOR

범죄자의 심리를 읽어 내는 특급 사냥꾼

- 프로파일러는 철저한 자료 분석을 통해 용의자의 범위를 좁히고 수사의 방향을 제시함.
- 축적된 자료와 수집한 증거를 바탕으로 용의자의 성격과 행동 방식을 분석함.
- 디지털포렌식수사관은 범죄 수사의 단서가 되는 휴대 전화, 컴퓨터 등 디지털 자료를 분석하여 법적 증거 자료로 확보함.

AI와 함께하는 직업 생활

AI는 범죄 데이터를 분석하고 증거를 식별하는 일을 보조하고, 사람은 범죄자의 심리를 간파하고 사건 현장의 미세한 단서까지 종합하여 진실을 규명해요.

커리어패스

관련 학과	경찰행정학과, 심리학과, 사회학과, 법학과, 컴퓨터공학과, 응용소프트웨어공학과
진로 준비	• 프로파일러가 되기 위해서는 과학 수사 경력을 쌓은 후 범죄 분석 전문 교육을 받아야 함. • 대학에서 심리학이나 사회학 등을 전공하고 프로파일러 특채 시험에 합격하는 방법도 있음. • 디지털포렌식전문가가 되기 위해서는 검찰직 공무원 공채 시험에 합격한 후 수사관 경력을 쌓아야 함.
진출 분야	경찰청, 과학수사센터, 경찰서 과학수사계, 국립과학수사연구원
관련 직업	범죄과학수사관, 국립과학수사연구원, 거짓말탐지관, 범죄심리분석관, 사이버범죄수사관
전직 가능 직업	대학교수

다문화사회 전문가

MULTICULTURAL COMMUNITY SPECIALIST

다문화 가정의 든든한 조력자

- 다문화교육전문가는 다문화 가정 자녀들을 상담하고 필요한 교육을 받도록 도와줌.
- 다문화사회전문가는 이민자 및 다문화 가정을 대상으로 사회 통합 프로그램을 운영하고 상담함.
- 다문화언어지도사는 다문화 가정 자녀의 언어 발달을 지원하고 지도함.

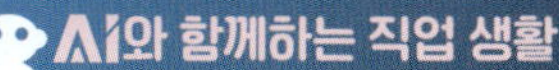

AI와 함께하는 직업 생활

AI는 다양한 문화 정보 제공과 번역 및 통역을 돕고, 사람은 문화 배경이 다른 사람들이 조화롭게 살아갈 수 있도록 인간적인 소통과 갈등 조율에 전문성을 발휘해요.

🚩 커리어패스

🎓 관련 학과	사회복지학과, 청소년지도학과, 교육학과
🚩 진로 준비	• 대학에서 사회복지학과 등 관련 학과를 졸업하면 취업에 도움이 됨. • 다문화교육전문가가 되려면 초중등학교 교원 자격증을 취득하는 것이 유리함. • 다문화가정복지상담사가 되려면 사회복지사 자격을 취득하고 공무원 시험에 합격해야 함.
👥 진출 분야	시군구청, 행정복지센터, 지역 다문화교육지원센터, 국가평생교육진흥원, 다문화가족지원센터
📇 관련 직업	공무원, 사회복지사, 다문화교육전문가, 다문화가정복지상담사, 다문화언어지도사, 다문화언어발달지도사, 다문화코디네이터
💼 전직 가능 직업	직업상담원, 상담전문가

군인

MILITARY PERSONNEL

적진으로 돌진하는 용맹한 장군

- 국가의 안전을 보장하고 국민의 생명과 재산을 보호함.
- 지휘관으로서 일반 병사를 지휘하고 통솔하거나 참모로서 지휘관을 보좌하는 역할을 수행함.
- 외부의 모든 군사적 위협으로부터 국가를 보호하고 평화를 유지함.

AI와 함께하는 직업 생활

AI는 전술 시뮬레이션과 전장 데이터 분석, 적군 동향 파악을 지원하고, 사람은 극한의 상황에서도 애국심과 희생정신을 바탕으로 국가의 안보를 지켜요.

커리어패스

관련 학과	군사학과, 부사관과, 디지털군사학과, 군사행정과
진로 준비	• 육군·해군·공군사관학교를 졸업하거나 대학교에서 학군사관(ROTC) 또는 학사사관 교육을 수료하면 장교가 될 수 있음. • 제3사관학교에 입학하거나 간부사관에 지원하면 장교가 될 수 있음. • 여군 장교는 사관학교, 학사사관, 간부사관 후보 과정을 거치거나 간호사관학교를 졸업해야 함.
진출 분야	육군, 해군, 공군, 해병대, 특수 부대, 합동군사령부, 국방부
관련 직업	장교, 하사관, 군무원
전직 가능 직업	보안전문가, 재난관리전문가, 경찰관, 소방관

04

보건·의료

이 분야의 직업인은 우리의 건강을 지키고 질병을 치료하는 중요한 일을 담당합니다. 사람의 생명을 다루는 일인 만큼 신중함과 정확성 그리고 강한 책임감을 갖춰야 합니다. 아픈 사람들을 낫게 하고 건강한 미소를 되찾아주는 일을 한다는 사명감을 가지고 일합니다.

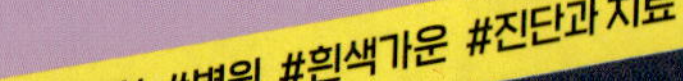

의사

DOCTOR DOCTOR DOCTOR DOCTOR DO

질병에 맞서는 전사

나는 환자의 생명을 위협하는 질병을 치료하고 환자에게 삶의 의욕과 희망을 전해주고 싶어. 환자가 건강을 회복해서 다시 밝은 미소를 찾을 수 있도록 평생 헌신하고 봉사하며 살 거야.

능력치

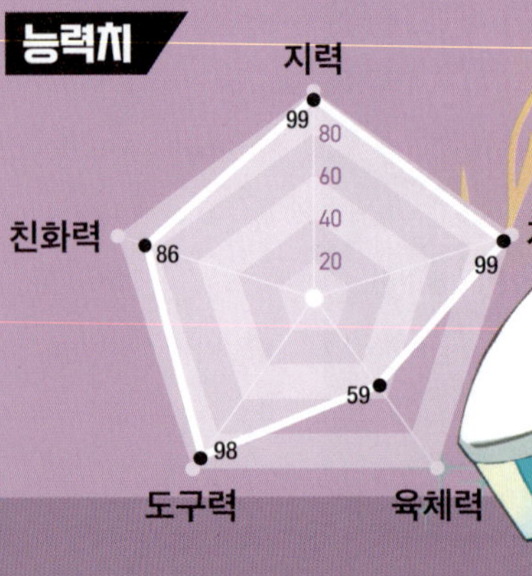

심리검사 유형

흥미	사회형(S), 탐구형(I)
적성	자기성찰능력, 수리논리력
MBTI	INFP, ISTJ

어떤 일을 할까요?

환자를 진찰하고 의학적 검사를 시행하여 환자의 질병과 장애 여부를 파악함.

환자의 질병이나 장애의 내용을 확인하고, 이에 맞는 치료 방법을 결정함.

질병의 진단과 치료를 위해 수술을 시행하거나 약물을 처방함.

어떤 사람에게 어울릴까요?

책임감이 강하며 평소 다른 사람을 잘 도와주는 사람

혼자서 하는 일에 집중할 수 있고 깊게 탐구하는 과정을 즐기는 사람

목표를 이루기 위해 체계적인 계획을 세우고 꾸준히 실천하는 사람

문제를 논리적으로 분석하고 합리적으로 해결할 수 있는 사람

직업 현황

수입 (단위: 만 원)

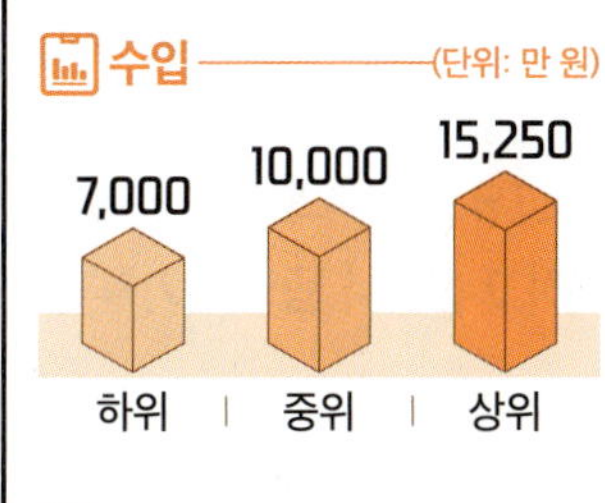

7,000 하위 | 10,000 중위 | 15,250 상위

업무 자율성 (단위: %)

74

직무 만족도 (단위: %)

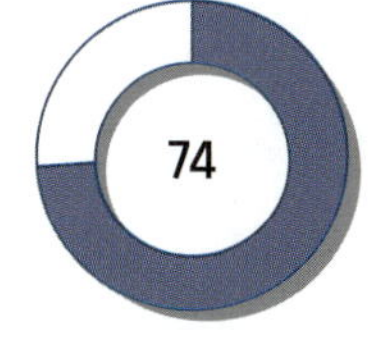

99

AI와 함께하는 직업 생활

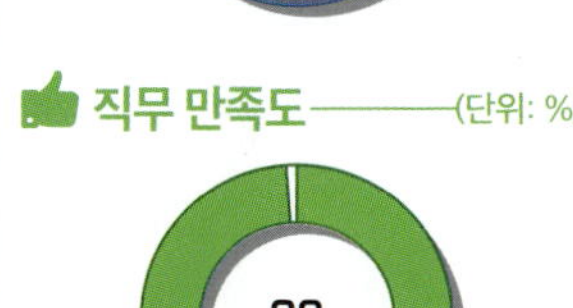

AI는 환자의 진료 기록을 분석하여 질병의 진단을 보조하고, 사람은 환자의 아픔에 공감하고 섬세한 수술을 집도하며 생명을 구하기 위해 최선의 판단을 내려요.

커리어패스

관련 학과

의예과, 의학과

진로 준비

- 대학에서 의예과 2년 과정과 의학과 4년 과정을 수료하거나 4년제 의학전문대학원을 졸업하면 의사 국가시험에 응시할 수 있음.
- 의사 국가시험에 합격해 보건복지부 장관으로부터 의사 면허를 받아야 의사로 일할 수 있음.

전문 지식

해부학·생리학·병리학 등 기초 의학 지식, 진단학·치료 방법·응급 의학 등 임상 의학 지식

진출 분야

종합 병원, 대학 병원, 개인 병원, 클리닉센터, 복지 시설

관련 직업

전문의사, 정신과의사, 소아청소년과의사, 신경외과의사, 외과의사, 의학자, 생체로봇외과의, 유헬스케어의사, 응급실의사, 기억수술전문외과의, 마취통증의학과전문의, 법의학자

전직 가능 직업

부검전문가, 장기취급전문가, 치매전문가, 언어병리학자, 임신출산육아전문가, 건강관리전문가

관련 기관

대한의사협회 www.kma.org
보건복지부 www.mohw.go.kr

한의사

DOCTOR OF KOREAN MEDICINE   DOCTOR

자연의 섭리로 몸을 살리는 치유자

은은한 약재 향과 온기가 가득한 한의원이 바로 내가 일하는 곳이야. 인체의 약한 부분을 보완해서 병을 예방하고 자연 치유력을 북돋워 환자가 스스로 병을 이겨 내도록 돕지. 자연에서 얻은 약재 고유의 기운과 맛을 조합해 몸의 균형을 회복하고 침이나 뜸으로 기를 통하게 하는 거야.

능력치

- 지력 97
- 자격력 96
- 육체력 66
- 도구력 86
- 친화력 96

심리검사 유형

흥미	사회형(S), 진취형(E)
적성	자기성찰능력, 수리논리력
MBTI	INFP, ISTJ

🚩 어떤 일을 할까요?

한의학을 바탕으로 환자의 질병과 장애 여부를 진단하고 치료함.	얼굴색, 혀 등을 관찰하고 호흡, 기침 등의 소리를 들으며 맥을 짚는 등 한의학적 방법으로 환자를 진찰함.	환자의 증상에 따라 침, 뜸, 부항, 탕약, 수기 요법 등을 선택하여 치료함.

👤 어떤 사람에게 어울릴까요?

다른 사람들과 대화하고 토론하는 것을 좋아하는 사람	남을 배려하며 봉사 정신과 책임감이 강한 사람	논리적인 사고력과 문제 해결력이 뛰어난 사람	어떤 일에 몰입하여 깊이 탐구하는 과정을 즐기는 사람

📊 직업 현황

📈 수입 —— (단위: 만 원)

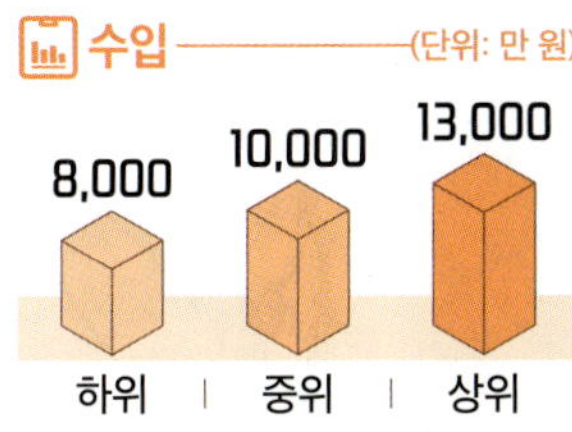

하위	중위	상위
8,000	10,000	13,000

업무 자율성 —— (단위: %)

95

👍 직무 만족도 —— (단위: %)

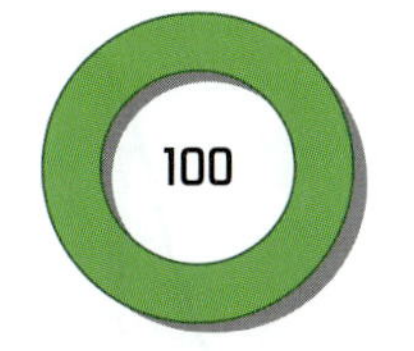

100

🤖 AI와 함께하는 직업 생활

AI는 한의학 문헌을 분석하여 질병 진단을 보조할 수 있고, 사람은 환자의 체질과 생활 습관을 종합적으로 파악하고 분석하여 개인에게 맞는 치료법을 처방할 수 있어요.

♟️ 커리어패스

🎓 관련 학과

한의예과, 한의학과

🚩 진로 준비

- 대학에서 한의예과 2년, 한의학과 4년으로 구성된 한의학과를 졸업한 후 한의학사를 취득하거나 한의학전문대학원 졸업 후 한의학 석사 학위를 취득해야 함.
- 한의학사나 한의학 석사 학위를 취득한 후에 한의사 국가시험에 합격해 면허를 취득해야 함.
- 한의사 면허 취득 후에는 한의원을 단독 또는 공동으로 개업할 수 있음.

전문 지식

동양 의학 이론·침구학·본초학 등 기초 한의학 지식, 침구술과 양생법 등 임상적 한의학 지식

진출 분야

한방 병원, 요양 병원, 국립의료원, 한의학 연구원, 제약 회사의 연구소, 대학교

관련 직업

한약사, 일반의사, 치과의사, 내과의사, 외과의사

💼 전직 가능 직업

대학교수, 연구원

🏢 관련 기관

대한한의사협회 www.akom.org
대한한의사전문의협회 www.kmspecialist.org
한국보건의료인국가시험원 www.kuksiwon.or.kr

치과의사

DENTIST DENTIST DENTIST DENTIST

잃어버린 웃음을 찾아주는 미소 디자이너

나는 환자에게 입을 크게 벌리라고 하고 이 사이사이까지 샅샅이 보면서 충치가 있는지, 치아 뿌리는 건강한지 살피지. 금이 간 치아를 튼튼하게 붙여 주기도 하고 틀어진 치아 구조를 가지런히 만들기도 해. 치아를 돌보지 않는 사람은 나를 자주 만나겠지?

능력치

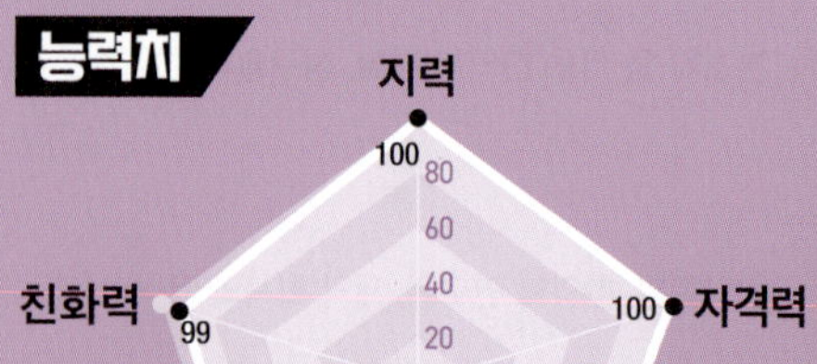

심리검사 유형

흥미	실재형(R), 진취형(E)
적성	자기성찰능력, 수리논리력, 예술시각능력
MBTI	INFP, ISTJ

🚩 어떤 일을 할까요?

의학 전문 지식을 바탕으로 환자의 치아 건강을 돌보고 치아 질환을 치료함.	환자의 치아와 잇몸, 구강 조직의 질병이나 손상 및 기능 이상을 진단하고 치료함.	회전 공구, 수공구 등 치과 기구를 사용하여 외과적 수술 및 약물 치료를 시행함.

💡 어떤 사람에게 어울릴까요?

기계나 도구를 잘 다루고, 직접 느끼고 움직이는 활동을 좋아하는 사람	세심하고 꼼꼼한 성격을 가진 사람	자신의 생각과 감정을 잘 조절하고 책임감이 강한 사람	논리적인 사고력과 문제 해결력이 뛰어난 사람

📊 직업 현황

📊 수입 (단위: 만 원)

하위	중위	상위
8,000	9,700	12,000

🤝 업무 자율성 (단위: %)

93

👍 직무 만족도 (단위: %)

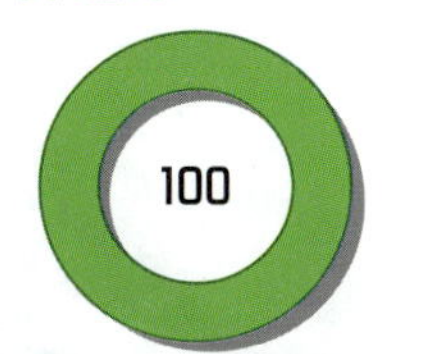

100

🤖 AI와 함께하는 직업 생활

AI는 환자의 치아 상태를 분석하여 치료 계획을 제안하고, 사람은 환자가 겪는 통증에 공감하며 신뢰를 쌓고 정교한 손기술로 환자 맞춤형 의료 서비스를 제공할 수 있어요.

♟️ 커리어패스

🎓 관련 학과

치의예과, 치의학과

🚩 진로 준비

- 치과대학에서 2년간의 치의예과와 4년간의 치의학과 과정을 마치고 치의학사 학위를 취득하거나 4년제 치의학전문대학원을 졸업하여 석사 학위를 취득한 후 치과의사 국가시험에 합격하여 면허를 받아야 함.
- 인턴 1년과 레지던트 3년의 과정을 거친 후 전문의 자격시험에 합격하면 치과의사 전문의가 됨.

📋 전문 지식

구강 생리학·구강 병리학 등 기초 치의학 지식, 치주학·교정학·보철학 등 임상 치의학 지식

👥 진출 분야

치과 병원, 치과 의원, 종합 병원의 치과, 대학교, 치의학연구원, 보건소

👤 관련 직업

치과기공사, 치과위생사, 일반의사, 외과의사

💼 전직 가능 직업

대학교수, 연구원

📇 관련 기관

대한치과의사협회 www.kda.or.kr
한국보건의료인국가시험원 www.kuksiwon.or.kr

수의사

VETERINARIAN VETERINARIAN VETERIN

동물의 고통을 어루만지는 수호신

내 주위는 늘 사랑스럽고 귀여운 동물로 가
득해. 동물병원뿐만 아니라 산과 들, 농가와
축사, 강과 바다까지 동물이 있는 곳이라면
어디든지 내 일터가 되지. 때로는 꿀벌을 치
료하거나 동물원의 덩치 큰 곰의 출산을 돕
는 일도 해. 동물이 모두 건강을 되찾아 보호
자의 품으로 돌아갈 수 있도록 최선을 다해
치료할 거야.

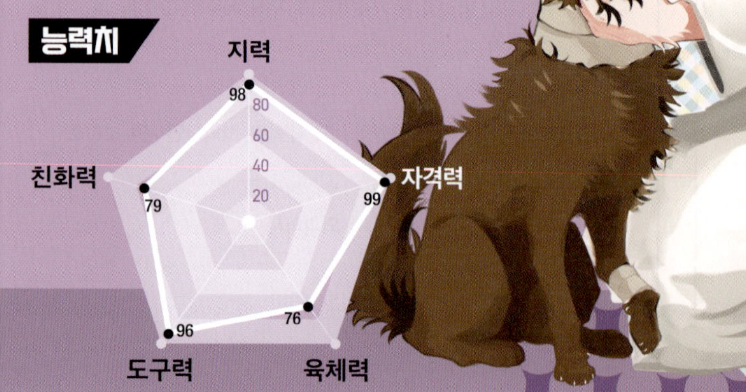

심리검사 유형

흥미	사회형(S), 탐구형(I)
적성	자기성찰능력, 수리논리력, 예술시각능력
MBTI	INFP, INTJ

어떤 일을 할까요?

아픈 동물을 X-ray, 초음파 등의 영상 검사로 정밀하게 진단한 후 질병에 맞는 치료를 진행함.

육류, 우유, 달걀 등 축산물의 식품 안전 검사를 시행하고, 수입 축산물에 대한 검역을 실시함.

대학이나 연구소, 제약 회사에서 동물의 질병을 치료하는 의약품 개발에 참여함.

어떤 사람에게 어울릴까요?

동물을 좋아하며 동물과 관련한 봉사 활동에 적극적으로 참여하는 사람

새로운 것에 도전하거나 무언가를 깊이 탐구하는 것을 즐기는 사람

자신의 마음을 잘 조절하며, 다양한 상황을 잘 관리할 수 있는 사람

다양한 정보를 논리적으로 분석하여 새로운 결론을 낼 수 있는 사람

직업 현황

수입 (단위: 만 원)

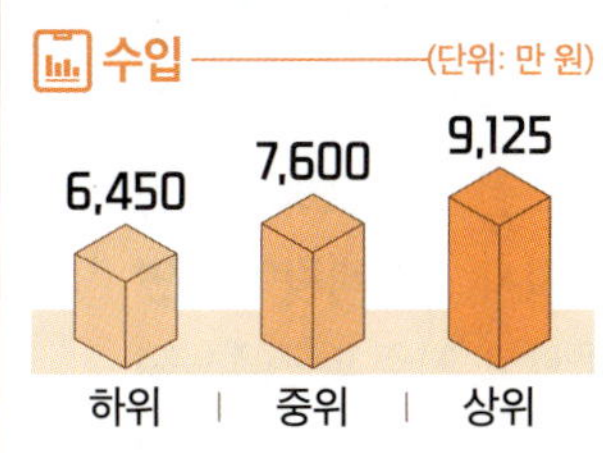

- 하위: 6,450
- 중위: 7,600
- 상위: 9,125

업무 자율성 (단위: %)

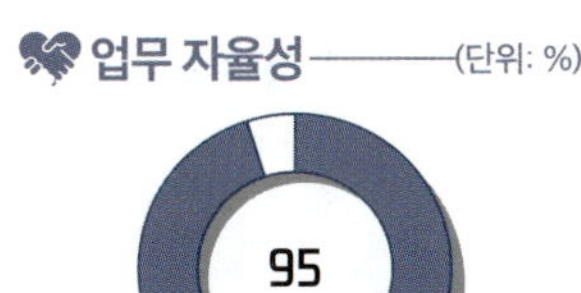

95

직무 만족도 (단위: %)

94

AI와 함께하는 직업 생활

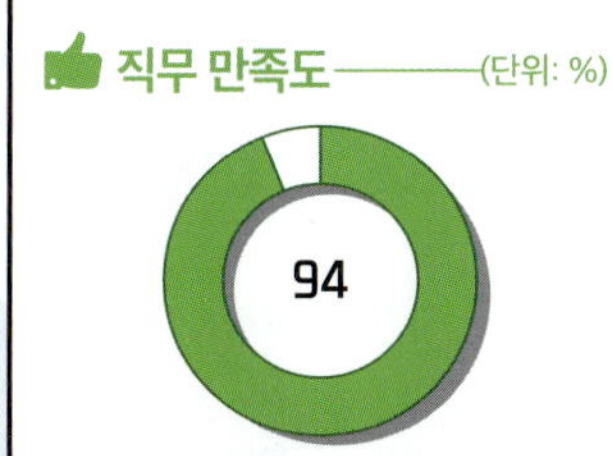

AI는 진료 기록을 분석하여 질병의 진단과 치료를 보조하고, 사람은 생명을 존중하는 마음으로 동물과 깊이 교감하며 질병을 치료하고 보호자와의 상담 업무를 수행해요.

커리어패스

관련 학과

수의예과, 수의학과

진로 준비

- 대학에서 6년 동안 체계적으로 수의학을 공부해야 함.
- 수의학 대학 졸업 후 수의사 국가시험에 합격하여 면허를 취득해야 함.
- 동물을 진료하고 치료하는 임상수의사는 주로 동물병원에서 근무함.
- 농장, 아쿠아리움, 동물원 등 다양한 분야에서 근무하는 수의사도 있음.

전문 지식

해부학·생리학·약리학 등 기초 수의학 지식, 진단학·내과적 치료·외과적 치료 등 임상 수의학 지식

진출 분야

동물병원, 아쿠아리움, 동물원, 정부 부처나 대학의 유전 및 생명공학연구소, 사료 회사, 축산물 유통 업체, 유제품 가공 업체

관련 직업

동물조련사, 가축사육사, 말전문수의사, 수의테크니션

전직 가능 직업

공무원, 약물남용행동장애상담사, 약물중독예방전문가, 약학연구원, 신약개발연구원

관련 기관

대한수의사회 www.kvma.or.kr
한국실험동물수의사회 www.kclam.org

약사 및 한약사

PHARMACIST AND KOREAN ORIENTAL PHARMACIST

지역 주민의 건강 컨설턴트

내 약국을 찾는 사람들은 익숙한 지역 주민들이 대부분이야. 그래서 약국을 방문한 손님이 힘없는 목소리와 근심스런 얼굴로 처방전을 내밀면 가슴이 철렁해지지. 가을바람이 불면 미리 쌍화탕을 사러 들르고, 자주 피곤을 느낀다며 영양제를 사러 오시는 분들과 자연스레 건강에 관한 이야기를 나누다 보니 어느새 모두 친구가 되었어.

능력치

심리검사 유형

흥미	사회형(S), 관습형(C)
적성	자기성찰능력, 수리논리력
MBTI	ESFJ, INTJ

어떤 일을 할까요?

의사의 처방이나 환자의 상태에 맞춰 약을 짓고 판매함.

조제된 약을 환자에게 내주기 전에 복용법과 부작용 및 보관 시 주의 사항 등을 설명함.

질병을 예방·진단·치료하기 위해 새로운 의약품을 연구하고 개발함.

어떤 사람에게 어울릴까요?

건강 관리에 관심이 많고, 다른 사람들의 말을 잘 들어 주는 사람

자신에게 주어진 일을 책임감을 가지고 성실하게 수행하는 사람

자신의 감정을 잘 조절하며 여러 상황을 적절히 관리할 수 있는 사람

논리적인 사고력과 문제 해결력이 뛰어난 사람

직업 현황

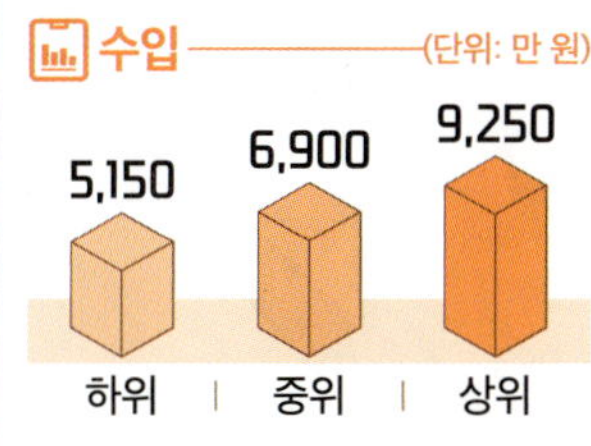

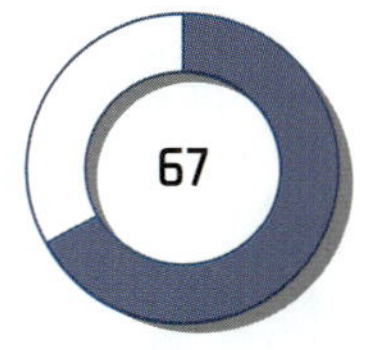

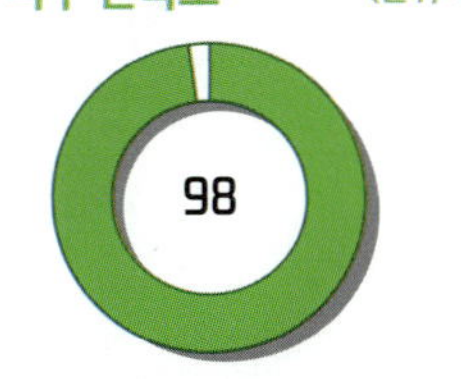

AI와 함께하는 직업 생활

AI는 환자에게 약품의 효능이나 부작용, 복용 방법 등을 제공하며, 사람은 환자의 건강 상태를 종합적으로 고려하여 안전하고 적절한 약을 짓고 복약 상담을 해요.

커리어패스

관련 학과
약학과, 제약학과, 약학부

진로 준비
- 약학대학을 졸업하고 약사 국가시험에 합격하여 면허를 취득해야 함.
- 약사 면허를 취득한 후 대형 약국에 취업하거나 약국을 개업할 수도 있음.
- 병원이나 제약 회사에 입사하면 약제 성분 실험이나 신약 개발에 참여하기도 함.

전문 지식
약리학, 임상 약학, 조제 및 제약학, 약물 안전 관리

진출 분야
대형 약국, 개인 약국, 병원, 제약 회사, 화장품 제조 업체, 건강식품 제조 업체

관련 직업
전문의사, 일반의사, 간호사, 한의사

전직 가능 직업
공무원, 약물남용행동장애상담사, 약물중독예방전문가, 약학연구원, 신약개발연구원, 바이오신약개발연구원

관련 기관
대한약사회 www.kpanet.or.kr
한국보건의료인국가시험원 www.kuksiwon.or.kr

간호사

NURSE NURSE NURSE NURSE NURSE

**환자의 곁을
빈틈없이 지키는 날쌘돌이**

나이팅게일은 열일곱 살에 아픈 사람들을
돌보는 일에 평생을 바치기로 결심했어. 비
위생적인 병원 시설을 개선해서 많은 생명
을 구하고, 간호사를 전문직으로 발전시키
는 데 큰 역할을 했지. 나이팅게일의 정신
을 이어받아 나도 환자들이 더 행복하고 건
강하게 살 수 있도록 돕고 있어. 친구이자
건강 멘토로 늘 환자의 곁을 지킬 거야.

능력치

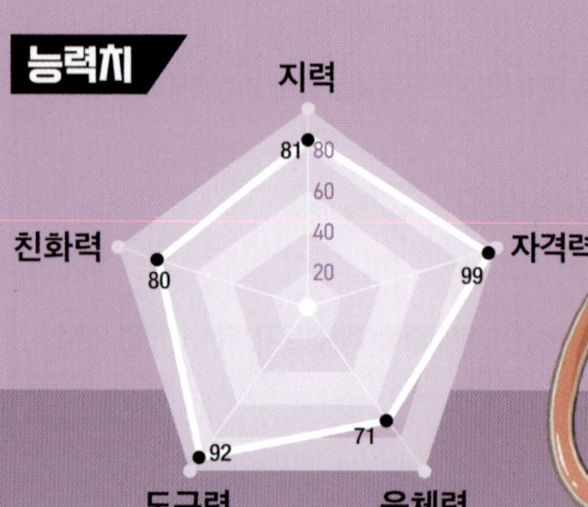

심리검사 유형

흥미	사회형(S), 실재형(R)
적성	대인관계능력
MBTI	ISFJ, ENFJ

🚩 어떤 일을 할까요?

병원에서 의사의 진료를 보조하며, 의사의 처방이나 정해진 간호 기술에 따라 환자를 치료함.

의사가 없는 상황에서 환자가 위급할 경우 비상조치를 취함.

학교나 지역 사회를 대상으로 건강 회복, 질병 예방, 건강 유지와 증진을 도움.

💡 어떤 사람에게 어울릴까요?

다른 사람의 감정을 잘 이해하고 봉사 정신이 있는 사람

도구를 잘 다루고, 직접 몸을 움직이는 활동을 좋아하는 사람

사회 안전에 관심이 많으며 응급 상황에 빠르게 대처할 수 있는 사람

다른 사람과 조화롭게 협력하며 원만한 관계를 유지할 수 있는 사람

📊 직업 현황

📊 수입 (단위: 만 원)

하위	중위	상위
3,600	4,500	5,375

💗 업무 자율성 (단위: %)

2

👍 직무 만족도 (단위: %)

92

🤖 AI와 함께하는 직업 생활

AI는 환자의 상태를 모니터링하고 약물 투여를 관리할 수 있으며, 사람은 환자의 아픔에 공감하고 따뜻한 보살핌을 제공하며 의료진과 환자 사이에서 원활한 소통을 도와요.

♟ 커리어패스

🎓 관련 학과

간호학과

🚩 진로 준비

- 간호학과(4년제)나 간호전문대학(3년제)을 졸업한 후 간호사 국가시험에 합격하여 면허를 취득해야 함.
- 간호사로 경력을 쌓고 대학원에서 전문간호사 과정을 이수하면 전문간호사가 될 수 있음.

📋 전문 지식

해부학·병리학·약리학 등 기초 의학 지식, 환자 평가·간호 기술·응급 처치 등 임상 간호 지식

👥 진출 분야

국공립 병원, 사립 병원, 정신 병원, 보건소, 기업체·학교·사업장 등의 의무실, 보험 회사, 의료 정보 회사

🪪 관련 직업

전문간호사, 노인전문간호사, 일반의사, 조산사, 보건교사

💼 전직 가능 직업

공무원, 임상시험코디네이터, 간호조무사

🏢 관련 기관

대한간호협회 www.koreanurse.or.kr
한국보건의료인국가시험원 www.kuksiwon.or.kr

물리 및 작업치료사

PHYSICAL AND OCCUPATIONAL THERAPIST

홀로서기를 돕는 의료 훈련 교관

갑자기 팔을 들어 올리지 못해서 나를 찾아온 사람은 두어 번 치료받고는 팔을 360도로 회전시키며 나갔어. 특별한 원인이 없이 머리가 아프다고 한 사람은 여섯 달 동안 치료를 받고 작별 인사를 했지. 다들 나의 손이 약손이라고, 신비의 손이라고 감사를 표시했어. 나는 환자들이 고통에서 벗어나 환한 얼굴로 병원 문을 나설 때 가장 보람을 느껴.

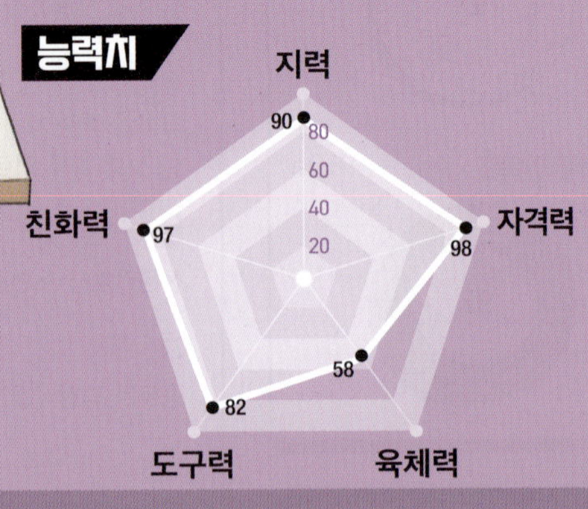

심리검사 유형

흥미	사회형(S), 탐구형(I)
적성	대인관계능력
MBTI	ISFJ, INTJ

🚩 어떤 일을 할까요?

의사의 지시에 따라 환자의 상태와 신체 기능에 적합한 치료를 하고, 그 결과를 담당 의사에게 보고함.	물리치료사는 운동 요법이나 도구를 활용하여 환자의 신체 통증을 줄이고 회복시키는 일을 함.	작업치료사는 신체적, 정신적, 사회적 기능 저하를 겪는 사람이 일상생활을 할 수 있도록 치료함.

👤 어떤 사람에게 어울릴까요?

다른 사람과 함께 일하는 것을 좋아하고 봉사 정신이 강한 사람	다양한 정보를 수집하여 객관적으로 분석하는 과정을 즐기는 사람	신체적, 정신적 문제의 원인을 탐구하고 해결할 수 있는 사람	다른 사람과 조화롭게 협력하며 원만한 관계를 유지할 수 있는 사람

직업 현황

📊 수입 (단위: 만 원)

- 하위: 3,300
- 중위: 3,800
- 상위: 4,500

업무 자율성 (단위: %)

48

👍 직무 만족도 (단위: %)

74

🤖 AI와 함께하는 직업 생활

AI는 환자의 운동 능력을 분석하여 재활 프로그램을 제안하고, 사람은 환자의 고통에 공감하고 섬세한 신체 활동 지도를 통해 기능 회복을 도우며 인간적인 지지를 제공해요.

커리어패스

🎓 관련 학과

물리치료학과, 작업치료학과

🚩 진로 준비

- 물리/작업치료사는 대학에서 물리/작업치료학과를 졸업하고 물리/작업치료사 국가시험에 합격하여 면허를 취득해야 함.

전문 지식

해부학, 생리학, 운동학, 생체 역학, 도수 치료, 운동 치료, 신경 재활

👥 진출 분야

의료 기관의 물리치료실 및 작업치료실, 특수 학교, 스포츠 센터, 스포츠 선수단, 아동 발달 센터

관련 직업

언어치료사, 음악치료사, 놀이치료사, 예술치료사, 치유농업사, 동물매개치료사, 원예치료사, 해양치유사, 산림치유지도사, 운동재활치료사, 웃음치료사

💼 전직 가능 직업

공무원, 치매치료사, 카이로프랙틱치료사, 재활공학기사, 인터넷게임중독치료전문가

🏢 관련 기관

대한물리치료사협회 www.kpta.co.kr
대한작업치료사협회 www.kaot.org
한국보건의료인국가시험원 www.kuksiwon.or.kr

임상심리사

CLINICAL PSYCHOLOGIST CLINICAL PSYC

용기를 북돋아 주는 따뜻한 지휘관

나는 우울, 불안, 적응 문제로 힘들어하는 사람들이 스스로 해결책을 찾도록 도와주는 일을 해. 의사가 환자의 몸을 치료한다면, 나는 상담을 받는 사람들이 자기 마음을 들여다보고 불안이나 우울의 원인을 찾을 용기를 낼 수 있도록 안내하며 희망을 찾도록 도와주지.

능력치

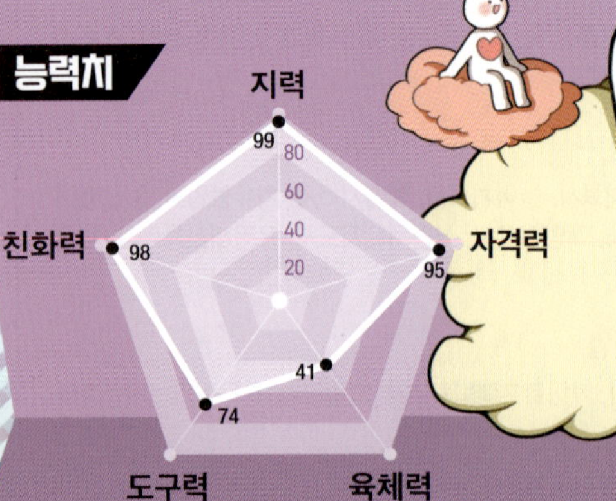

심리검사 유형

흥미	사회형(S), 탐구형(I)
적성	대인관계능력
MBTI	ISFJ, INTJ

 어떤 일을 할까요?

상담을 통해 심리나 정신 건강 문제로 어려움을 겪는 사람들을 심리를 진단하고 평가함.

심리 평가 결과와 치료 경과에 관해 정신과의사 등과 논의하여 최적의 치료 방법을 찾음.

장애의 심리적 원인과 과정을 깊이 있게 연구하여 효과적인 치료 도구를 개발함.

어떤 사람에게 어울릴까요?

공감 능력이 뛰어나 다른 사람을 잘 이해하고 배려하는 사람

새로운 것에 호기심이 많으며 집중력이 좋은 사람

사람들과 잘 어울리고 협력할 수 있는 사람

다양한 정보를 객관적으로 분석하여 문제를 해결할 수 있는 사람

직업 현황

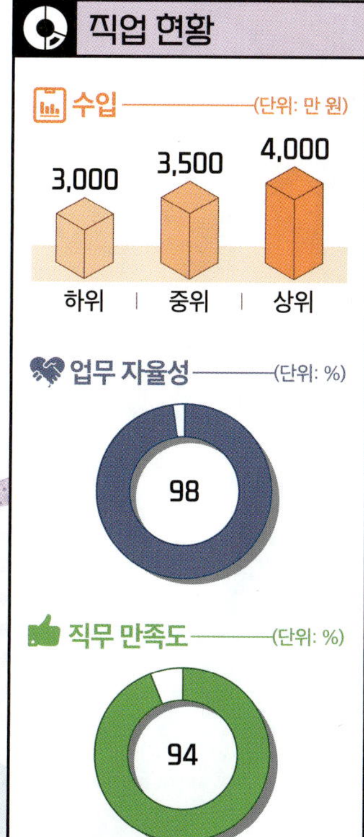

수입 (단위: 만 원)

하위	중위	상위
3,000	3,500	4,000

업무 자율성 (단위: %)

98

직무 만족도 (단위: %)

94

AI와 함께하는 직업 생활

AI는 심리 검사 결과를 분석하여 진단 정보를 제공하고, 사람은 내담자의 복잡한 감정을 이해하고 깊은 공감과 신뢰를 바탕으로 심리적 치유를 돕는 인간적인 관계를 형성해요.

커리어패스

관련 학과

심리학과, 상담심리학과, 임상심리학과, 산업심리학과

진로 준비

- 대학교에서 상담심리학과, 임상심리학과 등을 졸업하고 임상심리사 자격증을 취득해야 함.
- 대학원에서 석사 또는 박사 학위까지 취득한 후에 임상심리사로 활동하는 사람이 많음.
- 병원이나 관련 기관에서 경력을 쌓으면, 정신 요양 시설이나 사회 복지 시설을 설립하고 운영할 수 있음.

전문 지식

심리 치료 이론, 심리 평가와 진단, 상담 및 치료 기술, 심리 치료 기법

진출 분야

병원의 정신과, 사설 심리 치료 센터, 청소년보호위원회, 가정법원, 경찰청, 보호관찰소, 교도소, 학교

관련 직업

작업치료사, 놀이치료사, 심리치료사, 기억대리인, 정신보건임상심리사

전직 가능 직업

공무원, 정신요양시설운영자

관련 기관

한국임상심리학회 www.kcp.or.kr
놀이임상심리사협회 k-pcta.org

임상병리사

MEDICAL LABORATORY SCIENTIST　MEDI

질병 코드를 풀어내는 탐정

나는 피 한 방울이나 피부 한 조각으로 건강 상태를 파악하고 병의 원인을 찾아내지. 내가 매일 사용하는 전자 현미경은 생명의 비밀을 푸는 특별한 도구야. 아주 작고 복잡한 조직에서 중요한 단서를 찾아내 의사와 환자에게 정확한 결과를 제공할 수 있게 하지.

능력치

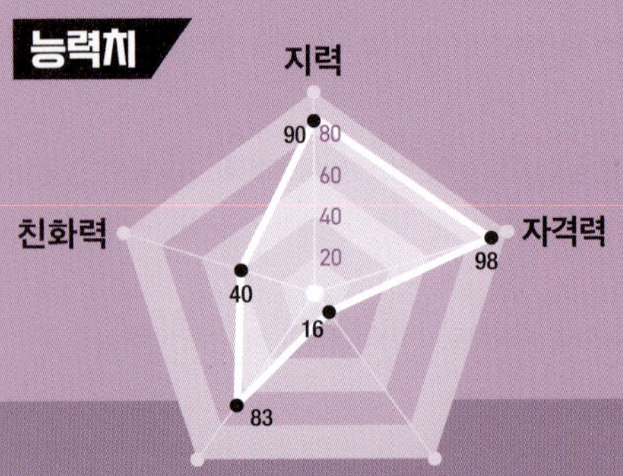

심리검사 유형

흥미	탐구형(I), 실재형(R)
적성	자기성찰능력, 수리논리력
MBTI	ISFJ, INTJ

🚩 어떤 일을 할까요?

환자에게 검사 과정을 설명하고 혈액, 소변, 대변 등을 채취함.	전자 현미경을 비롯한 검사 장비를 사용하여 인체에서 추출된 검사물을 분석함.	검사 과정과 결과를 기록하고 의사에게 제공하여 질병의 진단과 치료를 도움.

💡 어떤 사람에게 어울릴까요?

꼼꼼하고 차분하며 끈기가 있는 사람	기계나 도구를 잘 다루고, 어떤 일에 몰입하여 탐구할 수 있는 사람	목표를 위한 계획을 세우고, 실행 과정을 돌아보며 개선할 수 있는 사람	과학의 원리를 잘 이해하고 논리적으로 문제를 해결할 수 있는 사람

📊 직업 현황

📊 수입 ——— (단위: 만 원)

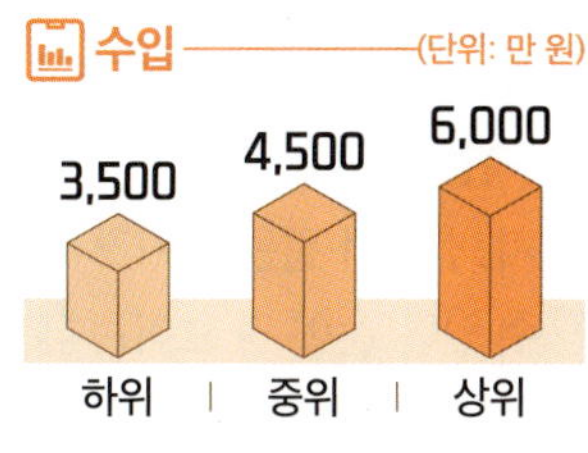

하위	중위	상위
3,500	4,500	6,000

🤝 업무 자율성 ——— (단위: %)

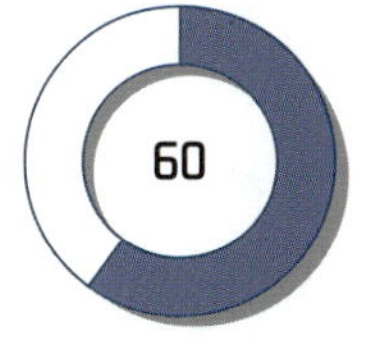

60

👍 직무 만족도 ——— (단위: %)

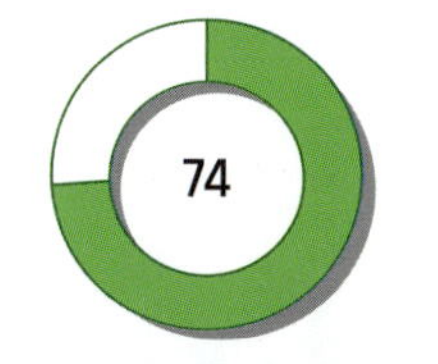

74

🤖 AI와 함께하는 직업 생활

AI는 검사 결과를 분석하여 이상 징후를 감지하고, 사람은 미세한 병원균이나 세포 변화를 정확하게 관찰하여 질병 진단을 위한 결정적인 정보 제공에 전문성을 발휘해요.

♟️ 커리어패스

🎓 관련 학과

임상병리학과, 임상병리과

🚩 진로 준비

- 대학에서 임상병리(학)과를 졸업하고 임상병리사 국가시험에 합격하여 면허를 취득해야 함.
- 대체로 사원에서 주임, 대리(파트장), 팀장(부장)으로 진급할 수 있음.

📋 전문 지식

병리학, 미생물학, 생화학, 혈액학, 혈청학, 혈액 검사, 임상 미생물 검사, 수혈 의학 검사, 일반 화학 검사, 특수 화학 검사

👥 진출 분야

종합 병원 및 일반 병원 내 진단검사의학과·병리과·특수검사실·건강관리과·응급검사실·핵의학과 등의 부서, 제약 회사, 생명 과학 관련 연구소, 의료 기기 관련 업체, 임상 검사 센터

📇 관련 직업

방사선사, 간호사, 의료장비기사

💼 전직 가능 직업

공무원, 연구원

🏢 관련 기관

대한임상병리사협회 www.kamt.or.kr
한국보건의료인국가시험원 www.kuksiwon.or.kr

방사선사
RADIOLOGIC TECHNOLOGIST RADIOLOGIC

몸속을 꿰뚫어 보는 인체 탐지 전문가

나는 우리 몸속을 샅샅이 보여주는 신비한 카메라가 있어. 이 카메라는 아주 작은 빛인 방사선을 사용해서 우리 몸속을 사진으로 찍어 주지. 그럼 뼈가 부러졌는지, 심장과 같은 장기가 잘 작동하는지 살펴볼 수 있어. 눈에 안 보이는 데가 아프거나 불편하다면 내게 맡겨. 이 신비한 카메라로 아픈 부위를 정확하게 찾아 줄게.

능력치

- 지력 80
- 86
- 자격력 89
- 친화력 74
- 도구력 93
- 육체력 73

심리검사 유형

흥미	실재형(R), 사회형(S)
적성	자기성찰능력, 수리논리력
MBTI	ISFJ, INTJ

184

 어떤 일을 할까요?

의사의 처방에 따라 다양한 종류의 방사선 장비를 조작하여 방사선 촬영 검사를 시행함.

환자의 상태를 정밀하게 진단하기 위해 X-ray 검사, 투시 검사, CT 검사, MRI 검사, 초음파 검사 등을 함.

의사를 보조하여 방사선 장비를 조작하고 방사성 물질을 활용하여 환자를 치료함.

어떤 사람에게 어울릴까요?

기계나 도구를 잘 다루고, 몸을 직접 움직이는 활동을 좋아하는 사람

사람들과 잘 어울리며, 어떤 일에 몰입하여 깊이 탐구할 수 있는 사람

목표한 일을 이루기 위해 계획을 세우며 꾸준히 실천할 수 있는 사람

까다롭고 복잡한 계산도 잘할 수 있는 수리논리력을 갖춘 사람

직업 현황

수입 (단위: 만 원)

- 하위: 3,800
- 중위: 5,000
- 상위: 6,450

업무 자율성 (단위: %)

92

직무 만족도 (단위: %)

83

AI와 함께하는 직업 생활

AI는 영상 자료 분석과 질병 유무 판독을 보조하고, 사람은 환자의 불안감을 해소하고 방사선 장비를 정밀하게 조작하여 정확한 의료 영상을 얻어내는 섬세함을 발휘해요.

커리어패스

관련 학과

방사선학과, 방사선과

진로 준비

- 대학에서 방사선(학)과를 졸업하고 방사선사 국가시험에 합격하여 면허를 취득해야 함.

전문 지식

방사선, 방사선 장비, 방사선 촬영 검사, 혈관 조영 검사, 컴퓨터 단층 촬영 검사(CT), 자기공명 영상 검사(MRI)

진출 분야

영상의학과 의원, 종합 병원, 대학 병원, 치과 병·의원, 종합검진센터, 개인 의원, 원자력발전소, 국내외 방사선 의료 장비 및 의료 기기 업체

관련 직업

임상병리사, 의료장비기사, 보건의료정보관리사, 의료기술자

전직 가능 직업

공무원, 비파괴검사원, 방사선안전관리사

관련 기관

대한방사선사협회 www.krta.or.kr
한국보건의료인국가시험원 www.kuksiwon.or.kr

치과기공사

DENTAL TECHNICIAN DENTAL TECHNICIAN

환한 미소를 되찾아 주는 치아 장인

나는 치과의사와 함께 환상의 팀플레이를 펼치며, 섬세하고 정교한 기술로 환자들의 치아를 완벽하게 복원해 내. 실제 환자의 치아보다 더 견고하고 잇몸에 착 붙는 치아를 끼워 맞춰 환자들에게 환한 미소를 되찾아 주지.

능력치

심리검사 유형

흥미	실재형(R), 탐구형(I)
적성	대인관계능력
MBTI	ISFJ, INTJ

어떤 일을 할까요?

치과의사의 요청에 따라 환자의 치아 모형을 분석해서 석고 모형을 만듦.

석고 모형에 맞추어 금, 은, 합성수지 등으로 인공 치아를 만들거나 틀니, 교정 틀 등 보철 제작물을 만듦.

보철 제작물을 연마하고 가공하여 완성된 보철물을 치과에 보내어 환자에게 제공함.

어떤 사람에게 어울릴까요?

꼼꼼하고 차분하며, 기계와 장비를 능숙하게 다루는 사람

미적 감각이 있으며 정교한 작업을 잘하는 사람

다른 사람과 조화롭게 협력하며 원만한 관계를 유지할 수 있는 사람

공학적 개념과 이론을 잘 이해하고 논리적으로 사고할 수 있는 사람

직업 현황

수입 (단위: 만 원)

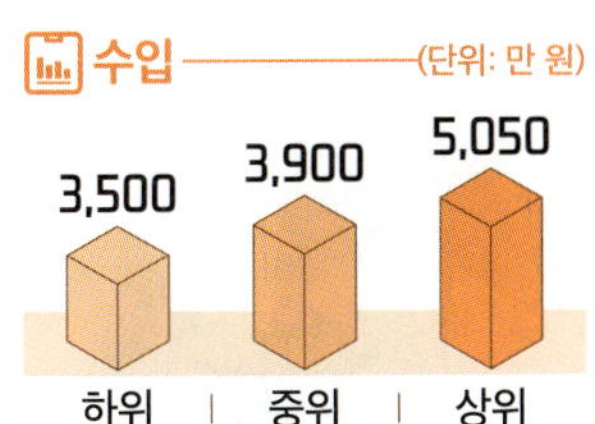

업무 자율성 (단위: %)

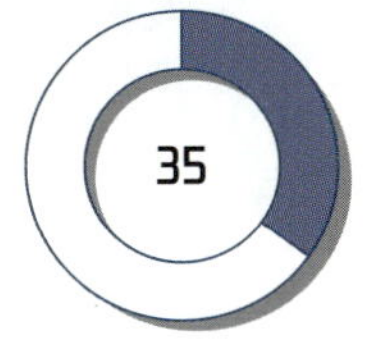

직무 만족도 (단위: %)

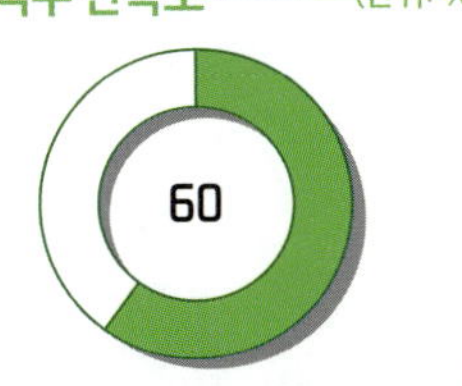

AI와 함께하는 직업 생활

AI는 환자의 구강 구조 촬영과 보철물 디자인 시뮬레이션을 지원하고, 사람은 환자의 구강 구조와 심미적 요구를 고려하여 정교하고 편안한 보철물을 맞춤 제작할 수 있어요.

커리어패스

관련 학과

치기공학과, 치기공과

진로 준비

- 대학에서 치기공(학)과를 졸업하고 치과기공사 국가시험에 합격하여 면허를 취득해야 함.
- 치과기공사로 경력을 쌓으면 독립해서 치과기공소를 개업할 수 있음.

전문 지식

치아 구조, 치과 보철물, 치과 장치물, 치과 재료, 보철물 제작

진출 분야

종합 병원·대학 병원·치과 병원·치과 의원의 치과기공실, 치과기공소

관련 직업

치과위생사, 의료장비기사, 의치기사

전직 가능 직업

치과기공소 운영자

관련 기관

대한치과기공사협회 www.kdtech.or.kr
한국보건의료인국가시험원 www.kuksiwon.or.kr

안경사

OPTICIAN OPTICIAN OPTICIAN OPTICIA

선명한 세상을 보여 주는 시력 디자이너

나는 시력이 안 좋은 고객들의 눈 상태와 생활 방식을 꼼꼼히 살펴 맞춤 제작한 안경이나 렌즈를 제공하지. 안경테와 렌즈의 최신 트렌드에 따라 고객들에게 패션과 기능 두 마리 토끼를 모두 잡을 수 있는 최적의 선택을 제안해 주기도 해. 정말 멋진 직업이지?

능력치

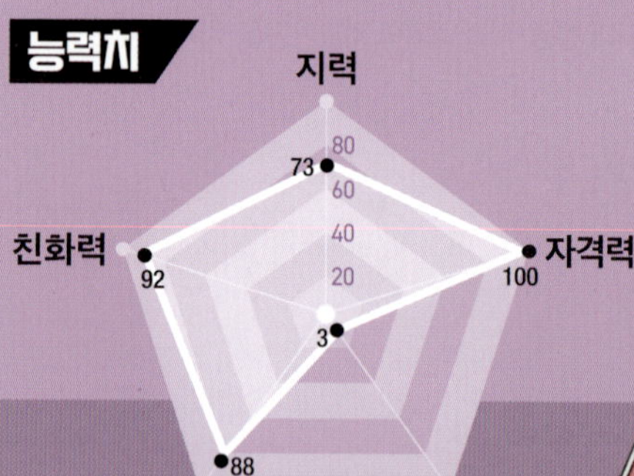

심리검사 유형

흥미	사회형(S), 탐구형(I)
적성	대인관계능력
MBTI	ISFJ, ISTP

 어떤 일을 할까요?

고객의 시력, 난시, 안질환 등을 확인한 후 교정 두수를 결정함	시력 검사 결과에 맞춰 고객에게 적합한 안경이나 콘택트렌즈를 제작하고 판매함.	고객에게 안경이나 콘택트렌즈의 올바른 착용법과 세척 방법, 시력 보호를 위한 눈 관리 방법을 알려 줌.

어떤 사람에게 어울릴까요?

미적 감각이 있고 정교한 작업을 잘하는 사람	꼼꼼하고 차분하며, 기계와 장비를 능숙하게 다루는 사람	정보를 수집하고 객관적으로 분석하여 문제를 해결할 수 있는 사람	낯선 사람과도 잘 어울리고 원활하게 의사소통을 할 수 있는 사람

직업 현황

수입 (단위: 만 원)

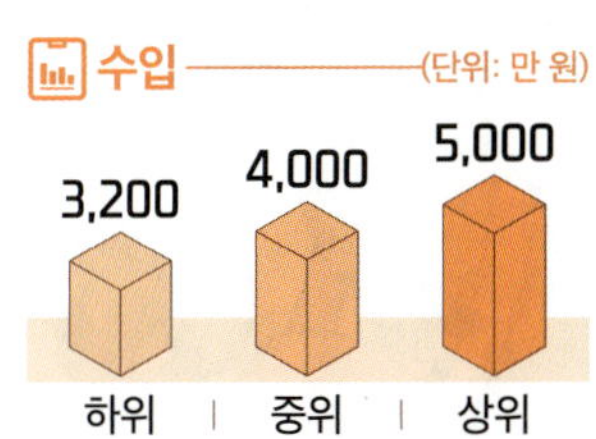

업무 자율성 (단위: %)

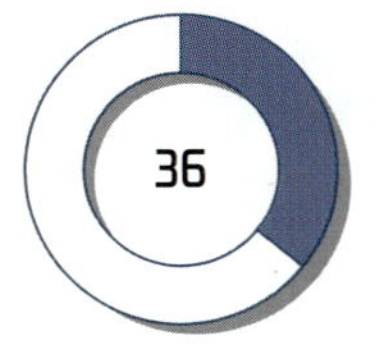

직무 만족도 (단위: %)

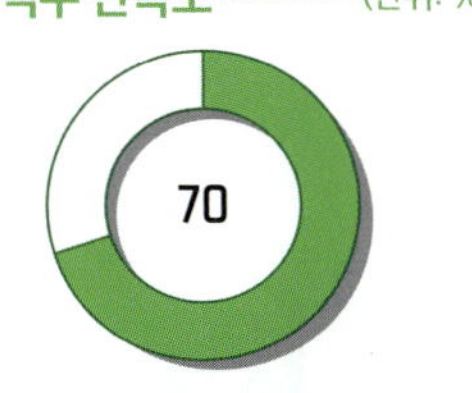

AI와 함께하는 직업 생활

AI는 시력 검사 결과를 분석하여 최적의 렌즈를 추천하고, 사람은 고객의 눈 건강 상태와 얼굴형을 섬세하게 고려하여 개인 맞춤형 안경을 조제할 수 있어요.

커리어패스

관련 학과

안경광학과, 광학공학과

진로 준비

- 대학에서 안경광학과를 졸업하고 안경사 국가시험에 합격하여 면허를 취득해야 함.
- 안경사로 경력을 쌓은 후 안경원을 개업하는 경우도 많음.

전문 지식

눈의 구조, 시각 생리학, 렌즈 처방, 시력 교정, 시력 검사, 안구 질환

진출 분야

안경원, 종합 병원, 안과 의원, 안경 렌즈 제조 업체, 안경테 제조 업체, 광학기기 관련 업체

관련 직업

안과의사, 보건의료정보관리사, 응급구조사

전직 가능 직업

시각보조기구엔지니어, 의료기기판매원

관련 기관

대한안경사협회 www.optic.or.kr
한국보건의료인국가시험원 www.kuksiwon.or.kr

보건의료정보관리사

HEALTH INFORMATION MANAGER HEALTI

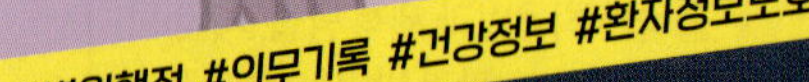

생명 데이터 관리의 달인

환자들의 검사 결과나 치료 기록을 차곡
차곡 정리해서 의사 선생님이나 환자가 의료
보험 혜택을 받을 때 짠! 하고 제공해 주지. 제
일 중요한 건, 환자의 민감한 개인 정보가 새어
나가지 않게 철통 보안을 유지하는 거야. 잘 정
리한 자료가 환자의 회복에 도움이 된다는 자
부심으로 일하고 있어.

심리검사 유형

흥미	관습형(C), 탐구형(I)
적성	대인관계능력
MBTI	ISTJ, ISFJ

어떤 일을 할까요?

의사가 작성한 환자의 질병에 관한 각종 의무 기록을 수집하고 관리하는 일을 수행함.

의무 기록 정보를 보호하기 위해 의료진 서명, 접근 권한, 복사 및 열람에 대한 권한을 관리함.

새로운 의무 기록 서식을 개발하고 의료 정보 자료를 분석하여 통계 자료를 생성함.

어떤 사람에게 어울릴까요?

세심하고 꼼꼼하며, 맡은 일에 책임감이 강하고 약속을 잘 지키는 사람

자료를 수집하는 것과 기록을 남기는 것을 좋아하는 사람

다양한 사람들과 잘 어울리며, 모임에서 긍정적인 에너지를 주는 사람

다른 사람의 감정에 공감할 수 있는 사람

직업 현황

📊 수입 ——— (단위: 만 원)

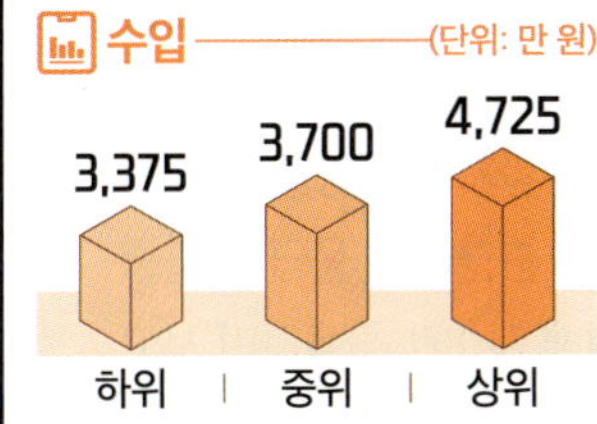

업무 자율성 ——— (단위: %)

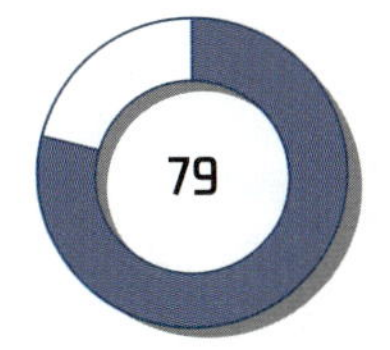

👍 직무 만족도 ——— (단위: %)

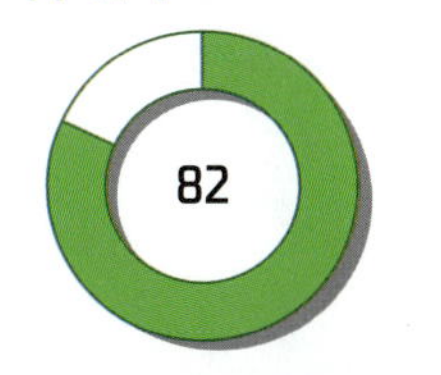

AI와 함께하는 직업 생활

AI는 방대한 의료 데이터를 분류하고 분석하는 일을 보조하며, 사람은 의료 시스템의 효율성을 높이고 환자에게 더 나은 서비스를 제공하기 위한 데이터 활용 전략을 수립해요.

커리어패스

🎓 관련 학과

보건행정학과, 병원경영학과, 병원관리학과, 의료경영학과, 의무행정학과, 의료정보학과

🚩 진로 준비

- 보건행정학과나 의료정보학과 등 관련 학과를 반드시 졸업해야 함.
- 관련 학과를 졸업하고 보건의료정보관리사 국가시험에 합력하여 면허를 취득해야 함.

📋 전문 지식

의무 기록 관리, 질병 및 수술 분류, 의학 용어 및 해부학, 임상 지식, 전산 실기, 건강 보험료 청구 및 심사

👥 진출 분야

종합·대학 병원과 개인 병·의원의 의료 정보팀 또는 의무기록과, 보험 회사, 의료 정보 시스템 개발 회사

관련 직업

의무기록사, 간호사, 영양사, 응급구조사, 의료정보분석사

💼 전직 가능 직업

공무원, 보건관련연구원, 의학정보전문가

🏢 관련 기관

대한보건의료정보관리사협회 khima.or.kr
한국보건의료인국가시험원 www.kuksiwon.or.kr

응급구조사

EMERGENCY MEDICAL TECHNICIAN

생명의 골든 타임을 사수하는 현장의 영웅

교통사고, 건물 붕괴, 화재가 발생했을 때 가장 먼저 현장으로 달려가는 사람이 바로 나야. 위급한 환자를 병원까지 안전하게 옮겼을 때 큰 보람을 느끼지만, 최선을 다했음에도 환자가 생명을 잃을 땐 가슴이 먹먹해져. 지금 이 순간에도 응급 환자를 한 명이라도 더 살리기 위해 사이렌을 울리며 사고 현장으로 달려가고 있어.

능력치

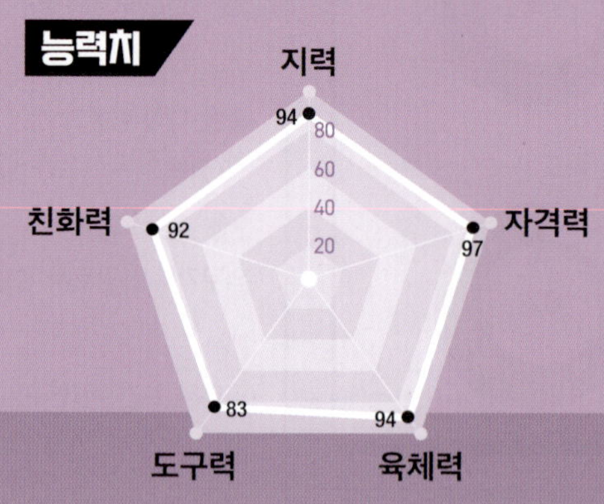

심리검사 유형

흥미	사회형(S), 진취형(E)
적성	신체운동능력
MBTI	ISTP, ISFJ

어떤 일을 할까요?

신속하게 사고 현장에 도착해 환자를 구조하고, 적절한 응급 처치를 하며 병원으로 이송함.

사고 현장에서 의사에게 연락하여 의사의 지시에 따라 현장에서 바로 응급 처치를 시행함.

환자를 병원으로 이송한 후에는 응급 처치 상황과 처치 내용을 담당 의사에게 보고함.

어떤 사람에게 어울릴까요?

남을 배려하는 마음과 봉사 정신을 갖춘 사람

기계나 장비를 능숙하게 다루고, 신체 활동을 좋아하는 사람

상황 판단이 빠르며, 민첩하게 행동하는 사람

다양한 정보를 종합해 상황을 분석하고 문제를 해결할 수 있는 사람

직업 현황

수입 (단위: 만 원)

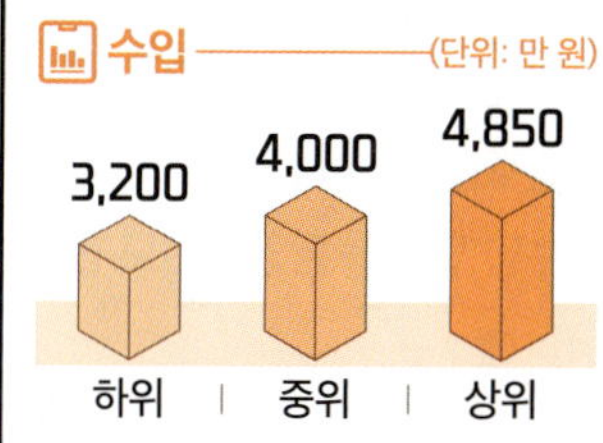

업무 자율성 (단위: %)

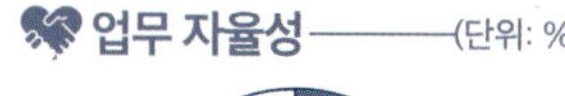

직무 만족도 (단위: %)

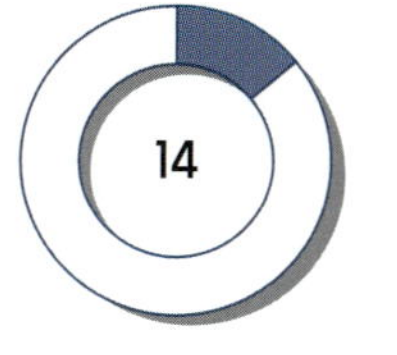

AI와 함께하는 직업 생활

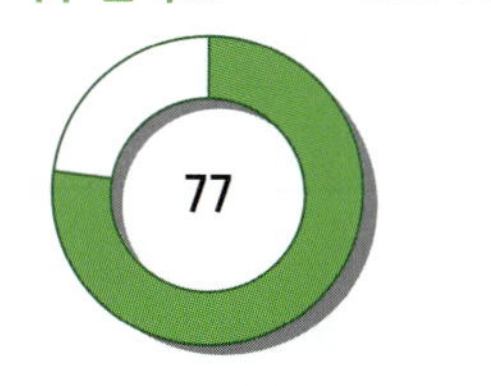

AI는 환자의 바이털 사인을 확인하여 최적의 처치 방법 및 이송 경로를 안내하며, 사람은 신속하고 정확하게 응급 처치를 수행하며 생명을 구하기 위한 희생정신을 발휘해요.

커리어패스

관련 학과

응급구조학과, 응급구조과, 소방응급구조과

진로 준비

- 대학에서 응급구조학을 전공하거나 응급구조사 양성 기관에서 관련 교육을 이수해야 함.
- 국가에서 시행하는 응급구조사 자격증을 취득해야 함.

전문 지식

응급 구조학, 심폐 소생술, 지혈 방법, 하임리히법 등

진출 분야

소방방재청, 종합 병원이나 대학 병원의 응급실, 법무부, 해양경찰청, 응급 전문 이송 업체, 응급의료정보센터, 일반 기업체의 응급실, 스포츠센터

관련 직업

인명구조원, 보건의료정보관리사, 간호조무사

전직 가능 직업

공무원, 안전관리요원, 산악구조대원, 수중탐험가, 탐험가

관련 기관

대한응급구조사협회 www.emt.or.kr
한국보건의료인국가시험원 www.kuksiwon.or.kr

병원 코디네이터

HOSPITAL COORDINATOR

환자를 위한 만능 엔터테이너

- 병원에서 환자 관리, 병원 홍보, 고객 상담, 진료 접수 및 안내 등의 업무를 수행함.
- 환자의 병원 방문 목적을 확인하고, 처음 온 환자의 경우 문진 항목 설문지를 작성하도록 안내함.
- 환자의 진료 예약과 수납 업무를 담당하기도 함.

AI와 함께하는 직업 생활

AI는 진료 예약과 일정을 관리하고 의료진에게 환자의 정보를 제공하며, 사람은 환자와 의료진의 소통을 돕고 환자의 불편함에 공감하며 심리적 안정감을 제공해요.

커리어패스

관련 학과	공중보건학과, 보건관리학과, 보건행정학과, 사무행정학과
진로 준비	• 고졸 이상의 학력이 필요하며 병원 근무 경력이 있으면 취업에 유리함. • 민간 협회에서 발급하는 병원코디네이터 자격증이나 국가 자격인 국제의료코디네이터 자격증을 소지하면 취업에 유리함. • 간호조무사나 치위생사 근무 경력이나 외국어 실력을 갖추면 취업에 유리함.
진출 분야	종합 병원, 전문 병원, 한방 병원, 한의원, 산후 조리원
관련 직업	원격진료코디네이터, 의료관광코디네이터, 국제의료관광코디네이터, 의료코디네이터
전직 가능 직업	상점판매원, 고객상담원, 보험모집원

05

예술·방송·스포츠

이 분야의 직업인은 글, 그림, 음악, 연기 등 다양한 예술적 표현을 통해 우리에게 감동과 즐거움을 선물합니다. 그리고 스포츠를 통해 우리에게 건강한 에너지를 주기도 합니다. 이를 위해 평범한 것을 특별하게 바꾸는 예술적인 창의력과 몸을 멋지게 활용하는 운동 능력을 갖춰야 합니다.

작가

인류의 영혼을 일깨우는 스토리텔러

나는 K-드라마 열풍의 중심에 있는 작가야. 탄탄한 스토리로 시청자들을 사로잡는 일에 자부심을 느끼지. 일상의 이야기를 비틀어 기발하고 참신한 이야기를 만들어 내고, 예상치 못한 전개로 놀라움과 공포, 기쁨을 선사하지. 때로 나의 상상이 사람들의 생각의 한계를 넓히고 드라마나 영화로 재탄생하기도 하지.

심리검사 유형

흥미	예술형(A), 탐구형(I)
적성	언어능력, 창의력
MBTI	INFP, ISFP

🚩 어떤 일을 할까요?

등장인물이나 사건, 배경 등을 구상하고 주제를 결정하여 소설을 창작함.	자신의 생각과 느낌을 함축적인 시어로 표현하여 시를 창작함.	주제를 정하고 소재를 찾아 연극 대본, 영화 시나리오, 방송 드라마 대본 등을 창작함.

😀 어떤 사람에게 어울릴까요?

책 읽기를 좋아하고, 상상력과 감수성이 풍부한 사람	자신의 생각과 감정을 글로 표현하는 것을 좋아하는 사람	사람이나 사물을 세심하게 관찰하고 사회 현상에 호기심이 많은 사람	독특한 시각으로 문제를 바라보며 창의적인 아이디어를 낼 수 있는 사람

📊 직업 현황

📈 수입 (단위: 만 원)

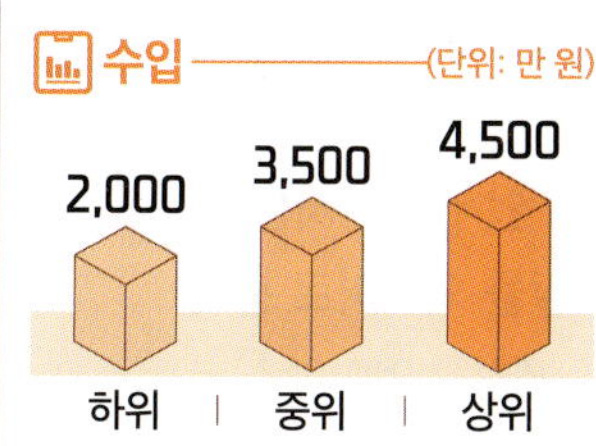

💜 업무 자율성 (단위: %)

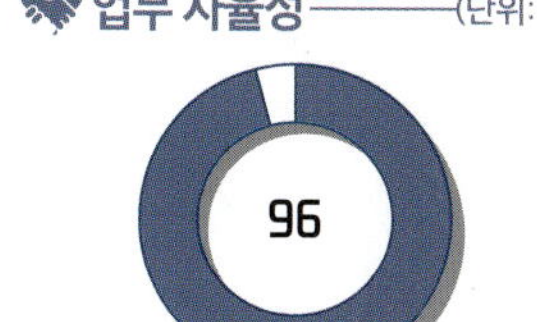

👍 직무 만족도 (단위: %)

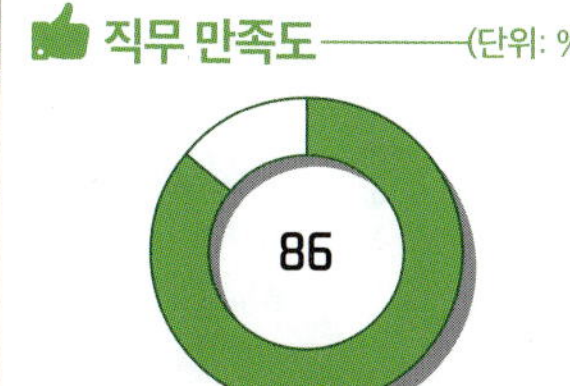

🤖 AI와 함께하는 직업 생활

AI는 작품의 기획을 위한 자료 조사, 맞춤법 검사, 문장 교정 및 초고 작성을 보조하고, 사람은 깊은 통찰력으로 독자의 공감을 얻을 수 있는 독창적인 이야기를 창조해요.

♟ 커리어패스

🎓 관련 학과

문예창작학과, 국어국문학과

🚩 진로 준비

- 특정 학력이나 전공이 필수 요건은 아니지만, 국어국문학과나 문예창작학과 등 관련 학과를 졸업하면 글쓰기에 도움을 받을 수 있음.
- 일간지의 신춘문예 당선, 전문지나 동인지의 추천, 출판사나 문학 잡지사 주관 공모전 당선, 개인의 창작집 발표 등을 통해 등단할 수 있음.
- 최근에는 인터넷 글쓰기 플랫폼을 통해 글을 쓰거나 연재한 후, 이를 책으로 발간하는 경우가 많음.

📋 전문 지식

문학 이론, 시·소설·희곡론, 서사 구조, 언어 능력, 문학 작품 분석 능력

👥 진출 분야

프리랜서, 방송국, 게임 회사

📇 관련 직업

소설가, 방송작가, 드라마작가, 극작가, 시인, 동화작가, 각색작가, 구성작가, 시나리오작가, 저술가, 환경작가

💼 전직 가능 직업

평론가, 기술문서작성가, 테크니컬라이터, 창작자에이전트, 비평가, 스토리컨설턴트

🏢 관련 기관

한국문인협회 www.ikwa.org
한국소설가협회 k-novel.co.kr
한국시인협회 www.koreapoet.com
한국시나리오작가협회 www.scenario.or.kr

번역가 및 통역사

TRANSLATOR AND INTERPRETER TRANSL

언어 세계를 연결하는 은밀한 스파이

한쪽 언어에서 은밀한 정보를 포착하여 다른 언어로 교묘하게 전달한다! 나는 언어의 스파이이자 초능력자야. 언제 어디서든 외국어를 우리말로, 우리말을 외국어로 통역할 수 있지. 내가 꿈꾸는 세상은 언어의 장벽을 뛰어넘어 세상 모든 사람이 자유롭게 소통하는 거야.

능력치

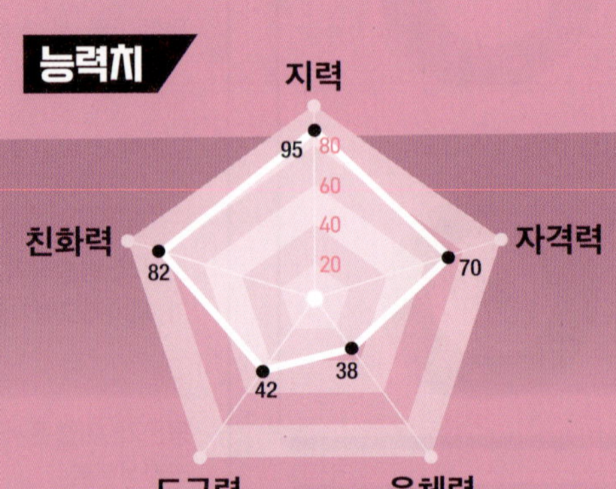

심리검사 유형

흥미	관습형(C), 사회형(S)
적성	언어능력, 창의력
MBTI	INFP, ENFP

🚩 어떤 일을 할까요?

번역가는 외국어를 우리말로, 우리말을 외국어로 옮겨 글로 작성함.

통역가는 서로 다른 언어를 사용하는 사람들이 의사소통을 할 수 있도록 대화 내용을 통역함.

통역가는 국제회의나 세미나에서 외국어 발표를 우리말로, 우리말을 외국어로 실시간으로 전달함.

👤 어떤 사람에게 어울릴까요?

세심하고 꼼꼼해서 노트에 기록하거나 정리하는 일을 잘하는 사람

다른 사람의 문제를 해결하며 도움을 줄 때 만족감을 느끼는 사람

말이나 글을 잘 이해하고 논리적이고 짜임새 있게 표현할 수 있는 사람

어떤 문제에 관한 새로운 해결 방법을 생각할 수 있는 사람

📊 직업 현황

📈 수입 ——— (단위: 만 원)

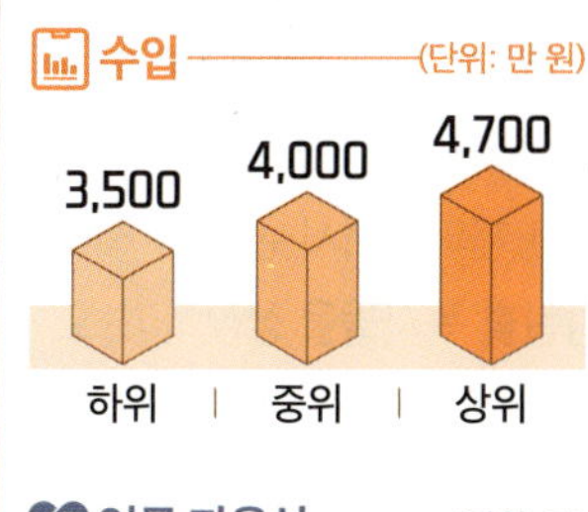

💗 업무 자율성 ——— (단위: %)

👍 직무 만족도 ——— (단위: %)

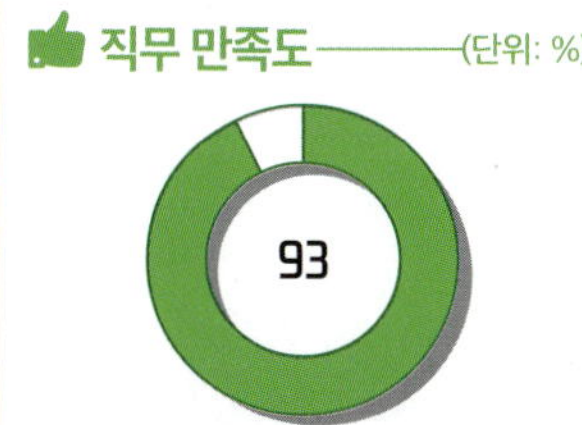

🤖 AI와 함께하는 직업 생활

AI는 번역과 실시간 통역을 보조하고, 사람은 언어와 문화의 미묘한 차이를 이해하고 글과 말 속에 담긴 감정과 맥락을 완벽하게 전달하는 섬세한 언어 능력을 발휘해요.

♟️ 커리어패스

🎓 관련 학과

영어영문학과, 일어일문학과, 중어중문학과, 불어불문학과, 스페인어문학과, 국제지역학과, 통번역학과(통번역대학원)

🚩 진로 준비

- 통역가가 되려면 대학에서 외국어나 외국 문학을 전공하여 능숙한 외국어 실력을 갖추는 것이 좋음.
- 국제회의 통역 같은 전문 분야에서는 통번역대학원을 수료한 사람들이 주로 활동하고 있음.
- 통번역대학원은 입학시험이 까다롭고 입학 후 학습 강도 또한 높지만, 졸업하면 통역가로 진출하는 데 매우 유리함.

📋 전문 지식

외국어 실력, 외국 문화에 관한 지식, 법률·의료·기술·문화 등 특정 분야의 전문 지식

👥 진출 분야

통번역 전문 기관, 국제기구, 외국계 기업, 의료 기관

📇 관련 직업

출판물전문가, 출판물편집자, 외교관, 결혼이민자통번역지원사, 웹툰번역가, 국제회의통역사, 동시통역사

💼 전직 가능 직업

외국어강사, 소설가, 출판물기획자

🏢 관련 기관

한국통번역사협회 www.i-kati.or.kr

출판물전문가

PUBLICATION EXPERT PUBLICATION EXPE

책이라는 멋진 요리를 만들어내는 연출가

나는 참신한 아이디어를 발굴하고, 독자들의 입맛에 꼭 맞는 책을 선보이는 일을 해. 밤낮으로 읽고 다듬어서 만든 책이 출간되는 날은 뿌듯함과 기대감으로 잠을 설쳐. "우와! 재미있어서 손에서 책을 놓을 수가 없어."라고 감탄할 독자들을 상상하며, 오늘도 좋은 책을 만드는 일에 열중하고 있어.

능력치

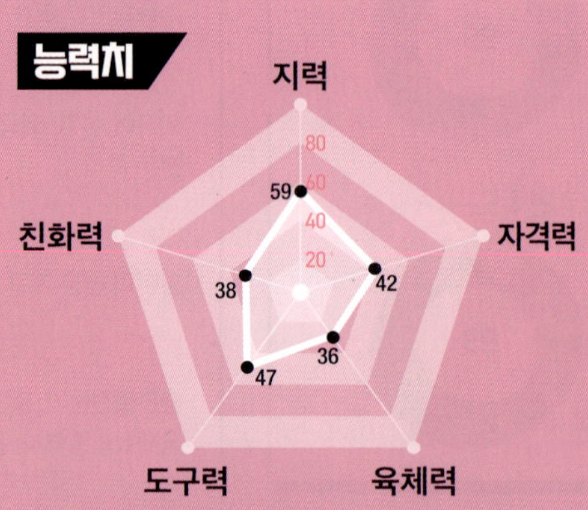

심리검사 유형

흥미	예술형(A), 관습형(C)
적성	예술시각능력, 창의력
MBTI	ENFP, ISFJ

어떤 일을 할까요?

새로운 출판물을 기획하기 위해 최신 출판 경향 및 독자의 선호도를 분석함.

독자의 관심사에 맞는 주제와 내용으로 출판물을 기획하고 편집과 제작 과정을 진행함.

작가를 섭외하고 홍보 마케팅과 판매 계획을 세우는 등 출판물 기획 및 제작에 관련된 일을 진행함.

어떤 사람에게 어울릴까요?

감수성이 풍부하며, 새로운 창작물을 만들 때 만족감을 느끼는 사람

책임감을 가지고 자신에게 주어진 일을 수행할 수 있는 사람

예술 작품의 의미와 가치를 이해하고, 감상한 느낌을 표현할 수 있는 사람

다양한 정보나 지식을 정리하여 새로운 것을 만들 수 있는 사람

직업 현황

수입 (단위: 만 원)

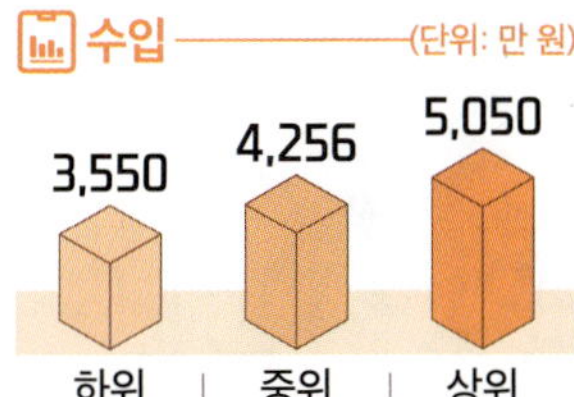

하위	중위	상위
3,550	4,256	5,050

업무 자율성 (단위: %)

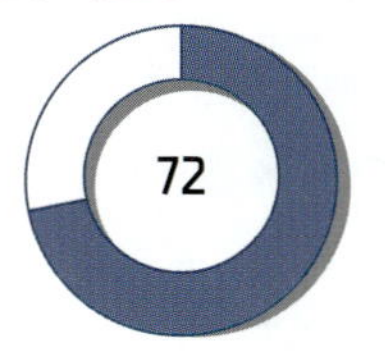

72

직무 만족도 (단위: %)

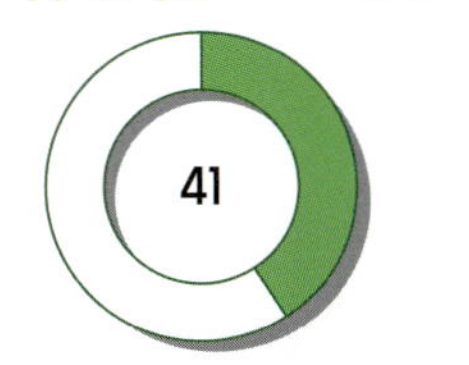

41

AI와 함께하는 직업 생활

AI는 출판 트렌드와 독자의 반응을 분석하고 원고 교정과 편집 작업을 보조하며, 사람은 좋은 작가를 발굴하여 독자에게 감동과 지혜를 주는 가치 있는 콘텐츠를 기획해요.

커리어패스

관련 학과

국어국문학과, 문예창작학과, 사학과, 철학과, 미디어출판학과, 경영학과, 광고홍보학과

진로 준비

- 출판사에 처음 입사하면, 자료 조사에서부터 시작하여 출판 편집, 홍보 및 마케팅 업무 등을 경험함.
- 출판물전문가로 일정 기간 이상의 경력을 쌓으면 출판 기획의 일을 맡을 수 있음.
- 출판 기획에 대한 경력이 쌓이면 출판사를 창업할 수도 있음.

전문 지식

시장 조사와 분석, 출판 프로세스, 저작권, 콘텐츠 기획 능력, 편집 및 글쓰기 능력

진출 분야

출판사, 출판 기획 전문 회사, 잡지사, 기업체 홍보실, 광고 대행사

관련 직업

출판물기획자, 출판물편집자, 편집장

전직 가능 직업

광고전문가, 홍보전문가

관련 기관

한국출판인회의 www.kopus.org
대한출판문화협회 www.kpa21.or.kr

큐레이터 및 문화재보존원

CURATOR AND CONSERVATOR CURATOR

관람객과 예술 작품의
첫 만남 주선자

나는 예술 작품들을 전시하고, 그 안
에 담긴 이야기들을 관람객들에게 펼쳐
보이는 큐레이터야. 관람객이 작품을 감상
하면서 새로운 감정을 느끼고 상상력을 펼칠 수
있어야 성공적인 전시라고 할 수 있지. 예술 작품과
만나는 경험을 통해 새로운 시각을 갖게 해주는 일,
정말 멋지지 않아?

능력치

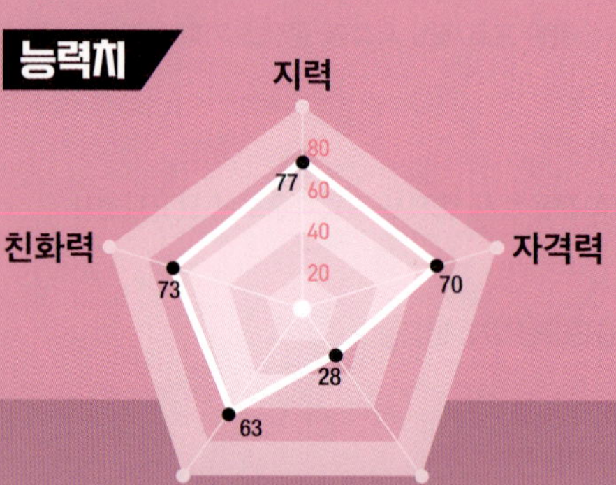

심리검사 유형

흥미	예술형(A), 탐구형(I)
적성	예술시각능력, 창의력
MBTI	ENFJ, ENFP

어떤 일을 할까요?

큐레이터는 박물관이나 미술관에서 전시를 기획하고 관리함.

큐레이터는 관람객들이 소장품이나 자료를 더 잘 이해할 수 있도록 교육 프로그램을 개발하고 진행함.

문화재보존원은 궁궐, 사찰, 미술품, 공예품, 서적 등 유형 문화유산을 보존하고 수리하는 일을 함.

어떤 사람에게 어울릴까요?

자신만의 직감과 창의적인 사고로 문제를 해결하는 사람

탐구심이 강하고 논리적이고 합리적이며, 지적 호기심이 많은 사람

선, 색, 공간, 영상 등 시각적인 요소들을 조화롭게 구성할 수 있는 사람

융통성이 있으며 새로운 것을 만들어 낼 수 있는 창의력을 갖춘 사람

직업 현황

수입 (단위: 만 원)

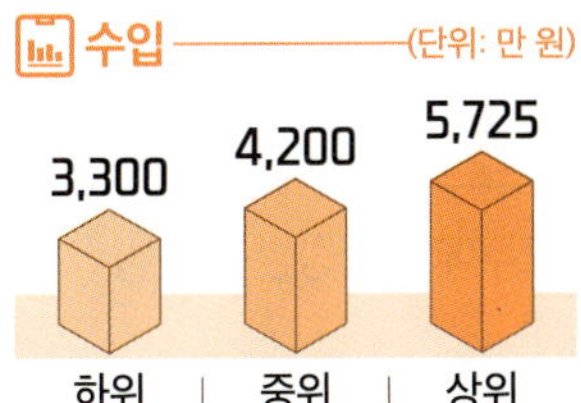

업무 자율성 (단위: %)

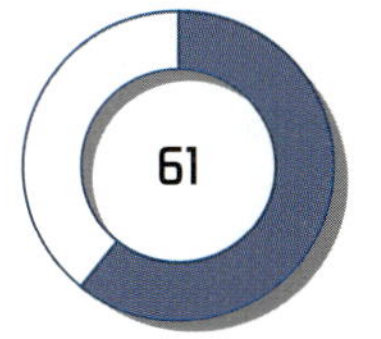

직무 만족도 (단위: %)

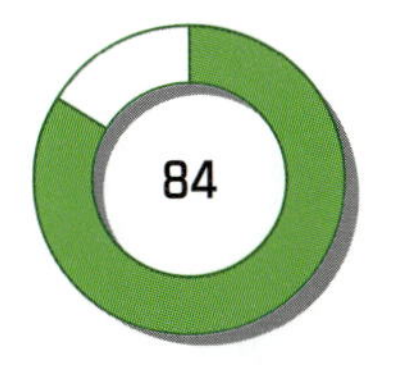

AI와 함께하는 직업 생활

AI는 문화재 데이터베이스를 관리하고 작품의 보존 상태를 실시간 점검하며, 사람은 예술적인 안목과 역사적 인식을 바탕으로 전시를 기획하고 이를 통해 관람객과 소통해요.

커리어패스

관련 학과

고고학과, 사학과, 미술사학과, 예술학과, 민속학과, 인류학과, 문화인류학과, 공예과, 회화학과, 시각디자인과, 동양화과, 서양화과, 건축학과

진로 준비

- 국립중앙박물관에서 시행하는 박물관·미술관 학예사 자격증을 취득하면 취업에 도움이 될 수 있음.
- 국공립 박물관이나 미술관의 큐레이터는 학예연구사로 입사하여 경력이 쌓이면 학예연구관으로 승진할 수 있음.

전문 지식

예술사, 문화사, 전시 기획 및 관리, 작품 보존, 작품 연구 및 분석 능력, 커뮤니케이션 능력

진출 분야

국공립 박물관이나 미술관, 사립 박물관이나 미술관, 대학 박물관, 화랑

관련 직업

학예사, 박물관장, 미술관장, 아트컨설턴트, 문화콘텐츠기획자, 문화기획자

전직 가능 직업

디지털문화해설가, 문화관광해설사, 문화교류코디네이터, 문화해설사, 숲해설사

관련 기관

한국박물관협회 museum.or.kr
국립중앙박물관 www.museum.go.kr
국립현대미술관 www.mmca.go.kr

사서 및 기록물관리사

LIBRARIAN AND ARCHIVIST LIBRARIAN AN

도서관의 질서를 책임지는 책의 요정

나는 책 향기로 가득한 지식의 공간, 도서관에 살아. 빽빽한 책장과 책들 사이에서도 어떤 책이든 바로 찾아낼 수 있어. 새로 들어온 책이 어디에 있어야 하는지도 척척 알아내지. 사람들에게 책을 소개하는 독서 프로그램이나 문화 강좌도 운영해. 도서관이 모두에게 사랑받는 곳이 되도록 최선을 다해 볼게!

능력치

심리검사 유형

흥미	관습형(C), 사회형(S)
적성	대인관계능력
MBTI	ISTJ, ISFJ

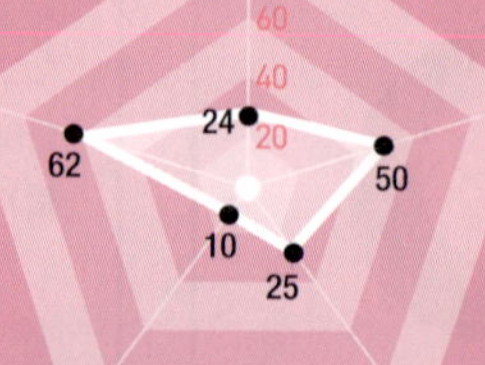

어떤 일을 할까요?

사서는 도서관이나 자료실에서 도서나 자료를 관리하고 이용자의 열람과 대출을 지원함.

사서는 자료 이용 현황을 파악하여 새로운 도서나 자료를 구매하고 이용 가치가 낮은 자료는 폐기함.

기록물관리사는 역사적 가치가 있는 기록물을 평가하고, 기록 자료를 안전하게 관리하고 보존함.

어떤 사람에게 어울릴까요?

세심하고 꼼꼼하며 맡은 일을 책임감 있게 수행하는 사람

사물보다는 사람과 관련된 활동을 더 좋아하고 잘 해내는 사람

조직 속에서 구성원들과 협조적이며 원만한 관계를 유지할 수 있는 사람

다른 사람의 상황을 헤아리고 도움을 주는 것에 만족감을 느끼는 사람

직업 현황

📊 수입 ────── (단위: 만 원)

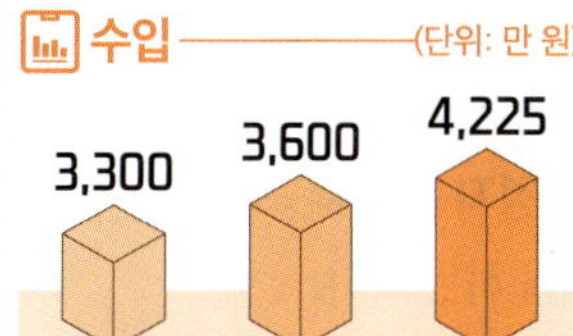

하위	중위	상위
3,300	3,600	4,225

💕 업무 자율성 ────── (단위: %)

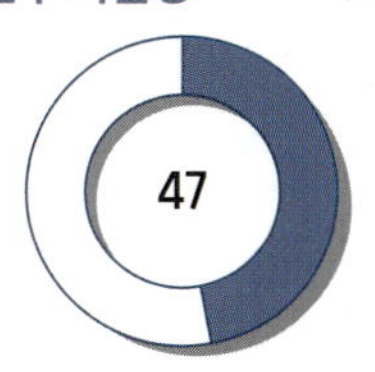

47

👍 직무 만족도 ────── (단위: %)

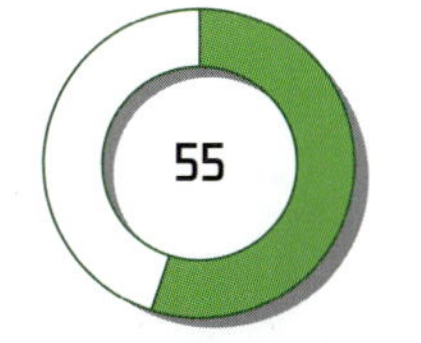

55

🤖 AI와 함께하는 직업 생활

AI는 방대한 자료를 검색하고 분류할 수 있으며, 사람은 지식 정보를 탐구하는 이용자들의 욕구를 파악하여 가치 있는 기록물을 선별하고 보존하는 일에 전문성을 발휘해요.

커리어패스

🎓 관련 학과

문헌정보학과, 데이터정보학과, 기록관리학과, 역사학과, 고고미술사학과

🚩 진로 준비

- 전문대학이나 대학 또는 사서 교육원 등에서 관련 교육을 이수하고 사서 자격증을 취득해야 함.
- 학교에서 사서교사로 일하려면 도서관 관련 학과에서 교직 과목을 이수해야 함.

📋 전문 지식

도서 분류법, 메타데이터 관리 능력, 정보 검색, 데이터베이스 구축, 정보 기술 활용 능력

👥 진출 분야

국공립 도서관, 전문 도서관, 대학 도서관, 학교 도서관, 마을 도서관

📇 관련 직업

도서관장, 문화재보존원, 작가, 학예사

💼 전직 가능 직업

출판물기획자, 행정공무원, 디지털큐레이터

🏢 관련 기관

한국도서관협회 www.kla.kr
국립중앙도서관 www.nl.go.kr
국회도서관 www.nanet.go.kr

기자

REPORTER REPORTER REPORTER REPO

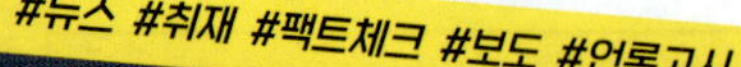

보이지 않는 진실을 밝히는 횃불

나는 세상의 다양한 소식과 변화를 찾아 늘 바쁘게 움직여. 사람들에게 영향을 미치는 일이나 정책을 분석해서 알려 주고 사회의 어두운 구석을 들추어 생각할 거리를 주기도 해. 정보를 모으고 독자나 시청자에게 제공하여 진실을 알리는 중요한 일을 하는 거야.

능력치

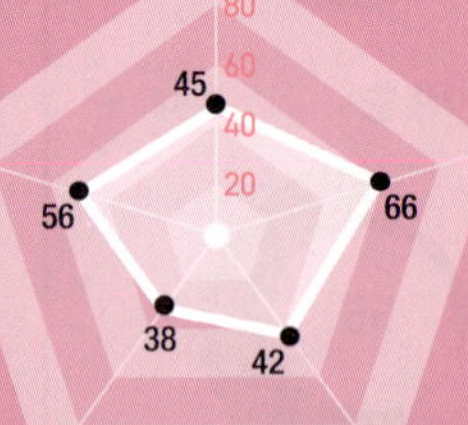

심리검사 유형

흥미	탐구형(I), 진취형(E)
적성	언어능력
MBTI	ENFJ, ESFP

어떤 일을 할까요?

사건·사고, 정치·경제 소식, 생활 정부 등을 신문, TV, 인터넷 등을 통해 일반인에게 신속하게 전달함.

사람들의 관심을 불러일으킬 수 있는 사거이나 사고 현장을 직접 찾아가 관련된 사항을 취재함.

현장에서 수집한 정보를 토대로 사건의 주요 내용을 분석하고 정리하여 기사를 작성하고 영상을 편집함.

어떤 사람에게 어울릴까요?

말과 글로 자신의 생각과 느낌을 잘 표현할 수 있는 사람

적극적이고 세심하며, 낯선 환경에 비교적 쉽게 적응하는 사람

정의로우며, 사회에 긍정적인 영향을 미치고자 하는 열망이 있는 사람

사회 현상을 객관적으로 분석하고 논리적으로 추론할 수 있는 사람

직업 현황

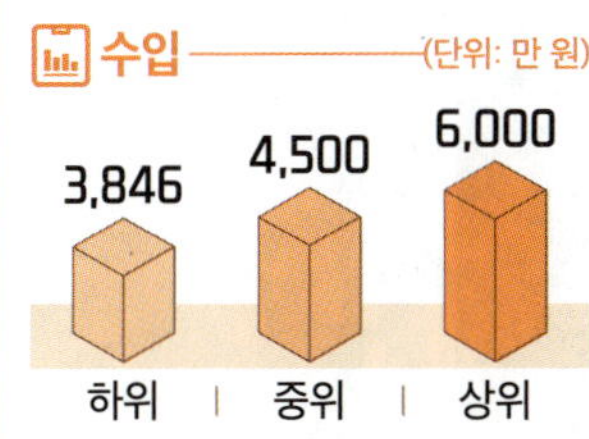

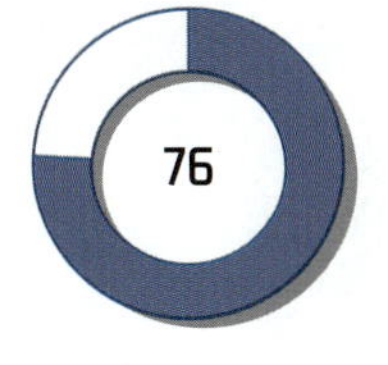

AI와 함께하는 직업 생활

AI는 뉴스 수집과 기사 작성을 보조하고, 사람은 복잡한 사회 현상의 이면을 취재하여 진실을 밝혀내며 때로는 사명감을 가지고 권력에 맞서 목소리를 낼 수 있어요.

커리어패스

관련 학과

신문방송학과, 언론정보학과, 언론홍보학과, 사회학과, 경제학과, 정치외교학과, 국어국문학과

진로 준비

- 신문사나 방송국에 입사하려면 각 언론사의 시험을 통과해야 하며, 의학이나 법학과 같은 전문 지식이 필요한 분야에서는 관련 자격증이나 대학의 학위를 요구할 수 있음.
- 활동 매체에 따라 방송기자, 신문기자, 잡지기자 등으로 구분하며, 담당 업무에 따라서는 취재기자, 편집기자, 사진기자 등으로 구분함. 또한 스포츠, 연예, 의학 등 특정 분야에 특화된 전문기자로도 활동할 수 있음.

전문 지식

저널리즘 윤리, 디지털 저널리즘, 정치, 경제와 금융, 현대사, 미디어, 대중문화, 언어 구사 능력

진출 분야

뉴스 통신사, 온라인 신문사, 월간지, 전문 잡지

관련 직업

방송기자, 사진기자, 신문기자, 의학전문기자, 특파원, 언론인

전직 가능 직업

대학교수, 언어학연구원, 홍보전문가, 광고전문가, 출판물전문가

관련 기관

한국기자협회 www.journalist.or.kr
한국편집기자협회 www.edit.or.kr
한국인터넷기자협회 www.kija.org
한국사진기자협회 www.kppa.or.kr

사진작가

PHOTOGRAPHER PHOTOGRAPHER PHOTO

순간을 영원으로 남기는 빛의 예술가

카메라로 세상을 바라볼 때 나는 관찰자가 아닌 이야기의 창조자로 변신해. 빛을 조정하고 구도를 잡아 순간을 포착하고, 그 안에 숨겨진 감정과 이야기를 사진에 담아내지. 시간이 흘러도 변하지 않는 가치를 담아 사진을 보는 이에게 깊은 인상을 남기는 것, 그게 바로 사진작가로서 내가 하는 일이야.

능력치

심리검사 유형

흥미	예술형(A), 탐구형(I)
적성	예술시각능력
MBTI	INFJ, ISFP

🚩 어떤 일을 할까요?

카메라로 사진을 찍고 편집하여 사진을 하나의 작품으로 완성함	촬영할 물체나 배경을 확인하고 카메라의 위치와 각도 등을 계획함.	촬영할 대상을 정돈하고 조명, 노출, 셔터 속도, 초점 등을 조절하여 촬영함.

어떤 사람에게 어울릴까요?

감수성이 풍부하고 자유롭게 사고하며 창의적인 사람	새로운 대상을 이해하기 위해 자료를 수집하고 세심하게 관찰하는 사람	대상을 입체적으로 인식하고 실제로 표현할 수 있는 사람	예술 작품 감상을 좋아하며 자신의 느낌을 잘 표현할 수 있는 사람

직업 현황

수입 —— (단위: 만 원)

- 하위: 3,000
- 중위: 3,600
- 상위: 4,200

업무 자율성 —— (단위: %)

100

직무 만족도 —— (단위: %)

72

AI와 함께하는 직업 생활

AI는 보정 작업을 자동으로 처리하여 사진의 품질을 높이고, 사람은 기술적인 완성도를 넘어 결정적인 순간을 포착하여 사진에 피사체의 깊은 감정과 이야기를 담아내요.

커리어패스

관련 학과

사진영상학과, 사진미디어학과, 사진영상미디어과

진로 준비

- 대학의 관련 학과나 사설 학원에서 사진 촬영법을 배울 수 있음.
- 신문사나 잡지사에서 사진작가를 채용할 때는 대졸이나 전문대졸 이상의 학력을 요구하기도 함.
- 신문사, 잡지사, 기업 홍보실에 입사하려면 공채 시험에 합격해야 함.

전문 지식

카메라 기술, 카메라 장비, 사진의 구도, 조명, 사진 편집, 사진의 역사

진출 분야

스튜디오, 신문사, 잡지사, 영화사, 광고 업체, 웨딩 업체, 기업 홍보실

관련 직업

사진인화현상기조작원, 사진기자

전직 가능 직업

시각디자이너, 출판물기획자, 화가

관련 기관

한국사진작가협회 www.pask.net
한국프로사진협회 www.kppa.co.kr
한국사진기자협회 www.kppa.or.kr

웹툰작가 및 애니메이터

CARTOONIST AND ANIMATOR CARTOONIS

상상을 이미지로 출력하는 스토리텔러

난 감동적인 줄거리와 매력적인 캐릭터, 그리고 생동감 넘치는 그림으로 독특한 작품 세계를 만들어 내지. 작업을 하는 매 순간이 재미있고 보람차지만 동시에 창작의 고통이 따르기도 해. 하지만 독자와 함께 울고 웃을 수 있는 작품을 만들기 위해, 기발한 상상력으로 무장하고 끊임없이 도전할 거야.

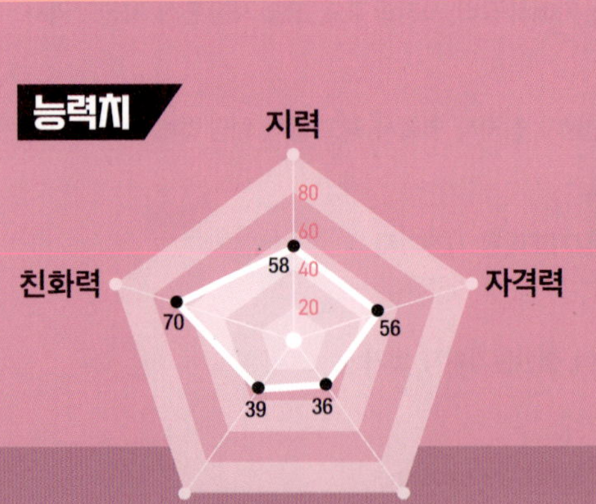

심리검사 유형

흥미	예술형(A), 탐구형(I)
적성	예술시각능력, 창의력
MBTI	ISFP, ISFJ

어떤 일을 할까요?

웹툰작가는 웹툰의 주제와 이야기를 창작하고 그림으로 표현함.

웹툰작가는 웹툰의 캐릭터와 배경을 설정하고 줄거리를 구성한 후 세부 그림을 그리고 채색함.

애니메이터는 애니메이션 제작을 위한 기획과 콘티를 제작하고 촬영이나 편집 작업을 수행함.

어떤 사람에게 어울릴까요?

감수성이 풍부하며, 자신만의 세계에 빠져들어 상상하기를 좋아하는 사람

선, 색, 공간, 영상 등 시각적인 요소들을 조화롭게 구성할 수 있는 사람

융통성이 있으며 새로운 것을 만들어 낼 수 있는 창의력을 갖춘 사람

다양한 정보를 수집하고, 수집한 정보를 치밀하게 분석할 수 있는 사람

직업 현황

수입 (단위: 만 원)

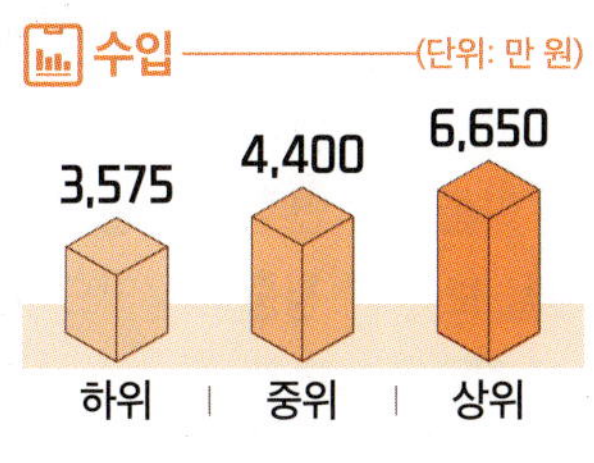

3,575 하위
4,400 중위
6,650 상위

업무 자율성 (단위: %)

89

직무 만족도 (단위: %)

56

AI와 함께하는 직업 생활

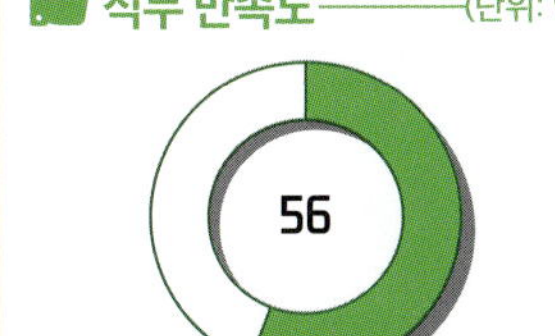

AI는 캐릭터의 동작 예측, 배경 생성, 색상 보정 등을 보조하며, 사람은 독자를 사로잡는 독창적인 이야기와 개성 있는 캐릭터를 창조하여 감동과 재미를 선사해요.

커리어패스

관련 학과

만화창작과, 만화애니메이션학과, 애니메이션학과, 영상애니메이션학과

진로 준비

- 학력 제한은 없으나 일반 사설 학원, 특성화 고등학교나 대학의 관련 학과에서 전문적인 교육을 받으면 취업에 도움이 됨.
- 독학으로도 웹툰을 공부할 수 있으며, 유명 웹툰작가 문하에서 수련하는 방법도 있음.
- 웹툰 플랫폼 공모전에 참여하거나 웹툰 플랫폼에 웹툰을 직접 연재하여 인지도를 높일 수 있음.

전문 지식

드로잉, 스토리텔링, 캐릭터, 디지털 플랫폼, 서사 구조, 디자인

진출 분야

프리랜서, 출판사, 웹툰 플랫폼

관련 직업

만화가, 만화영화작가, 컴퓨터애니메이터, CFX아티스트, 애니메이터

전직 가능 직업

웹툰기획자, 애니메이션기획자, 화가, 시각디자이너

관련 기관

한국만화가협회 www.cartoon.or.kr
한국웹툰작가협회 coreawebtoon.or.kr

지휘자·작곡가 및 연주가

CONDUCTOR·COMPOSER AND PERFORMER

음악을 살아 움직이게 하는 소리의 창조자

난 손짓과 지휘봉으로 악기들의 소리를 조율하고, 음악의 빠르기와 강약을 조절해서 멋진 하모니를 만들어 내지. 연주자들과 음악으로 소통하며 완벽하게 아름다운 연주를 완성했을 때, 그리고 공연을 보러 온 청중과 음악으로 교감할 때 최고의 희열을 느끼지.

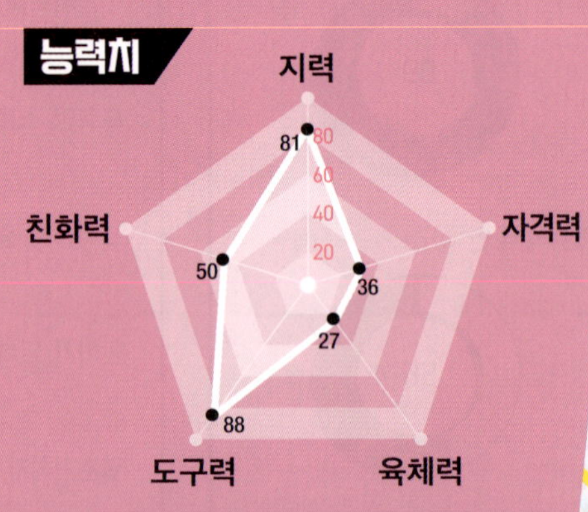

심리검사 유형

흥미	예술형(A), 진취형(E)
적성	음악능력
MBTI	ENTJ, ESTJ

어떤 일을 할까요?

지휘자는 관현악단이나 합창단에서 단원들이 최고의 연주와 공연을 할 수 있도록 지휘함.

작곡가는 멜로디, 리듬, 화성 등의 음악적 지식을 바탕으로 새로운 음악을 창작함.

연주자는 독주자나 악단의 일원으로 소속되어, 악기 연주를 통해 음악을 청중에게 전달하는 역할을 함.

어떤 사람에게 어울릴까요?

자신의 스타일을 발견하고 독특한 방식으로 표현하는 것을 즐기는 사람

자신감이 넘치며 토론을 좋아하고 다른 사람을 설득하는 데 능숙한 사람

음악 감상을 좋아하며, 음을 듣고 음정을 정확히 구별할 수 있는 사람

새로운 악기를 빠르게 습득하고 다양한 악기를 연주할 수 있는 사람

직업 현황

수입 (단위: 만 원)

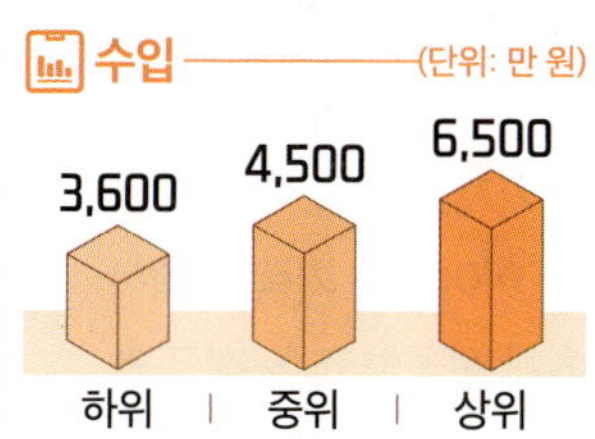

하위	중위	상위
3,600	4,500	6,500

업무 자율성 (단위: %)

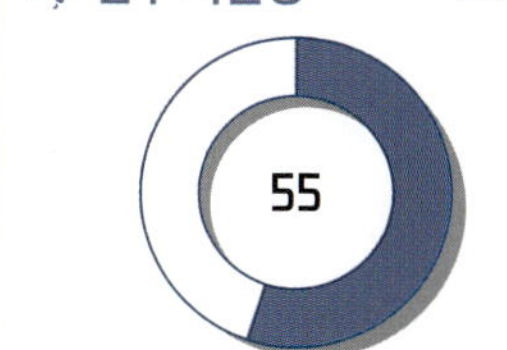

55

직무 만족도 (단위: %)

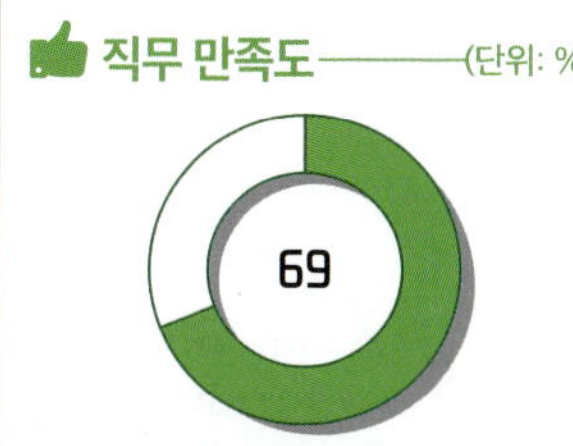

69

AI와 함께하는 직업 생활

AI는 악보를 분석하여 연주 기법을 제안하며, 사람은 음악으로 마음을 울리는 섬세한 감정을 표현하고 곡에 혼을 불어넣어 감동을 선사하는 예술혼을 발휘할 수 있어요.

커리어패스

관련 학과

실용음악과, 음악교육과, 음악학과, 관현악과, 작곡과, 기악과

진로 준비

- 지휘자, 작곡가, 연주가가 되려면 대학에서 관련 학과를 졸업하는 것이 유리함.
- 대학에서 지휘를 전공한 후 지휘자로 활동하기도 하지만, 기악을 전공하다가 지휘 분야를 공부해서 지휘자로 활동하는 경우가 더 많음.
- 연주자가 되려면 각종 음악 콩쿠르에서 입상하는 것이 유리함.

전문 지식

악보 해석, 음악 분석, 악기 연주, 지휘 기술, 작곡, 음악사

진출 분야

국립 합창단, 시립 합창단, 합창단, 관현악단(오케스트라), 교향악단

관련 직업

가수, 음반기획자, 공연기획자, 피아니스트, 기타리스트, 공연예술가

전직 가능 직업

음악강사, 대학교수

관련 기관

한국음악실연자연회 www.fkmp.kr
한국작곡가협회 kocoas.com

#노래 #가창력 #콘서트 #음원차트 #아이돌

가수 및 성악가

SINGER AND VOCALIST SINGER AND VOC

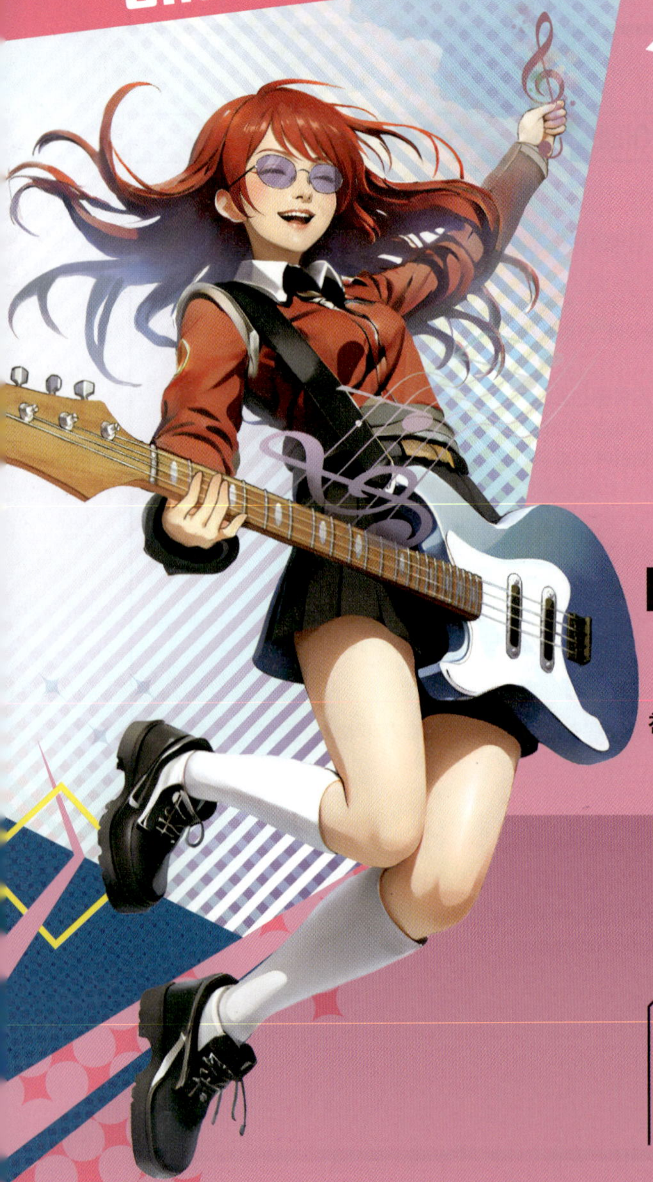

리듬을 타고 국경을 넘는 별

노래 한 소절로도 세상을 울릴 수 있는 사람이 바로 나야. 무대 위에서 작은 별처럼 빛나며, 사람들의 마음을 어루만지는 마법 같은 목소리를 가지고 있지. 나는 목소리에 세상의 모든 이야기와 기쁨과 행복을 담아 사람들에게 선물하고, 노래로 세상을 아름답게 만드는 사람이 되고 싶어.

능력치

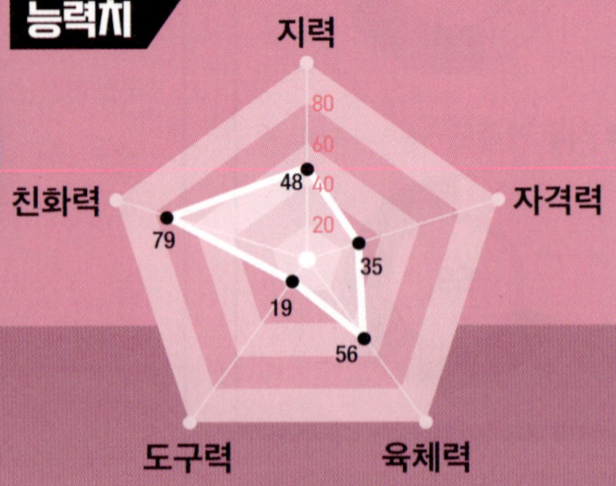

심리검사 유형

흥미	예술형(A), 실재형(R)
적성	음악능력
MBTI	ESTP, ENFP

🏳 어떤 일을 할까요?

가수는 공연장이나 콘서트 무대에서 발라드, 댄스, 힙합, 록, R&B, 트로트 등 다양한 대중가요를 부름.

가수는 노래를 부르며 춤을 추기도 하고, 직접 작사·작곡·편곡 작업을 하기도 함.

성악가는 독창을 하거나 합창단의 일원으로 활동하며, 오페라 공연에서 가곡을 부르기도 함.

🔅 어떤 사람에게 어울릴까요?

자신의 스타일을 발견하고 독특한 방식으로 표현하는 것을 즐기는 사람

끈기가 있고 활동적이며 몸을 움직이는 활동을 좋아하는 사람

음을 듣고 음정을 구별할 수 있으며, 악보만 보고 노래할 수 있는 사람

음악 감상을 즐기며, 연주 음악의 악기 소리를 구별할 수 있는 사람

📊 직업 현황

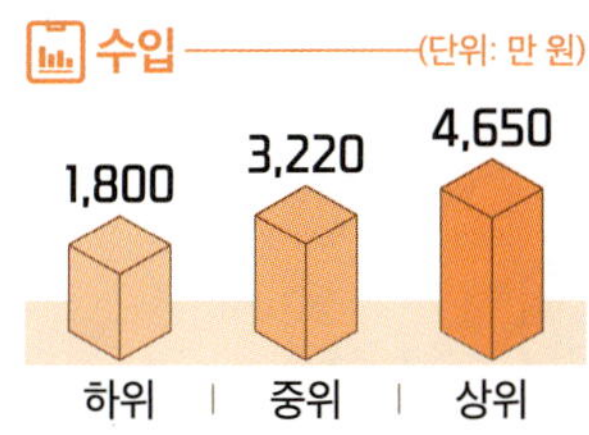

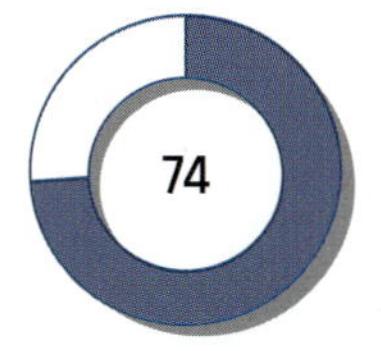

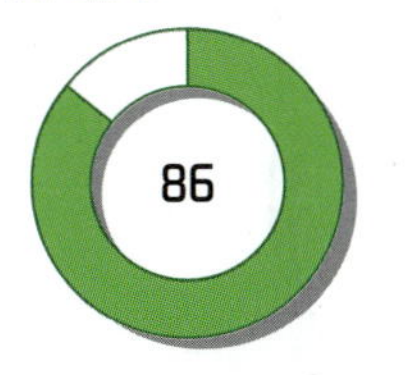

🤖 AI와 함께하는 직업 생활

AI는 음정을 보정하거나 반주를 생성할 수 있고, 사람은 진심을 담은 목소리로 듣는 이의 마음을 움직이고 무대 위에서 자신만의 감성을 표현하는 데 집중할 수 있어요.

♟ 커리어패스

🎓 관련 학과

음악학과, 실용음악과, 방송연예과, 연극영화학과, 성악과

🚩 진로 준비

- 가수가 되는 일반적인 방법은 연예 기획사나 음반 기획사의 신인 가수 공개 오디션을 보거나 각종 가요제에 참여하여 입상하는 것이며, 연예 기획사의 연습생으로 훈련 받는 방법도 있음.
- 사설 교육 기관에서 음악을 공부하거나, 예술 고등학교나 대학의 실용 음악 관련 학과에서 공부하는 것이 도움이 됨.
- 성악가가 되려면 대학의 관현악과, 기악과, 성악과, 피아노과, 음악과, 작곡과 등 관련 학과를 졸업하는 것이 유리함.

📋 전문 지식

발성, 호흡법, 음악 이론, 음정, 화음, 음악 장르, 악기 연주, 작사, 작곡

👥 진출 분야

엔터테인먼트 회사, 연예 기획사, 음반 기획사

👤 관련 직업

지휘자, 작곡가, 연주가, 음악가, 국악인, 합창단원, 음악머천다이저, 오페라가수, 뮤지컬배우, 공연예술가

💼 전직 가능 직업

음반기획자, 공연기획자, 디스크자키, 무용가, 안무가, 음악평론가, 악기제조원, 음악편집기사

🏢 관련 기관

한국가수협회 www.singerkorea.kr
한국성악가협회 www.ekcsa.com

#안무 #댄서 #무대 #아름다운춤선

무용가 및 안무가

DANCER AND CHOREOGRAPHER DANCER

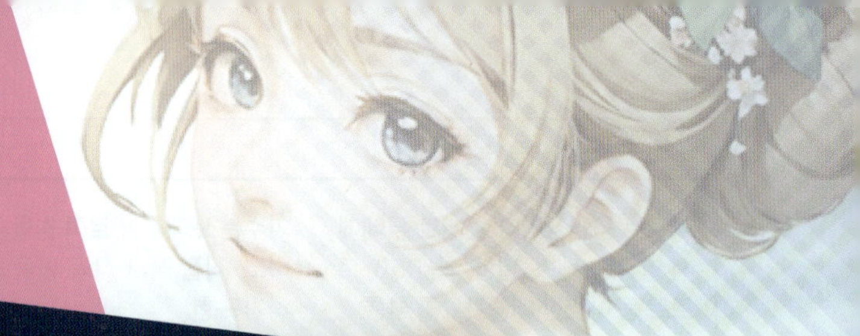

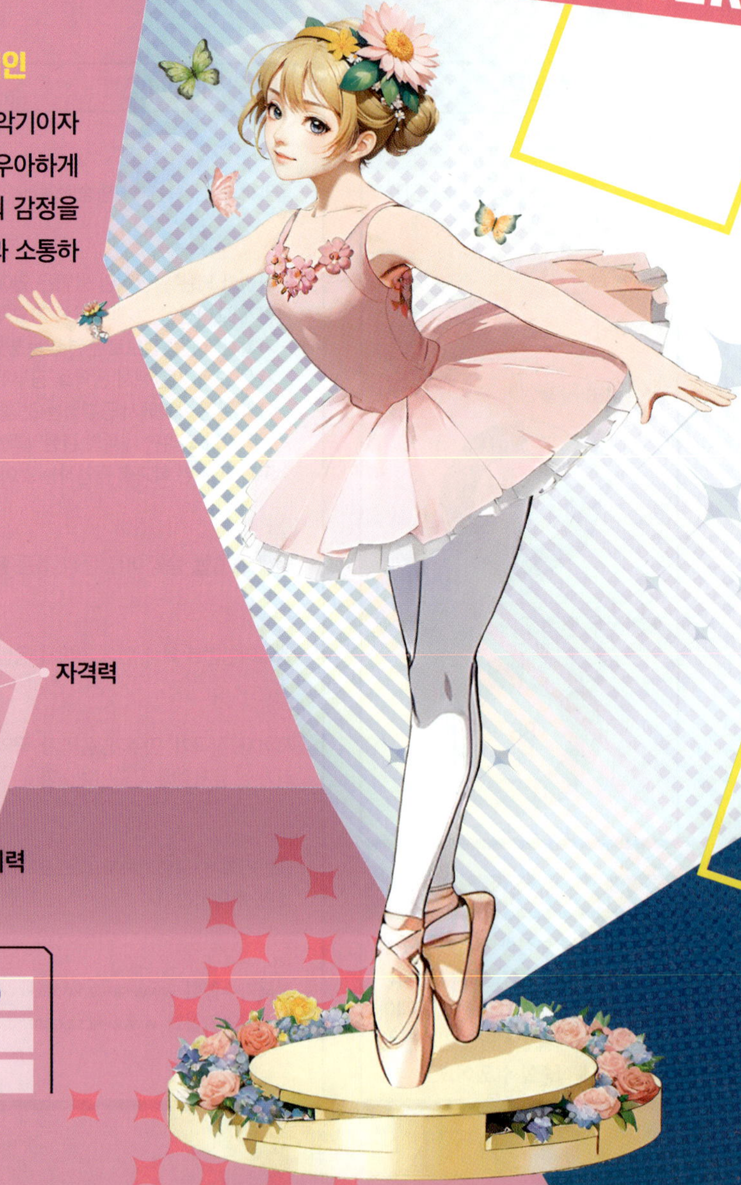

몸짓으로 말하는 무대 위 시인

무대 위에 서면, 내 몸은 하나의 악기이자 특별한 언어로 변신해. 때로는 우아하게 때로는 역동적으로, 음악에 맞춰 감정을 표현하고 이야기를 만들며 관객과 소통하지. 나의 무대가 누군가에게 힘이 되고 위로가 된다면 나는 계속 춤을 출 거야.

능력치

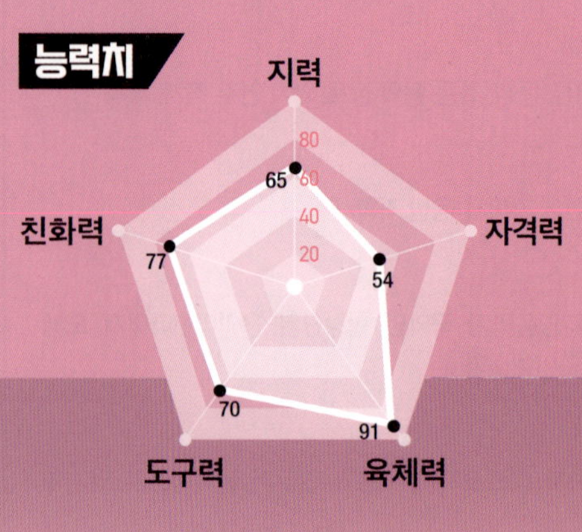

심리검사 유형

흥미	예술형(A), 진취형(E)
적성	신체운동능력
MBTI	ESTP, ENFP

🚩 어떤 일을 할까요?

무용가는 단독으로 또는 단체의 일원으로 춤을 창작하거나 해석하고 공연을 통해 예술적으로 표현함.

춤의 특징과 표현 방식에 따라 한국무용가, 현대무용가, 발레리나(남자는 발레리노) 등으로 불림.

안무가는 공연할 춤(무용)을 고안하고, 창작한 춤을 무용가에게 지도함.

👤 어떤 사람에게 어울릴까요?

자신만의 독창적인 생각을 담을 수 있는 과제를 좋아하는 사람

신체 균형 감각이 좋으며 동작을 빠르게 습득할 수 있는 능력을 갖춘 사람

풍부한 감수성과 상상력을 가졌으며 그것을 표현할 수 있는 사람

오랜 연습과 공연을 견딜 수 있는 끈기와 대인관계 능력을 갖춘 사람

📊 직업 현황

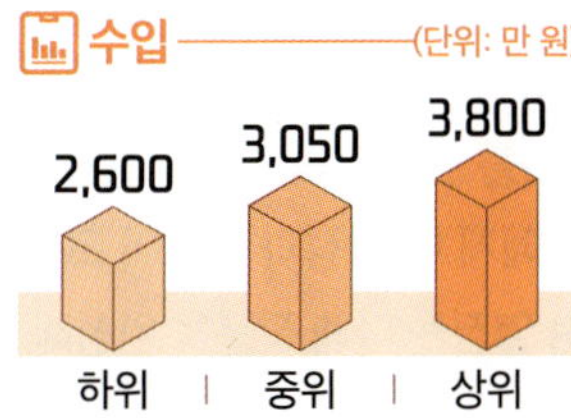

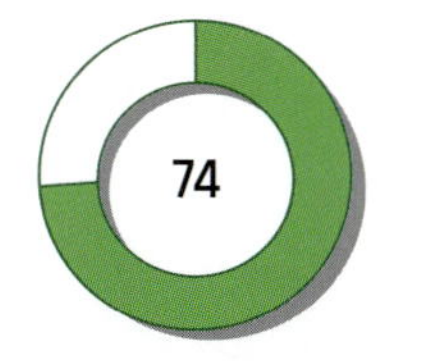

🤖 AI와 함께하는 직업 생활

AI는 안무를 제안하고 동작을 분석할 수 있으며, 사람은 무대 위에서 섬세한 몸짓으로 관객에게 감정과 스토리를 전달하고 깊은 울림을 주는 데 집중할 수 있어요.

♟️ 커리어패스

🎓 관련 학과

무용학과, 실용댄스과, 공연예술학과, 민속예술무용학과

🚩 진로 준비

- 대학의 무용과는 한국 무용, 현대 무용, 발레 등으로 세부 전공이 나뉘어 있음.
- 사설 무용 교육 기관에서도 관련 교육을 받을 수 있음.
- 무용단에 들어가려면 단원 모집 오디션에 합격해야 함.
- 무용단에서는 보통 준단원으로 시작하여 정단원과 수석단원으로 승급할 수 있음.
- 무용가로 일정 경력을 쌓은 후 안무가로 진출하기도 함.

📇 전문 지식

신체 분석, 발레, 한국 무용, 현대 무용, 세계 무용사, 커머셜 댄스, 무용 지도법

👥 진출 분야

국립 무용단, 시립 무용단, 동문 무용단, 전문 무용단

👤 관련 직업

한국무용가, 현대무용가, 대중무용수, 비보이, 발레리나, 발레리노, 퍼레이드연기자, 공연예술가

💼 전직 가능 직업

음악강사, 뮤지컬배우, 댄스트레이너

🏢 관련 기관

한국무용협회 koreadanceassociation.org
한국발레협회 www.koreaballet.or.kr

화가 및 조각가

PAINTER AND SCULPTOR PAINTER AND SC

그림에 예술혼을 불어넣는 색채의 마술사

나는 거침없이 내 생각과 느낌을 캔버스에 풀어내지. 세상의 아름다움을 묘사하기도 하고 세상을 향해 어떤 메시지를 전할 때도 있어. 그림을 감상하는 모든 이들에게 내 감정과 생각이 고스란히 닿기를 바라며 열정을 다해 작품을 완성해.

능력치

심리검사 유형

흥미	예술형(A), 탐구형(I)
적성	예술시각능력, 창의력
MBTI	ISFP, ISTP

어떤 일을 할까요?

화가는 풍경화, 인물화, 정물화, 추산화 등의 예술 작품을 창작함.

작품의 장르에 따라 크게 한국화가(동양화가)와 서양화가로 구분됨.

조각가는 목재, 석재, 진흙, 금속 등의 재료를 사용하여 입체적인 조각 작품을 창작함.

어떤 사람에게 어울릴까요?

감수성이 풍부하며, 새로운 것을 창조할 때 보람을 느끼는 사람

지적 호기심을 자극하는 활동을 할 때 기쁨을 느끼는 사람

선, 색, 공간 등 시각적인 요소들을 조화롭게 구성할 수 있는 사람

상상력을 발휘하여 창의적인 미술 작품을 만들 수 있는 사람

직업 현황

수입 (단위: 만 원)

하위	중위	상위
2,800	3,350	4,000

업무 자율성 (단위: %)

89

직무 만족도 (단위: %)

76

AI와 함께하는 직업 생활

AI는 새로운 작품 아이디어를 제안하고 스케치나 채색 작업을 보조하며, 사람은 자신만의 독특한 철학과 감각으로 고유한 예술 세계를 창조하여 사람들에게 깊은 감동을 줘요.

커리어패스

관련 학과

미술학과, 미술이론과, 비주얼아트학과, 서양화과, 동양화과, 도자공예학과, 회화학과, 조소학과, 환경조각학과

진로 준비

- 화가가 되는 데 학력 제한은 없지만, 대개 대학에서 회화, 동양화, 서양화 등 미술 관련 전공을 하는 경우가 많음.
- 중고등학교 때부터 화가의 길을 목표로 삼아 진로 준비를 하는 경우가 많음.
- 개인전이나 단체전 개최, 공모전 출품 등 꾸준히 작품 활동을 이어가는 것이 중요함.
- 대학에서 미술을 전공하지 않았더라도 독학으로 실력을 쌓아 공모전에 입상하여 화가로 활동하는 경우도 있음.

전문 지식

미술 창작, 미술 감상과 비평, 미술사, 드로잉, 색채학, 수묵화, 정밀 묘사, 크로키, 조소

진출 분야

중·고등학교, 프리랜서, 사설 교육 기관

관련 직업

예술가, 곤충화가, 미술교사, 미술강사, 미래예술가, 환경작가

전직 가능 직업

큐레이터, 디지털드로잉강사, 미술아키비스트, 전문도슨트, 공간창작자

관련 기관

한국미술협회 www.kfaa.or.kr
한국전업미술가협회 www.kpaa-all.or.kr

제품디자이너

PRODUCT DESIGNER PRODUCT DESIGNER

고객의 삶을 편리하게 만드는 발명가

매일 누구나 쉽게 사용할 수 있는 제품을 만들기 위해, 내가 만든 제품을 고객이 사용하는 순간을 상상하며, 나의 하루를 끝없는 실험과 모험으로 가득 채우고 있어. 고객에게 새롭고 편리한 경험을 선사하고 싶은 열정이 나를 움직이게 하는 원동력이야.

능력치

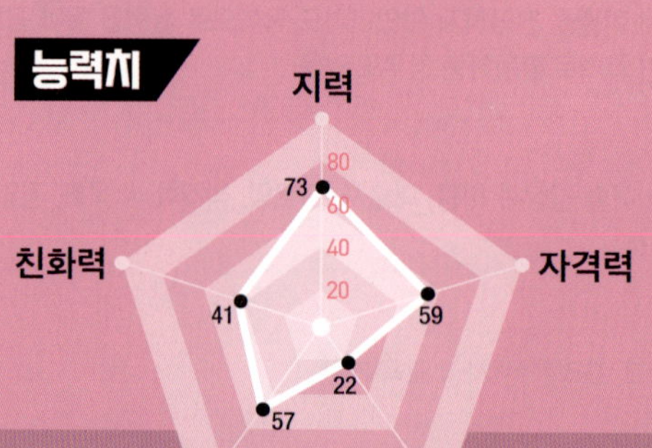

심리검사 유형

흥미	예술형(A), 탐구형(I)
적성	예술시각능력, 창의력
MBTI	ISFP, ESFP

🚩 어떤 일을 할까요?

가구, 전자 제품, 통신 장비, 자동차, 비행기 등 생활에 필요한 모든 제품의 디자인을 담당함.	소비자의 취향과 요구 그리고 최신 유행의 흐름 등을 분석하여 디자인의 방향과 콘셉트를 결정함.	디자인 콘셉트에 맞춰 이미지 스케치와 도면 작업을 진행하여 디자인을 완성함.

😊 어떤 사람에게 어울릴까요?

새로운 것을 독창적으로 창조할 때 보람을 느끼는 사람	지적 호기심을 자극하는 활동을 할 때 기쁨을 느끼는 사람	뛰어난 색채 감각으로 조화로운 이미지를 만들어낼 수 있는 사람	새로운 일에 도전하여 자신의 아이디어를 실현할 수 있는 사람

📊 직업 현황

📊 수입 (단위: 만 원)

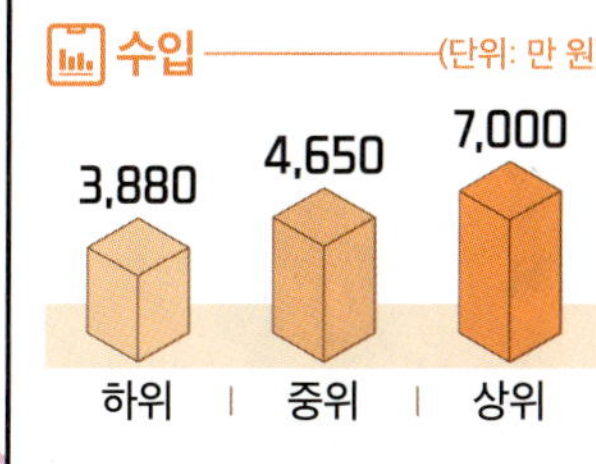

💕 업무 자율성 (단위: %)

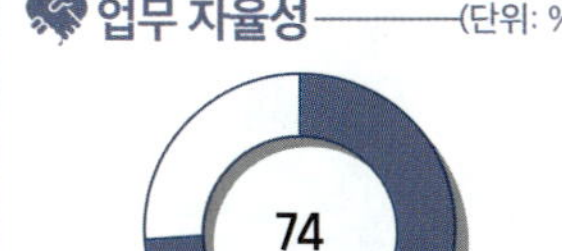

👍 직무 만족도 (단위: %)

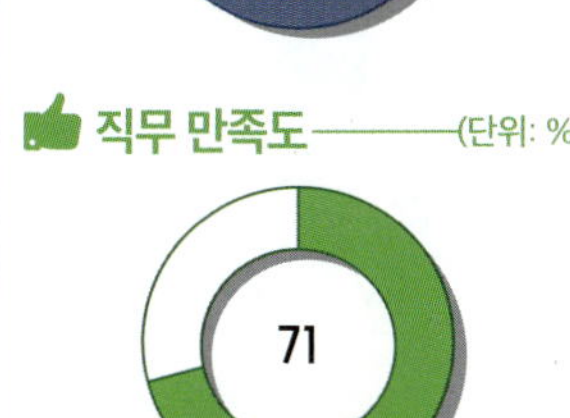

🤖 AI와 함께하는 직업 생활

AI는 소비자 데이터를 분석하고 제품의 기능성과 내구성을 시뮬레이션하며, 사람은 사용자의 경험을 고려하여 편리하면서도 감성을 자극하는 독창적인 제품을 디자인해요.

🏆 커리어패스

🎓 관련 학과

생활제품디자인학과, 산업디자인학과, 금속공예디자인학과, 도자공예학과, 미술학과, 시각디자인학과, 공업디자인학과

🚩 진로 준비

- 대학에서 디자인 관련 분야를 전공하면 취업에 유리함.
- 디자인 비전공자는 사설 교육 기관에서 디자인 과정을 이수하고 취업할 수도 있음.
- 각종 디자인 공모전에 입상하면 채용 시 우대를 받을 수 있음.
- 일반적으로 회사에서는 사원, 대리, 과장(팀장), 디자인 실장으로 승진할 수 있음.

📋 전문 지식

색채 이론, 시각적 커뮤니케이션, 재료 및 제조 과정, 디지털 도구, 3D 모델링, 인체 공학, 심리학

👥 진출 분야

전문 디자인 업체·가전 회사·자동차 회사 등의 디자인실

👤 관련 직업

자동차디자이너, 가구디자이너, 바이오플라스틱디자이너, 에코제품디자이너, 산업디자이너, 운동화디자이너, 의류디자이너, 친환경포장디자이너, 타이어디자이너, 한복디자이너

💼 전직 가능 직업

미술강사, 큐레이터, 홍보전문가, 공예원, 조각가

🏢 관련 기관

한국산업디자이너협회 www.kaid.or.kr
한국제품디자인기술사회 pdpe.quv.kr

패션디자이너

FASHION DESIGNER FASHION DESIGNER

한 발 앞서는 패션 선구자

도시의 패션은 내 손에 달려 있어. 짧게는 6개월, 길게는 1년 전에 어떤 스타일의 옷이 유행할지 예측하고 주요 콘셉트를 잡아 새롭고 멋진 옷을 디자인하지. 내 손끝에서 탄생한 옷이 패션쇼의 모델들에게 입혀지고 상점의 쇼윈도에 신상품으로 진열되면 내 디자인이 거리의 표준이 되지.

능력치

심리검사 유형

흥미	예술형(A), 진취형(E)
적성	예술시각능력, 창의력
MBTI	ISFP, ESFP

어떤 일을 할까요?

양복, 한복, 아동복, 유니폼 등 각종 의류, 의상의 액세서리, 가방이나 신발 등을 디자인함.

소비자의 특성, 브랜드 이미지, 상품성 등 다양한 요소를 고려해서 디자인 콘셉트를 정함.

디자인 선정 후 샘플 작업을 하고, 샘플 중 우수한 작품을 골라 대량으로 생산함.

어떤 사람에게 어울릴까요?

직감과 창의적인 생각으로 문제를 해결하는 것을 좋아하는 사람

유행에 민감하며, 유행의 원인과 앞으로의 변화를 분석할 수 있는 사람

뛰어난 색채 감각으로 조화로운 이미지를 만들어 낼 수 있는 사람

유연한 사고방식으로 새로운 것을 창조해 낼 수 있는 사람

직업 현황

수입 (단위: 만 원)

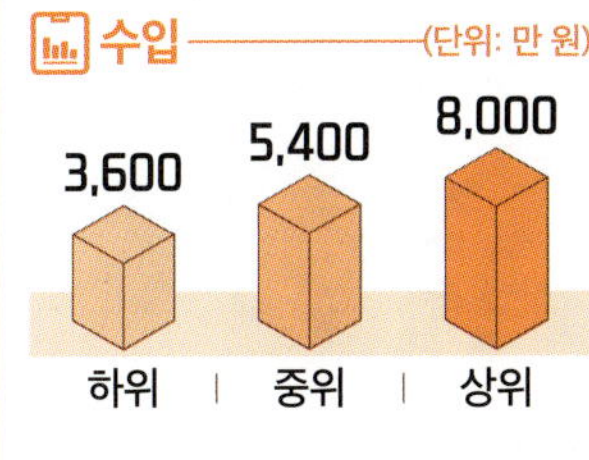

업무 자율성 (단위: %)

직무 만족도 (단위: %)

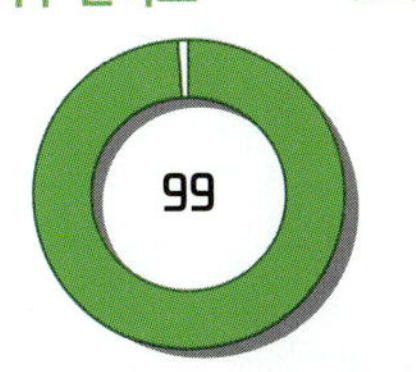

AI와 함께하는 직업 생활

AI는 트렌드 분석과 의상 디자인 추천, 패턴 제작과 시뮬레이션을 보조하고, 사람은 고객의 개성과 심리를 이해하여 독창적인 디자인으로 새로운 스타일을 제시할 수 있어요.

커리어패스

관련 학과

패션디자인학과, 의상디자인학과, 의류학과, 의상학과, 의류산업학과

진로 준비

- 전문대학이나 대학교의 패션디자인학과를 졸업하면 취업에 유리함.
- 사설 교육 기관에서도 패션 디자인 관련 전문 교육을 받을 수 있음.
- 패션디자이너가 되면 주로 의류 업체, 섬유 회사, 개인 의상실 등에서 근무하며, 경력을 쌓아 직접 브랜드를 만들고 사업을 운영할 수 있음.
- 의류나 섬유 회사에 입사하면 사원, 팀장, 디자인 실장으로 승진할 수 있음.

전문 지식

패션 디자인 원리, 색채 이론, 패션 트렌드 예측과 분석, 마케팅 전략

진출 분야

의류 제조 업체, 의류 유통 업체, 섬유 회사, 개인 사업체

관련 직업

의상디자이너, 시각디자이너, 웹디자이너, 제품디자이너, 스마트의류디자이너

전직 가능 직업

머천다이저(MD), 상품기획자, 패션코디네이터

관련 기관

한국패션디자이너연합회 www.cfdk.org
중앙패션디자인협회 jfda.or.kr
한국패션협회 www.koreafashion.org

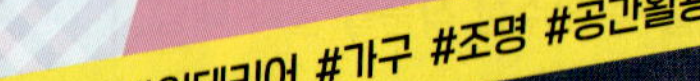

실내장식디자이너

INTERIOR DESIGNER INTERIOR DESIGNER

꿈꾸는 공간을 만드는 공간 혁신가

지루하거나 불편한 공간을 보면, 나는 바로 그곳에 생기를 불어넣고 편안함과 아름다움을 더하지. 가구나 조명 등을 조합해서 고객의 취향에 딱 들어맞는 독특한 공간을 만들어 내는 거야. 예쁜 공간을 만들어 고객에게 선물할 때마다 뿌듯함과 보람을 느껴.

심리검사 유형

흥미	예술형(A), 탐구형(I)
적성	예술시각능력, 창의력
MBTI	ISFP, ESFP

🚩 어떤 일을 할까요?

주택, 호텔, 백화점, 병원, 사무실, 상가 등 실내 공간을 기능과 용도에 맞게 설계하고 장식함.	고객의 요구 사항과 시설의 기능, 예산, 건축 형태 등을 고려하여 디자인 콘셉트를 정하고 계획을 세움.	세부 도면을 작성해 시공자에게 전달하여 공사를 의뢰하고, 공사 진행을 점검하고 감독함.

어떤 사람에게 어울릴까요?

시간과 장소에 얽매이지 않고 독립적으로 일하는 것을 좋아하는 사람	다양한 현상이나 대상을 관찰하고 탐구하는 것을 좋아하는 사람	미적 감각이 뛰어나며, 어떤 대상이든 입체적으로 만들 수 있는 사람	아이디어를 내는 것을 좋아하며, 문제를 창의적으로 해결할 수 있는 사람

직업 현황

📊 수입 (단위: 만 원)

4,300 하위 | 5,400 중위 | 6,500 상위

업무 자율성 (단위: %)

86

👍 직무 만족도 (단위: %)

58

AI와 함께하는 직업 생활

AI는 실내 공간, 조명, 가구, 색상 등을 분석하여 최적의 공간 구성을 제시하고 3D 시뮬레이션을 수행하며, 사람은 고객의 취향에 맞춘 편안하고 행복한 공간을 설계해요.

🏆 커리어패스

🎓 관련 학과

실내건축학과, 실내디자인학과, 실내건축디자인학과, 인테리어디자인학과, 건축학과

진로 준비

- 전문대학이나 대학교의 실내 디자인 관련 학과를 졸업하면 취업과 실무에 유리함.
- 사설 교육 기관에서도 실내 건축에 관한 지식과 기술을 배울 수 있음.
- 실내디자이너 관련 자격증으로는 실내건축기사, 전산응용건축제도기능사, 시각디자인기사 등이 있으나, 자격증보다는 실무 능력과 경력이 더 중요함.

전문 지식

색채 이론, 시각 디자인, 실내 디자인, 조명 디자인, 실내 건축 환경, 실내 건축 모델링

👥 진출 분야

인테리어 전문 회사, 실내 건축 공사 전문 업체, 건설 회사, 방송국 및 공연장 세트 제작 회사, 가구 회사

관련 직업

실내건축가, 인테리어디자이너, 디스플레이어, 무대디자이너, 세트디자이너

💼 전직 가능 직업

건축가, 웹디자이너, 그래픽디자이너

관련 기관

한국실내건축가협회 www.kosid.or.kr
한국인테리어디자인협회 kaidassociation.com

시각디자이너

이미지로 소통하는 시각 정보 창조자

어디를 가나 내 손길이 닿지 않은 곳은 거의 없어. 표지판과 지하철 노선도, 포스터와 전단지까지. 건물 옥상의 대형 광고판, 책 표지와 캐릭터에도 내 작품이 숨어 있지. 색과 선을 도구로, 길을 알려 주고 제품을 홍보하고 가치 있는 캠페인을 응원하기도 해.

능력치

심리검사 유형

흥미	예술형(A), 탐구형(I)
적성	예술시각능력, 창의력
MBTI	ISFP, ESFP

어떤 일을 할까요?

표지판이나, 교육 자료 등 다양한 매체에 담긴 정보가 잘 전달될 수 있도록 이미지를 도안하고 표현함.

디자인의 기본 방향과 주제를 정하고, 이미지와 텍스트 등을 조화롭게 배치하여 디자인을 완성함.

완성된 디자인을 인쇄나 제작 전에 검토하고 원하는 결과물이 잘 구현되었는지 확인함.

어떤 사람에게 어울릴까요?

새로운 것을 독창적으로 만들어 내는 작업에서 보람을 느끼는 사람

관찰력이 뛰어나고 내용의 이해를 위해 자료 수집에 노력을 기울이는 사람

예술 작품을 감상하고 자신의 느낌을 시각적으로 표현할 수 있는 사람

남다른 방식으로 문제를 해결하고, 창의적인 아이디어를 낼 수 있는 사람

직업 현황

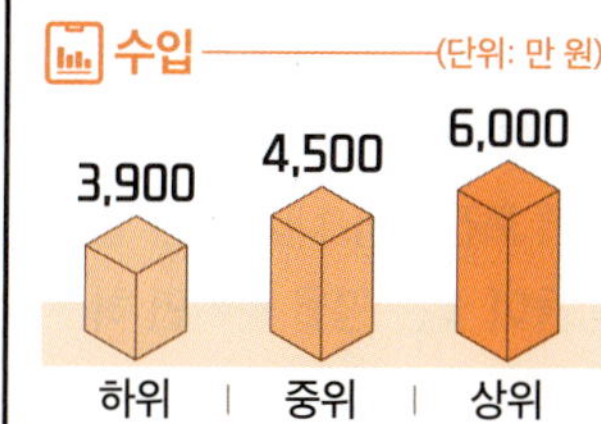

수입 ——— (단위: 만 원)

하위	중위	상위
3,900	4,500	6,000

업무 자율성 ——— (단위: %)

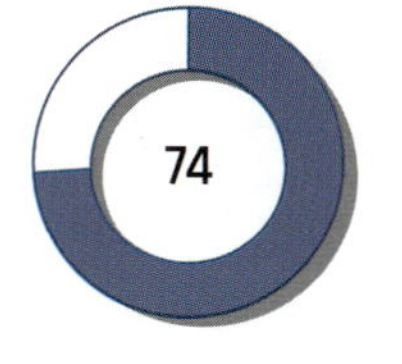

74

직무 만족도 ——— (단위: %)

76

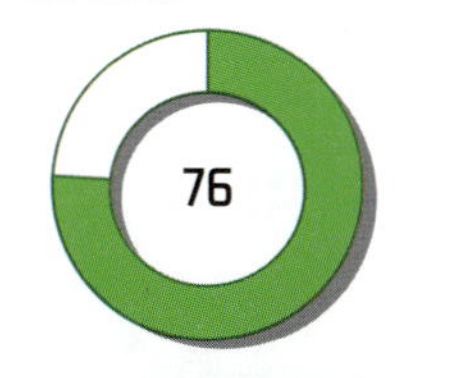

AI는 색상 조합, 레이아웃, 폰트 선택 등을 자동화하여 작업의 효율성을 높이고, 사람은 복잡한 정보를 직관적이고 아름다운 시각적 요소로 표현하는 독창성을 발휘해요.

커리어패스

관련 학과

시각디자인학과, 커뮤니케이션디자인학과, 시각정보디자인학과, 광고디자인학과, 산업디자인학과, 미술학과, 조형디자인학과, 디지털미디어디자인학과, 공업디자인학과, 컴퓨터디자인과

진로 준비

- 전문대학이나 대학교의 시각 디자인 관련 학과를 졸업하면 취업과 실무에 도움이 됨.
- 사설 디자인 학원에서 시각 디자인에 관한 지식과 기술을 습득할 수 있음.
- 디자인 공모전에서 입상하면 취업 시 유리함.

전문 지식

그래픽 디자인, 광고 디자인, 일러스트레이션, 타이포그래피, UI/UX 디자인, 비디오 편집

진출 분야

전문 디자인 업체, 일반 기업체의 광고 및 홍보 부서, 신문사나 잡지사의 편집부, 광고사, 방송국

관련 직업

캐릭터디자이너, 광고디자이너, 영상그래픽디자이너, 웹디자이너, 북디자이너, 일러스트레이터, 메디컬일러스트레이터

전직 가능 직업

제품디자이너, 편집디자이너, 실내장식디자이너, 컬러리스트

관련 기관

한국시각정보디자인협회 vidak.or.kr
한국여성디자이너협회 www.kwda.kr

미디어콘텐츠디자이너

MEDIA CONTENT DESIGNER MEDIA CONTE

인터넷 세계의 스타일리스트

디지털 세상에서 신나게 노는 것이 나의 일상이야. 인터넷에 접속하는 사람들의 눈길을 끌어 클릭하게 만들려면 어떤 장치를 어떻게 디자인할까 생각하면 수많은 아이디어로 두뇌가 빠르게 회전하지. 내가 만든 웹사이트를 본 사람들이 좋은 평을 남기면 하루의 모든 피로가 날아가 버리지.

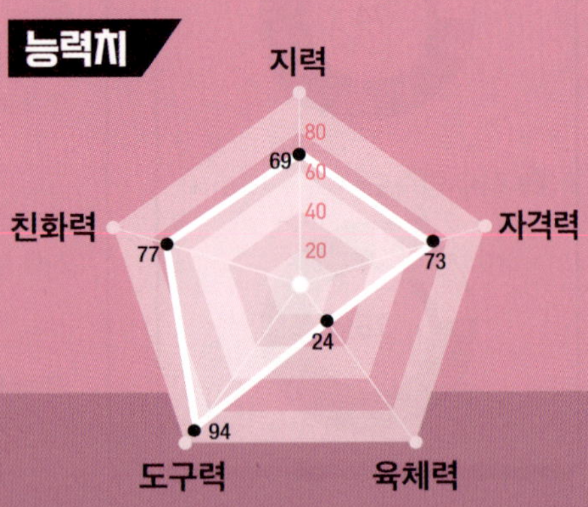

능력치

심리검사 유형

흥미	예술형(A), 진취형(E)
적성	예술시각능력, 창의력
MBTI	ISFP, ENFP

🚩 어떤 일을 할까요?

컴퓨터 그래픽 프로그램으로 웹 페이지, 게임, 모바일 앱 등에 사용할 이미지를 디자인함.	웹사이트나 게임 개발팀과 개발 일정을 협의하고 디자인 콘셉트를 결정하여 디자인 작업을 진행함.	정보를 효과적으로 전달할 수 있도록 이미지, 동영상, 텍스트 등 시각적인 요소를 조화롭게 구성함.

💡 어떤 사람에게 어울릴까요?

자신만의 직감과 창의적인 생각으로 문제를 해결하는 사람	자신감이 넘치고 활기차며, 다른 사람들과 토론하는 것을 좋아하는 사람	뛰어난 색채 감각으로 조화로운 이미지를 만들어 낼 수 있는 사람	새로운 분야에 도전하여 자신의 아이디어를 구체화할 수 있는 사람

📊 직업 현황

📊 수입 (단위: 만 원)

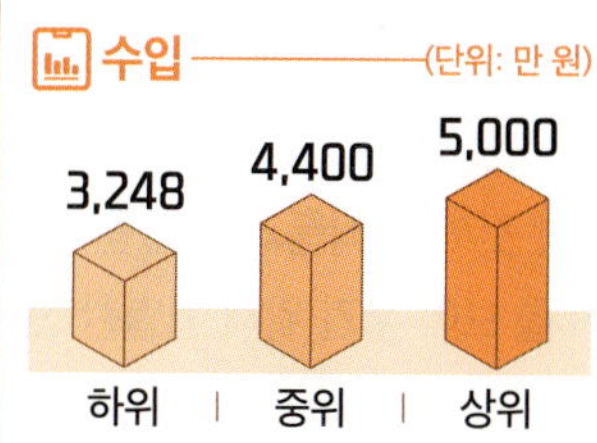

하위	중위	상위
3,248	4,400	5,000

💗 업무 자율성 (단위: %)

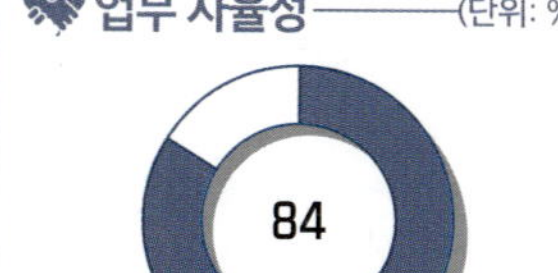

84

👍 직무 만족도 (단위: %)

67

🤖 AI와 함께하는 직업 생활

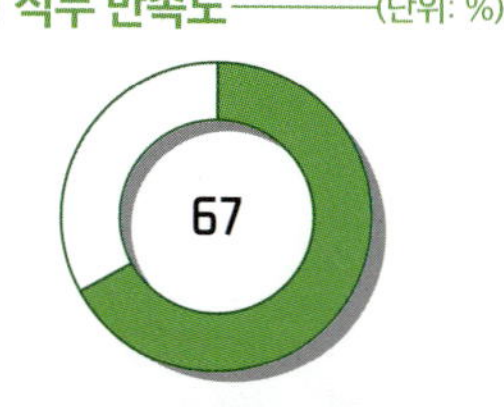

AI는 영상, 그래픽, 자막 편집을 자동화하여 효율성을 높이고, 사람은 고객의 공감을 얻는 이야기를 기획하고 몰입감 높은 콘텐츠를 제작하여 고객에게 새로운 경험을 줘요.

♟️ 커리어패스

🎓 관련 학과

시각디자인학과, 멀티미디어디자인학과, 광고홍보학과, 미술학과, 산업디자인학과

🚩 진로 준비

- 전문대학이나 대학교의 웹디자인 관련 학과를 졸업하면 취업에 유리함.
- 웹디자인, 게임 디자인, 컴퓨터 그래픽 전문 교육 기관에서 디자인 교육을 받을 수 있음.
- 업계 특성상 자격증보다는 실무 능력이 중요하며, 우수한 포트폴리오를 준비하면 취업에 유리함.

📋 전문 지식

디지털 이미지, 입체 디자인, 컴퓨터 그래픽 시스템, 미디어 디자인, 3D 그래픽 디자인

👥 진출 분야

웹사이트 개발 업체, 광고사, 방송국, 게임 개발 업체

📇 관련 직업

웹디자이너, CG아티스트, 그래픽디자이너, 디지털콘텐츠제작자, 미디어아트전문가, 비디오아티스트, 아바타개발자, 아바타관리자, 아바타패션디자이너, 인포그래픽디자이너, UX디자이너, 비주얼아티스트, 사용자경험디자이너, 컴퓨터그래픽디자이너

💼 전직 가능 직업

웹기획자, 웹운영자, 컴퓨터강사, 영상감독, 제품디자이너, 시각디자이너

🏢 관련 기관

한국산업디자이너협회 www.kaid.or.kr
한국디지털에이전시협회 www.kwaa.or.kr

감독 및 기술감독

FILM DIRECTOR AND TECHNICAL DIRECTOR

카메라를 든 스크린 예술의 전사

나는 영화 프레임 하나하나를 고민하며, 배우와 스태프들을 이끌어 영혼이 담긴 이야기를 완성해. 때로는 현실을 초월하는 과감한 창의성으로 관객들을 신비로운 세계로 초대하지. 시나리오 선택부터 마지막 컷까지, 작품과 함께 숨 쉬며 새로운 작품 세계를 보여 주기 위해 치열한 전투를 벌이고 있어.

심리검사 유형

흥미	예술형(A), 진취형(E)
적성	예술시각능력, 창의력
MBTI	ISFP, ENFP

어떤 일을 할까요?

감독은 연극, 영화, 라디오, TV 프로그램 및 광고 등의 제작 과정을 총괄하고 지휘함.

기술감독은 연출에 필요한 촬영, 무대 장치, 편집 등의 기술적 업무를 계획하고 조정함.

방송프로듀서(PD)는 방송 프로그램의 기획부터 촬영이나 편집 등 제작의 전 과정을 총괄함.

어떤 사람에게 어울릴까요?

감수성이 풍부하며 자신만의 개성이 뚜렷한 사람

다른 사람들을 잘 설득하고 리더십을 발휘해 사람들을 이끌 수 있는 사람

예술 작품 감상을 즐기며 조화로운 이미지를 만들 수 있는 사람

새로운 아이디어를 내고 창의적인 방식으로 문제를 해결할 수 있는 사람

직업 현황

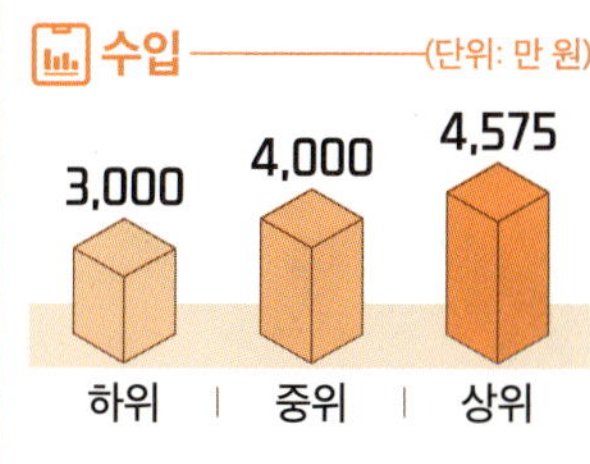

수입 (단위: 만 원)

3,000 하위 | 4,000 중위 | 4,575 상위

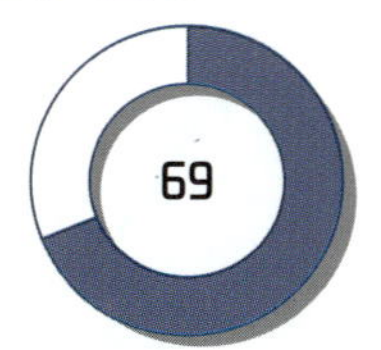

업무 자율성 (단위: %)

69

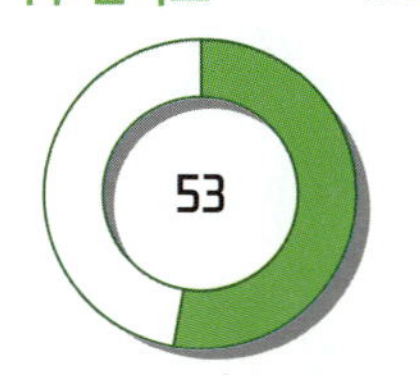

직무 만족도 (단위: %)

53

AI와 함께하는 직업 생활

AI는 시나리오를 분석해 촬영 각도나 특수 효과를 제안하고, 사람은 작품 전체를 아우르는 예술적 비전을 제시하며 스태프와 배우를 이끄는 리더십을 발휘해요.

커리어패스

관련 학과

연극영화학과, 신문방송학과, 언론정보학과, 광고홍보학과, 사진영상학과, 미디어학과

진로 준비

- 대학의 관련 학과나 사설 학원에서 방송, 영화, 연극 제작 관련 교육을 이수하면 취업에 유리함.
- 대학에서 동아리 활동이나 단편 영화 제작 등을 통해 미리 연출 경험을 쌓는 것도 취업이나 실무 능력 향상에 도움이 됨.
- 영화감독의 경우, 대개 조감독이나 보조 연출자로 5~10년 정도 실무 경험을 쌓은 뒤 감독이나 연출자로 데뷔하는 것이 일반적임.
- 단편 영화제 공모전에 당선되어 영화감독으로 입문하는 경우도 있음.

전문 지식

영화 제작, 시나리오, 스토리텔링, 촬영 기법, 영상 편집, 사운드 디자인, 연기 지도

진출 분야

영화 제작사, 방송사, 독립 프로덕션

관련 직업

영화감독, 방송연출가, 무대감독, 게임방송프로듀서, 무인항공촬영감독

전직 가능 직업

대학교수, 영화평론가, 특수효과전문가, 라이브커머스PD, 영화제작자

관련 기관

한국영화감독조합 www.dgk.or.kr
한국PD연합회 www.kpda.co
영화진흥위원회 www.kofic.or.kr

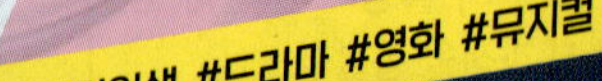

배우 및 모델

ACTOR AND MODEL　ACTOR AND MODEL

다른 삶을 대신 사는 변신의 천재

나에게는 새로운 인생을 살 수 있는 특권이 있어. 어제는 구부정하게 걷는 할머니였다가, 오늘은 홀로 성에 갇힌 아리따운 공주로 변신했어. 도시의 멋진 커리어 우먼, 우주를 탐험하는 우주인도 되어 봤지. 맡은 역할에 몰입해서 연기하다 무대에서 내려오면 잠시 현실이 낯설게 느껴질 때도 있어.

능력치

심리검사 유형

흥미	예술형(A), 탐구형(I)
적성	언어능력, 예술시각능력
MBTI	INFP, ENFP

🚩 어떤 일을 할까요?

배우는 드라마, 영화, 연극, 뮤지컬, 광고 등에 출연하여 대본과 연출에 따라 연기함.

배우는 배역이 결정되면 인물의 캐릭터를 분석하고, 극중 인물에 맞는 표정이나 행동 등을 표현함.

모델은 패션쇼나 광고에 참여하여 의상, 무대, 조명 등에 맞춰 동작을 취하거나 연기함.

👤 어떤 사람에게 어울릴까요?

감수성이 풍부하고 직감적이며 창의적으로 생각하는 사람

다양한 정보를 수집하고 객관적이고 꼼꼼하게 분석할 수 있는 사람

주어진 역할을 말과 몸의 움직임으로 표현할 수 있는 사람

열린 마음으로 대상을 있는 그대로 받아들일 수 있는 사람

📊 직업 현황

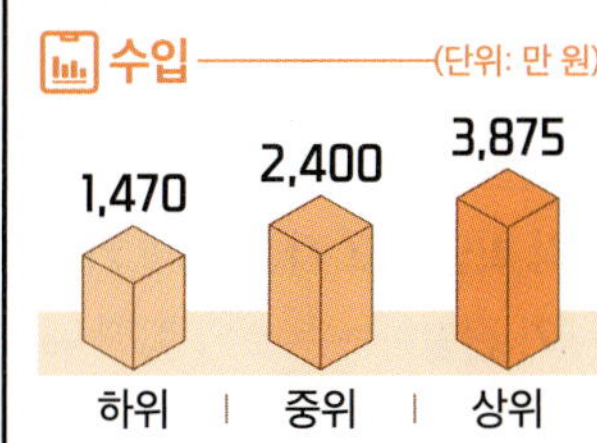

📋 수입 (단위: 만 원)

- 하위 1,470
- 중위 2,400
- 상위 3,875

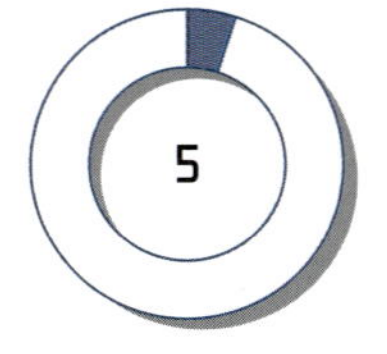

💕 업무 자율성 (단위: %)

5

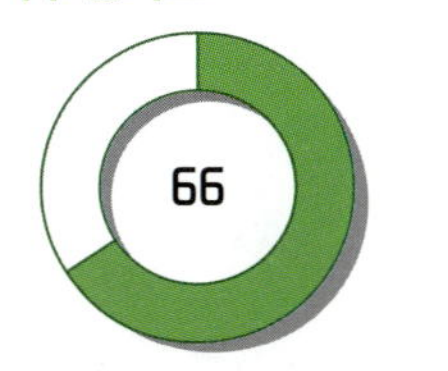

👍 직무 만족도 (단위: %)

66

🤖 AI와 함께하는 직업 생활

AI는 배우의 표정을 분석하고 피드백을 제공하여 연기력 향상에 도움을 주고, 사람은 카메라 앞에서 인물의 감정을 섬세하게 표현하며 자신만의 매력을 발산할 수 있어요.

♟️ 커리어패스

🎓 관련 학과

연극영화학과, 연기학과, 방송연예과, 모델과

🚩 진로 준비

- 학력이나 전공에 제한은 없으나, 예술 고등학교나 대학에서 연기를 전공하고 배우나 모델로 진출하는 경우가 일반적임.
- 사설 기관의 교육 과정을 통해 배우나 모델이 될 수 있음.
- 영화배우는 기획사나 사설 연기 학원의 추천을 받거나, 자신의 프로필을 영화사나 기획사 등에 보내 오디션을 거쳐 영화에 출연할 수 있음.
- 모델은 모델 양성 기관의 오디션을 거쳐 교육을 받은 후 활동함.

📋 전문 지식

연기 이론 및 실습, 캐릭터 분석, 대본 해석, 발성 및 언어 훈련, 몸의 표현 및 움직임

👥 진출 분야

방송사, 영화사, 연예 기획사, 모델 전문 에이전시

📇 관련 직업

영화배우, 탤런트, 연극배우, 개그맨, 성우, 캐스팅디렉터, 마술사, 사이코드라마치료자, 엔터테이너, 연예인, 방송인, 연기자

💼 전직 가능 직업

뮤지컬배우, 가수, MC

🏢 관련 기관

한국영화배우협회 kfaa.kr
한국방송연기자협회 www.koreatv.or.kr
한국모델협회 models.or.kr

아나운서 및 리포터
ANNOUNCER AND REPORTER   ANNOUNCER

뉴스의 주인공이자 말하기의 예술가

카메라와 마이크 앞에 서면 자신감 뿜뿜! 맑고 분명한 목소리로 시청자들에게 매일 새로운 정보를 전하는 일을 해. 아침마다 그날 전할 뉴스를 미리 확인하고 자신 있게 카메라 앞에 서지. 내가 진행하는 뉴스와 함께 매일 아침을 시작해 보는 건 어때?

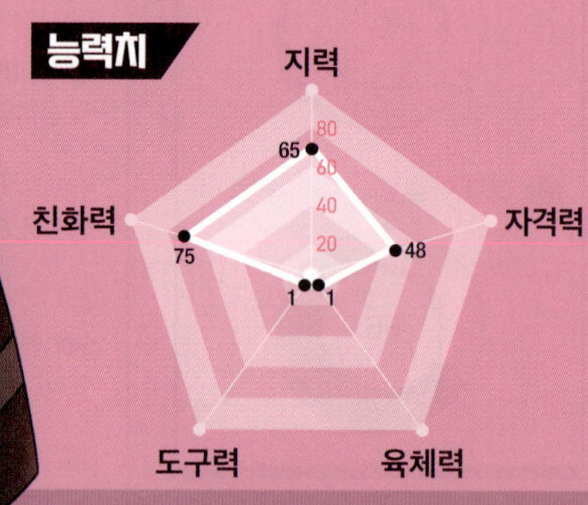

심리검사 유형

흥미	진취형(E), 예술형(A)
적성	언어능력
MBTI	ENFP, ESFP

🚩 어떤 일을 할까요?

아나운서는 라디오나 텔레비전에서 뉴스를 전달하고 각종 프로그램을 진행함.

리포터는 뉴스나 시사 문제를 취재하여 라디오, TV, 인터넷 방송 등에서 기사 내용을 전달함.

아나운서와 리포터는 방송을 진행하고, 날씨와 특별한 사건에 대한 정보를 시청자에게 제공함.

어떤 사람에게 어울릴까요?

외향적이고 적극적이며, 주목받는 것을 좋아하는 사람

순발력이 있으며 다른 사람에게 신뢰를 주는 사람

자신의 생각을 말과 글로 명확하게 표현할 수 있는 사람

표준어와 바른 우리말을 사용하며, 발음과 표현이 정확한 사람

📊 직업 현황

📈 수입 ——— (단위: 만 원)

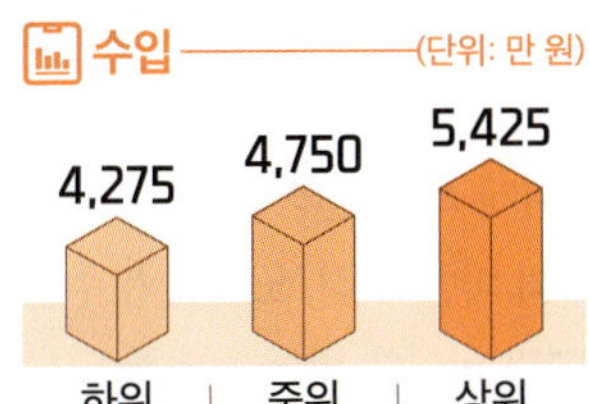

💗 업무 자율성 ——— (단위: %)

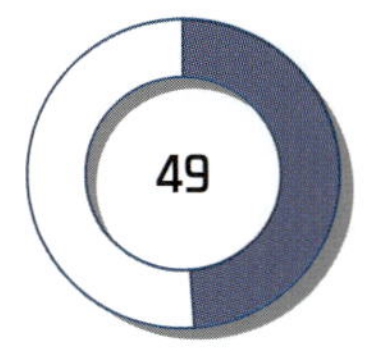

👍 직무 만족도 ——— (단위: %)

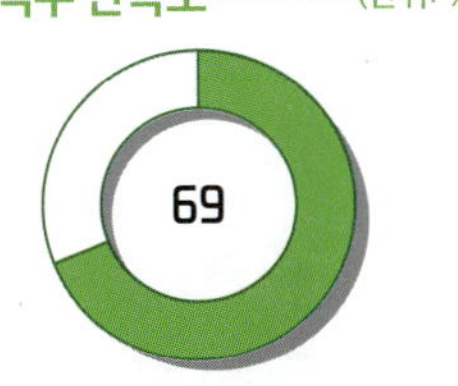

🤖 AI와 함께하는 직업 생활

AI는 기사 작성과 정보 검색에 도움을 주고, 사람은 정확한 정보를 전달하면서도 진심을 담아 시청자들과 소통하고 현장의 생생한 분위기를 전하는 데 집중할 수 있어요.

🏛 커리어패스

🎓 관련 학과

신문방송학과, 언론정보학과, 정보미디어학과, 방송연예과, 국어국문학과, 영어영문학과, 언론홍보학과

진로 준비

- 특정한 전공 제한이 없지만, 대학에서 신문방송학이나 국어국문학 등을 전공하면 방송 및 뉴스 작성 관련 전문 지식을 쌓는 데 도움이 될 수 있음.
- 방송국에서 운영하는 방송 아카데미나 사설 교육 기관에서 방송에 필요한 기본적인 지식과 기술을 배울 수 있음.
- 서류 전형과 필기시험(시사 상식, 논술 등)뿐만 아니라 카메라와 음성 테스트를 통과해야 방송국에 입사할 수 있음.

📋 전문 지식

언어 및 발음 훈련, 뉴스 대본 작성, 방송 기획, 촬영 및 편집 기술, 방송 윤리, 발성법

👥 진출 분야

지상파 방송사, 종합 유선 방송, 기업의 사내 방송국

관련 직업

리포터, 기상캐스터, MC, 내로캐스터, 방송캐스터, 뉴스앵커, 방송인

💼 전직 가능 직업

방송프로그램진행자, 배우, 모델, 쇼핑호스트, 유튜버

🏢 관련 기관

MBC 아나운서 with.mbc.co.kr/about/ann
KBS 아나운서 program.kbs.co.kr/online/office/announcer/pc/index.html
SBS 아나운서 programs.sbs.co.kr/special/sbsann/main

음향 및 녹음기사

SOUND AND RECORDING TECHNICIAN   SOU

소리를 낚는 사냥꾼

스크린에서 펼쳐지는 화려한 액션 장면에서 갑자기 소리가 들리지 않는다면, 어떤 일이 벌어질까? 손에 땀을 쥐게 하는 긴장감이 뚝 떨어져 버리겠지. 숲속의 바람 소리, 도시의 분주한 소음 등, 나는 장면과 상황에 맞는 소리를 영상 속에 넣어 이야기를 더 깊고 생생하게 만드는 일을 해.

능력치

심리검사 유형

흥미	예술형(A), 진취형(E)
적성	음악능력
MBTI	INTP, INTJ

어떤 일을 할까요?

음향기사는 프로그램에 적합한 음향 시스템을 세팅하고 마이크를 점검하고 적절히 배치함.

녹음기사는 녹음 장비를 이용하여 영화, 드라마, 음반 등에 삽입되는 소리, 음악, 목소리 등을 녹음함.

녹음기사는 영화감독, 녹음기획자 및 음반기획자 등과 함께 녹음 절차와 방법을 논의함.

어떤 사람에게 어울릴까요?

새로운 일에 호기심이 많으며 기계를 조작하는 일을 좋아하는 사람

예술 작품에서 영감을 얻으며 창조적인 일에 몰두하는 것을 즐기는 사람

악기 연주를 좋아하며, 일상생활에서 음악을 활용할 수 있는 사람

연주 음악을 듣고 악기 소리와 음정을 정확히 구별할 수 있는 사람

직업 현황

수입 (단위: 만 원)

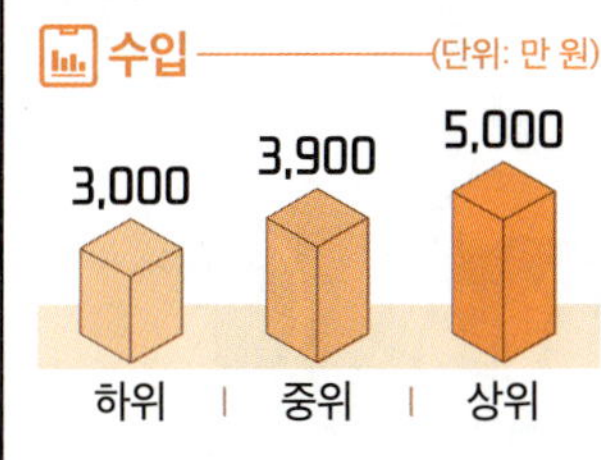

3,000 하위 | 3,900 중위 | 5,000 상위

업무 자율성 (단위: %)

99

직무 만족도 (단위: %)

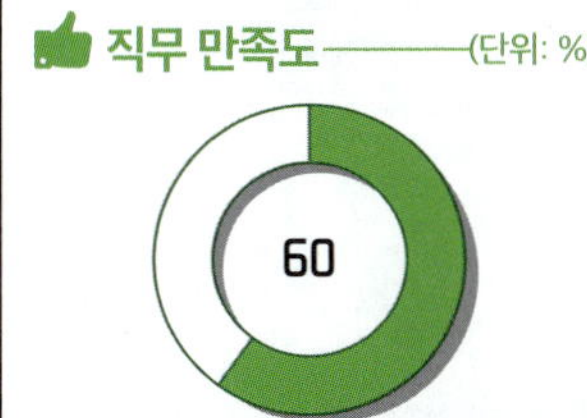

60

AI와 함께하는 직업 생활

AI는 음향 효과를 추천하고 믹싱 작업을 보조하며, 사람은 미묘한 소리의 차이를 감지하고 청중에게 최상의 음향 경험을 제공하기 위해 예술적인 감각으로 소리를 조율해요.

커리어패스

관련 학과

음향제작과, 방송영상학과, 디지털방송콘텐츠학과, 정보미디어학과, 사진영상학과

진로 준비

- 전문대학이나 대학교의 음향 제작 관련 학과를 졸업하면 취업에 유리함.
- 사설 학원에서 영상 제작과 방송 기술에 관한 교육을 받을 수 있음.
- 음향 및 녹음기사로 방송국에 취업하여 경력을 쌓으면 음향(녹음)기사, 음향(녹음)감독, 방송기술감독(TD)으로 승진할 수 있음.

전문 지식

음향 이론, 녹음 및 믹싱 기술, 음향 장비, 음향 심리학, 음향 공학, 공간 음향

진출 분야

지상파 방송사, 종합 편성 채널, 독립 프로덕션, 문화 예술 회관

관련 직업

음향기사, 음향감독, 붐오퍼레이터, 폴리아티스트, 음악편집기사, 음향기술자

전직 가능 직업

영상편집기사, 영화기술감독, 촬영기사, 조명기사, 카메라감독, 조명감독

관련 기관

한국음향예술인협회 kare.or.kr
무대음향협회 www.stagesoundkorea.com
한국방송기술인연합회 www.kobeta.com

카메라맨

CAMERAMAN CAMERAMAN CAMERAMAN

현실과 예술을 잇는 렌즈의 마법사

나는 카메라 프레임 안을 어떻게 채울지, 어떤 각도로 찍을지 머릿속으로 상상하고, 배우들과 함께 움직이며 최고의 순간을 만들지. 때로는 높은 곳에서 때로는 어둠 속에서 원하는 장면을 잡으면 거침없이 셔터를 누르지. 예민하고 민첩하게 상황에 딱 맞는 프레임을 만드는 것이 내 일이니까.

능력치

심리검사 유형

흥미	예술형(A), 실재형(R)
적성	예술시각능력
MBTI	INTP, INTJ

🚩 어떤 일을 할까요?

방송이나 영화 등의 영상물을 제작하기 위해 촬영 장비를 사용하여 물체나 인물을 촬영함.

촬영감독이나 취재기자 등과 협력하여 촬영 또는 취재 목적에 맞게 화면 구성을 결정함.

화면의 노출 조절, 촬영 대상과 카메라의 움직임 등을 고려하여 원하는 장면을 촬영함.

💡 어떤 사람에게 어울릴까요?

카메라를 능숙하게 다루며, 자연이나 인물 사진 찍는 것을 즐기는 사람

사물이나 현상을 해석하여 자신만의 스타일로 표현하는 사람

선, 색, 공간, 영상 등 시각적 요소를 조화롭게 구성할 수 있는 사람

예술 작품을 감상하고 그 느낌을 시각적으로 표현할 수 있는 사람

📊 직업 현황

📊 수입 (단위: 만 원)

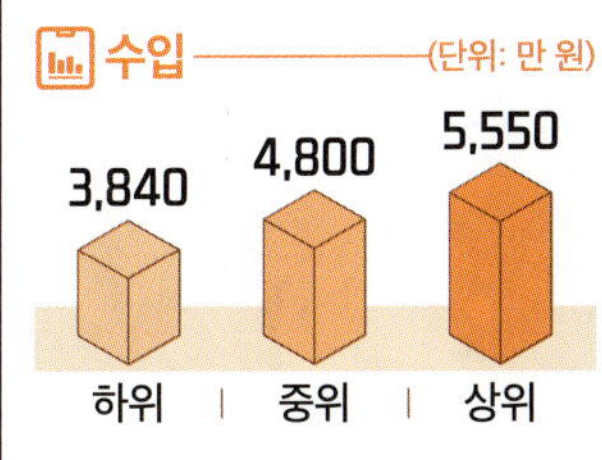

3,840 하위 | 4,800 중위 | 5,550 상위

💗 업무 자율성 (단위: %)

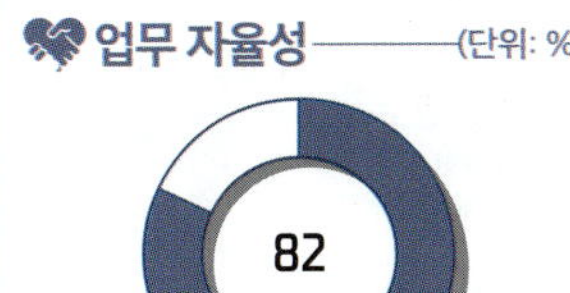

82

👍 직무 만족도 (단위: %)

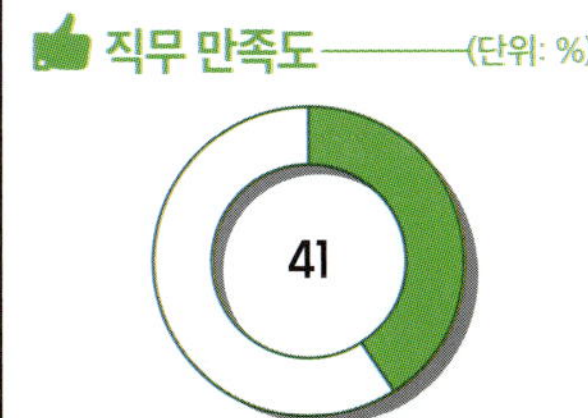

41

🤖 AI와 함께하는 직업 생활

AI는 촬영 구도를 제안하고 영상 편집을 보조하며, 사람은 감독의 의도를 정확히 이해하고 결정적인 순간을 포착하여 프레임 안에 스토리를 담아내며 감동을 전달해요.

🏆 커리어패스

🎓 관련 학과

방송영상학과, 디지털방송콘텐츠학과, 사진영상학과, 정보미디어학과

🚩 진로 준비

- 전문대학이나 대학교의 사진 관련 학과를 졸업하면 취업에 유리함.
- 사설 학원에서도 영상 제작이나 방송 기술을 공부할 수 있음.
- 카메라맨은 보통 촬영보(촬영기사)로 시작하여 경력을 쌓아 촬영감독으로 승진할 수 있음.

📋 전문 지식

영상 촬영, 영상 편집, 조명 디자인, 영상 미학, 사운드 디자인, 스토리보드 제작, 디지털 영상 기술

👥 진출 분야

지상파 방송국, 종합 편성 채널, 독립 프로덕션, 예술의전당이나 세종문화회관 등 국공립 문화 예술 회관

👤 관련 직업

영화촬영기사, 광고촬영기사, TV촬영기사, 비디오촬영기사, 촬영감독, 조명기사, 편집기사, 방송제작장비기사, 사진작가

💼 전직 가능 직업

영상편집기사, 영상그래픽디자이너, 기술감독, 영상편집강사, 음향기사, 녹음기사

🏛 관련 기관

한국방송촬영인협회 koreandps.or.kr
한국영화촬영감독조합 www.cgk.kr
한국방송기술인연합회 www.kobeta.com

연예인 및 스포츠매니저

CELEBRITY AND SPORTS MANAGER CELE

연예인의 커리어를 만드는 전략가

사람들이 열광하는 스타들 뒤에는 나 같은 매니저들이 있어. 재능과 끼가 넘치는 연예인 재목을 발굴하고 스케줄 관리, 이미지 메이킹, 공연 준비까지 그림자처럼 따라다니면서 그들이 가장 빛날 수 있게 도와주지. 연예인 본인의 재능도 중요하지만, 우리 같은 매니저들이 없다면 대스타가 탄생하기는 어려울 거야.

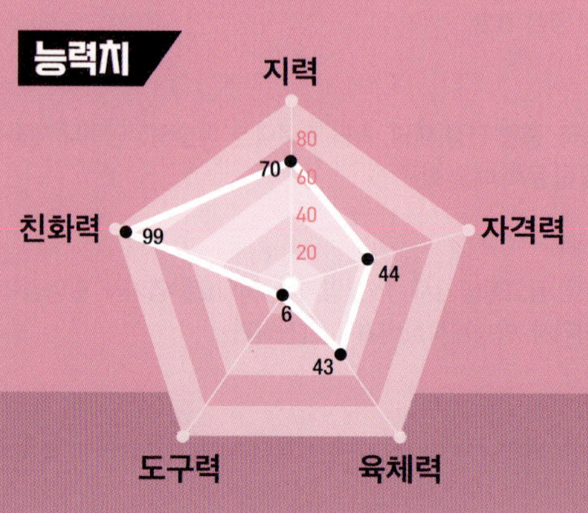

심리검사 유형

흥미	진취형(E), 예술형(A)
적성	대인관계능력
MBTI	ISFJ, ESFJ

🚩 어떤 일을 할까요?

연예인매니저는 연예인의 이미지를 관리하고 활동 일정을 계획함.	연예인매니저는 방송국이나 영화사 담당자와 출연 여부와 활동 일정을 협의함.	스포츠매니저는 운동선수의 훈련 일정, 건강 관리, 차량 이동 등을 관리함.

👤 어떤 사람에게 어울릴까요?

모험을 두려워하지 않고 경쟁적인 활동을 즐기는 사람	꼼꼼하게 계획하고 실행하며, 다른 사람을 설득하는 일을 좋아하는 사람	처음 만난 사람과도 잘 어울리며 공감 능력이 뛰어난 사람	상황 파악 능력이 뛰어나고, 갈등 해결 능력이 있는 사람

📊 직업 현황

📈 수입 (단위: 만 원)

하위	중위	상위
2,715	3,250	3,875

💗 업무 자율성 (단위: %)

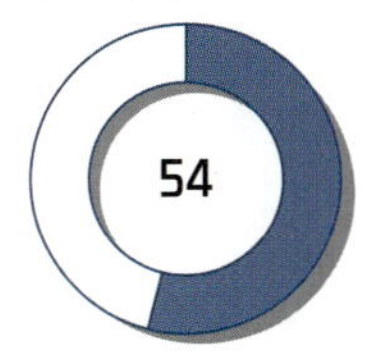

54

👍 직무 만족도 (단위: %)

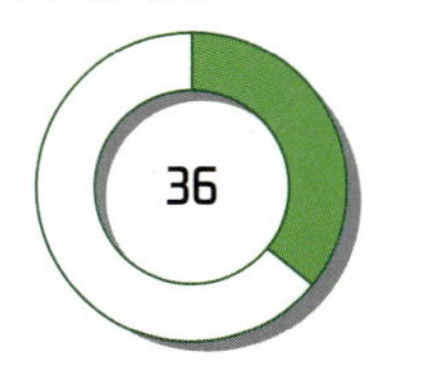

36

🤖 AI와 함께하는 직업 생활

AI는 스케줄 관리와 홍보 전략 분석을 보조하고, 사람은 아티스트나 선수와 깊은 신뢰 관계를 형성하고, 그들의 잠재력을 발굴하여 성장을 지원하는 일에 전문성을 발휘해요.

♟️ 커리어패스

🎓 관련 학과

연예매니지먼트과, 경영학과, 신문방송학과

🚩 진로 준비

- 대학에서 연예매니지먼트과 등 관련 학과를 졸업하면 취업에 도움이 됨.
- 연예인매니저를 양성하는 사설 기관에서 교육과 훈련을 받을 수 있음.
- 특별 채용이나 개인적인 소개를 통해 엔터테인먼트사나 연예 기획사에 입사하거나 프리랜서로 활동할 수 있음.
- 연예인매니저는 로드매니저로 시작하여 경험을 쌓은 후 치프매니저로 승진하여 연예인의 일정을 관리하는 일을 하는 경우가 많음.

📇 전문 지식

엔터테인먼트 산업, 계약법과 저작권, 브랜드 관리, 마케팅, 이벤트 기획, PR 전략

👥 진출 분야

엔터테인먼트사, 연예 기획사, 음반 기획사, 프로 운동팀, 스포츠 에이전시

📋 관련 직업

연예인, 연기자, 운동선수, 스포츠에이전트, 연예인관리자, 로드매니저

💼 전직 가능 직업

크리에이터, 음반기획자, 공연기획자, 개인브랜드매니저

🏢 관련 기관

한국연예매니지먼트협회 www.cema.or.kr
한국연예제작자협회 www.kepa.net
한국연예예술인총연합회 www.kcaa1.com

스포츠감독 및 코치
SPORTS TEAM HEAD COACH AND COACHING STAFF

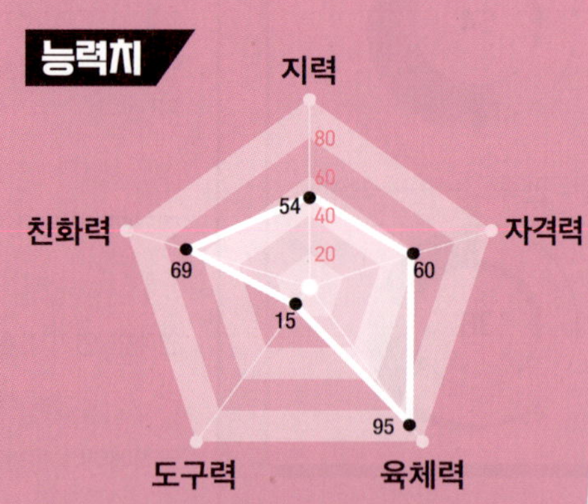

선수들의 잠재력을 끌어내는 멘토이자 리더

나는 매일 선수들의 실력을 향상시키기 위해 훈련 계획을 세우고 경기를 준비하지. 선수들의 컨디션을 체크하고, 경기 전략을 세우는 것도 내 역할이야. 경기 중에는 상대팀의 움직임을 철저하게 분석해 최적의 작전을 펼치지. 팀의 승리를 향해 끊임없이 도전하고, 새로운 기록을 만들어 나가는 것이 나의 운명이야.

능력치

심리검사 유형

흥미	사회형(S), 진취형(E)
적성	신체운동능력
MBTI	INTJ, ISTP

어떤 일을 할까요?

스포츠감독은 운동선수들의 훈련 지도와 시합 전략을 세워 경기력 향상에 관련된 모든 것을 책임짐.

스포츠감독은 선수들의 기량을 평가하여 선수들을 적절한 위치에 배치하는 역할을 수행함.

코치는 운동 기술의 시범을 보여주거나 연습 상대가 되어 선수들을 지도함.

어떤 사람에게 어울릴까요?

다른 사람의 감정을 잘 이해하고 사람들과 잘 어울리는 사람

목표를 달성하기 위해 체계적인 계획을 세우고 끈기 있게 노력하는 사람

리더십을 갖춰 다른 사람들을 이끌어갈 수 있는 사람

신체 활동을 통해 기술적 동작을 수행하거나 힘을 발휘할 수 있는 사람

직업 현황

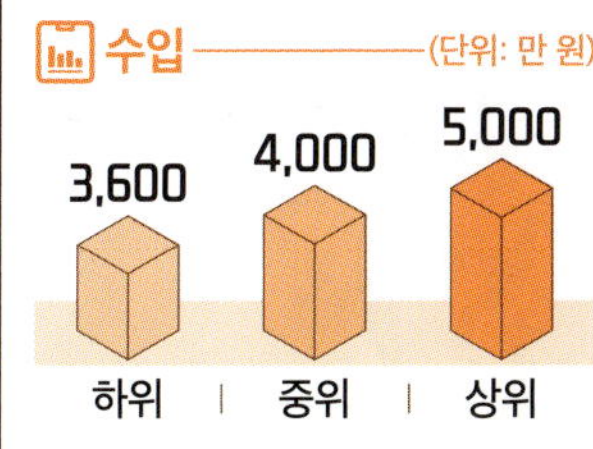
수입 ──── (단위: 만 원)

3,600 하위 | 4,000 중위 | 5,000 상위

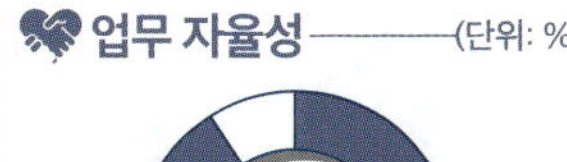
업무 자율성 ──── (단위: %)

91

직무 만족도 ──── (단위: %)

60

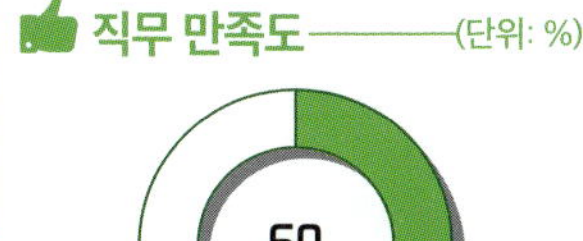
AI와 함께하는 직업 생활

AI는 선수들의 기량과 상대 팀의 전력을 분석하며, 사람은 선수들의 심리를 이해하고 격려하며 동기를 부여하는 멘토링과 팀을 하나로 묶어 승리로 이끄는 리더십을 발휘해요.

커리어패스

관련 학과

체육학과, 사회체육학과, 생활체육학과, 스포츠레저학과, 체육교육과

진로 준비

- 해당 종목의 선수로 활동하다가 코치나 감독이 되는 경우가 많음.
- 체육 관련 학과에 진학하면 스포츠 이론과 기술을 익힐 수 있음.
- 해당 종목의 선수로 활동했거나 국민체육진흥공단의 지도자 연수 과정을 이수하고 전문스포츠지도사 자격증을 취득해야 함.
- 국가대표팀 감독이 되려면 전문스포츠지도사 자격증이 필수 조건임.

전문 지식

스포츠 실기, 운동 생리학, 운동 역학, 스포츠 영양학, 스포츠 심리학, 스포츠 윤리

진출 분야

실업 운동팀, 프로 운동팀

관련 직업

트레이너, 스포츠트레이너, 스포츠강사, 스키강사, 레크리에이션강사, 개인트레이너, 홈트레이너, 운동코치, 헬스케어컨설턴트

전직 가능 직업

스포츠기록분석원, 스노보드해설위원, 스포츠애널리스트, 스포츠통역사, 스포츠해설가, 야구기록원, 산림레포츠지도사, 익스트림스포츠가이드, 축구구단프런트, 헬스트레이너

관련 기관

대한체육회 www.sports.or.kr
국민체육진흥공단 www.kspo.or.kr

운동선수

PROFESSIONAL ATHLETE PROFESSIONAL

승리를 위해 달리는 그라운드의 불사조

훈련하다 보면 근육이 터질 것 같은 순간, 숨이 턱까지 차오르는 순간, 주저앉아 버리고 싶은 순간이 오지. 이 순간을 견뎌내야만 한 단계 성장한 나를 만날 수 있어. 내가 흘린 땀과 노력은 나에게 승리를 안겨 주며, 팬들에게는 감동을 선사하지. 승리를 향한 불굴의 의지로, 나는 오늘도 훈련에 몰두하며 나 자신과의 싸움을 하고 있어.

능력치

심리검사 유형

흥미	예술형(A), 진취형(E)
적성	신체운동능력
MBTI	ESTP, ISTP

🚩 어떤 일을 할까요?

체력과 기술을 바탕으로 운동 경기에서 경쟁하며, 팀이나 개인의 승리를 위해 노력함.

운동 기술을 연마하기 위해 트레이너나 코치의 지도에 따라 연습함.

경기에 참가할 때는 감독이나 코치의 지시에 따라 경기를 진행함.

어떤 사람에게 어울릴까요?

새로운 방식으로 자신만의 것을 만들어 낼 때 만족감을 얻는 사람

직접 몸을 움직이거나 경쟁적인 활동에 참여하는 것을 즐기는 사람

운동 기구를 능숙하게 다루고 새로운 동작을 쉽게 배우는 사람

강한 체력을 바탕으로 훈련을 통해 운동 능력을 발전시킬 수 있는 사람

직업 현황

📊 수입 (단위: 만 원)

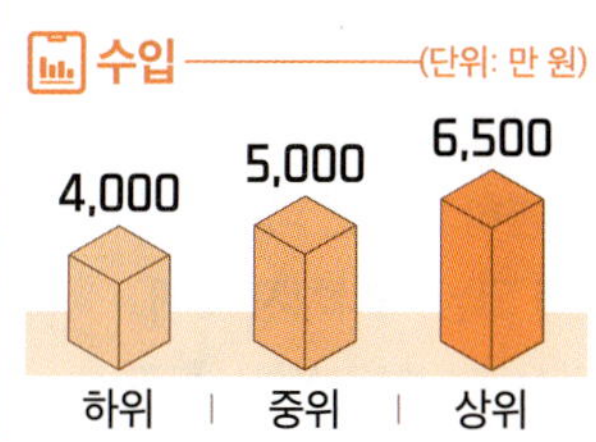

💗 업무 자율성 (단위: %)

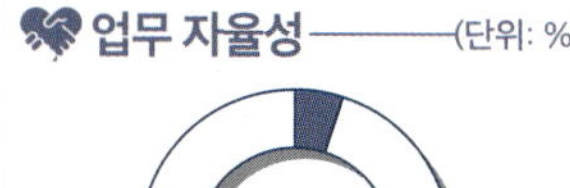

👍 직무 만족도 (단위: %)

🤖 AI와 함께하는 직업 생활

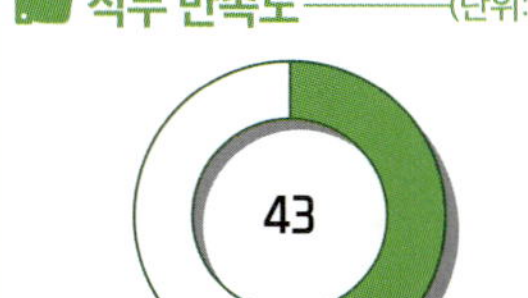

AI는 훈련 데이터를 분석하여 최적의 전략을 제시하며, 사람은 끊임없는 노력으로 신체적 한계를 극복하고 고도의 집중력과 정신력으로 승리를 위한 투혼을 발휘할 수 있어요.

♟ 커리어패스

🎓 관련 학과

체육학과, 사회체육학과, 생활체육학과, 스포츠레저학과, 무도학과, 무용학과, 태권도학과

🚩 진로 준비

- 대부분의 운동선수는 초등학교나 중학교 시절에 선수 생활을 시작하고, 고등학교에서는 학생 선수로 학업과 운동을 병행함.
- 고등학교 졸업 후에는 곧바로 프로팀이나 실업팀으로 입단하거나, 체육 특기생으로 대학의 체육 관련 학과에 진학함.
- 개인 기록이나 경기 성적이 뛰어난 경우 프로팀에 입단할 수 있음.

📇 전문 지식

스포츠 실기, 운동 생리학, 운동 역학, 스포츠 영양학, 스포츠 심리학, 스포츠 윤리

👥 진출 분야

실업 운동팀, 프로 운동팀

💼 관련 직업

야구선수, 축구선수, 카레이서, 종이비행기오래날리기국가대표, 종합격투기선수, 바둑기사, 배드민턴선수, 피겨스케이트선수, 농구선수, 레슬링선수, 마라톤선수, 배구선수, 복싱선수, 스노보드선수, 스키점프선수, 아이스하키선수, 치어리더, 프로게이머

💼 전직 가능 직업

스포츠트레이너, 스포츠강사, 경기심판, 운동경기심판원, 해설위원

🏢 관련 기관

대한체육회 www.sports.or.kr
국민체육진흥공단 www.kspo.or.kr

파티셰

PATISSERIE PATISSERIE PATISSERIE PAT

달콤함을 선물하는 디저트 요정

나는 매일 아침 밀가루와 설탕, 버터와 달걀을 섞어 반죽을 만들어 오븐에 넣고 디저트가 구워지길 기다리지. 잘 구워진 디저트를 포장해서 진열해 놓으면, 가게 앞을 지나가는 사람들은 달콤하고 예쁜 디저트에 이끌려 가게를 그냥 지나치지 못해, 내가 만든 디저트를 한입 베어 물고야 행복한 미소를 짓지.

심리검사 유형

흥미	실재형(R), 예술형(A)
적성	손재능
MBTI	ISFP, ESFP

어떤 일을 할까요?

빵을 만들기 위해 밀가루, 설탕, 파우더, 달걀 등의 원료를 혼합하고 모양을 만들어 오븐에 구워냄.

제조할 제품의 종류에 따라 원료를 선별하고, 제품 표준에 맞게 원료를 일정 비율로 계량함.

매장을 관리하거나 마케팅을 통해 매출을 늘리는 등의 영업과 고객 관리도 함께 함.

어떤 사람에게 어울릴까요?

몸으로 느끼고 움직이는 체험을 좋아하는 사람

상상력이 풍부하며, 상상을 현실로 구현하는 것을 좋아하는 사람

미각이 예민하며, 도구나 측정 장비를 능숙하게 다룰 수 있는 사람

손으로 정교한 작업을 할 수 있는 사람

직업 현황

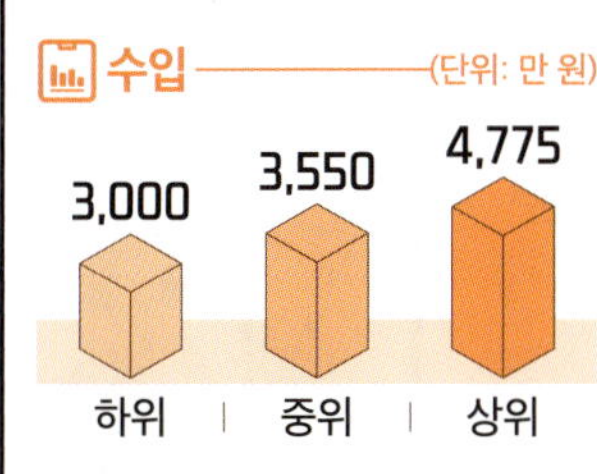

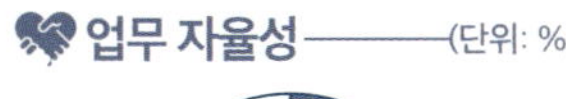

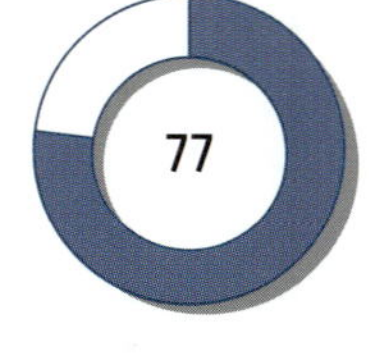

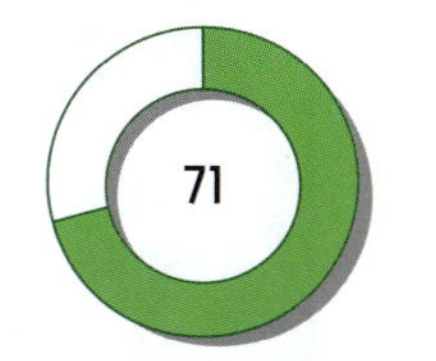

AI와 함께하는 직업 생활

AI는 재료의 비율, 온도, 시간 등을 최적화하여 최상의 품질을 유지해 주며, 사람은 독창적인 아이디어로 사랑과 정성을 담은 디저트를 만드는 일에 집중할 수 있어요.

커리어패스

관련 학과

제과제빵과, 호텔제과제빵과, 호텔조리제빵과, 호텔외식조리과, 식품영양학과, 식품조리학과

진로 준비

- 특성화 고등학교나 전문대학, 대학교의 제과·제빵 관련 학과에 진학하면 전문 지식과 기술을 배울 수 있음.
- 사설 교육 기관에서도 제과·제빵 과정을 이수할 수 있음.
- 국가 자격증인 제과기능사, 제빵기능사, 제과기능장 등을 취득하면 취업과 실무에 도움이 됨.

전문 지식

제과·제빵 이론, 식품학, 제과 실습, 제빵 실습, 식품 위생, 영양학, 식품 가공학

진출 분야

프랜차이즈 베이커리 업체의 본사 공장이나 직영점과 체인점, 개인 제과·제빵점(윈도우 베이커리), 호텔 베이커리(제과 부서), 대형 마트 및 백화점의 베이커리, 급식 업체

관련 직업

제과사, 제빵사, 제과제빵사

전직 가능 직업

떡제조원, 한과제조원, 푸드스타일리스트

관련 기관

한국제과기능장협회 www.akmb.or.kr/56
대한제과협회 www.bakery.or.kr

변화를 받아들이고 성장하는 환경 적응력

예전에는 한 가지 직업에서 오랫동안 전문성을 쌓는 것을 중요하게 여겼습니다. 하지만 AI와 자동화 기술이 등장하면서 익숙했던 일자리들은 점점 사라지거나, 그 일을 하는 방식 자체가 완전히 달라지고 있습니다.

그렇다고 해서 이런 변화를 위기라고만 볼 필요는 없습니다. 과거의 화가들이 사진의 등장에 맞서 새로운 예술의 길을 찾았던 것처럼, 우리 또한 새로운 기술을 받아들이고 내 삶에 잘 활용하는 자세가 필요합니다.

빠르게 변하는 환경에서는 새로운 기술을 계속 배우며 내가 할 수 있는 일들에 적극적으로 도전해 보는 '환경 적응력'이야말로 결국 나를 성장시키는 힘이 될 것입니다.

카메라(기술)가 화가(직업인)에게 미친 영향

카메라 발명 전: 자신의 초상화를 갖고 싶은 사람은 화가에게 주문했어요.

카메라 발명 초기: 카메라가 사람의 얼굴을 빠르게 사실적으로 재현하자 사진을 찍는 사람이 많아지면서 화가의 일자리가 위협받았어요.

그 후: 화가들은 카메라가 만들어낼 수 없는 자유로운 그림을 그렸고 그림과 사진이 공존하며 발달했어요.

06

미용·여행·음식·경비

이 분야의 직업인은 개인의 삶에 필요한 다양한 편의와 서비스를 제공합니다. 우리 주변의 환경을 쾌적하게 유지하고, 필요한 도움을 신속하게 제공하는 등 우리가 깨끗하고 안전하며 즐겁고 편리한 환경에서 생활할 수 있도록 도와줍니다.

보디가드

BODYGUARD BODYGUARD BODYGUARD

VIP의 안전을 지키는 최전방 방패

어떤 상황에서도 VIP의 안전과 생명을 지키는 것
이 내 역할이야. 강인한 체력과 뛰어난 무도 실력
으로 위협이 감지되면 한방에 상대를 제압하지.
도저히 위험을 피할 수 없는 상황에서는 VIP 대신
위험에 빠지기도 해. 나의 안전보다 VIP의 안전이
최우선이니까.

능력치

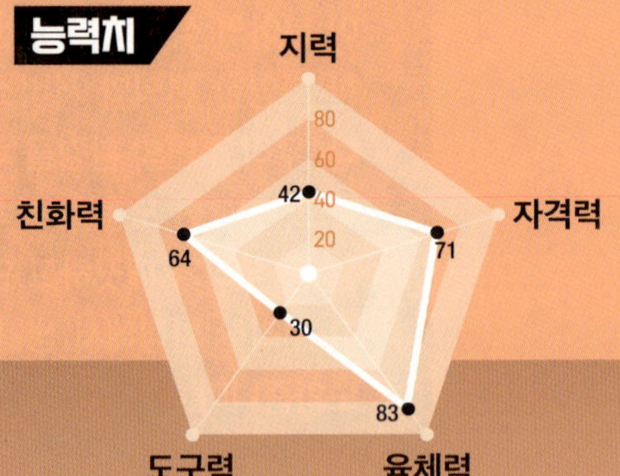

심리검사 유형

흥미	진취형(E), 실재형(R)
적성	신체운동능력
MBTI	ISTJ, ISTP

어떤 일을 할까요?

사고와 납치 및 상해 등 각종 위협으로부터 경호 대상자의 생명과 재산을 보호함.

경호 대상자의 인적 사항과 경력을 고려하여 위험 요인을 파악하고 적절한 경호 계획을 세움.

전시회, 콘서트 등의 행사장에서 사람들의 출입을 통제하며 문제 인물의 돌출 행동을 막음.

어떤 사람에게 어울릴까요?

자신감이 넘치며 자기주장이 뚜렷한 사람

야외 활동을 즐기거나 도구나 기계 조작에 흥미가 있는 사람

힘쓰는 동작과 몸을 구부리는 동작에 능숙한 사람

위급 상황에서도 빠르게 대처할 수 있는 판단력과 신체 능력을 갖춘 사람

직업 현황

수입 (단위: 만 원)

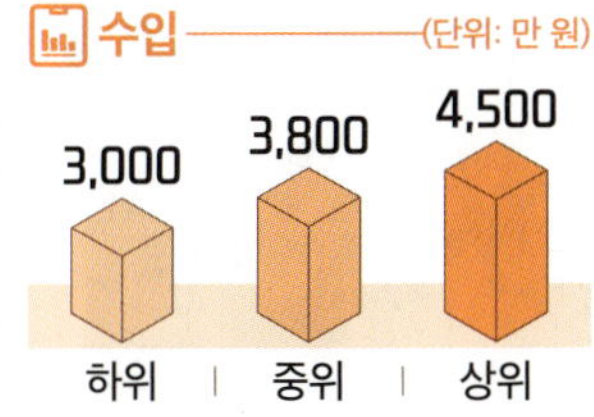

3,000 하위 | 3,800 중위 | 4,500 상위

업무 자율성 (단위: %)

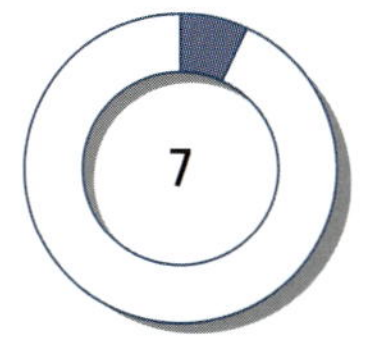

7

직무 만족도 (단위: %)

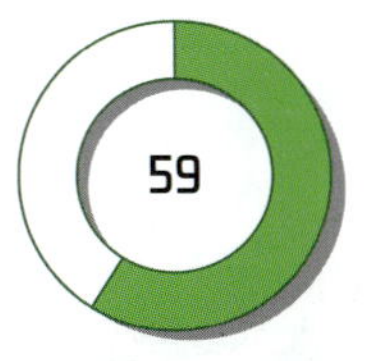

59

AI와 함께하는 직업 생활

AI는 경호 대상자의 동선과 위험 지역 데이터를 분석할 수 있고, 사람은 예상치 못한 상황에 순간적인 판단을 내리며 안전에 대한 최종적인 책임을 다할 수 있어요.

커리어패스

관련 학과

경찰행정학과, 경호스포츠과, 사회체육학과, 체육학과, 군사학과

진로 준비

- 학력 제한은 없지만, 전문대학이나 대학교의 경호 관련 학과를 졸업하면 취업에 유리함.
- 경호 업무에 필요한 지식과 기술은 사설 학원이나 경호 관련 협회에서 운영하는 경호원 양성 과정을 통해서도 배울 수 있음.
- 태권도, 유도, 검도, 합기도 등 뛰어난 무술 실력을 갖추거나 무술 단증 및 국가 공인 신변보호사 자격증이 있으면 취업과 실무에 도움이 됨.
- 경호 업무의 특성상 운전면허증이 필수적으로 요구되는 경우가 많음.

전문 지식

안전 관리, 사이버 보안, 경호 무도, 경호 방법론, 경호 심리학, 경호 실무, 경호 무도론

진출 분야

민간 경호 업체, 보안 경비 업체, 무인 경비 업체, 대기업의 경호 전문 요원

관련 직업

경호원, 신변보호사, 무인경비원, 청원경찰, 건물시설관리원, 인명구조원

전직 가능 직업

스포츠강사, 경찰관, 응급구조사, 소방관

관련 기관

한국경비협회 www.ksan.or.kr
대통령경호처 www.pss.go.kr

시설 및 특수경비원

FACILITY AND SPECIAL SECURITY GUARD

외부 침입자를 막는 강철 관문

나는 시설의 모든 곳이 안전하다는 확신이 들 때까지 출입구와 창문, 주차장까지 꼼꼼하게 점검하고, 만에 하나라도 발생할 수 있는 위험 요소를 한발 앞서 찾아내기 위해 날카로운 관찰력을 발휘하지. 한 치의 빈틈도 허용하지 않겠다는 각오로 나를 믿고 일상생활을 하는 사람들에게 안전한 방패가 되어 줄 거야.

능력치

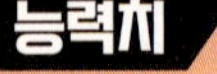
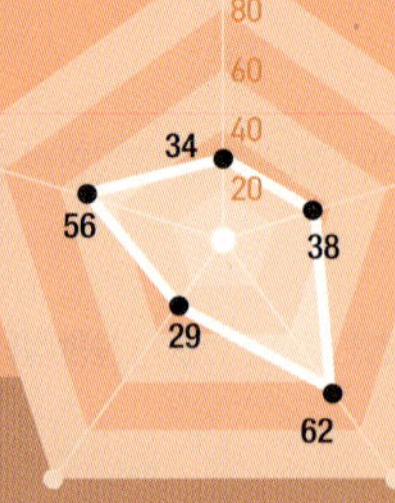

심리검사 유형

흥미	실재형(R), 사회형(S)
적성	신체운동능력, 공간지각력
MBTI	ISTJ, ISTP

어떤 일을 할까요?

고객의 집이나 회사에 설치된 경비 시스템(센서와 제어 장치)을 관리하는 업무를 수행함.

정기적으로 현장을 순찰하여 보안 장치의 상태를 점검하고, 이상 발견 시 즉시 조치하여 정상화함.

외부 침입자가 감지되면, 현장에 출동하여 이상 여부를 고객에게 알리고 필요시 경찰 지원을 요청함.

어떤 사람에게 어울릴까요?

손재주가 좋아 만들기를 잘하고 기계에 관심이 많은 사람

다른 사람들을 도와주거나 가르치는 것을 좋아하는 사람

신체를 효율적으로 움직이는 신체운동능력이 뛰어난 사람

물건의 위치를 잘 기억하고, 입체 도형의 전개도를 떠올릴 수 있는 사람

직업 현황

 수입 ——— (단위: 만 원)

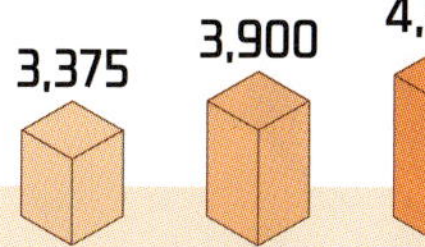

하위	중위	상위
3,375	3,900	4,500

업무 자율성 ——— (단위: %)

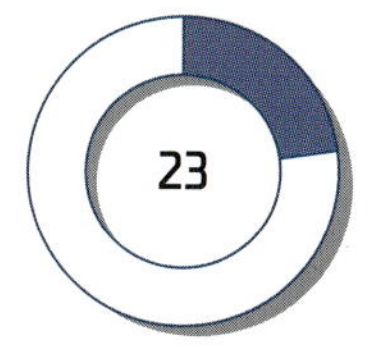

23

직무 만족도 ——— (단위: %)

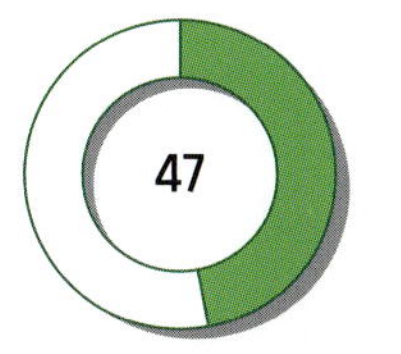

47

AI와 함께하는 직업 생활

AI는 감시 시스템을 운영하여 이상 징후를 실시간으로 감지하며, 사람은 예기치 못한 비상 상황에 침착하게 대응하여 사람들의 안전에 대한 책임을 다할 수 있어요.

커리어패스

관련 학과

경호학과, 경호스포츠과, 경호보안학과, 경찰경호과, 경찰경호행정과

진로 준비

- 고졸 또는 전문대졸 이상의 학력을 요구하는 경우가 많고, 회사에 따라 신체 조건이나 나이 등을 제한하기도 함.
- 시설 경비나 특수 시설 경비 업체뿐만 아니라 무인 경비 업체 혹은 개인 신변을 보호하는 경호 업체 등에서도 일할 수 있음.

전문 지식

안전 관리, 경비학, 위험 분석 및 관리, 비상 대응, 응급 처치, 시설 보안 시스템, 특수 경비 기술

진출 분야

민간 경호 업체, 보안 경비 업체, 무인 경비 업체, 대기업의 경호실, 대통령 경호실

관련 직업

경비원, 무인경비관제원, 무인경비원, 보디가드, 경호원, 경찰관, 청원경찰

전직 가능 직업

스마트안전관리사, 시설관리자, 응급구조사, 교도관

관련 기관

한국경비협회 www.ksan.or.kr

헤어디자이너

HAIR STYLIST HAIR STYLIST HAIR STYL

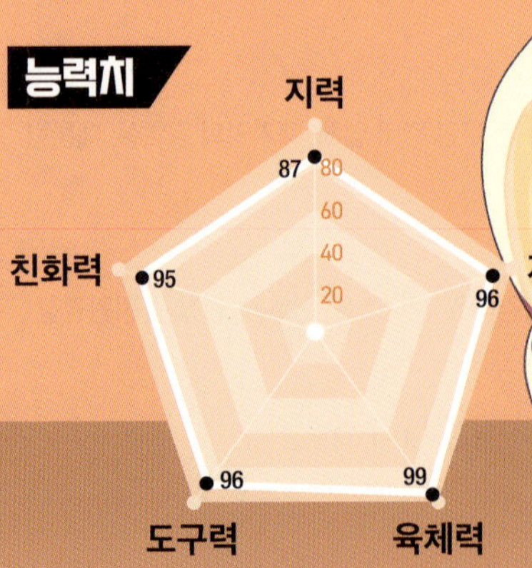

드라마틱한 변화를 만드는 가위손

내가 가위 한 번 쓱쓱 대면, 고객은 드라마 주인공처럼 멋지게 변신하지. 도시의 멋진 신사로도, 화려한 연말 파티에 어울리는 우아한 여왕으로도 변신할 수 있어. 난 단순히 고객의 머리만 자르는 게 아니라 그들의 하루를 특별하게 만드는 주는 마법을 부리지.

능력치

- 지력 87
- 자격력 96
- 육체력 99
- 도구력 96
- 친화력 95

심리검사 유형

흥미	예술형(A), 실재형(R)
적성	예술시각능력, 대인관계능력
MBTI	ISFP, ISTP

어떤 일을 할까요?

고객에게 어울리는 헤어스타일을 제안하고, 고객의 요구와 취향을 반영하여 스타일을 결정함.

가위, 빗, 염색제 등 다양한 미용 도구와 재료를 사용하여 고객이 원하는 헤어스타일을 만들어 줌.

고객이 스스로 왁스나 스프레이, 젤 등을 사용해 멋진 헤어스타일을 연출할 수 있도록 조언을 제공함.

어떤 사람에게 어울릴까요?

외모에 관심이 많으며 꾸미는 것을 좋아하는 사람

기계나 기구를 능숙하게 다룰 수 있는 사람

색채 감각이 뛰어나며 유행에 민감한 사람

처음 만난 사람과도 잘 어울리며 공감 능력이 뛰어난 사람

직업 현황

수입 (단위: 만 원)

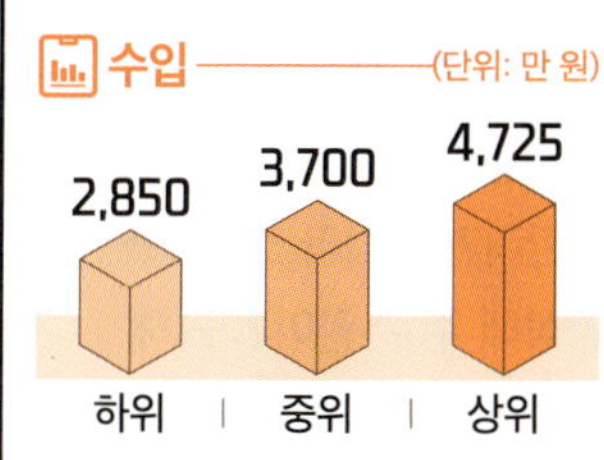

2,850 하위
3,700 중위
4,725 상위

업무 자율성 (단위: %)

90

직무 만족도 (단위: %)

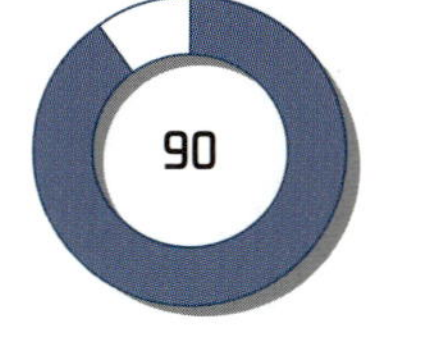

91

AI와 함께하는 직업 생활

AI는 고객의 얼굴형을 분석하여 스타일을 제안하고, 사람은 고객의 개성과 취향을 파악하고 섬세한 손기술과 미적 감각으로 고객에게 아름다움과 자신감을 선사할 수 있어요.

커리어패스

관련 학과

피부미용학과, 미용예술과, 뷰티아트과

진로 준비

- 학력이나 전공 제한은 없지만, 미용 관련 고등학교나 대학의 미용학과를 졸업하면 실무 기술 습득에 도움이 됨.
- 민간 미용 학원이나 공공 직업 훈련 기관에서도 미용 기술을 배울 수 있음.
- 국가 공인 미용사 자격증을 취득해야 헤어디자이너로 일할 수 있음.
- 미용실에서 경험을 쌓은 후 독립하여 미용실을 창업할 수도 있음.

전문 지식

헤어 디자인 이론, 파마 이론, 세트 드라이 이론, 미용 영양학, 미용 경영학, 미용 색채학

진출 분야

헤어숍(미용실), 웨딩숍, 호텔, 예식장, 방송국, 피부 관리실(에스테틱), 피부과 부설 피부 관리실

관련 직업

미용사, 이용사, 분장사, 반려동물미용사, 가발기능공, 이발사, 방문미용사

전직 가능 직업

피부관리사, 체형관리사, 메이크업아티스트, 미용강사, 네일아티스트, 뷰티매니저

관련 기관

대한미용사회중앙회 www.ko-ba.org

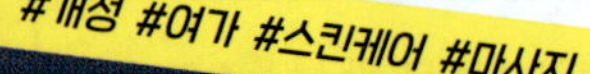

피부관리사

SKINCARE SPECIALIST

SKINCARE SPECIA

빛나는 피부를 찾아주는 신비의 약손

나의 손길이 닿으면, 누구든 더 건강하고 빛나는 피부를 갖게 되지. 여드름이 사라지고 피부가 탱탱해지는 기적을 경험할 수도 있어. 내가 하는 일은 단순한 피부 관리가 아니라 스트레스를 없애고 자신감을 향상해 주는 일이기도 해. 사람들이 나에게 피부 관리를 받으면서 피부뿐만 아니라 마음까지도 밝아졌다고 말하거든.

능력치

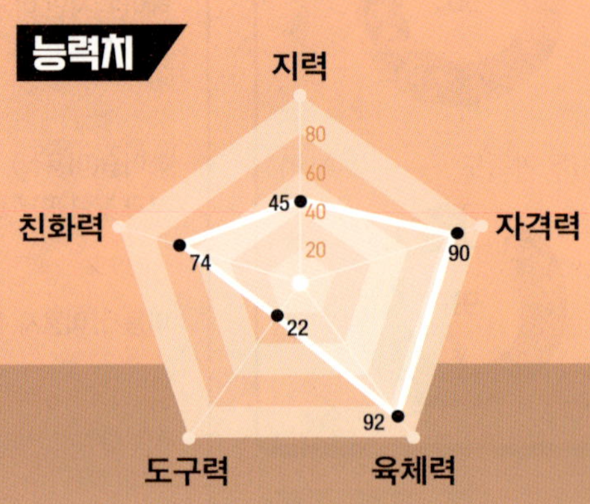

심리검사 유형

흥미	진취형(E), 사회형(S)
적성	손재능
MBTI	ISFP, ISTP

어떤 일을 할까요?

상담을 통해 고객의 피부 상태와 건강 정보를 기록하고, 그에 맞는 피부 관리 방법을 결정함.

고객의 피부를 깨끗이 세안한 후, 각질과 모공의 노폐물을 제거하여 피부를 정돈함.

고객의 피부 유형에 맞는 화장품을 바르고, 마사지 기술이나 장비를 활용해 고객의 피부 건강을 개선함.

어떤 사람에게 어울릴까요?

일정한 순서에 따라 반복적으로 하는 일을 좋아하는 사람

다른 사람의 감정을 잘 이해하며, 남을 도울 때 보람을 느끼는 사람

손으로 정교한 작업을 할 수 있고, 도구를 능숙하게 다룰 수 있는 사람

다른 사람의 요구를 잘 파악하고, 원활한 의사소통을 할 수 있는 사람

직업 현황

수입 (단위: 만 원)

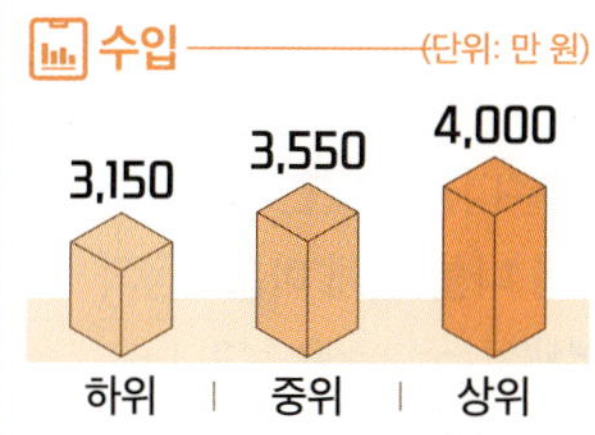

하위	중위	상위
3,150	3,550	4,000

업무 자율성 (단위: %)

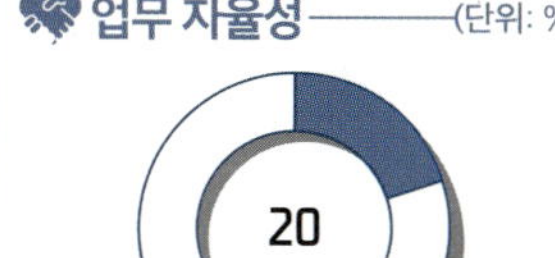

20

직무 만족도 (단위: %)

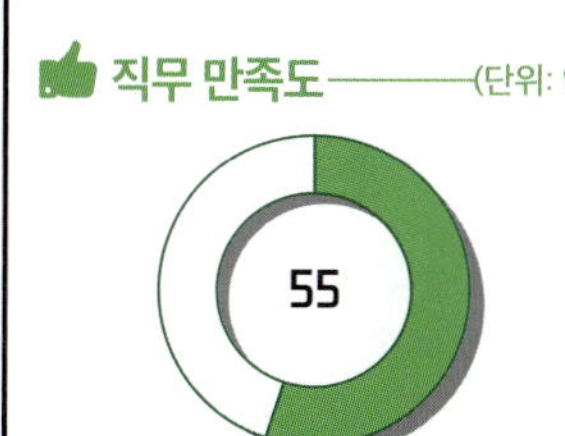

55

AI와 함께하는 직업 생활

AI는 고객의 피부 상태를 분석하여 맞춤형 프로그램을 추천해 주고, 사람은 고객의 피부 고민에 공감하고 섬세한 손길과 전문 지식으로 심리적 안정감을 줄 수 있어요.

커리어패스

관련 학과

피부미용학과, 미용예술과, 뷰티디자인과, 뷰티아트과, 뷰티케어과

진로 준비

- 학력이나 전공의 제한은 없지만, 미용 고등학교나 대학의 미용 관련 학과에서 체계적으로 미용 기술을 배우면 실무 능력 향상에 도움이 됨.
- 피부관리사로 활동하거나 창업하려면 미용사(피부) 자격증이 필요함.
- 피부관리사로 일을 시작하면, 초기에는 숙련된 피부관리사의 보조 역할로 시작해 점차 직접 고객을 관리하게 되며, 경력이 쌓이면 실장이나 매니저로 승진하거나 직접 피부 관리실을 운영할 수도 있음.

전문 지식

미용학, 피부 관리 이론 및 실습, 화장품학, 메이크업 이론 및 실습, 헤어 디자인

진출 분야

피부 관리실(에스테틱), 피부과 부설 피부 관리실, 스파, 화장품 업체, 미용 기기 업체

관련 직업

피부미용사, 체형관리사, 메이크업아티스트, 분장사, 미용강사, 네일아티스트

전직 가능 직업

헤어디자이너, 이용사

관련 기관

한국피부미용사회중앙회 www.kocea.org
한국뷰티산업진흥원 www.acti.or.kr

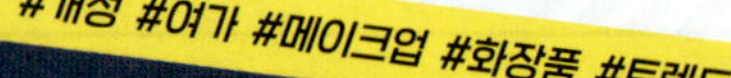

메이크업아티스트 및 분장사

MAKEUP AND FILM MAKEUP ARTIST   MAK

아름다움을 더하는 예술가

내 눈길이 머물고 손길이 닿으면, 누구나 자신이 미처 알지 못했던 아름다움을 발견하고 자신감을 얻게 되지. 고객이 나를 통해 아름다움과 기쁨을 발견하고 행복해하는 모습을 보면 나도 덩달아 흐뭇한 미소를 짓게 돼.

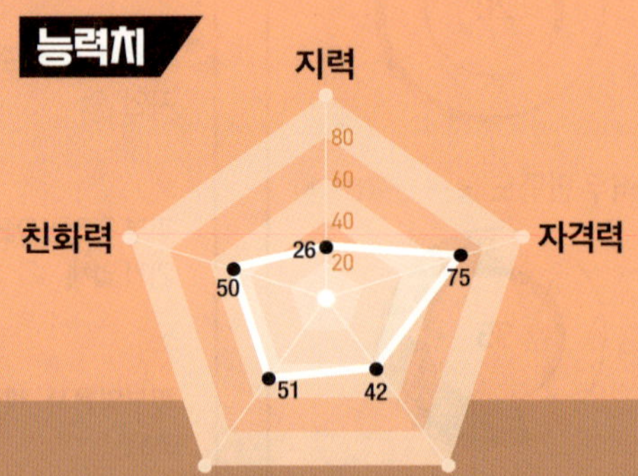

심리검사 유형

흥미	예술형(A), 진취형(E)
적성	예술시각능력, 손재능
MBTI	ISFP, ISTP

어떤 일을 할까요?

메이크업아티스트는 고객의 요구와 얼굴 특성에 따라 화장을 해 줌.

헤어스타일과 의상이 조화를 이루는지 점검하고 화장법에 대한 조언을 제공함.

분장사는 방송, 영화, 연극, 뮤지컬 등의 작품에서 극중 인물과 주제에 맞게 배우에게 화장을 해 줌.

어떤 사람에게 어울릴까요?

자신만의 스타일을 찾아 표현하는 것을 좋아하는 사람

적극적이고 활달하며 감수성이 풍부한 사람

예술 작품을 감상하는 것을 좋아하고 미적 감각이 뛰어난 사람

도구를 능숙하게 다루고 정교한 손작업을 잘 해 내는 사람

직업 현황

수입 (단위: 만 원)

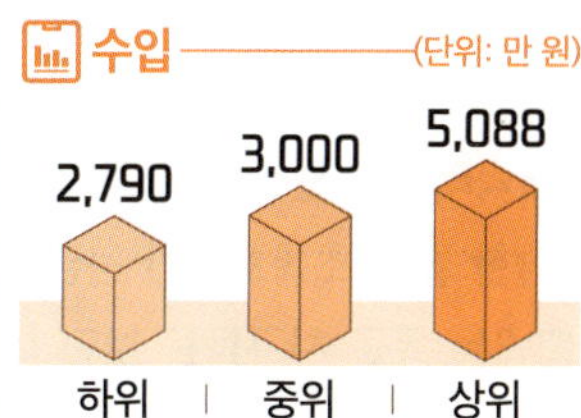

하위	중위	상위
2,790	3,000	5,088

업무 자율성 (단위: %)

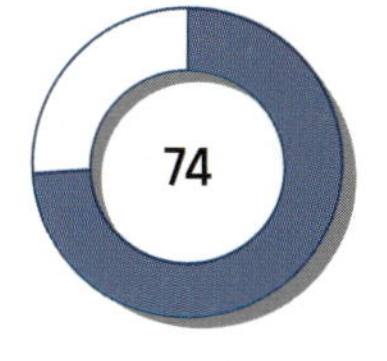

74

직무 만족도 (단위: %)

44

AI와 함께하는 직업 생활

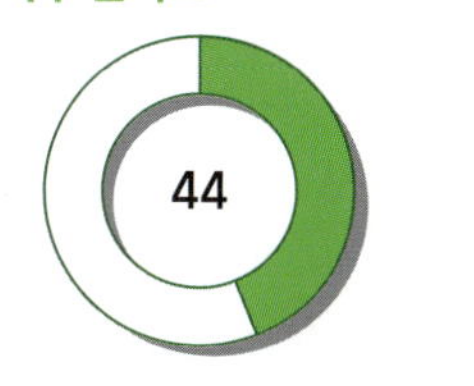

AI는 고객의 얼굴형, 피부 톤 등을 분석하여 메이크업 스타일을 추천해 주고, 사람은 고객의 개성과 취향에 따라 섬세한 손길과 미적 감각으로 고객의 변신을 도와요.

커리어패스

관련 학과

미용예술과, 피부미용학과, 뷰티아트과, 뷰티케어과, 뷰티디자인학과, 뷰티코디네이션과

진로 준비

· 메이크업아티스트가 되려면 특성화고나 대학의 미용학과에서 피부 관리, 헤어 디자인 등 종합적인 미용 기술을 배우는 것이 유리함.
· 직업전문학교, 여성발전센터, 사설 학원에서도 실무 중심의 메이크업 기술과 이론을 습득할 수 있음.
· 미용사(메이크업) 국가 자격증은 필수이며, 학교나 학원에서 이론을 배운 후 현장에서 전문 아티스트 보조로 실무 경험을 쌓는 것이 일반적임.

전문 지식

뷰티 색채, 메이크업 이론과 실습, 피부 관리, 헤어 커트, 특수 분장

진출 분야

메이크업 전문 업체, 예식장, 미용실, 화장품 회사, 방송국, 영화사 및 공연 업체, 이벤트 기획사

관련 직업

이용사, 미용사, 피부관리사, 네일아티스트, 특수분장사, 뷰티디자이너

전직 가능 직업

이미지컨설턴트, 연예인매니저, 스타일리스트

관련 기관

한국분장예술인협회 kmaa.or.kr

#개성 #여가 #강아지 #고양이 #청결관리

반려동물미용사

PET GROOMER PET GROOMER PET GROOMER

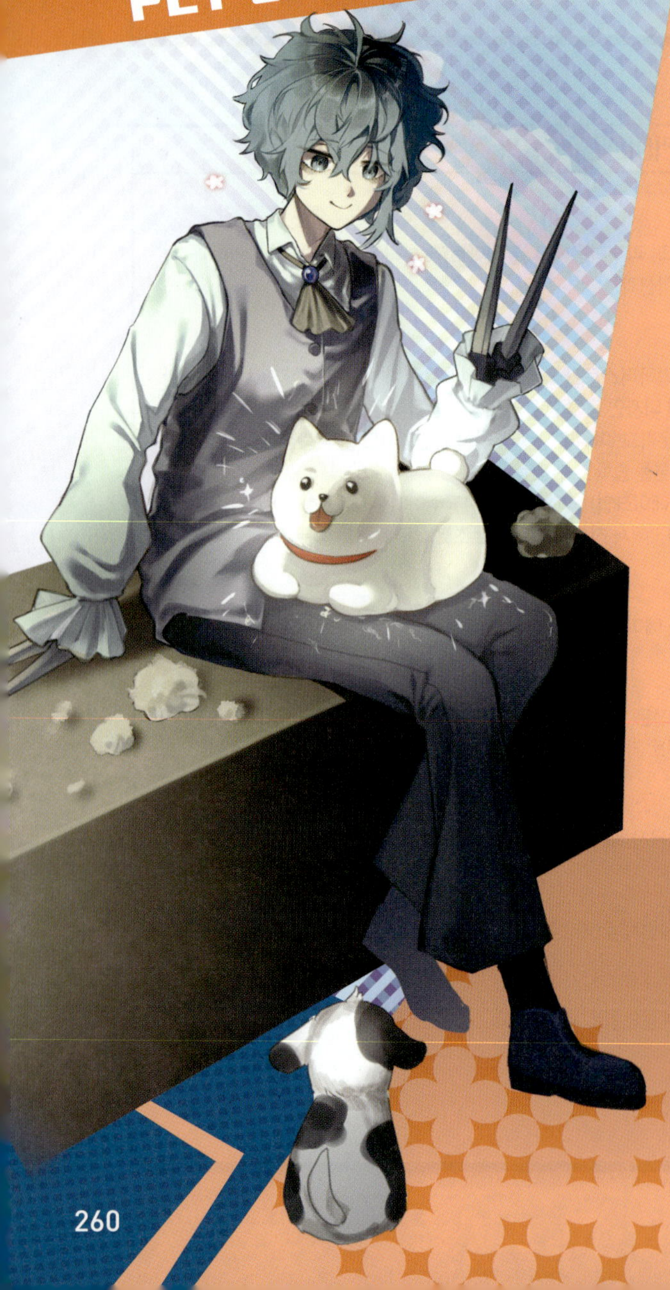

털북숭이 친구들의 스타일리스트

수북하게 자란 털을 자르려고 나를 찾아온 동물 친구들에게 가위와 드라이기를 마술봉처럼 휘두르면, 동물 친구들은 어느새 만화를 찢고 나온 캐릭터로 재탄생하지. 미용을 마치고 복슬복슬한 털과 초롱초롱한 눈망울로 귀여움을 뽐내는 동물 친구들을 보면 내 눈에서 하트가 뿅뿅 날아가지.

능력치

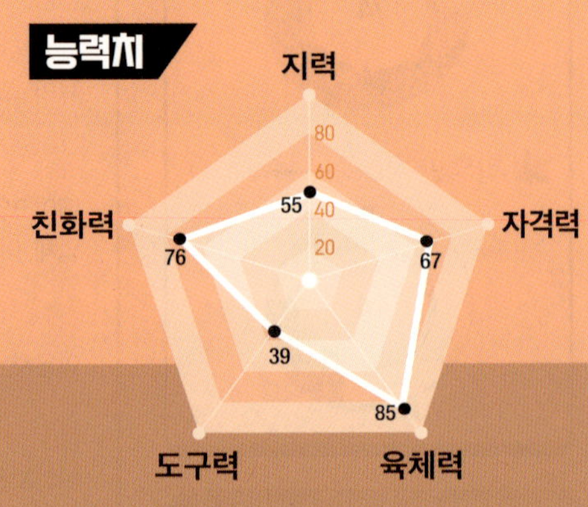

심리검사 유형

흥미	예술형(A), 사회형(S)
적성	자연친화력
MBTI	ISFP, ISTP

🚩 어떤 일을 할까요?

고객과의 상담을 통해 반려동물의 커트 모양을 결정하고 털 상태를 확인함.

반려동물의 청결과 건강 관리를 위해 목욕, 귀 청소, 발톱 정리 등을 수행함.

미용을 위해 반려동물의 털을 깎고 발이나 항문, 배 주위의 털을 정리하는 전신 미용을 수행함.

👤 어떤 사람에게 어울릴까요?

자연과 동물에 대한 깊은 관심과 애정이 있는 사람

다른 사람을 돕는 일에 기쁨을 느끼는 사람

이전에 해 보지 않은 새로운 것에 도전하는 것을 주저하지 않는 사람

머릿속 아이디어를 구체화할 수 있는 실행력이 있는 사람

🟠 직업 현황

📊 수입 ──── (단위: 만 원)

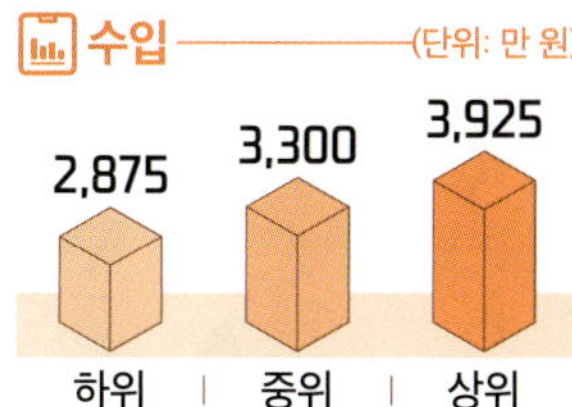

하위	중위	상위
2,875	3,300	3,925

💜 업무 자율성 ──── (단위: %)

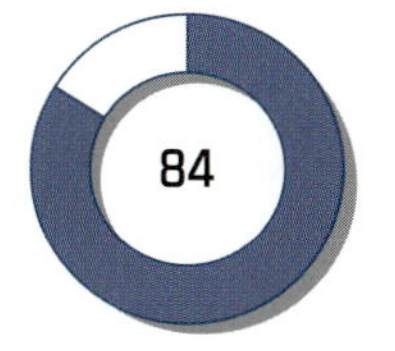

84

👍 직무 만족도 ──── (단위: %)

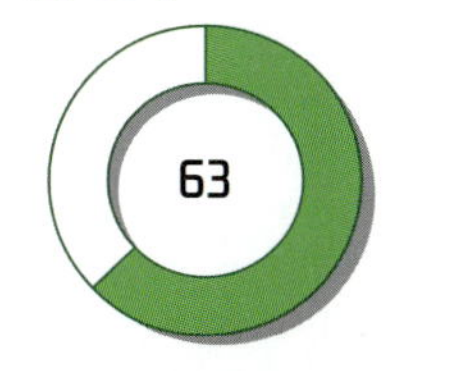

63

🤖 AI와 함께하는 직업 생활

AI는 견종별 미용 스타일을 추천하고 털 상태를 분석해 주며, 사람은 반려동물과 교감하며 스트레스를 최소화하고 섬세한 손길로 건강하고 아름다운 모습을 만들어요.

♟ 커리어패스

🎓 관련 학과

반려동물과, 반려동물관리과

🚩 진로 준비

- 학력 제한은 없지만, 실무 기술을 갖추면 취업에 도움이 됨.
- 특성화고나 전문대학의 반려동물 관련 학과에서 전문적인 지식과 기술을 배울 수 있음.
- 사설 애견 미용 학원에서도 반려동물 미용 기술을 익힐 수 있음.
- 반려동물 미용실이나 동물병원에서 미용 보조원(견습생)으로 일하며 실무 경험을 쌓기도 함.

📋 전문 지식

반려동물 관리, 동물 해부 생리학, 반려동물 영양학, 동물 간호학, 반려동물 훈련, 동물 질병학

👥 진출 분야

동물병원, 애견 센터, 반려동물 전문점, 반려동물 전문 미용실

📇 관련 직업

애완동물미용사, 수의사보조원, 동물보건사, 반려동물도우미, 반려동물장의사, 펫시터

💼 전직 가능 직업

동물물리치료전문가, 동물보호보안관, 팻푸드요리사, 반려동물패션디자이너

🏢 관련 기관

한국애견연맹 www.thekkf.or.kr
한국애견협회 www.kkc.or.kr

결혼상담원 및 웨딩플래너
WEDDING COUNSELOR AND PLANNER　WED

두 사람을 위한 사랑의 큐피드

나는 평생의 인연을 찾아주는 막중한 임무를 수행 중이야. 결혼을 바라는 두 사람을 만나게 해 주고, 마음과 대화를 나누도록 도와주는 거지. 무엇보다 가장 중요한 건, 고객이 좋은 인연을 찾아 결혼에 골인할 때까지 책임감을 가지고 진심을 다하는 거야.

능력치

심리검사 유형

흥미	예술형(A), 사회형(S)
적성	대인관계능력
MBTI	INFJ, INFP

어떤 일을 할까요?

결혼상담원은 컴퓨터 매칭과 전문 지식 및 경험을 토대로 이상적인 배우자를 소개하고 만남을 주선함.

웨딩플래너는 결혼을 결심한 커플을 대신해 혼수 준비부터 결혼 과정 전반을 기획하고 대행함.

웨딩플래너는 미용실이나 결혼식장 등을 미리 확인하고 결혼식이 원활하게 진행되도록 준비함.

어떤 사람에게 어울릴까요?

약속을 꼭 지키고 책임감 있게 일을 처리하는 성실한 사람

다른 사람에게 설명하거나 도움을 주는 일을 좋아하는 사람

상황을 잘 파악하고 처음 만난 사람과도 대화를 잘 이어 갈 수 있는 사람

다른 사람이 처한 환경이나 기분에 공감할 수 있는 사람

직업 현황

📊 수입 —— (단위: 만 원)

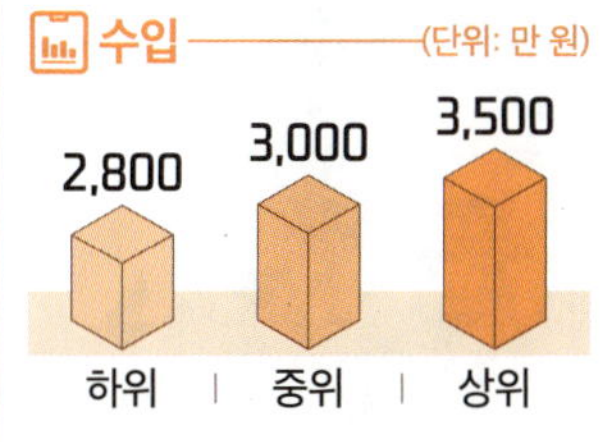

하위	중위	상위
2,800	3,000	3,500

💗 업무 자율성 —— (단위: %)

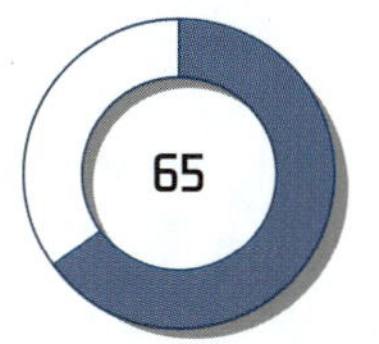

65

👍 직무 만족도 —— (단위: %)

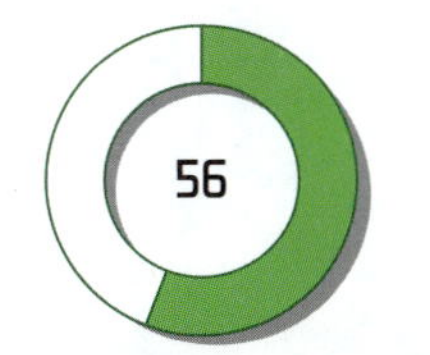

56

🤖 AI와 함께하는 직업 생활

AI는 웨딩 트렌드와 업체 정보를 제공하고, 사람은 예비부부의 바람과 취향을 이해하고 일생에 한 번뿐인 결혼식을 완벽하게 기획하며 감동을 선사할 수 있어요.

커리어패스

🎓 관련 학과

패션디자인과, 미용과, 공연축제콘텐츠과

🚩 진로 준비

- 특별한 학력 제한은 없으나, 결혼 전문 업체에 따라서는 사회 경험과 대졸 이상의 학력을 요구하기도 함.
- 결혼 예식 관련 협회나 업체, 여성인력개발센터 등에서 결혼 기획에 관한 교육을 받을 수 있음.
- 결혼상담원으로 경력을 쌓은 뒤 웨딩플래너가 되는 경우도 있음.

📋 전문 지식

상담 이론 및 기법, 부부 및 가족 상담, 발달 심리학, 커뮤니케이션 이론, 상담 윤리

👥 진출 분야

결혼 정보 업체, 웨딩 컨설팅 업체

📇 관련 직업

웨딩컨설턴트, 웨딩코디네이터, 웨딩매니저, 커플매니저, 결혼설계자, 실버커플매니저

💼 전직 가능 직업

혼례종사원, 여행사무원, 홍보사무원, 의료코디네이터, 결혼강화전문가, 장례지도사 및 장례상담원, 에코장례지도사

🏢 관련 기관

한국웨딩플래너협회 www.kwppa.or.kr

여행상품개발자

TRAVEL SERVICE DEVELOPER   TRAVEL SI

색다른 관광지를 발굴하는 용감한 탐사가

나는 세상 곳곳을 누비며 새로운 여행지를 발굴해. 흥미로운 맛집을 찾아 도시를 헤매기도 하고. 숨겨진 절경을 발견하기 위해 험준한 산을 오르기도 하지. 내가 개발한 여행 상품은 마치 스릴 넘치는 어드벤처 영화처럼 고객에게 잊지 못할 경험을 선물해.

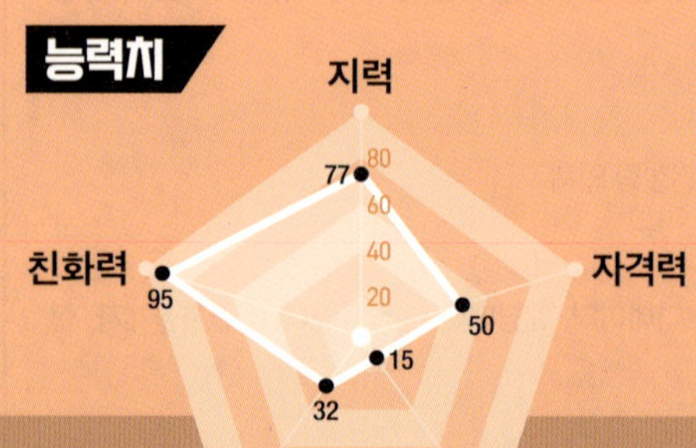

심리검사 유형

흥미	진취형(E), 사회형(S)
적성	대인관계능력
MBTI	INFJ, ISFJ

어떤 일을 할까요?

새로운 여행지를 찾아 현지답사를 진행하고 여행에 필요한 상황과 조건을 조사하여 여행 상품을 만듦.

국내외의 교통편과 요금, 관광 명소의 위치 등을 고려하여 관광 코스와 일정을 기획하고 경비를 산정함.

고객과의 상담을 통해 여행 상품을 소개하거나 여행 계획에 관해 조언을 해 줌.

어떤 사람에게 어울릴까요?

모험을 즐기고 경쟁적인 활동에 참여하는 것을 좋아하는 사람

사람들과 잘 어울리고 공감 능력이 뛰어난 사람

갈등 해결 능력과 리더십이 있는 사람

새로운 것에 호기심이 많으며, 상황 판단력이 뛰어난 사람

직업 현황

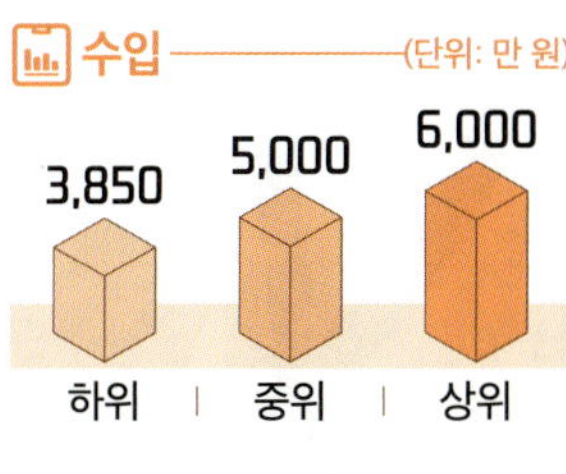

수입 (단위: 만 원)

3,850 하위 | 5,000 중위 | 6,000 상위

업무 자율성 (단위: %)

19

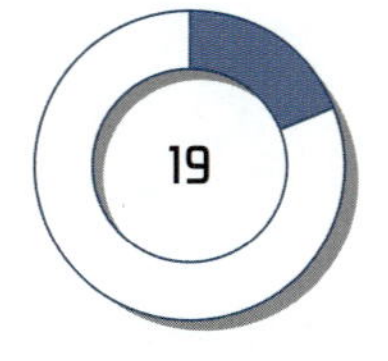

직무 만족도 (단위: %)

76

AI와 함께하는 직업 생활

AI는 관광지 정보와 관광지별 고객 선호도 데이터를 분석하고, 사람은 고객의 숨겨진 욕구를 파악하여 새로운 경험을 제공하는 독창적인 여행 상품을 기획할 수 있어요.

커리어패스

관련 학과

국제지역학과, 영어영문학과, 중어중문학과, 일어일문학과, 호텔관광경영학과, 문화관광학과, 관광경영학과, 호텔경영과

진로 준비

- 학력이나 전공 제한은 없지만, 대학에서 외국어나 관광학을 전공하면 취업에 유리함.
- 여행상품개발자는 교통, 지리, 숙박 등 현지 정보를 정확히 파악해야 하므로, 여행사 현장 경험(표 발권, 가이드 업무 등)이 필수임.

전문 지식

관광학, 여행 상품 기획 및 개발, 관광 마케팅, 지역의 역사와 문화, 시장 조사, 데이터 분석, 에티켓

진출 분야

국내 여행사, 해외 전문 여행사, 여행 플랫폼 기업

관련 직업

관광가이드, 스튜어디스, 여행기획자, 맞춤여행기획자, 여행안내원, 공정여행기획자, 투어컨덕터(해외여행인솔자)

전직 가능 직업

여행사무원, 문화해설사, 문화여가사, 해양레저전문가

관련 기관

한국여행업협회 www.kata.or.kr
한국관광협회중앙회 www.ekta.kr
한국관광공사 knto.or.kr

여행가이드

TOUR GUIDE TOUR GUIDE TOUR GUIDE

여행자의 길잡이, 여행지의 스토리텔러

새로운 사람을 만나 흥미진진한 이야기와 비밀이 가득한 탐험지로 안내하는 게 나의 역할이야. 여행지의 흥미로운 역사와 전설도 들려주고, 멋진 풍경 앞에서는 마치 영화 속 주인공처럼 완벽한 사진을 남길 수 있도록 포즈까지 알려 주지. 여행객이 여행을 한 편의 멋진 이야기로 기억하게 도와주는 스토리텔러가 바로 나야.

능력치

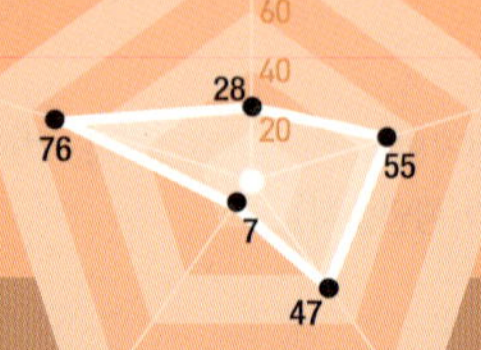

심리검사 유형

흥미	사회형(S), 예술형(A)
적성	대인관계능력
MBTI	ESFP, ENFJ

어떤 일을 할까요?

여행객에게 교통수단, 숙박 시설, 각종 편의 시설 이용법을 안내하고 편의 서비스를 제공함.

여행객에게 여행 경로와 일정을 소개하고 역사적 유물, 유적지, 명소 등에 관해 설명함.

여행 중 사고가 발생하면 본사와 연락하여 신속히 문제를 해결함.

어떤 사람에게 어울릴까요?

다른 사람에게 무언가를 설명하거나 도움을 주는 일을 좋아하는 사람

미술이나 문학 등 예술과 다양한 문화에 관심이 많은 사람

새로운 사람들과 쉽게 친해지고 원만한 관계를 유지하는 사람

갈등 해결 능력이 뛰어나고 사람을 이끌 수 있는 리더십을 가진 사람

직업 현황

수입 (단위: 만 원)

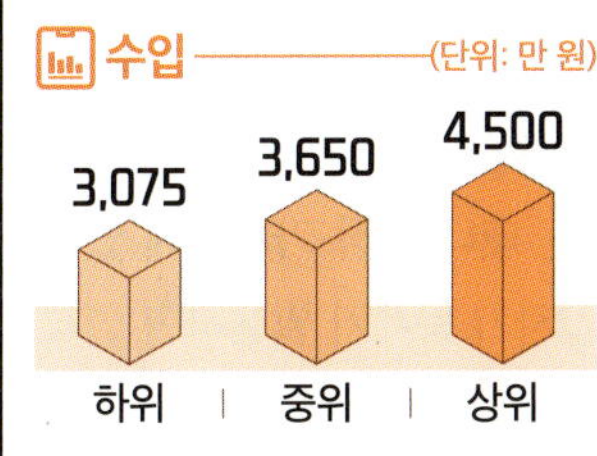

3,075 하위
3,650 중위
4,500 상위

업무 자율성 (단위: %)

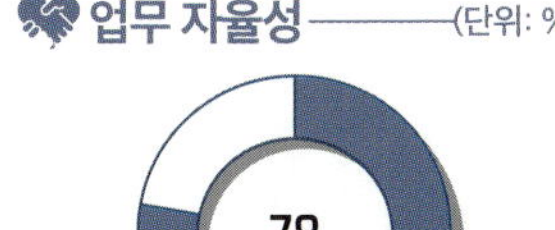

78

직무 만족도 (단위: %)

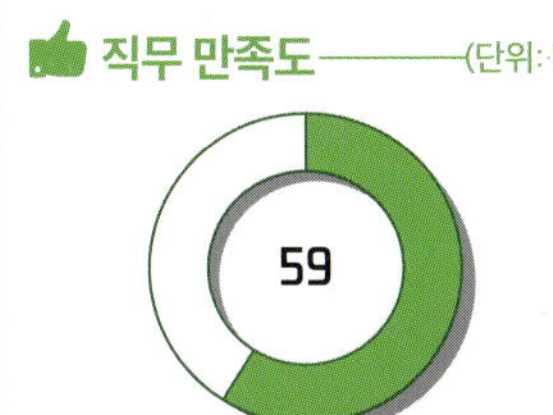

59

AI와 함께하는 직업 생활

AI는 여행지 정보와 이동 경로를 실시간으로 안내하고 통역 및 번역을 도와주며, 사람은 현지 문화를 생생하게 해설하고 고객과 친근하게 소통하며 여행에 감동을 더해요.

커리어패스

관련 학과

영어영문학과, 중어중문학과, 일어일문학과, 관광경영학과, 관광개발학과, 문화관광학과, 국제관광학과

진로 준비

- 학력이나 전공에 제한은 없지만, 대학에서 외국어나 관광 분야를 전공하면 취업에 유리함.
- 외국인에게 통역 서비스를 제공하는 관광통역안내원이 되려면 관광통역안내사 국가 자격증이 필요함.
- 여행사 아르바이트나 다양한 여행 경험을 쌓으면 취업에 도움이 됨.
- 여행가이드로 경력을 쌓으면 프리랜서로 독립하거나 여행상품개발자로 전직할 수도 있음.

전문 지식

관광학, 관광 영어, 세계 문화, 세계 문화 관광, 커뮤니케이션, 응급 처리, 안전 관리, 에티켓

진출 분야

일반 여행 업체, 국외 여행 업체, 호텔, 관광호텔, 학원

관련 직업

여행안내원, 여행서비스종사자, 관광통역안내사, 역사여행가이드, 문화해설사, 카지노딜러

전직 가능 직업

여행상품개발자, 여행사무원, 여행작가, 장애인여행도우미, 세계여행가

관련 기관

세계한인가이드협회 oktg.org
한국관광통역안내사협회 www.kotga.or.kr

스튜어디스

STEWARDESS STEWARDESS STEWARDESS

기내의 만능 해결사

잃어버린 물건 찾기는 기본! 좌석 바꾸기부터 이어폰 빌려주기까지, 나는 비행기에서 승객들이 마주치는 모든 문제를 해결해 주는 해결사야. 비행기에 탑승하자마자 가장 먼저 나를 만나고 비행하는 내내 가장 가까이에 있을테니, 하늘에서 갑자기 문제가 발생하면 언제든 내게 도움을 청하라구~

능력치

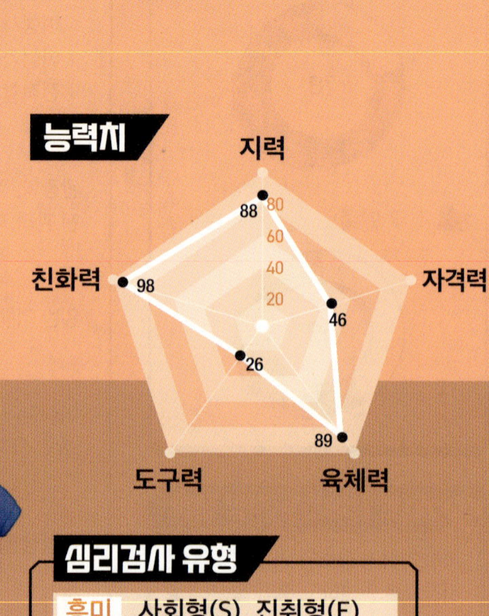

심리검사 유형

흥미	사회형(S), 진취형(E)
적성	대인관계능력
MBTI	ESFP, ENFJ

어떤 일을 할까요?

승객이 목적지까지 안전하고 편안하게 이동할 수 있도록 기내 시설을 점검하고 서비스를 준비함.

승객에게 기내 설비 사용법과 비행 중 주의 사항을 안내하고 식사와 음료 서비스를 제공함.

비행기가 착륙하면 승객들의 하차를 돕고, 객실 상태와 승객의 물품 분실 여부를 확인함.

어떤 사람에게 어울릴까요?

다른 사람들의 문제 해결과 성장을 도우며 보람을 느끼는 사람

자신감이 넘치고 활기차며 책임감이 강한 사람

상황이나 분위기를 잘 파악하고 주변 사람들을 편안하게 해 주는 사람

자신과 주변 사람의 갈등을 해결할 수 있고 리더십이 뛰어난 사람

직업 현황

수입 (단위: 만 원)

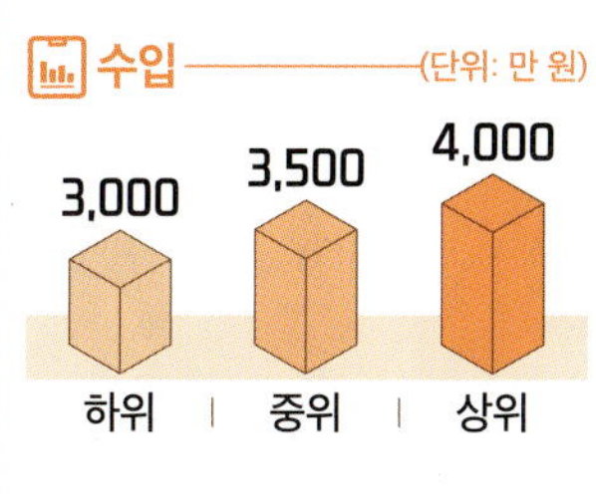

3,000 하위 | 3,500 중위 | 4,000 상위

업무 자율성 (단위: %)

10

직무 만족도 (단위: %)

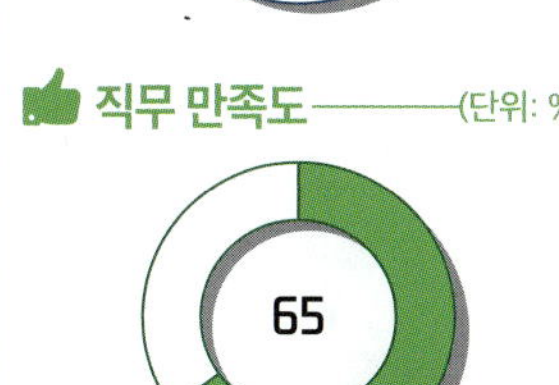

65

AI와 함께하는 직업 생활

AI는 탑승객 정보를 관리하고 승객들의 요구 사항을 실시간으로 모니터링하며, 사람은 따뜻한 미소와 친절함으로 승객과 소통하며 비상 상황에서 승객의 안전을 책임져요.

커리어패스

관련 학과

항공운항학과, 항공관광학과, 항공서비스학과, 국제비서학과, 외국어학과

진로 준비

- 전문대학 이상의 학력이 필요하며, 대학에서 항공 관련 학과를 졸업하면 취업에 유리함.
- 채용 과정에서 항공 서비스에 관한 지식뿐만 아니라 영어 실력, 체력, 수영 실력을 평가하는 경우가 많음.
- 항공사에 입사하면, 신입 승무원으로 시작하여 부사무장, 사무장, 선임 사무장, 수석 사무장으로 승진할 수 있음.

전문 지식

항공 서비스, 고객 서비스, 응급 처치, 기내 안전 관리, 항공 보안, 서비스 영어, 비즈니스 매너

진출 분야

국내 항공사, 해외 항공사

관련 직업

항공기승무원, 항공기객실승무원, 스튜어드, 열차객실승무원, 선박객실승무원, 크루즈승무원

전직 가능 직업

이미지컨설턴트, 여행사무원, 서비스강사

관련 기관

대한항공 www.koreanair.com
아시아나항공 flyasiana.com

#개성 #여가 #오감자극 #요리연구

셰프 및 조리사

CHEF AND COOK CHEF AND COOK CHEF

맛의 신세계를 개척하는 오감의 예술가

요리는 내 인생이자 행복이야. 매일 아침 신선한 제철 재료를 고르고, 식재료 본래의 맛과 향을 살리는 요리를 정성껏 만들지. 정갈하고 먹음직스러운 요리를 손님상에 내놓았을 때, 빈 접시를 보여 주며 행복한 미소를 짓는 손님들을 볼 때 가장 뿌듯해.

능력치

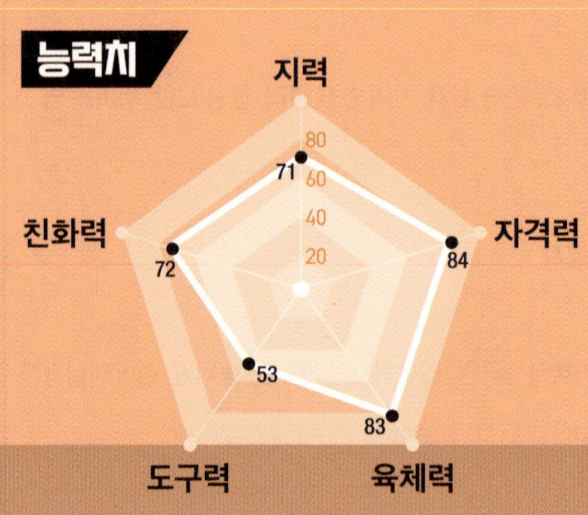

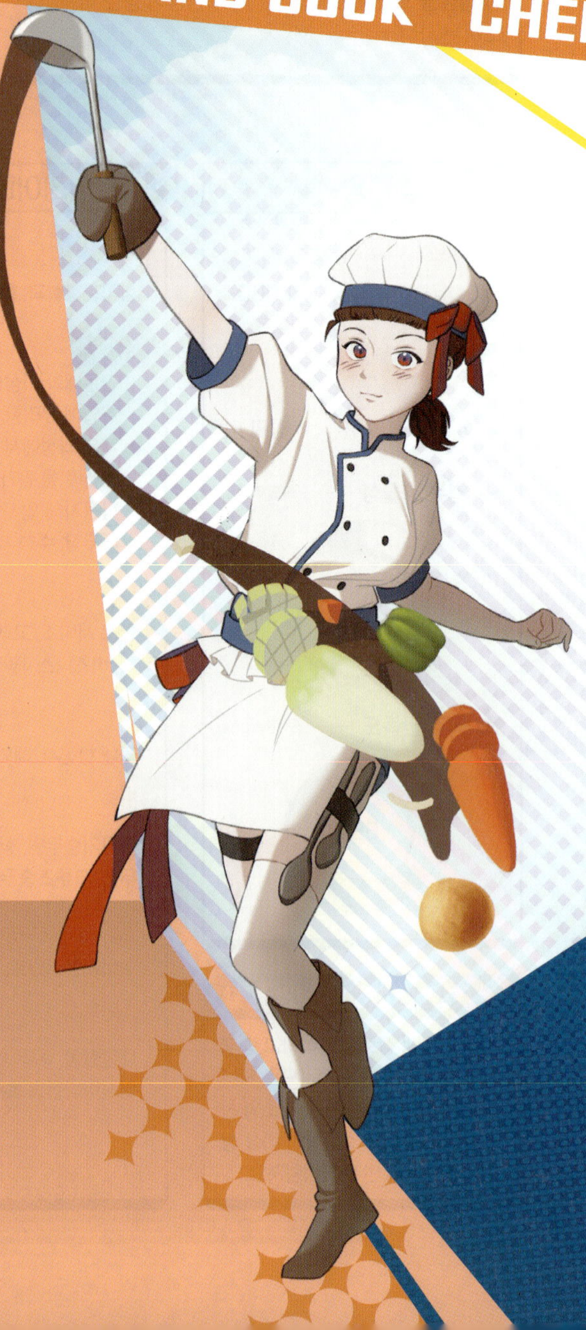

심리검사 유형

흥미	예술형(A), 사회형(S)
적성	손재능
MBTI	ISFP, ENFP

어떤 일을 할까요?

셰프는 주방에서 조리나 음식 서비스를 총괄하고 관리함.

셰프는 조리사의 근무 상황을 관리하며, 조리사에게 요리를 지시하거나 감독함.

조리사는 식재료를 준비하고 조리법에 따라 음식을 조리함.

어떤 사람에게 어울릴까요?

자신만의 스타일을 찾아 개성 있게 표현하는 것을 즐기는 사람

낯선 식재료나 요리법에 관심이 많으며, 이를 깊게 탐구하는 사람

도구나 장비를 잘 다루고, 손으로 섬세한 작업을 할 수 있는 사람

요리 재료를 능숙하게 손질하고, 원하는 요리를 만들어 낼 수 있는 사람

직업 현황

수입 (단위: 만 원)

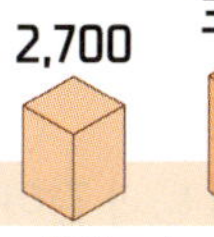
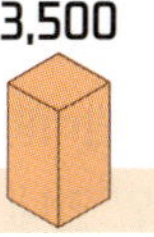
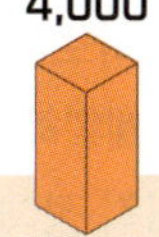

하위	중위	상위
2,700	3,500	4,000

업무 자율성 (단위: %)

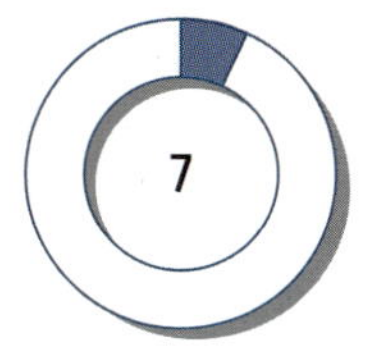

직무 만족도 (단위: %)

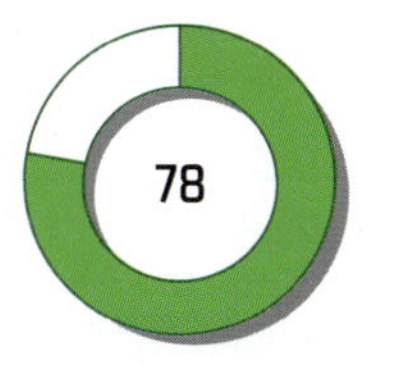

AI와 함께하는 직업 생활

AI는 식재료의 품질과 유통 기한을 관리하며 고객의 취향을 분석하여 맞춤형 요리를 제안해 주고, 사람은 자신만의 손맛과 예술적인 감각으로 새로운 요리를 만들 수 있어요.

커리어패스

관련 학과

조리과학과, 식품조리학과, 전통조리과, 외식조리학과, 식품영양학과, 호텔조리학과, 호텔외식조리학과

진로 준비

- 학력이나 전공 제한은 없지만, 고등학교나 대학의 조리 관련 학과에서 체계적인 실무 교육을 받으면 취업에 유리함.
- 조리 기술은 요리 학원이나 공공 직업 훈련 기관을 통해 전문적으로 배우거나, 음식점에서 보조원으로 근무하면서도 배울 수 있음.

전문 지식

조리 실습, 식품학, 영양학, 위생학, 메뉴 개발, 식당 경영, 외식 산업론

진출 분야

일반 음식점, 호텔 외식부, 학교·회사·병원 등의 집단 급식소, 전문 외식 업체, 식품 가공 업체

관련 직업

요리사, 주방장, 주방보조원, 한식조리사, 양식조리사, 중식조리사, 일식조리사, 곤충음식조리사, 식용곤충요리사, 닥터셰프, 음료조리사, 바텐더, 푸드스타일리스트, 음식서비스종사자

전직 가능 직업

브루마스터, 요리연구가, 요리평론가, 음식평론가, 요리학원강사, 음식메뉴개발자, 요리사농부

관련 기관

한국조리사협회중앙회 www.ikca.or.kr
한국조리협회 kcf90.com
한국외식업중앙회 www.foodservice.or.kr

동물행동 트레이너

ANIMAL BEHAVIOR TRAINER

동물의 행동과 영혼을 치유하는 힐러

- 과도한 짖음, 공격적인 행동, 화장실 문제 등 동물의 다양한 문제 행동을 분석하고, 이를 교정하기 위한 훈련을 시행함.
- 동물의 문제 행동을 바로잡기 위한 프로그램을 개발하고 훈련 일정을 계획하고 관리함.
- 공연, 인명 구조, 시각 장애인 안내 등과 같이 특수한 목적을 위해 동물을 훈련함.

AI와 함께하는 직업 생활

AI는 동물 행동 데이터를 분석하여 맞춤형 훈련 프로그램을 제안하고, 사람은 동물의 심리를 이해하고 교감하며 인내심을 가지고 동물의 문제 행동을 교정해요.

커리어패스

관련 학과	반려동물과, 바이오동물학과, 특수동물학과, 반려동물산업학과, 동물자원학과
진로 준비	• 학력이나 전공에 제한은 없으나 특성화고, 전문대학, 대학교에서 반려동물 관련 학과를 졸업하면 취업에 도움이 됨. • 반려동물 훈련소 등에서 인턴십을 통해 경험을 쌓는 것도 취업과 실무에 도움이 됨. • 집에서 반려동물을 키우는 경험도 실무에 도움이 될 수 있음.
진출 분야	애견 스쿨, 반려 동물 훈련소, 애견 센터, 동물원, 테마파크, 대형 아쿠아리움
관련 직업	동물조련사, 가축사육사, 사육사, 반려동물맞춤운동전문가, 반려동물산책사, 반려동물훈련상담사
전직 가능 직업	동물행동학자, 동물랭글러, 반려동물식품시험관, 반려동물테라피스트, 동물재활공학사

#개성 #여가 #컨시어지 #호텔도어맨

호텔리어

HOTELIER

편안함과 감동을 선사하는 수호천사

- 호텔의 다양한 서비스를 계획하고 호텔종사자의 업무를 관리함.
- 호텔 이용객의 예약을 관리하고 고객 응대, 객실 안내, 짐 운반, 객실 정리, 식사 주문 등의 서비스를 제공함.
- 숙박비 책정, 광고나 마케팅 전략 수립 등 호텔의 경쟁력을 높이고 수익성을 개선하는 업무를 수행함.

AI와 함께하는 직업 생활

AI는 고객 데이터를 분석하여 맞춤 서비스를 추천하고, 사람은 투숙객의 편안한 휴식을 위해 세심한 서비스를 제공하며 예상치 못한 상황이나 요구에도 친절하게 대응해요.

🚩 커리어패스

🎓 관련 학과	호텔관광경영학과, 호텔외식경영학과, 관광경영학과, 항공서비스과, 문화관광학과
🚩 진로 준비	• 특성화고나 대학의 호텔 경영 관련 학과를 졸업하면 취업에 유리함. • 호텔프런트사무원의 경우 컴퓨터 활용 능력과 외국어 실력이 뛰어나면 취업에 유리함. • 호텔도어맨이나 호텔벨맨의 경우 특별한 자격 조건이 없으며, 호텔 입사 후 직무 교육을 통해 실무를 익힐 수 있음.
👥 진출 분야	일반 호텔, 관광호텔, 수상 관광호텔, 한국 전통 호텔, 가족호텔, 호스텔
💼 관련 직업	호텔종사자, 호텔관리자, 호텔컨시어지
💼 전직 가능 직업	여행안내원, 총무사무원, 서비스강사

바리스타 및 푸드스타일리스트

BARISTA AND FOOD STYLIST

음식에 생기를 불어넣는 이미지 연출가

- 바리스타는 원두를 선택하고, 고객이 원하는 커피를 만들어 서비스함.
- 고객의 주문에 따라 우유 거품으로 하트, 꽃, 동물 등 다양한 그림을 그려 커피를 제조함.
- 푸드스타일리스트는 의뢰인의 요구에 맞춰 음식이나 식기, 소품 등을 조화롭게 배치함.

AI와 함께하는 직업 생활

AI는 음료와 음식의 레시피와 플레이팅 방법을 제안해 주며, 사람은 고객의 취향을 반영하여 오감을 만족시키는 동시에 개성 있는 스토리가 담긴 요리를 만들어요.

커리어패스

관련 학과	호텔경영학과, 식품외식산업학과, 호텔외식조리학과, 식품조리학과, 식품영양학과, 푸드스타일리스트과
진로 준비	• 학력의 제한은 없으나, 특성화고, 전문대학, 대학교에서 조리 관련 학과를 졸업 하면 체계적인 교육을 받을 수 있음. • 사설 교육 기관에서 제공하는 바리스타나 푸드스타일리스트 훈련 과정을 통해 실무에 필요한 지식을 쌓을 수 있음. • 바리스타 경력을 쌓은 뒤 커피 전문점을 창업하기도 함.
진출 분야	커피 전문점, 레스토랑, 호텔, 클럽, 외식 전문 업체, 광고 대행사
관련 직업	음료조리사, 푸드코디네이터
전직 가능 직업	요리사, 조리장, 바텐더, 파티쉐

07

영업·판매·운송

이 분야의 직업인은 상품과 서비스를 고객에게 직접 판매하거나, 사람과 물건을 원하는 곳으로 안전하게 운송하는 역할을 담당합니다. 이들 덕분에 우리 사회의 다양한 경제 활동이 막힘없이 원활하게 운영될 수 있습니다.

항공기조종사

AIRCRAFT PILOT AIRCRAFT PILOT AIRC

하늘을 누비는 바람의 지배자

나는 거대한 비행기와 한 몸처럼 움직이기 위해 많은 훈련을 받았어. 기상 악화와 난기류를 만났을 때는 머릿속에 가능한 매뉴얼이 쫙 떠오를 정도야. 덕분에 폭풍우 속에서도 흔들리지 않는 결단력으로 바람을 가르고 하늘길을 달리지.

능력치

심리검사 유형

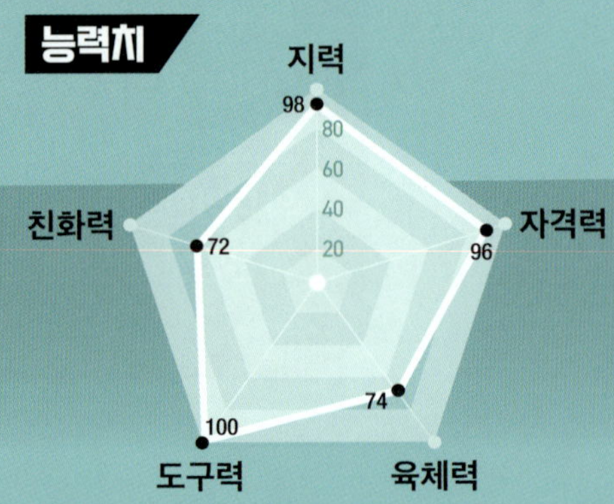

흥미	실재형(R), 관습형(C)
적성	공간지각력
MBTI	ISFP, INTP

어떤 일을 할까요?

사람이나 화물을 운송하는 여객기, 전투기, 경비행기, 헬리콥터 등을 조종함.

비행 목적지, 항로, 연료량, 기상 조건 등을 확인하고, 항공기 상태와 조종실 시스템을 점검함.

탐색, 구조, 항공 측량, 소독약 분무, 농약 살포 등의 다양한 업무를 수행하기도 함.

어떤 사람에게 어울릴까요?

기계에 관심이 많고 다양한 장비를 능숙하게 다루는 사람

어떤 일에 대해 미리 준비하고 대비하는 성향이 강한 사람

입체적인 물체의 위치나 모습을 상상하고 떠올릴 수 있는 사람

기계 구조를 한눈에 파악하고, 각 부분의 위치를 정확히 구분하는 사람

직업 현황

수입 (단위: 만 원)

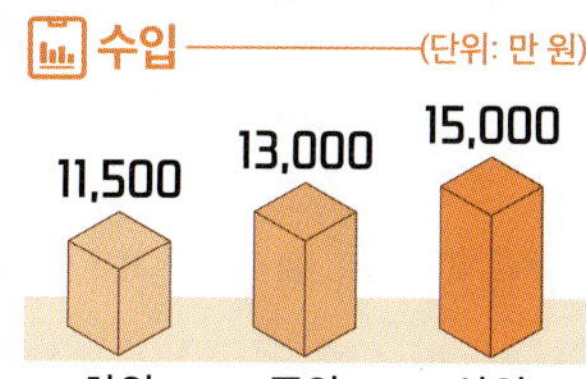

하위	중위	상위
11,500	13,000	15,000

업무 자율성 (단위: %)

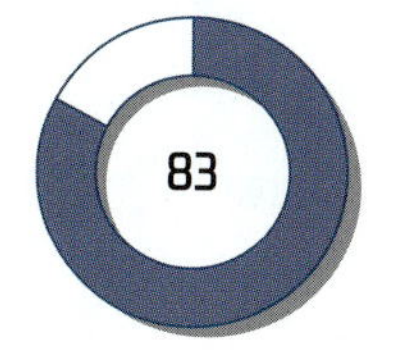

83

직무 만족도 (단위: %)

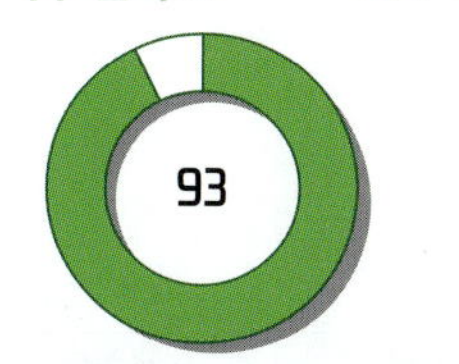

93

AI와 함께하는 직업 생활

AI는 비행경로, 날씨, 비상 상황 등을 실시간으로 분석해 주며, 사람은 긴급 상황에서 오직 인간만이 발휘할 수 있는 직관과 판단력으로 승객의 안전을 책임질 수 있어요.

커리어패스

관련 학과

항공운항학과, 항공운송학과

진로 준비

- 공군사관학교, 항공운항학과나 항공운송학과가 개설된 대학 또는 항공 조종사 전문 교육 기관 등에서 교육을 받고 조종사 면허를 취득해야 함.
- 대학생 대상 공군의 조종 장학생으로 선발되면 조종사가 될 수 있음.
- 공군사관학교를 졸업하고 조종사가 되면 군대에서 15년간 군조종사로 복무한 후 민간 항공기조종사로 일할 수 있음.
- 항공기조종사는 부기장에서 기장으로 승진할 수 있음.

전문 지식

항공학, 항공 역학, 항공기 시스템, 비행 원리, 조종 실습, 항공 통신, 항공 기상학, 비행 시뮬레이션

진출 분야

국내 항공사, 해외 항공사

관련 직업

헬리콥터조종사, 관제사, 스튜어디스, 스튜어드

전직 가능 직업

비행교관, 항공안전관리전문가, 항공사경영자

관련 기관

한국민간항공조종사협회 alpak.or.kr
한국항공협회 www.airtransport.or.kr
한국공항공사 www.airport.co.kr

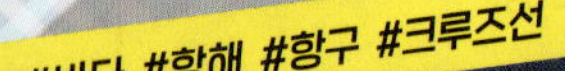

선장 및 도선사

CAPTAIN AND PILOT CAPTAIN AND PILOT

성난 파도를 지배하는 포세이돈

끝없이 몰아치는 파도와 거칠게 다가오는 어두운 폭풍에도 나는 흔들리지 않아. 나는 바다의 숨소리마저도 읽어 거대한 폭풍을 예견하고, 단호하게 항로를 결정하지. 위험한 상황이 닥쳐도 흔들림 없이 배를 이끌며 바다의 도전에 맞서는 것이 나의 운명이야.

능력치

심리검사 유형

흥미	실재형(R), 관습형(C)
적성	신체운동능력
MBTI	ENTJ, ESFJ

🚩 어떤 일을 할까요?

선장은 화물과 승객을 운송하는 선박이나 고기잡이배를 조종하고 관리함.

선장은 항해도, 레이더 및 기타 항해 보조 장비를 사용하여 선박의 속도를 조절하고 항로를 지시함.

도선사는 자신이 소속된 항구에 들어오는 외부 선박에 탑승하여 안전한 수로로 안내함.

👤 어떤 사람에게 어울릴까요?

활동적이며 몸을 움직이는 일을 좋아하는 사람

세심한 주의력과 책임감을 가지고 주어진 일을 잘 수행하는 사람

여러 신체 부위를 동시에 움직이며 몸의 균형을 잘 잡는 사람

정보와 자료를 분석하여 합리적인 결론을 낼 수 있는 논리적인 사람

📊 직업 현황

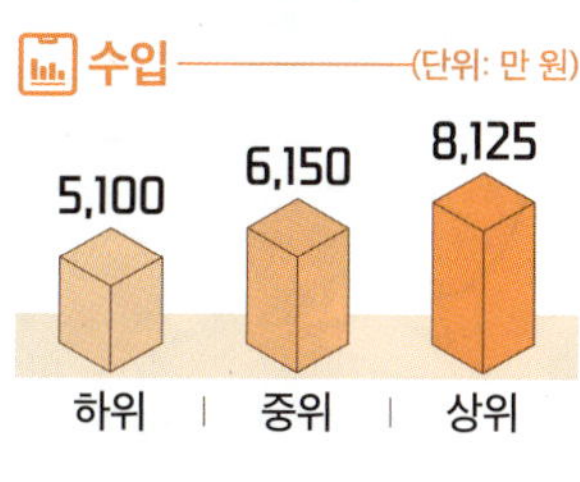

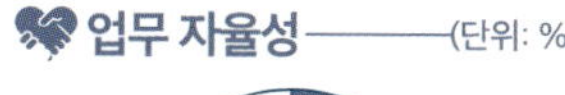

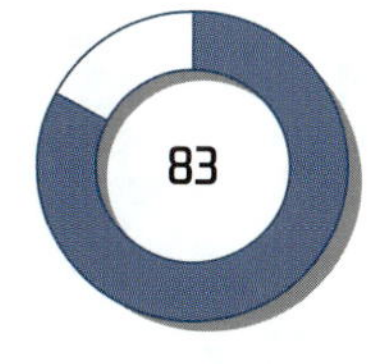

🤖 AI와 함께하는 직업 생활

AI는 선박의 항로, 날씨 등을 실시간으로 분석하여 최적의 항로를 제시하며, 사람은 예상치 못한 상황에서 풍부한 경험과 직관적인 판단력으로 안전한 항해를 책임져요.

♟️ 커리어패스

🎓 관련 학과

항해학과, 해상운송학과, 항해정보시스템학과

📋 진로 준비

- 해사 고등학교나 해양 과학 고등학교를 졸업하거나 대학에서 항해학과, 해상운송학과, 항해정보시스템학과 등을 졸업하면 선장이나 도선사가 되는 데 유리함.
- 선장이 되려면 항해사 경력을 쌓아야 함.
- 항해사가 되려면 항해 교육을 이수하고 항해사 면허를 취득해야 함.
- 도선사가 되려면 6,000톤 이상의 선박에서 5년 이상 선장으로 근무한 후 도선사 시험에 합격하여 면허를 취득해야 함.

📑 전문 지식

해양학, 항해학, 해사법, 선박 조종 및 운항 실습, 항해 장비, 전자 항법, 선박 통신

👥 진출 분야

여객선, 유조선사, 컨테이너선사, 벌크선사, 로로(RO-RO)선박사

🪪 관련 직업

항해사, 전문항해사, 선박기관사, 해기사, 선박갑판원, 조선공학기술자

💼 전직 가능 직업

해운회사경영자

🏢 관련 기관

한국선장포럼 shipmaster.or.kr
한국도선사협회 kmpilot.or.kr
한국해기사협회 www.mariners.or.kr

#비행기 #관제탑 #이륙과 착륙 #안전한 비행

관제사

AIR TRAFFIC CONTROLLER

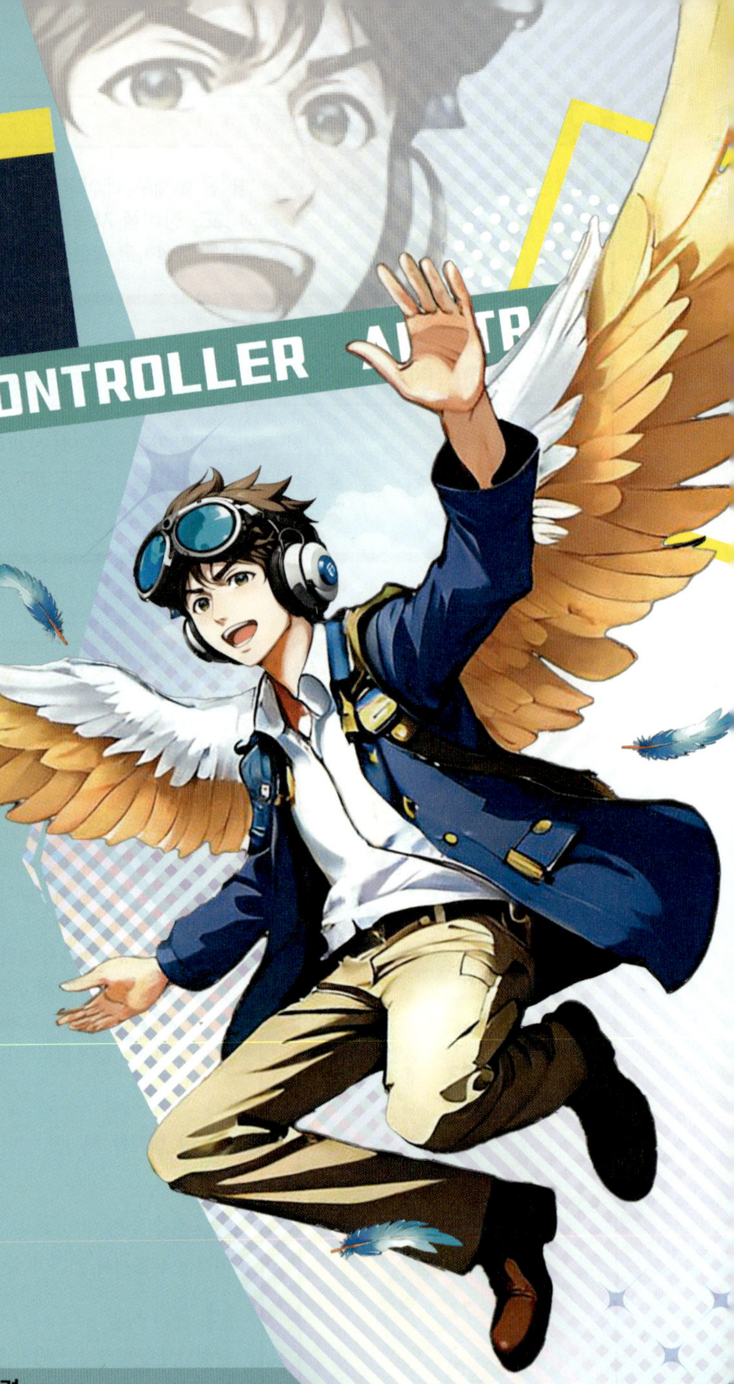

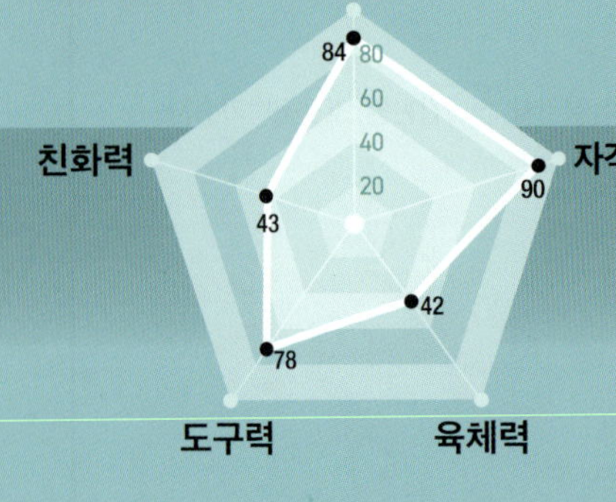

비행기 안전을 책임지는 하늘의 교통 경찰

나는 수많은 비행기가 안전거리를 유지하며 이착륙할 수 있도록 경로와 시간을 실시간으로 조종하는 일을 해. 내 결정이 조금만 어긋나도 조종사와 승객의 생명이 위협을 받을 수 있기에, 매 순간 책임감을 느끼며 하늘길을 주시하고 있어.

능력치

지력
84
80
60
40
20
자격력
90
육체력
42
도구력
78
친화력
43

심리검사 유형

흥미	관습형(C), 실재형(R)
적성	공간지각력
MBTI	ISTP, INTJ

🚩 어떤 일을 할까요?

항공교통관제사는 항공기가 안전하게 이륙, 착륙, 운항할 수 있도록 교통 흐름을 지휘함.

해상교통관제사는 선박 운항에 필요한 정보를 전달하고, 위치와 항로, 속도, 도착 시간 등을 지휘함.

철도교통관제사는 신호기와 선로 전환기의 동작 상태를 확인하고, 열차 운행 간격을 조절함.

👤 어떤 사람에게 어울릴까요?

꼼꼼하게 기록하거나 정리하는 일을 잘하는 사람

사물이나 기계 등을 조작하는 활동을 좋아하는 사람

자신을 중심으로 다른 대상들의 위치를 잘 파악할 수 있는 사람

입체 도형의 보이지 않는 부분도 잘 파악할 수 있는 사람

📊 직업 현황

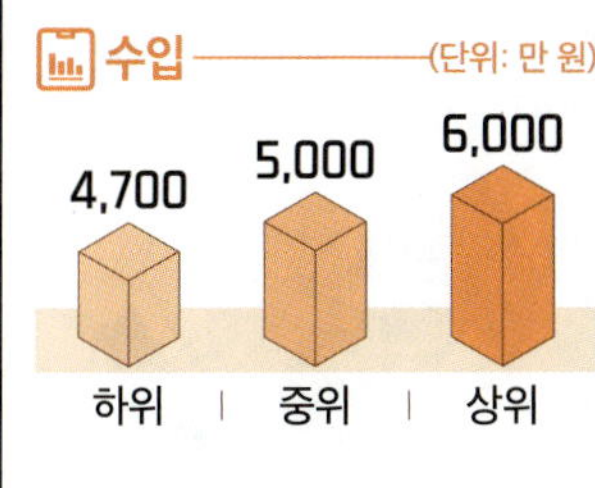

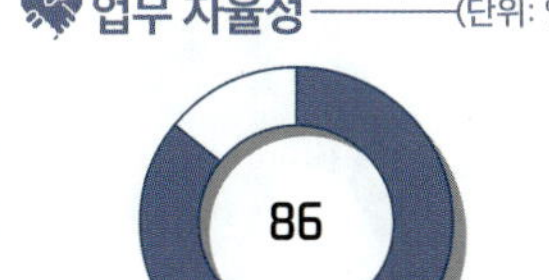

🤖 AI와 함께하는 직업 생활

AI는 항공기 정보를 분석하여 비행경로를 예측하며, 사람은 수많은 항공기의 안전한 이착륙과 항로 유도를 위해 실시간으로 상황을 판단하며 조종사와 소통하는 일에 집중해요.

♟ 커리어패스

🎓 관련 학과

항공교통학과, 항공교통물류학과, 교통공학과, 스마트철도교통공학과, 철도운전시스템공학과

🚩 진로 준비

- 대학의 항공교통학과를 졸업하거나 항공 훈련 기관에서 필요한 교육과정을 이수해야 함.
- 교육과정 수료 후 항공종사자 자격증명시험을 통과하여 항공교통관제사 면허를 취득해야 함.

📑 전문 지식

항공 기상학, 항공기 시스템, 항공 법규, 항공 통신, 관제 절차와 규정, 항공 내비게이션, 철도 관련법, 철도 관제 시스템 운영

👥 진출 분야

서울지방항공청, 제주지방항공청, 항공교통본부

📇 관련 직업

항공교통관제사, 해상교통관제사, 철도교통관제사, CCTV통합관제요원, 인공지능교통관제전문가

💼 전직 가능 직업

항공분야강사, 교통연구원

🏢 관련 기관

한국항공교통관제사협회 www.katca.or.kr
항공정보포털시스템 www.airportal.go.kr
한국교통안전공단 egov.kotsa.or.kr

철도기관사

TRAIN ENGINEER TRAIN ENGINEER TRAIN

철로 위를 달리는 열차의 지휘자

나는 굉음을 내며 질주하는 열차를 이끌고 끝없이 이어진 철로를 지배하는 기관사! 한 치의 오차도 없이 수많은 승객을 도착지까지 안전하게 모시는 임무를 수행하며, 도시와 도시를 이어 주는 보람찬 일을 하고 있어.

능력치

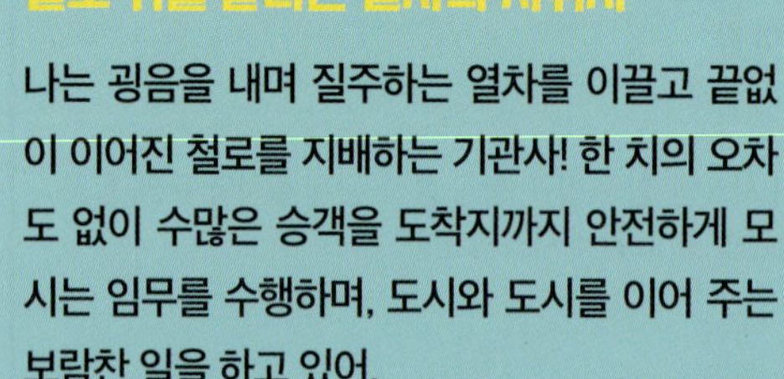

심리검사 유형

흥미	실재형(R), 사회형(S)
적성	신체운동능력
MBTI	ISTP, INTJ

어떤 일을 할까요?

기관차를 운전하여 사람과 화물을 운송하고, 철도 차량을 이동시킴.	철도 수송원, 운용원, 열차 차장 등과 신호를 주고받으며 기관차를 안전하게 운행함.	철도 차량 운전 중 열차의 진행 방향을 주시하며 장애물을 확인하고 조종 장치를 조작함.

어떤 사람에게 어울릴까요?

자신의 노력으로 뚜렷하고 빠른 결과를 얻을 때 보람을 느끼는 사람	다른 사람의 문제를 해결하고 성장을 돕는 데서 만족감을 느끼는 사람	다양한 상황에서 빠른 판단력으로 민첩하게 행동할 수 있는 사람	자신을 잘 다스리고 스트레스 상황도 이겨낼 수 있는 사람

직업 현황

📊 수입 (단위: 만 원)

하위	중위	상위
5,600	6,000	7,000

업무 자율성 (단위: %)

15

👍 직무 만족도 (단위: %)

55

🤖 AI와 함께하는 직업 생활

AI는 열차 운행 데이터를 분석하여 안전하고 효율적인 열차 운영을 돕고, 사람은 수많은 승객과 화물의 안전을 책임지고 예측 불가능한 상황에 신속하게 대응할 수 있어요.

커리어패스

🎓 관련 학과

철도운전시스템공학과, 철도운전제어학과, 철도차량시스템학과, 스마트철도교통학과, 철도차량운전과, 철도전기정보공학과

진로 준비

- 대학이나 전문 교육 기관에서 관련 교육을 받은 후, 국가에서 시행하는 철도차량 운전면허 시험에 합격해야 함.
- 고속열차기관사(KTX 기장)가 되려면 일반 철도기관사로 3년 이상 일한 경력이 있어야 함.

전문 지식

철도 시스템, 철도 운전 이론, 철도 안전 관리, 철도 통신 시스템, 철도 법규와 규정

진출 분야

한국철도공사, SR, 서울교통공사, 부산교통공사

관련 직업

기관사, 전동차기관사, 선박기관사, 신호원, 철도차장

전직 가능 직업

철도교통관제사

관련 기관

국가철도공단 www.kr.or.kr
한국철도공사 www.korail.com
한국철도아카데미 cyber.korail.com
국립한국교통대학교 www.ut.ac.kr

해외세일즈맨

OVERSEAS SALESPERSON OVERSEAS SA

해외 시장을 개척하는 프로 설득러

나는 다양한 언어와 문화를 넘나들며 세계를
누비는 사람이야. 끊임없이 변화하는 세계
시장에 새로운 상품과 서비스의 매력을 선보
이고 시장의 호응을 끌어내지. 상품에 대한
자신감으로 구매자를 설득하고 새로운 시장
개척에 성공할 때 짜릿함을 느끼지.

능력치

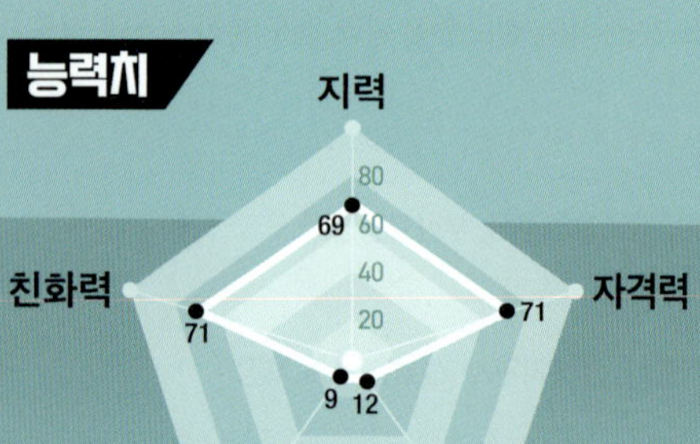

심리검사 유형

흥미	진취형(E), 관습형(C)
적성	대인관계능력
MBTI	ESFP, ENFP

어떤 일을 할까요?

회사의 제품이나 서비스를 해외 고객에게 판매함.	해외 시장을 조사하고 상품을 분석하여 해외 마케팅 전략을 수립함.	해외의 구매자와 접촉하여 자사 제품을 소개하고 상담하며 계약을 체결함.

어떤 사람에게 어울릴까요?

모임에서 주도적인 역할을 하는 사람	적극적이고 긍정적이며 신뢰감을 주는 사람	처음 만나는 사람과도 잘 어울리며 공감 능력이 뛰어난 사람	다른 사람에게 필요한 정보나 도움을 주기 좋아하는 사람

직업 현황

수입 (단위: 만 원)

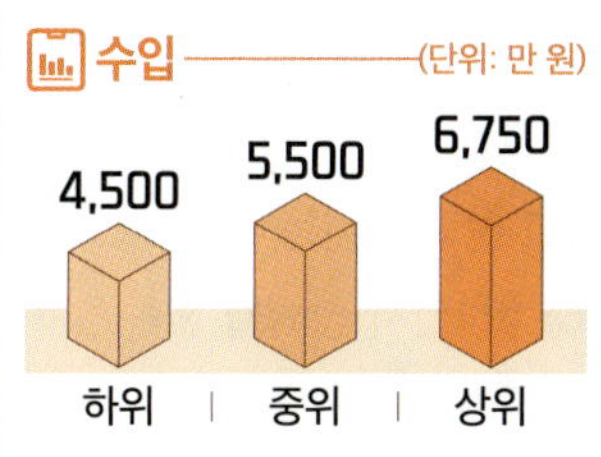

하위	중위	상위
4,500	5,500	6,750

업무 자율성 (단위: %)

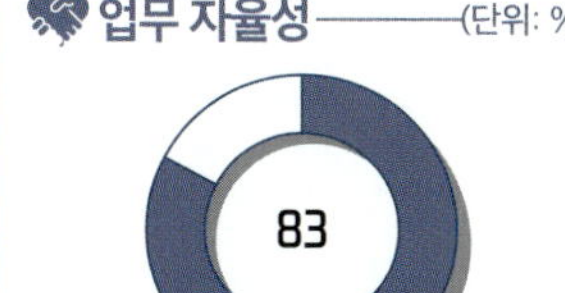

83

직무 만족도 (단위: %)

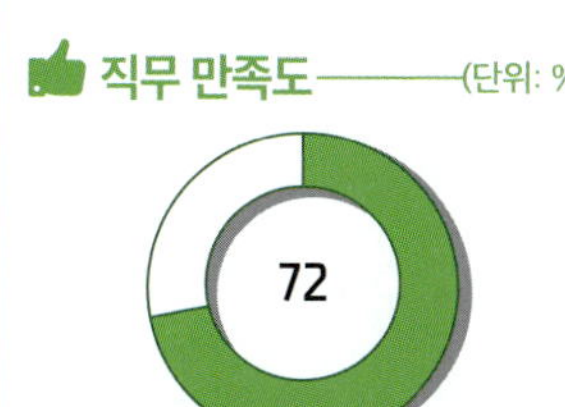

72

AI와 함께하는 직업 생활

AI는 시장 데이터를 분석하여 잠재 고객을 추천하며, 사람은 해외 바이어와의 문화적 차이를 이해하고 신뢰를 바탕으로 인간적인 관계를 구축하여 협상을 끌어내요.

커리어패스

관련 학과

경영학과, 경제학과, 국제지역학과, 국제학과, 영어영문학과, 중어중문학과, 일어일문학과, 스페인어문학과, 국제통상학과, 무역학과, 마케팅경영학과, 호텔관광경영학과

진로 준비

- 해외 영업 업무를 수행하려면 외국어에 능통해야 함.
- 기업에서 경력을 쌓은 후에는 직접 무역상이나 대리점을 개설하여 운영할 수도 있음.
- 영업 분야에서 근무한 경험이 있거나, 판매할 제품 및 서비스와 관련된 업무 경험이 있으면 취업에 유리함.

전문 지식

국제 경영학, 마케팅, 국제 무역 이론, 국제 경제학, 무역법, 국제법, 재무 관리, 회계

진출 분야

도·소매 업체, 제조 업체, 수출 업체, 자동차 업체, 장비 및 설비 제조 업체, 정보 통신 판매 업체

관련 직업

해외영업원, 기술영업원, 자동차영업원, 영업사원, 영업원, 무역업종사자

전직 가능 직업

무역사무원, 상품중개인, 국제무역사무원, 물류사무원, 물류관리사

관련 기관

대한무역투자진흥공사(KOTRA) www.kotra.or.kr

카딜러

CAR DEALER CAR DEALER CAR DEALER C

고객에게 신뢰를 파는
자동차 판매왕

나는 고객의 표정과 말투에서 고객이 무엇을 원하는지를 알아채고 가장 잘 어울리는 자동차를 제안하지. 자동차 영업에서 중요한 건 단순히 상품을 파는 게 아니라 고객의 마음을 사로잡고 신뢰를 얻는 거야. 평소 꾸준히 고객과 소통하면서 신뢰를 쌓는 것이 나의 가장 큰 영업 비결이지.

능력치

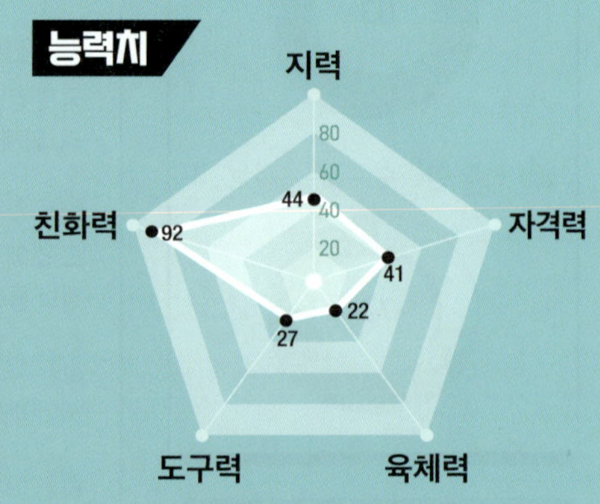

심리검사 유형

흥미	진취형(E), 사회형(S)
적성	대인관계능력
MBTI	ISTP, INTJ

⚑ 어떤 일을 할까요?

고객에게 자동차에 관한 정보를 제공하고, 고객이 원하는 차종과 종류를 파악함.	고객이 구매할 차종을 선택하면 계약을 체결하고, 차량 인도 일자와 계약 조건 등을 협의함.	잠재 고객을 파악하여 홍보 활동을 하며 기존 고객을 관리함.

👤 어떤 사람에게 어울릴까요?

자신의 주장을 다른 사람에게 효과적으로 전달할 수 있는 사람	다른 사람의 감정을 잘 헤아리고 공감할 수 있는 사람	상황이나 분위기를 잘 파악하고 다른 사람과 협력할 수 있는 사람	자신과 주변 사람의 갈등을 해결할 수 있는 사람

◐ 직업 현황

📊 수입 (단위: 만 원)

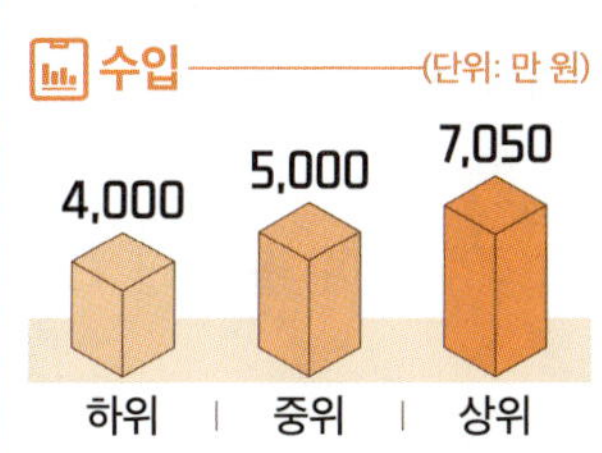

하위	중위	상위
4,000	5,000	7,050

💙 업무 자율성 (단위: %)

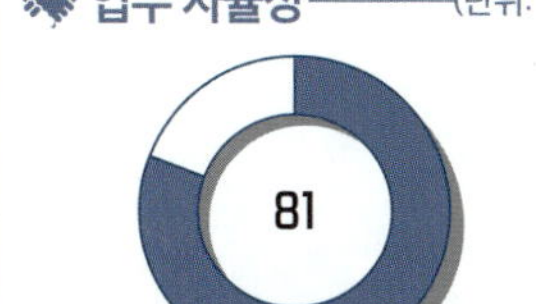

81

👍 직무 만족도 (단위: %)

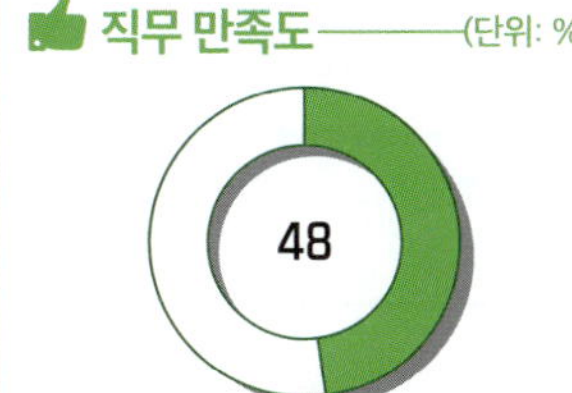

48

🤖 AI와 함께하는 직업 생활

AI는 고객의 구매 이력과 선호도를 분석하여 최적의 차량을 추천하고, 사람은 고객의 라이프스타일을 파악하여 인간적인 소통으로 신뢰를 쌓아 판매 계약을 체결할 수 있어요.

♟ 커리어패스

🎓 관련 학과

경영학과, 메카트로닉스공학과, 자동차공학과, 자동차정비과

⚐ 진로 준비

- 학력이나 전공의 제한은 없으나, 대학에서 경영학이나 자동차공학을 전공하면 유리함.
- 상품을 판매한 영업 경험이 있으면 취업과 영업 활동에 도움이 됨.
- 자동차 정비 관련 자격증이 있으면 취업이나 승진에 유리함.
- 업무 성과가 명확하게 드러나는 분야이므로, 판매 실적이 높을수록 많은 성과급을 받을 수 있음.
- 경력을 쌓으면 자동차 판매 대리점을 운영할 수도 있음.

📑 전문 지식

마케팅, 소비자 행동론, 세일즈 전략, 자동차 구조와 작동 원리, 재무, 디지털 마케팅

👥 진출 분야

자동차 제조사, 자동차 딜러사, 렌터카 및 리스 회사

📇 관련 직업

자동차영업원, 자동차해외세일즈맨, 기술영업원, 제품광고영업원

💼 전직 가능 직업

상품중개인

🏢 관련 기관

한국자동차영업협회 kasanet.co.kr
한국자동차산업협동조합 www.kaica.or.kr

택배원

COURIER

▶ 모두가 기다리는 배달 요정

- 고객이 구매한 상품을 고객이 원하는 장소로 안전하게 운반함.
- 담당 지역을 순회하며 차량에 실린 물품을 각 배송지로 배송함.
- 배송지에 도착하면 고객 본인 여부를 확인하고 물품을 전달함.

🤖 AI와 함께하는 직업 생활

AI는 최적의 배송 경로를 제안하여 물류 효율을 높이고, 사람은 고객에게 친절하게 물건을 전달하고 예상치 못한 배송 문제에 유연하게 대처하며 고객 만족을 책임져요.

🚩 커리어패스

🎓 관련 학과	없음.
🚩 진로 준비	• 특별한 학력을 요구하지 않으며, 성실함과 체력이 중요함. • 1종 운전면허나 화물운송종사 자격증이 있으면 취업과 업무에 도움이 됨. • 택배 회사에 취업하면 단기간의 교육을 받거나 선배 택배원과 함께 일하면서 실무를 익힘.
👥 진출 분야	택배 회사, 퀵서비스 업체, 국제 특송 업체
💼 관련 직업	택배기사, 배달원
💼 전직 가능 직업	우편물집배원, 버스운전기사, 택시운전기사

판매·서비스직

SALES SERVICE WORKER

고객에게 특별함을 선물하는 행복 메신저

- 판매원은 상점이나 온라인 쇼핑몰에서 상품이나 서비스를 판매하며 영업 활동을 수행함.
- 서비스원은 돌봄 및 복지 서비스, 이·미용, 장례 등 개인 생활과 관련된 서비스를 제공함.
- 정리수납컨설턴트는 정리 수납 기법을 활용하여 고객의 공간을 효율적으로 정리함.

AI와 함께하는 직업 생활

AI는 고객의 구매 패턴과 재고 분석을 통해 마케팅 전략 수립을 지원하고, 사람은 고객과 직접 소통하며 신뢰를 바탕으로 고객에게 맞춤형 상품을 제안할 수 있어요.

커리어패스

관련 학과	물류유통학과, 경영학과, 마케팅학과, 유통경영과, 유통서비스학과
진로 준비	• 학력과 전공의 제한은 없으나, 전자 제품 판매 분야에서는 해당 분야의 전문 지식이 있으면 취업에 유리하고, 면세점에서 일하려면 전문대졸 이상의 학력과 외국어 능력을 갖춰야 함. • 백화점이나 대형 할인 매장의 경우에는 입사 후 사내 교육을 받고 실무에 투입됨.
진출 분야	백화점, 할인 매장, 슈퍼마켓, 면세점
관련 직업	상점판매원, 수산물유통관리사, 식당접객원, 식료품구매대행자, 판매사원, 요양보호사, 유품정리사, 빈집코디네이터, 장례지도사, 에코장례지도사, 협동조합코디네이터, 방탈출테마기획자, 생태활동코디네이터, 정리수납컨설턴트, 주변환경정리전문가, 행사도우미, 홍보도우미, 캐디, 안마사
전직 가능 직업	영업판매관리직, 자동차영입원

똑똑하게 기술을 활용하는 능력

새로운 기술을 이해하고 잘 다루는 능력은 더 이상 선택이 아니라 우리가 반드시 갖추어야 할 중요한 역량이 되고 있습니다.

모두에게 익숙한 기상캐스터를 예로 들어보겠습니다. 일기 예보는 겉보기에는 몇 분 안 되는 짧은 방송처럼 보이지만, 실제로는 계속 바뀌는 기상 데이터를 실시간으로 확인하고 분석해서 정확한 기사를 만들기 위해 많은 시간과 노력이 필요합니다. 그런데 최근에는 AI가 실시간으로 최신 기상 정보를 반영해서 자동으로 기사를 작성해 줍니다. 이제 기상캐스터는 AI가 쓴 기사를 꼼꼼히 확인하고 시청자들에게 친근하게 전달해 주기만 하면 됩니다.

인공지능을 활용한 일기 예보 기사 작성 및 보도 과정

1. 최신 기상 정보 수집 및 정리
전 세계 위성과 센서들이 보내는 방대한 날씨 정보를 AI가 수집하여 정리해요.

2. 정확한 미래 날씨 예측
AI가 모은 정보와 과거 자료까지 분석해서 미래 날씨를 예측해요.

3. 기사 초안 자동 작성
AI가 예측한 내용을 바탕으로 기본 기사를 자동으로 작성해요.

4. 일기 예보 보도
기상캐스터는 날씨 정보를 시청자 눈높이에 맞춰 친근하게 보도해요.

이처럼 기술을 잘 활용하면 반복적이고 번거로운 일에서 벗어나 시간과 에너지를 더 중요하고 가치 있는 일에 쏟을 수 있습니다. 즉, 기술이 사람의 일자리를 대체하는 게 아니라 새로운 가치를 만들 수 있도록 도와주는 조력자가 되어주는 것입니다.

08

건설·정비·생산

이 분야의 직업인은 우리가 사용하는 다양한 물건을 만들고 수리하고 설치하거나, 우리에게 필요한 먹거리와 자원을 직접 생산하고 가꾸는 일을 합니다. 사회의 보이지 않는 곳에서 묵묵히 땀 흘리며, 우리가 편안하고 안전한 삶을 살아갈 수 있도록 든든한 버팀목이 되어줍니다.

항공기정비원

AIRCRAFT MECHANIC AIRCRAFT MECHAN

안전 비행을 책임지는 숨은 조력자

항공기는 내가 없으면 하늘을 날 수 없어. 엔진에 이상은 없는지 날개가 제대로 작동하는지 기체에 발생한 모든 결함을 꼼꼼히 확인하고, 정밀한 수리를 완료해야만 비로소 안전 점검이 끝나기 때문이야. 모든 결함을 찾아내 항공기를 최상의 상태로 유지하는 것이 바로 나의 역할이야.

능력치

심리검사 유형

흥미	실재형(R), 탐구형(I)
적성	손재능
MBTI	ISTP, INTJ

🚩 어떤 일을 할까요?

항공기의 동력 장치, 착륙 장치, 조종 장치, 기체, 유압 및 기압 시스템 등을 정기적으로 점검하고 정비함.

항공기의 고장 부위, 범위, 정도 등을 파악하기 위해 시험 측정 기구를 사용하여 진단과 검사를 수행함.

항공기 부품의 교환 주기를 확인하고 필요할 경우 부품을 교체하거나 연료를 채우는 작업을 함.

👤 어떤 사람에게 어울릴까요?

어떤 대상이나 기계를 조작하는 활동에 관심이 많은 사람

맡은 업무에 책임감과 집중력을 발휘하는 사람

손으로 정교한 작업을 능숙하게 할 수 있는 사람

기계나 전기 전자 분야의 부품을 능숙하게 조립할 수 있는 사람

◐ 직업 현황

📊 수입 (단위: 만 원)

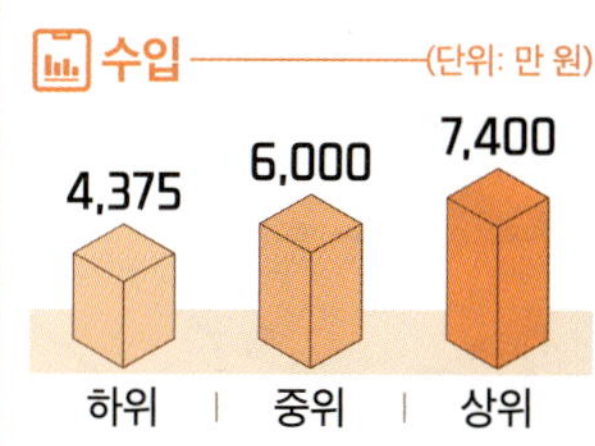

하위	중위	상위
4,375	6,000	7,400

💕 업무 자율성 (단위: %)

39

👍 직무 만족도 (단위: %)

64

🤖 AI와 함께하는 직업 생활

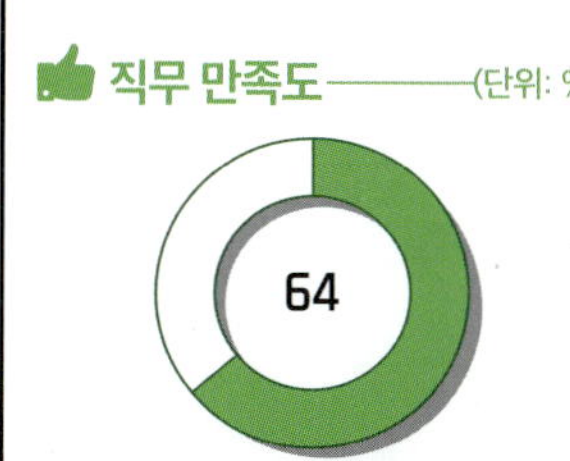

AI는 항공기 부품의 수명과 고장 가능성을 예측하고, 사람은 복잡한 항공기 시스템을 정밀하게 점검하고 미세한 결함도 찾아내어 승객의 안전을 위한 전문성을 발휘해요.

♟ 커리어패스

🎓 관련 학과

기계공학과, 메카트로닉스(기전)공학과, 재료공학과, 항공정비학과, 전기제어공학과, 제어계측공학과, 항공우주공학과

🚩 진로 준비

- 항공기 정비 분야로 진출하려면 항공 분야 특성화 고등학교나 항공 대학에서 전문 지식을 쌓거나, 항공 정비 관련 직업 훈련 기관을 통해 필요한 기술을 익혀야 함.
- 필요한 교육 과정을 이수한 후에는 항공사에서 일정 기간 경력을 쌓고 국가에서 주관하는 항공정비사 자격(면장)을 반드시 취득해야 함.

📋 전문 지식

항공기 기체, 항공기 엔진, 항공 전자, 항공 재료, 항공기 정비 실습, 항공기 시스템, 항공 안전

👥 진출 분야

항공기 제조 업체, 정비 업체, 항공 우주 산업체

📇 관련 직업

항공기정비사, 전기차정비원, 자동차튜닝엔지니어, 자동차정비사, 제트엔진수리원, 항공기계정비원, 항공기기체정비검사원, 항공기동체정비원, 항공기부속품기계원

💼 전직 가능 직업

선박정비원, 철도기관차정비원, 건설기계정비원

🏢 관련 기관

한국항공협회 www.airtransport.or.kr
한국공항공사 www.airport.co.kr

귀금속 및 보석세공원

METALSMITH AND JEWELER METALSMIT

다이아몬드에
영원한 사랑을 새기는 조각가

나는 다이아몬드에 영혼을 불어넣어 영원한 사랑을 담아내고, 루비에서 붉은 열정을 끌어내며, 사파이어에는 깊은 바다의 신비로운 분위기를 연출해. 내 손에서 탄생한 보석이 제 빛을 발하며 반짝일 때, 재미와 보람 그리고 자부심을 느껴.

능력치

심리검사 유형

흥미	예술형(A), 실재형(R)
적성	예술시각능력, 창의력
MBTI	ISTP, ISTJ

어떤 일을 할까요?

다이아몬드, 에메랄드, 루비, 사파이어 등의 원석을 절단하고 연마한 후 조각함.

귀금속과 보석을 가공한 뒤, 불순물이 없는지 확인하고 표면을 매끄럽게 정돈함.

고객이 의뢰한 귀금속이나 보석의 결함을 수리함.

어떤 사람에게 어울릴까요?

미술이나 음악에 관심이 많으며, 예술 작품을 감상하는 것을 즐기는 사람

개성이 뚜렷하며, 자신의 생각과 느낌을 잘 표현할 수 있는 사람

손재주가 좋으며 도구를 능숙하게 다룰 수 있는 사람

새롭고 독창적인 아이디어를 낼 수 있는 사람

직업 현황

수입 (단위: 만 원)

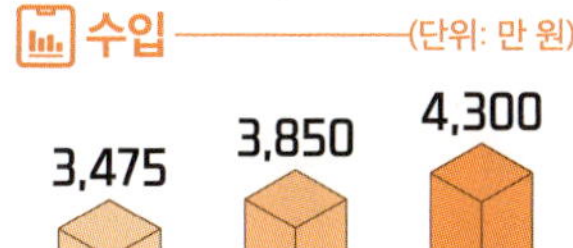

- 3,475 하위
- 3,850 중위
- 4,300 상위

업무 자율성 (단위: %)

41

직무 만족도 (단위: %)

37

AI와 함께하는 직업 생활

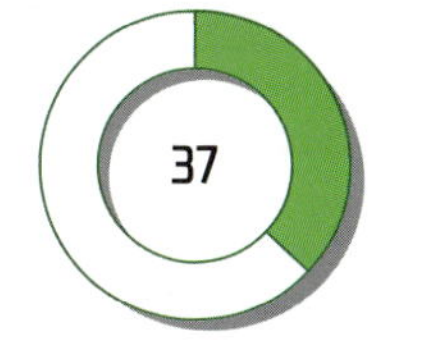

AI는 보석의 성분을 정밀하게 분석하고 3D 모델링을 지원하며, 사람은 섬세한 수작업과 탁월한 예술적 감각으로 고유한 가치를 지닌 보석을 디자인할 수 있어요.

커리어패스

관련 학과

금속공예학과, 주얼리디자인과, 귀금속주얼리학과, 금속주얼리디자인학과, 금속공예학과, 산업디자인학과

진로 준비

- 귀금속 관련 전문가가 되기 위해서는 특성화 고등학교나 대학에서 관련 학과를 졸업하는 것이 유리함.
- 실무 중심으로 귀금속 세공을 가르치는 사설 교육 기관을 통해 관련 기술을 익힐 수 있음.
- 국가 자격증으로는 귀금속가공기능장(산업기사), 보석가공기능사, 보석감정사 등이 있으며, 이러한 자격증을 취득하면 실무 역량 향상과 취업에 도움이 됨.

전문 지식

재료 과학, 보석 및 장신구 디자인, 귀금속 세공, 보석 세팅, 귀금속 및 보석 마케팅, 제품 관리

진출 분야

귀금속 가공 업체, 보석 가공 업체, 장신구 제조 업체, 핸드 메이드 공방

관련 직업

보석디자이너, 제품디자이너, 감정전문가, 공예원

전직 가능 직업

보석감정사, 업사이클주얼리디자이너

관련 기관

한국귀금속보석디자인협회 www.kjda21.org
한국주얼리산업연합회 www.kofji.or.kr

스마트파머

SMART FARMER

스마트폰으로 농장을 지배하는 아이언맨

- 정보통신기술(ICT)을 활용한 스마트팜(농장)에서 농사를 지음.
- 농작물 재배 시설의 온도, 습도, 일조량, 이산화탄소, 토양 등을 측정하고 분석 결과에 따라 제어 장치를 구동함.
- 스마트폰과 같은 모바일 기기를 이용해 농장을 원격으로 관리함.

AI와 함께하는 직업 생활

AI는 토양 상태, 기온, 습도 등 작물의 생육 환경과 성장 상태를 모니터링하고, 사람은 생명을 다루는 농업에 대한 애정으로 지속 가능한 농작물 재배 기술을 실천해요.

커리어패스

관련 학과	농학과, 지역시스템공학과, 농생물학과, 산림원예학과
진로 준비	• 학력이나 전공의 제한은 없으나, 농업 관련 학과에서 농업 지식을 체계적으로 배울 수 있음. • 스마트팜은 정보통신기술을 활용하기 때문에 기본적인 정보통신기술을 익혀야 함. • 농업기술원, 농업자원관리원, 농식품인력개발원 등에서 스마트팜 영농 기술을 배울 수 있음.
진출 분야	스마트팜, 농업 법인, 농업 회사, 스마트팜 관련 기업체
관련 직업	스마트팜운영자, 도시농업전문가, 원예기술자, 곡식작물재배자, 스마트팜컨설턴트, 스마트팜구축가, 정밀농업기술자
전직 가능 직업	농업기술자, 6차산업운영자, 농업환경생태연구원, 스마트팜기술자, 자영농식품안전관리전문가

#개성 #여가 #꽃꽂이 #행사장식

플로리스트

FLORIST

공간을 예술로 바꾸는 꽃의 요정

- 다양한 꽃과 식물을 활용하여 고객의 취향과 목적에 맞는 꽃다발과 꽃바구니를 제작함.
- 꽃과 식물을 이용하여 예술적인 꽃꽂이 작품을 만들어 전시회에 출품함.
- 결혼식이나 기업 행사 등 다양한 행사에 맞춰 공간을 꽃으로 장식함.

AI와 함께하는 직업 생활

AI는 꽃의 종류와 조합을 추천하고 고객 선호도를 분석하며, 사람은 고객의 감성과 요구를 이해하고 섬세한 손길과 미적 감각으로 고객의 특별한 순간을 아름답게 연출해요.

🚩 커리어패스

🎓 관련 학과	원예학과, 조경학과, 실내환경디자인학과, 화훼디자인과
🧭 진로 준비	• 학력의 제한은 없으나, 농업 고등학교와 전문대학, 대학교의 화훼 관련 학과에서 체계적인 지식을 습득할 수 있음. • 사설 학원이나 평생교육원, 사회복지관, 문화센터 등에서도 관련 교육을 받을 수 있음. • 자신의 작품을 사진으로 찍어 포트폴리오를 만들면 취업과 실무에 도움이 됨.
👥 진출 분야	플로리스트 샵, 호텔, 리조트, 조경 회사, 화훼 유통 회사
🧑 관련 직업	화훼장식가, 꽃판매원
💼 전직 가능 직업	화훼재배자, 공예원

공예원

CRAFT WORKER

예술혼이 깃든 일상의 명품을 만드는 장인

- 목재, 석재, 점토, 금속, 종이 등으로 손이나 도구를 이용하여 수공예품이나 전통 공예품을 제작함.
- 창작품을 모아 전시회를 개최하거나 개인, 기업, 공연 단체 등이 의뢰한 작품을 제작함.
- 다루는 재료나 만드는 제품에 따라 목공예원, 석공예원, 도자기공예원, 금속공예원 등으로 구분됨.

AI와 함께하는 직업 생활

AI는 공예품의 디자인을 제안하고 제작 과정을 시뮬레이션하며, 사람은 전통 기술을 바탕으로 섬세한 수작업에 장인 정신을 담아 고유한 가치를 지닌 공예품을 만들어요.

커리어패스

관련 학과	도자공예학과, 도예학과, 도자디자인학과, 생활도예과, 공예디자인학과, 금속공예학과
진로 준비	• 대학에서 공예 관련 학과를 졸업하면 취업과 실무에 도움이 됨. • 사설 교육 기관에서도 공예 과정을 이수할 수 있음. • 전문 기술은 취업 후 선배 공예원으로부터 전수받는 경우가 많음.
진출 분야	토산물 제조 업체, 실내 장식 업체, 인테리어 업체, 석공예 제작 업체, 생활용품 업체
관련 직업	토이아티스트, 공예가, 도예가, 인형의사
전직 가능 직업	목수, 조각가, 한식목공

#바다 위 인생 #만선기원 #그물손질 #어촌

어부

FISHERMAN

거친 파도를 다스리는 바다의 사냥꾼

- 물고기를 잡을 어구와 선박을 준비하고 어장에서 물고기를 잡음.
- 잡은 물고기들을 수산시장이나 가공 공장으로 운반하고 판매함.
- 물고기뿐만 아니라 해조류나 조개류 등도 연안에서 양식하거나 포획해서 판매함.

AI와 함께하는 직업 생활

AI는 해류, 수온, 어종 데이터 분석을 통해 최적의 어획 위치와 어획량을 예측하며, 사람은 거친 바다에서 생명을 걸고 조업하며 인류의 식량 문제를 해결할 수 있어요.

🚩 커리어패스

🎓 관련 학과	수산학과, 양식학과, 스마트해양양식과, 수산생명의학과
🧭 진로 준비	• 학력 제한은 없으나 특성화 고등학교나 전문대학 또는 대학의 수산 관련 학과에서 체계적으로 관련 지식을 습득할 수 있음. • 어선 어업이나 양식 어업을 하려면 정부로부터 면허나 허가를 받아야 함. • 충분한 어업 경험과 자본을 갖추면 직접 어선이나 양식장을 운영할 수도 있음.
👥 진출 분야	어업 회사, 수산물 유통 업체, 양식장
📇 관련 직업	해녀, 양식원
💼 전직 가능 직업	선원, 가축사육종사원, 요리사

기능원 및 기계조작원

CRAFTSMAN AND MACHINE OPERATOR

우리의 일상을 만드는 꼼꼼한 손끝 예술가

- 기능원은 금속을 가공하고 다양한 기계를 설치하거나 정비함.
- 건설 분야 기능원은 건물의 건설과 마무리 작업에 필요한 일을 수행함.
- 기계조작원은 상품을 생산하기 위한 장치나 기계를 조작함.

AI와 함께하는 직업 생활

AI는 작업의 효율성을 분석하고 기계 상태를 모니터링하며, 사람은 숙련된 기술력을 바탕으로 정밀하고 섬세한 작업을 수행하고 기계 오작동 문제를 해결할 수 있어요.

커리어패스

관련 학과	특성화 고등학교와 전문대학의 관련 학과
진로 준비	• 미장공, 방수공 및 타일공을 비롯한 기능공은 학력 제한이 없으며, 현장에서 선배로부터 도제 형태로 기술을 습득할 수 있음. • 건설 분야의 기능공은 국가 자격증(기능사)을 취득하면 취업과 실무에 도움이 됨. • 택시 기사가 되려면 운전 학원에서 운전 교습을 받고 면허를 취득한 후, 택시운전 자격시험에 합격해야 함.
진출 분야	자동차 부품 업체, 건설 회사, 광산, 세탁소, 버스 회사, 택시 회사, 의류 제조 공장, 봉제 공장
관련 직업	자동차부품조립원, 도배사, 타일공, 용접사, 배관공, 광부, 아파트외벽도장공, 세탁원, 세탁기계조작원, 보일러설치원, 영유아안전장치설치원, 운전기사, 택시기사, 버스운전기사, 패턴사, 의복수선원, 재봉사, 신발제조기계조작원 및 조립원, 금형원, 금속기계조작원, 상수도기술자
전직 가능 직업	미장공, 건물도장공, 유리부착원, 단열공, 방수공

#청소 #간병 #매표원 #도우미

단순업무직

SIMPLE LABOR WORKER

우리의 일상을 조용히 뒷받침하는 작은 영웅

- 숙련된 노동이 아니라, 단순하고 반복적인 노동을 주로 함.
- 전문 지식이 필요하지 않은 육체노동을 통해 생산 활동을 수행함.
- 공장이나 건물 청소, 단순 조립 작업, 도우미 역할 등을 주로 맡음.

AI와 함께하는 직업 생활

AI는 반복적인 업무를 자동화할 수 있고, 사람은 예측 불가능한 상황에 유연하게 대처하고 동료들과 협력하며 인간적인 소통으로 업무 환경에 활기를 불어넣을 수 있어요.

🚩 커리어패스

🎓 관련 학과	없음.
🧭 진로 준비	• 특별한 학력이나 나이, 자격 요건이 없음. • 주로 현장에서 숙련된 동료로부터 간단한 작업 지시와 주의 사항을 듣고 업무를 시작함. • 단순 업무의 특성상 훈련이나 교육보다는 경험을 통해 업무의 숙련도를 높일 수 있음.
👥 진출 분야	공공 기관, 민간 기업체, 의료 시설, 교통 시설, 숙박 업체, 청소 및 가사도우미 용역 업체, 인력 파견 업체
🗂 관련 직업	청소원, 환경미화원, 가사도우미, 간병인, 고층건물외벽청소원, 매표원, 영화관스크린청소부, 특수청소전문가, 육아도우미
💼 전직 가능 직업	도배공, 요양보호사, 농부

활동지 - 나의 원픽 직업은? (304쪽)

이 책을 통해 관심을 갖게 된 직업 정보를 정리하고, AI 시대에 미래 직업이 어떻게 변화할지 탐색해 보세요.

심리 검사지와 해설지 (306쪽)

심리 검사지를 활용하여 흥미, 적성, MBTI 유형을 확인하고 결과를 토대로 자신에게 어울리는 직업을 찾아보세요.

직업 찾아보기 (317쪽)

이 책에 수록한 직업을 가나다순으로 정리한 목록입니다. 관심 있는 직업을 한 번에 찾고자 할 때 활용해 보세요.

출판사별 교과서 수록 직업 (327쪽)

2022 개정 교육과정 《진로와 직업》 교과서(중학교 13종, 고등학교 9종)에는 총 1,072개 직업이 수록되어 있습니다. 이를 토대로 155개 주요 직업과 관련 직업 및 전직 가능 직업을 구성하였습니다. 직업이 어느 출판사의 교과서에서 실려 있는지 확인해 보세요.

나의 관심 직업을 정리하고, AI 시대 미래 직업 변화를 탐색해 봅시다.

1 이 책에 실린 155개 직업 중에서 나의 마음에 든 직업은 무엇인가요?

❶ 직업 이름을 한글과 영문자로 써 봅시다.

한글:

영문:

❷ 직업의 주요 정보를 정리해 봅시다.

2 그 직업이 나의 마음에 든 이유를 생각해 보고, ☑해 봅시다.

☐ 캐릭터 그림이 멋져서

☐ 심리 검사 결과 추천 직업이라서

☐ 직업 정보 중 '하는 일'에 호기심이 생겨서

☐ 기타:

3 이외에 관심이 가거나 더 알아보고 싶은 직업을 찾아봅시다.

❶ 직업 이름 　한글:

　　　　　　　영문:

　이유:

　더 조사하고 싶은 것:

❷ 직업 이름 　한글:

　　　　　　　영문:

　이유:

　더 조사하고 싶은 것:

4 AI 시대에 직업인들이 하는 일은 어떻게 바뀔지 상상해 봅시다.

예 병원에서

직업	현재 직업인이 일하는 모습	AI 시대 직업인이 일하는 모습
의사		
간호사		
방사선사		

다음 문항에 대하여 자신은 어떻다고 생각하는지 답해 봅시다.

점수 척도　1 전혀 아니다　2 아니다　3 보통이다　4 그렇다　5 매우 그렇다

	문항	응답				
1	겸손하고 믿음직스러운 편이다.	1	2	3	4	5
2	고된 신체적 훈련을 인내심 있게 지속한다.	1	2	3	4	5
3	도구 및 연장을 남들보다 잘 다루는 편이다.	1	2	3	4	5
4	체육이나 운동을 잘한다.	1	2	3	4	5
5	고집이 세고 단순하다.	1	2	3	4	5
6	과학 과목이 흥미롭고 재미있다.	1	2	3	4	5
7	수학 문제를 푸는 것이 재미있다.	1	2	3	4	5
8	책 읽기를 잘하고 공부하는 습관이 잘 되어 있다.	1	2	3	4	5
9	이해가 빠르고 머리가 좋다.	1	2	3	4	5
10	지적 호기심이 많으며 항상 배우려 한다.	1	2	3	4	5
11	상상력이 풍부한 편이다.	1	2	3	4	5
12	그림을 그리는 것을 좋아한다.	1	2	3	4	5
13	악기를 연주하거나 노래하는 것을 좋아한다.	1	2	3	4	5
14	나만의 개성을 드러내는 것을 즐긴다.	1	2	3	4	5
15	생각이 자유롭고 규칙에 얽매이지 않는다.	1	2	3	4	5

이 검사는 짧은 시간에 하도록 만들어진 간이 검사입니다. 흥미 유형을 정확하게
측정하기 위한 정식 검사는 커리어넷에서 할 수 있습니다.

커리어넷

	문항	응답				
16	친구의 고민을 들어주고 위로하는 것을 좋아한다.	1	2	3	4	5
17	공감 능력이 뛰어나서 상대방의 마음을 잘 이해할 수 있다.	1	2	3	4	5
18	마음이 따뜻하고 인정이 많아서 상대방을 편안하게 해준다.	1	2	3	4	5
19	화목한 분위기를 만들려고 노력한다.	1	2	3	4	5
20	사람들과 어울리기 좋아하며 친절하다.	1	2	3	4	5
21	다른 사람에 비해 욕심과 야망이 큰 편이다.	1	2	3	4	5
22	경쟁심이 많아 게임에서 쉽게 양보하지 않는다.	1	2	3	4	5
23	학급이나 모둠 대표로 나서는 것을 즐긴다.	1	2	3	4	5
24	친구를 설득하는 것을 좋아한다.	1	2	3	4	5
25	목표를 세우고 성취하는 것을 좋아한다.	1	2	3	4	5
26	원리 원칙대로 행동하고 또 그렇게 살려고 한다.	1	2	3	4	5
27	문서나 물건을 정리 정돈하는 일을 좋아한다.	1	2	3	4	5
28	시간이나 용돈을 계획해서 사용한다.	1	2	3	4	5
29	노트 정리나 컴퓨터로 문서를 만드는 일을 좋아한다.	1	2	3	4	5
30	세심하고 꼼꼼하며 정확하게 일한다.	1	2	3	4	5

◆ 문항별로 표시한 점수를 해당 문항 번호에 맞춰 적고, 합계 점수를 계산해 봅시다.

유형	관련 문항과 점수					합계
실재형 (R)	1	2	3	4	5	
탐구형 (I)	6	7	8	9	10	
예술형 (A)	11	12	13	14	15	
사회형 (S)	16	17	18	19	20	
진취형 (E)	21	22	23	24	25	
관습형 (C)	26	27	28	29	30	

나의 흥미 유형

◆ 합계 점수가 높은 상위 2가지 유형을 써 봅시다.

〈직업 흥미 유형별 성격 특성과 선호하는 직업 활동〉

유형	성격 특성	선호하는 직업 활동
실재형 (R)	• 솔직하고 단순하다. • 성실하며 끈기가 있다. • 신체적으로 건강하며 검소하다. • 말수가 적고 고집이 세다.	• 분명하고 질서정연하며 도구나 기계를 조작하는 활동이나 신체적 활동을 좋아한다. • 가르치거나 분석하는 활동은 좋아하지 않는다.
탐구형 (I)	• 탐구력과 분석력이 뛰어나다. • 합리적이며 정확하다. • 지적 호기심이 많으며 신중하다. • 내성적이며 수줍음을 잘 탄다.	• 사회나 자연 현상을 체계적으로 관찰하고 분석하는 활동을 좋아한다. • 반복적으로 하는 활동에는 흥미가 없다.
예술형 (A)	• 상상력과 감수성이 풍부하다. • 자유분방하며 개방적이다. • 독창적이고 개성이 강하다.	• 변화와 다양성을 좋아하고, 예술적인 활동에 관심이 많다. • 틀에 박힌 것을 싫어하고 자유로운 활동을 좋아한다.
사회형 (S)	• 사람들과 어울리는 걸 좋아한다. • 친절하며 이해심이 많다. • 남을 잘 도와주고 봉사 정신이 강하다. • 감정이 풍부하다.	• 다른 사람의 문제를 듣고 도와주거나 봉사하는 활동에 흥미를 보인다. • 기계나 도구를 사용하는 활동에는 흥미가 없다.
진취형 (E)	• 리더십이 뛰어나고 주도적으로 일을 한다. • 말솜씨가 좋고 설득력이 뛰어나다. • 경쟁심이 강하고 야망이 크다. • 외향적이고 낙천적이며 열정적이다.	• 다른 사람들을 이끌고 통제하거나 관리하는 일을 좋아한다. • 깊이 있게 관찰하고 분석하는 활동에는 흥미가 없다.
관습형 (C)	• 꼼꼼하고 정확하며 빈틈이 없다. • 세심하고 신중하다. • 계획적이며 변화를 좋아하지 않는다. • 책임감이 강하다.	• 정해진 원칙과 계획에 따라 자료를 기록하거나 정리하는 일을 좋아한다. • 창의적이고 자율적인 활동에는 어려움을 느낀다.

출처: 안현희·안창규, 《홀랜드® 적성 검사 해석 지침서》, 인싸이트

직업 적성 검사 질문지

다음 문항에 대하여 자신은 어떻다고 생각하는지 답해 봅시다.

점수 척도 1 매우 못한다 2 약간 못한다 3 못한다 4 보통이다 5 잘한다 6 약간 잘한다 7 매우 잘한다

	문항	응답						
1	몸의 균형을 잘 잡을 수 있다.	1	2	3	4	5	6	7
2	순간적으로 빠르게 반응할 수 있다.	1	2	3	4	5	6	7
3	앉아서 몸을 유연하게 구부릴 수 있다.	1	2	3	4	5	6	7
4	도구의 특성을 알고 용도에 맞게 사용할 수 있다.	1	2	3	4	5	6	7
5	손으로 정교한 작업을 할 수 있다.	1	2	3	4	5	6	7
6	필요한 물건을 직접 만들어 쓸 수 있다.	1	2	3	4	5	6	7
7	물건의 위치를 기억할 수 있다.	1	2	3	4	5	6	7
8	지도를 보고 길을 찾을 수 있다.	1	2	3	4	5	6	7
9	입체 도형을 보고 전개도를 떠올릴 수 있다.	1	2	3	4	5	6	7
10	정확한 음정으로 노래를 부를 수 있다.	1	2	3	4	5	6	7
11	음악을 듣고 음색과 음정을 구별할 수 있다.	1	2	3	4	5	6	7
12	생각과 느낌을 새로운 음악으로 만들 수 있다.	1	2	3	4	5	6	7
13	독특한 방식으로 생각할 수 있다.	1	2	3	4	5	6	7
14	주어진 시간 안에 아이디어를 낼 수 있다.	1	2	3	4	5	6	7
15	다양한 방법으로 문제를 해결할 수 있다.	1	2	3	4	5	6	7
16	다른 사람의 의견이나 주장을 파악할 수 있다.	1	2	3	4	5	6	7
17	생각이나 감정을 글로 표현할 수 있다.	1	2	3	4	5	6	7

이 검사는 짧은 시간에 하도록 만들어진 간이 검사입니다. 적성 유형을 정확하게
측정하기 위한 정식 검사는 커리어넷에서 할 수 있습니다.

	문항	응답						
18	주장이나 의견을 설득력 있게 말할 수 있다.	1	2	3	4	5	6	7
19	수학책에 나오는 용어나 기호를 잘 이해할 수 있다.	1	2	3	4	5	6	7
20	통계 자료를 잘 이해할 수 있다.	1	2	3	4	5	6	7
21	실생활에서 단계적으로 문제를 해결할 수 있다.	1	2	3	4	5	6	7
22	목표한 일에 대해 계획을 세워 실천할 수 있다.	1	2	3	4	5	6	7
23	내 감정을 잘 파악하고 조절할 수 있다.	1	2	3	4	5	6	7
24	일정을 관리하고 규칙적인 생활을 할 수 있다.	1	2	3	4	5	6	7
25	친구들이 나의 말을 잘 믿고 호응해 준다.	1	2	3	4	5	6	7
26	여러 친구와 폭넓게 사귄다.	1	2	3	4	5	6	7
27	모임에서 긍정적인 분위기를 만들어 낼 수 있다.	1	2	3	4	5	6	7
28	식물의 특징을 알고 분류할 수 있다.	1	2	3	4	5	6	7
29	동물을 돌보는 일을 할 수 있다.	1	2	3	4	5	6	7
30	자연 현상의 특징을 알 수 있다(날씨, 별자리, 광물).	1	2	3	4	5	6	7
31	색상의 조화를 알 수 있다.	1	2	3	4	5	6	7
32	어울리는 패션을 연출할 수 있다.	1	2	3	4	5	6	7
33	생각과 느낌을 시각적으로 표현할 수 있다	1	2	3	4	5	6	7

◆ 문항별로 표시한 점수를 해당 문항 번호에 맞춰 적고, 합계 점수를 계산해 봅시다.

적성	관련 문항과 점수			합계
신체운동능력	1	2	3	
손재능	4	5	6	
공간지각력	7	8	9	
음악능력	10	11	12	
창의력	13	14	15	
언어능력	16	17	18	
수리논리력	19	20	21	
자기성찰능력	22	23	24	
대인관계능력	25	26	27	
자연친화력	28	29	30	
예술시각능력	31	32	33	

나의 적성 유형

◆ 합계 점수가 높은 상위 3가지 유형을 써 봅시다.

〈직업 적성별 의미〉

적성	의미
신체운동능력	기초 체력을 바탕으로 효율적으로 몸을 쓰고 동작을 학습할 수 있는 능력
손재능	손으로 정교한 작업을 할 수 있는 능력
공간지각력	머릿속으로 입체적인 물체의 위치나 모습을 상상하여 떠올릴 수 있는 능력
음악능력	노래를 부르고 악기를 연주하며 음악을 감상할 수 있는 능력
창의력	새롭고 독특한 방식으로 문제를 해결하고 아이디어를 내는 능력
언어능력	말과 글로써 자신의 생각과 감정을 표현하며, 다른 사람의 말과 글을 잘 이해할 수 있는 능력
수리논리력	논리적으로 사고하여 문제를 해결하는 능력
자기성찰능력	자신을 돌아보고 생각과 감정을 조절하며 자신에게 주어진 여러 자원을 관리하는 능력
대인관계능력	조직 속에서 구성원들과 협조적이며 원만한 관계를 유지하는 능력
자연친화력	인간과 자연이 서로 연관되어 있음을 이해하며 자연을 탐구하고 보호할 수 있는 능력
예술시각능력	선, 색, 공간, 영상 등에 민감하게 반응하고 주변 사물을 이용하여 그것들을 조화롭게 재구성할 수 있는 능력

출처: 교육부·한국직업능력연구원, 《2018 중학생 직업 적성 검사 활용 안내서》

왼쪽과 오른쪽 문항을 읽고, 자신을 더 잘 설명하는 문항에 V 표를 해 봅시다.

	E(외향형)	I(내향형)
1	☐ 다른 사람과 함께 있을 때 힘이 생긴다.	☐ 혼자 시간을 보낼 때가 더 좋다.
2	☐ 사람들에게 관심 받는 것을 즐긴다.	☐ 사람들의 집중적인 관심을 피한다.
3	☐ 내 생각을 밖으로 드러내는 편이다.	☐ 내 생각을 잘 드러내지 않는다.
4	☐ 생각보다 행동이 앞선다.	☐ 생각을 먼저 하고 그다음에 행동한다.
5	☐ 듣기보다 말을 많이 한다.	☐ 말하기보다 주로 듣는 편이다.
6	☐ 빠르게 대답한다.	☐ 충분히 생각한 다음에 답한다.
7	☐ 새로 만난 사람과 쉽게 친해진다.	☐ 새로운 사람과 친해지는 데 오래 걸린다.

	S(감각형)	N(직관형)
8	☐ 확실하고 구체적인 것을 믿는다.	☐ 상상하고 영감으로 얻는 것을 중시한다.
9	☐ 현실과 상식을 중시한다.	☐ 상상과 혁신을 중시한다.
10	☐ 지금 쓸모가 있는 새로운 것을 좋아한다.	☐ 새로운 생각 자체를 좋아한다.
11	☐ 현재를 중시한다.	☐ 미래를 중시한다.
12	☐ 직접적으로 제시하는 것을 좋아한다.	☐ 은유와 비유를 사용하는 것을 좋아한다.
13	☐ 자세한 해결책을 제시하는 것을 좋아한다.	☐ 두루뭉술하게 방향을 제시하는 것을 좋아한다.
14	☐ 세부적인 사항을 보는 것을 중시한다.	☐ 근본적인 것이나 숲 전체를 중시한다.

이 검사는 짧은 시간에 하도록 만들어진 간이 검사입니다. MBTI 유형을 정확하게 측정하기 위한 정식 검사는 한국MBTI심리연구소 웹사이트에서 할 수 있습니다.

	T(사고형)	F(감정형)
15	☐ 모든 일에 한 가지 기준을 적용한다.	☐ 규칙의 예외를 인정한다.
16	☐ 차갑고 무뚝뚝하고 무관심해 보인다.	☐ 마음이 약하고 감성적이다.
17	☐ 요령보다는 진실한 것을 중요시한다.	☐ 진실한 것이라면 요령 있는 것도 좋다.
18	☐ 논리, 정의, 공정함을 중요시한다	☐ 공감과 조화에 가치를 둔다.
19	☐ 단점을 주로 보고 비판적인 경향이 있다	☐ 비판보다는 타인을 기쁘게 해 주고 싶다.
20	☐ 목표를 성취하려는 욕구가 강하다.	☐ 남에게 인정받고자 하는 욕구가 강하다.
21	☐ 감정보다 논리적 근거로 판단하려고 한다.	☐ 자신의 느낌이나 관심에 따라 판단한다.

	J(판단형)	P(인식형)
22	☐ 일을 끝내는 것에서 만족을 얻는다.	☐ 일을 시작하는 데서 만족을 얻는다.
23	☐ 결정을 내린 후에 가장 만족한다.	☐ 선택을 남겨 두었을 때 가장 만족한다.
24	☐ 먼저 일하고 시간이 남으면 논다.	☐ 현재를 즐기고 일은 나중에 마무리한다.
25	☐ 마감 시간을 중시하고 지킨다.	☐ 마감 시간은 바뀔 수 있다고 생각한다.
26	☐ 목표를 정하고 제때 달성하려고 한다.	☐ 상황이 바뀌면 그때마다 목표를 수정한다.
27	☐ 뜻밖에 벌어지는 일을 좋아하지 않는다.	☐ 예상하지 못한 채 일어나는 일을 즐긴다.
28	☐ 계획적이고 질서가 있는 세계를 좋아한다.	☐ 내가 결정할 기회가 주어지는 것을 좋아한다.

출처: 폴 D. 티거 외 2인, 《나에게 꼭 맞는 직업을 찾는 책》, 민음인, 2021. 재구성

나의 MBTI 유형

◆ V 표가 더 많은 쪽의 알파벳을 순서대로 적고, 나의 MBTI 유형을 확인해 봅시다.

〈MBTI 유형별 특징〉

INTJ(세상의 소금형)
조용하고 신중하며 현실적이고 책임감이 강하다. 해야 할 것을 잘 결정하고 흐트러짐 없이 꾸준히 해 나간다.

ISFJ(수호자형)
조용하고 다정하며 세심하다. 자신이 해야 할 일을 성실하게 한다. 자신에게 중요한 사람들에게 관심이 많다.

INFJ(예언자형)
사람이나 사물을 깊이 살피고 파악하는 능력이 있다. 자신이 원하는 목표를 이루기 위해 사람을 모으고 이끌어 간다.

INTJ(과학자형)
새로운 것을 생각해 내거나 만들어 내는 능력이 있다. 복잡한 문제를 잘 분석한다. 자신의 아이디어를 이루고자 노력한다.

ISTP(백과사전형)
원인과 결과에 관심이 많으며 문제 해결을 잘한다. 문제의 원인을 빠르게 분석하고 해결책을 찾아낸다.

ISFP(성인군자형)
조용하고 다정하며 친절하다. 가까운 사람을 소중히 여기며 다른 사람과 부딪치고 맞서는 것을 싫어한다.

INFP(잔다르크형)
자신이 소중히 여기는 사람과 가치에 충성하는 편이다. 호기심이 많고 다른 사람들이 능력을 발휘할 수 있도록 돕는다.

INTP(아이디어형)
다른 사람과의 관계보다는 아이디어에 관심이 더 많다. 관심 분야의 문제를 해결하기 위해 집중한다.

ESTP(활동가형)
현재 일어나는 일에 관심이 많고 활동적인 일을 좋아한다. 설명을 듣기보다는 실제 경험을 통해 배우는 것을 좋아한다.

ESFP(사교가형)
새로운 사람과 환경에 금방 적응한다. 사람들과 함께 일하는 것을 좋아한다. 경험을 통해 학습한다.

ENFP(스파크형)
열정적이고 따뜻하며 상상력이 풍부하다. 다른 사람에게 칭찬받는 것을 좋아하고 감사의 표현을 잘한다.

ENTP(발명가형)
새로운 문제를 해결하는 것을 좋아하며 반복되는 것을 지루해한다. 다양한 분야에 관심이 많고 관심 분야가 자주 바뀐다.

ESTJ(사업가형)
어떤 일에 대한 결정을 빠르게 내리고 그 결정을 실천하기 위해 움직인다. 자신이 계획한 것을 다른 사람도 따라 주기를 원한다.

ESFJ(친선도모형)
다른 사람이 필요로 하는 것을 잘 알아채고 돕는다. 작은 일도 성실하게 해내며 다른 사람에게 인정받는 것을 좋아한다.

ENFJ(달변가형)
따뜻하고 활발하며 책임감이 강하다. 다른 사람과 소통을 잘하고 사람을 상대하는 분야에서 능력을 발휘한다.

ENTJ(지도자형)
결정을 내리고 행동으로 옮기는 것을 잘한다. 사람들을 이끌고 계획과 목표를 달성하기 위해 노력한다.

출처: 한국MBTI연구소

직업 찾아보기

출판사 약자 표기

씨 : 씨마스	미 : 미래엔	엔 : NE능률	비 : 비상
와 : 와이비엠	이 : 이오미디어	교 : ㈜교학사	삼 : ㈜삼양미디어
성 : ㈜성림출판	북 : ㈜이오북스	지 : 지학사	천 : 천재교과서
학 : 학지사			

직업명	중학교 교과서													고등학교 교과서								
	씨	미	엔	비	와	이	교	삼	성	북	지	천	학	씨	미	이	삼	성	북	지	천	학
1인방송제작자							●															
3D공간정보모델러																				●		
3D바이오프린팅전문가																	●			●		
3D운동화디자이너						●																
3D입체영상디자이너						●																
3D프린터전문가						●	●		●			●					●					
3D프린팅모델러	●			●																		
3D프린팅운영전문가																				●		
6차산업운영자											●											
AI빅데이터개발자												●										
CCTV통합관제요원						●																
CEO						●			●					●		●		●	●	●	●	
CFX아티스트						●																
CG아티스트															●							
e스포츠마케터						●																
IT보안전문가						●																
IT컨설턴트															●		●					
IT투자분석가																			●			
K여행크리에이터						●																
MC		●							●		●											
NFT아트에이전트				●																●		
NFT아티스트															●							
O2O서비스기획자						●																
P2P대출전문가																				●		
UX디자이너						●			●						●		●		●	●		
VR·AR게임기획자						●																
VR전문가																						●
XR콘텐츠기획자																				●		
XR클라이언트개발자																				●		
가구디자이너						●	●															
가발기능공		●		●																		●
가사도우미						●														●		
가사조사관																						●
가상레크리에이션디자이너									●													
가상현실시나리오작가						●																
가상현실전문가	●			●		●	●		●					●	●	●	●	●	●	●		

직업명	중학교 교과서													고등학교 교과서								
	씨	미	엔	비	와	이	교	삼	성	북	지	천	학	씨	미	이	삼	성	북	지	천	학
가상현실콘텐츠기획자																●						
가수	●	●	●	●	●		●	●	●		●	●	●		●		●	●	●	●	●	●
가정에코컨설턴트			●									●										
가축사육사				●																		●
각색작가						●																
간병인							●						●									●
간접광고마케터																				●		
간호사	●			●	●	●	●	●	●	●	●	●	●	●	●	●		●	●	●	●	●
간호조무사						●														●		
감독 및 기술감독				●		●												●				
감성인식개발자	●								●											●		
감정노동상담사				●																		
감정평가전문가				●		●		●												●	●	
개그맨			●												●	●				●		
개인미디어콘텐츠제작자								●	●			●			●				●			
개인브랜드매니저															●							
개인정보보호전문가											●									●		
개인트레이너			●																			
거짓말탐지관			●																			
건강관리전문가															●							
건설기계운전원				●																		
건설자재시험원																				●		
건축가				●	●	●	●		●	●		●	●				●	●	●	●	●	●
건축공학기술자	●			●		●	●						●		●		●		●			
건축디자이너					●																	
건축물안전점검원												●										
건축설계사					●																	
검사		●	●	●	●	●	●	●				●			●					●	●	●
검색엔진최적화전문가																			●			
검찰수사관		●																				
게임개발자						●				●											●	
게임기획자			●			●			●			●										
게임디자이너												●										
게임마케터						●						●										
게임방송프로듀서						●			●			●								●		
게임시나리오작가												●										
게임캐스터												●										
게임프로그래머						●						●								●		
게임플랫폼사업기획자						●																
결혼강화전문가															●							
결혼상담원						●																
결혼설계자																					●	
결혼이민자통번역지원사						●																
경관디자이너						●																
경기심판							●					●								●		

직업명	중학교 교과서													고등학교 교과서								
	씨	미	엔	비	와	이	교	삼	성	북	지	천	학	씨	미	이	삼	성	북	지	천	학
경력전환컨설턴트																				●		
경비원			●				●		●				●							●		
경영 및 진단전문가				●																		
경영인						●	●		●	●			●					●				
경영지도사																	●					
경영컨설턴트				●	●				●	●		●	●			●		●	●	●		●
경영학자															●							
경제학연구원	●	●		●							●									●		●
경찰관	●		●	●	●	●	●	●	●	●	●	●	●	●		●	●	●	●	●	●	
경찰드론수리엔지니어				●																		
[illegible]				●												●				●	●	●
고객상담원			●	●					●	●					●				●			
고객자산관리자						●																
고고학자				●					●	●									●			
고기후학자									●		●										●	
고위공무원	●			●		●	●											●	●			
고층건물외벽청소원						●																
곡식작물재배자				●											●							
곤충음식개발자									●			●										
곤충음식조리사									●			●										
곤충컨설턴트																				●		
곤충학자				●																		
곤충화가				●																		
공간창작자																				●		
공공디자이너						●																
공공행정사무원																				●		
공무원	●		●	●	●	●	●	●	●			●							●	●	●	●
공연기획자	●																		●			
공연예술가																						●
공예가						●			●			●				●	●					
공유자산가치전문가		●																				
공유플랫폼운영자						●																
공인회계사								●	●	●								●				
공정여행기획자				●																		
과학자			●			●	●			●	●			●	●	●		●				
관광통역안내사						●																
관세사				●		●						●				●		●	●			
관제사												●							●			
광고 및 홍보전문가				●	●	●	●	●	●							●		●	●	●		
광고기획자									●			●						●	●			
광고디자이너						●						●							●			
광부							●															
괴롭힘방지조언사						●														●		●
교도관	●		●			●						●			●					●	●	
교사	●	●	●	●	●	●	●	●	●	●	●	●	●	●	●	●		●	●	●	●	●

직업명	중학교 교과서													고등학교 교과서								
	씨	미	엔	비	와	이	교	삼	성	북	지	천	학	씨	미	이	삼	성	북	지	천	학
교수			●	●	●	●	●	●	●	●		●	●	●		●			●	●	●	●
교육자																					●	
교육학연구원												●			●					●		
교재개발원																				●		
교통경찰				●																		
교통계획설계가																				●		
교통설계전문가			●																			
교통영향평가원																				●		
구성작가									●													
국가브랜드전문가			●																			
국립과학수사연구원									●													
국악인				●					●											●		●
국어교사															●							
국제개발협력기획자				●																		●
국제개발협력전문가						●						●								●		
국제공무원				●																		
국제관계전문가										●										●		
국제무역사무원				●																		
국제변리사						●						●										
국제의료관광코디네이터												●										
국제전문가															●							
국제회의기획자	●			●																		
국제회의전문가			●		●	●	●					●						●			●	
국제회의통역사												●										
국회의원				●		●	●															●
군사로봇전문가															●							
군인	●		●	●	●	●	●		●			●	●				●			●	●	●
귀농귀촌플래너	●																					
그래픽디자이너															●							
그로스해커						●														●		
극작가						●			●													●
극초음속비행기술자															●							
금속공학자												●										
금융공학자																					●	
금융관련사무원															●							
금융기술전문가																	●					
금융자산운용가			●	●		●						●	●		●				●	●		
금융전문가			●																			
금형기술자			●																			
기계 및 반도체엔지니어								●														
기계공학기술자				●		●			●											●	●	
기계설비사			●																			
기계엔지니어				●																		
기관사						●						●			●					●		
기록물관리사												●						●				

직업명	중학교 교과서													고등학교 교과서								
	씨	미	엔	비	와	이	교	삼	성	북	지	천	학	씨	미	이	삼	성	북	지	천	학
기상연구원							●			●												
기상학자																				●		
기술감독													●									
기술문서작성가																				●		
기억대리인			●																			
기억수술전문외과의																	●					
기업경영인	●		●	●		●			●	●		●							●	●		
기업고위임원				●		●		●											●	●		
기업인														●								
기자	●		●	●		●	●	●	●		●	●		●		●	●	●		●	●	●
기타리스트										●												
기후경제학자										●	●											
기후과학자										●												
기후변화대응전문가	●		●			●	●	●				●				●						
기후변화연구원	●		●	●	●					●	●											
기후변화컨설턴트						●																
기후활동가										●												
나노공학기술자					●														●			
나노섬유의류전문가															●							
나무의사					●						●											
날씨조절관리자															●							
내로캐스터															●							
네일아티스트			●																	●		
네크워크시스템개발자															●	●				●		●
네트워크관계카운슬러																						●
네트워크관리자														●								
네트워크엔지니어			●			●		●				●					●	●			●	
노년플래너		●	●			●			●	●			●		●				●	●		●
노무관리사															●							
노무사						●									●			●	●	●		●
노인돌봄로봇개발자												●										
노인복지매니저					●																	
노인전문간호사	●	●				●			●			●						●				
녹색건축전문가	●		●						●	●						●						
놀이치료사			●									●								●		
농구선수									●													
농부			●			●	●	●							●	●					●	●
농업기술자												●									●	●
농업드론조종사																				●		
농업환경생태연구원										●												
농촌융복합산업컨설턴트			●																			
다문화가정복지상담사		●																				
다문화교육전문가		●																				
다문화사회전문가						●																
다문화언어발달지도사							●					●										

직업명	중학교 교과서													고등학교 교과서								
	씨	미	엔	비	와	이	교	삼	성	북	지	천	학	씨	미	이	삼	성	북	지	천	학
다문화언어지도사																					●	
다문화코디네이터			●	●		●									●							
닥터셰프												●										●	
단순화컨설턴트																●						
대기과학자															●							
대기환경기술자	●	●							●											●		●
대안화폐전문가																●						
대중무용수									●													
대체식품연구원												●										
대체에너지개발연구원				●		●														●		
대체에너지개발자																					●	
대체투자전문가																				●		
대통령									●					●								
댄스트레이너																●						
데브옵스엔지니어					●																	
데이터거래전문가											●									●		
데이터과학자												●			●	●				●		
데이터라벨러					●						●											
데이터베이스개발자											●					●			●			
데이터베이스관리자																	●					
데이터분석가																●	●					
데이터엔지니어																●						
데이터중개사																●						
데이터컨설턴트																				●		
도배사				●		●						●	●	●	●	●				●		
도선사				●										●						●		
도시 및 교통설계전문가		●															●					
도시개발기술자					●																	
도시계획가							●					●								●	●	
도시교통설계전문가																				●		
도시농업전문가			●								●										●	
도시숲조성관리전문가										●					●							
도시재생전문가			●						●			●										
도심항공모빌리티전문가															●							
도예가									●													
독서지도사									●													●
동물랭글러									●	●			●									
동물매개치료사	●		●																			
동물물리치료전문가																					●	
동물보건사	●								●		●				●				●			
동물보호보안관										●												
동물재활공학사	●																					
동물조련사	●		●	●		●		●	●			●	●						●		●	
동물학자									●													
동물행동트레이너	●																					

직업명	중학교 교과서													고등학교 교과서								
	씨	미	엔	비	와	이	교	삼	성	북	지	천	학	씨	미	이	삼	성	북	지	천	학
동물행동학자															●							
동시통역사																						●
동영상콘텐츠기획자		●																				
동화작가			●																			
두뇌시뮬레이션전문가																	●					
드라마작가						●		●									●					
드론개발자												●							●	●		
드론교관																			●			
드론수리원																			●			
드론전문가				●		●	●		●				●									●
드론정비사																				●		
드론조종사	●					●							●						●	●		
드론치안경찰			●																			
드론콘텐츠전문가								●											●			
디스크자키								●														
디자이너	●		●	●	●	●		●	●	●	●								●		●
디지털고고학자																	●					
디지털드로잉강사														●								
디지털마케터						●											●					
디지털문화해설가					●																	
디지털자산관리자																			●			
디지털장의사										●										●		
디지털콘텐츠제작자															●							
디지털큐레이터						●			●				●							●		●
디지털트윈전문가															●							
디지털포렌식수사관				●	●	●			●	●										●		
라이브커머스PD						●									●							
라이브커머스크리에이터															●							
라이프코치						●																
레슬링선수			●																			
레크리에이션강사									●			●								●		●
로봇개발자																				●		
로봇공학자	●	●		●	●			●	●	●	●	●		●	●							●
로봇동작생성연구원																						●
로봇엔지니어			●			●											●					
로봇윤리학자				●		●		●	●	●	●											
롤러코스터엔지니어										●												
리포터															●			●		●		
마라톤선수			●																			
마술사									●													●
마취통증의학과전문의		●																				
마케팅전문가	●			●		●			●											●		●
만화가	●			●					●			●				●		●			●	
말전문수의사									●													
맞춤여행기획자				●																		

직업명	중학교 교과서													고등학교 교과서								
	씨	미	엔	비	와	이	교	삼	성	북	지	천	학	씨	미	이	삼	성	북	지	천	학
맞춤형화장품조제관리사						●																
매너컨설턴트																	●					
매표원									●													
메디컬일러스트레이터	●																					
메이크업아티스트						●			●	●		●	●	●				●	●	●		
메타버스건축가																	●					
메타버스게임개발자																	●					
메타버스데이터마케터																						●
메타버스이벤트전문가																	●					
메타버스전문가																●						
메타버스콘텐츠크리에이터												●										
메타버스크리에이터	●					●				●								●			●	
메타버스플랫폼개발자												●										
모델		●		●		●		●							●						●	●
모바일앱개발자		●			●	●			●					●	●							
목사						●																●
목수						●	●					●			●	●						
목조주택빌더									●													
무대감독								●	●	●		●									●	
무역사무원															●							
무역업종사자		●						●							●						●	●
무용가			●	●		●	●	●		●	●								●	●	●	
무인경비관제원	●																					
무인항공촬영감독												●										
문화관광해설사						●																
문화교류코디네이터											●											
문화기획자	●																					
문화여가사			●	●																	●	
문화재보존원				●				●										●		●	●	
문화콘텐츠기획자							●		●											●		
문화해설사																				●		
물류관리사									●													
물류사무원																				●		
물리 및 작업치료사																						●
물리치료사				●					●	●		●						●	●		●	
물리학자								●	●	●								●	●	●	●	
뮤지컬배우		●		●		●			●						●			●				
미디어아트전문가										●												
미디어윤리학자																					●	●
미디어콘텐츠디자이너	●									●		●		●	●			●				
미래가이드																●						
미래예술가																●						
미래자동차전문가															●							
미세조류전문가																●						
미술심리상담사												●										

직업명	중학교 교과서													고등학교 교과서								
	씨	미	엔	비	와	이	교	삼	성	북	지	천	학	씨	미	이	삼	성	북	지	천	학
미술아키비스트	●																					
미술품감정사																				●		
미용사	●			●			●	●		●		●	●					●		●	●	●
바둑기사									●									●				
바리스타			●	●		●						●				●						●
바이오신약개발연구원	●		●			●			●			●	●			●						
바이오플라스틱디자이너												●									●	
바텐더			●									●										
반도체공학기술자		●										●										
반도체설비엔지니어														●								
반도체엔지니어																		●				●
반도체회로설계사				●																		
반려동물도우미	●			●								●										
반려동물맞춤운동전문가				●																		
반려동물미용사	●			●		●			●			●	●		●			●	●	●		
반려동물산책사									●													
반려동물식품시험관												●										
반려동물장의사						●			●													●
반려동물테라피스트									●													
반려동물패션디자이너									●													
반려동물훈련상담사	●			●	●	●		●	●	●		●				●			●	●		
발레리나		●	●							●		●										●
발명가		●				●	●		●												●	●
발사체추진기관시험원																					●	
방문미용사												●										
방범드론설계자				●																		
방사선사						●			●										●	●		
방사선안전관리사																			●			
방송연출가	●		●	●	●	●				●		●		●	●				●	●	●	●
방송인									●						●							●
방송작가	●			●		●						●										●
방송캐스터																				●		
방송콘텐츠마케팅디렉터						●																
방재전문가																				●		
방탈출테마기획자												●										
배관공	●				●																	
배구선수								●														
배달원							●															
배드민턴기사			●														●					
배양육전문가																	●					
배우	●	●	●	●		●		●	●			●		●	●	●			●	●	●	●
버스운전기사				●																	●	●
버추얼휴먼매니저												●										
번역가				●		●			●			●	●						●			●
범죄과학수사관	●			●		●																

직업명	중학교 교과서													고등학교 교과서								
	씨	미	엔	비	와	이	교	삼	성	북	지	천	학	씨	미	이	삼	성	북	지	천	학
범죄심리분석관																	●					
범죄예방환경전문가				●																		
법관						●																●
법무사				●		●				●		●							●	●		
법의학자																					●	
베타테스터															●							
벤처사업가					●																	
변리사		●	●	●		●	●					●			●			●	●	●	●	●
변호사	●		●	●	●	●	●	●	●	●		●	●	●	●	●	●	●	●	●	●	●
병리학자						●																
병원코디네이터									●													
보건교사									●						●							
보건직공무원			●						●	●									●			
보석디자이너						●									●				●	●		
보육교사									●									●	●	●		●
보일러설치원												●										
보험계리사						●												●	●			
보험상품개발자																			●			
보험설계사							●								●							
보험심사원																			●			
복싱선수									●													
복제전문가																●						
부검전문가						●																
부동산중개인			●									●								●		
분장사												●						●	●			
붐오퍼레이터												●										
뷰티디자이너			●																			●
브레인퀀트																	●					
브루마스터		●																				
블록체인개발자																				●		
블록체인전문가							●		●			●				●						
비디오아티스트	●																					
비보이												●										
비서	●			●		●	●	●	●	●		●	●					●		●	●	
비주얼아티스트												●										
비즈니스전문가			●																			
비파괴검사원						●													●			
비평가									●													
빅데이터분석가		●	●					●				●			●							
빅데이터전문가	●	●		●		●			●			●							●	●		●
빈집코디네이터									●											●		
빌딩정보모델링전문가																				●		
빗물사용전문가						●																
사무관리자						●																
사물인터넷전문가	씨			비		이	교		성				학	씨	미	이	삼	성		지	천	학

직업명	중학교 교과서													고등학교 교과서								
	씨	미	엔	비	와	이	교	삼	성	북	지	천	학	씨	미	이	삼	성	북	지	천	학
사서	●			●	●	●	●	●	●	●		●	●			●		●	●	●	●	
사업가																					●	
사용자경험디자이너			●																			
사육사	●					●			●	●		●										●
사이버범죄수사관			●			●						●							●			
사이버평판관리자				●								●				●						●
사이코드라마치료자						●																
사진기자										●												
사진작가	●			●	●	●	●		●			●		●	●	●	●	●	●	●	●	
사회관계망서비스광고기획자						●						●										
사회단체활동가				●		●		●				●					●	●	●	●	●	
사회복지사	●			●	●	●	●	●	●	●		●	●	●	●	●		●	●			●
사회사업가				●		●	●		●	●										●		
사회운동가	●								●													
사회적기업가			●							●	●							●				
사회조사분석사																		●				
사회학연구원	●			●										●				●				
사회학자																				●		
산림감독관									●													
산림레포츠지도사				●																		
산림치유지도사	●																					
산악구조대원						●																
산업공학기술자						●															●	
산업디자이너					●																	
산업안전전문가	●											●						●				
상담교사									●													
상담사	●		●	●		●	●	●	●		●	●	●			●	●	●			●	●
상담전문가																						●
상수도기술자																						●
상점판매원				●																		
상품공간스토리텔러				●		●															●	
상품기획자	●			●														●			●	
상품중개인									●									●				
생명공학연구원	●					●	●		●			●			●							●
생명과학연구원																		●				●
생명정보연구원																						
생물공학연구원	●																					
생물정보분석가									●			●									●		
생물학자	●			●	●			●				●						●			●	
생체로봇외과의																●						
생체모방로봇개발자																					●	
생체인식전문가						●	●		●			●										
생태계복원관리연구원										●												
생태모방기술전문가										●												
생태학자														●		●	●					

직업명	중학교 교과서													고등학교 교과서								
	씨	미	엔	비	와	이	교	삼	성	북	지	천	학	씨	미	이	삼	성	북	지	천	학
생태활동코디네이터																●						
생화학자												●										
생활설계사																		●				
생활코치	●													●				●		●		
서비스강사				●																		
서비스기획자																					●	
서비스로봇개발자																●						
석유화학공학자																				●		
선교사									●													
선박객실승무원																				●		
선박기관사											●											
선박엔지니어																		●				●
선원							●														●	
선장				●		●	●	●					●						●		●	
설계엔지니어							●															
섬유공학기술자													●							●		
섬유엔지니어		●						●														●
성악가		●								●		●								●		
성우	●								●												●	
성직자	●		●	●		●	●		●	●	●	●								●		●
세계여행가															●							
세계윤리관리자																●						
세계자원관리자																●						
세무사	●			●	●	●		●	●			●	●		●		●				●	●
세무조사원				●					●											●		
세탁원																				●		
소믈리에			●																		●	
소방관	●	●		●	●		●				●	●	●	●		●	●	●	●	●	●	●
소비자전문상담사																●						
소설가				●	●	●	●	●				●	●							●	●	●
소셜네트워크마케팅전문가																						●
소셜미디어관리자												●						●				
소셜미디어기획자						●																
소셜미디어전문가				●				●														●
소아청소년과의사				●						●								●				
소프트웨어전문가	●			●	●	●	●		●			●						●	●			
속기사							●								●							●
손실방지전문가												●										
손해사정사		●			●							●						●	●			
쇼핑호스트				●	●			●				●								●		
수녀												●										
수면컨트롤러												●									●	
수사관				●	●	●												●				
수산물유통관리사					●																	
수소경제전문가																						●

<table>
<tr><td rowspan="2">직업명</td><td colspan="13">중학교 교과서</td><td colspan="9">고등학교 교과서</td></tr>
<tr><td>씨</td><td>미</td><td>엔</td><td>비</td><td>와</td><td>이</td><td>교</td><td>삼</td><td>성</td><td>북</td><td>지</td><td>천</td><td>학</td><td>씨</td><td>미</td><td>이</td><td>삼</td><td>성</td><td>북</td><td>지</td><td>천</td><td>학</td></tr>
<tr><td>수소연료전지전문가</td><td></td><td></td><td></td><td></td><td></td><td></td><td></td><td></td><td></td><td></td><td></td><td></td><td></td><td></td><td></td><td></td><td>●</td><td></td><td></td><td></td><td></td><td></td></tr>
<tr><td>수의사</td><td>●</td><td></td><td>●</td><td>●</td><td></td><td>●</td><td>●</td><td>●</td><td>●</td><td></td><td>●</td><td>●</td><td>●</td><td>●</td><td></td><td></td><td></td><td>●</td><td></td><td>●</td><td>●</td><td>●</td></tr>
<tr><td>수의테크니션</td><td></td><td></td><td>●</td><td></td><td></td><td></td><td></td><td></td><td></td><td></td><td></td><td></td><td></td><td></td><td></td><td></td><td></td><td></td><td></td><td></td><td></td><td></td></tr>
<tr><td>수자원개발전문가</td><td></td><td></td><td></td><td></td><td></td><td></td><td></td><td></td><td></td><td></td><td></td><td></td><td></td><td></td><td></td><td></td><td></td><td></td><td></td><td>●</td><td></td><td></td></tr>
<tr><td>수중탐험가</td><td></td><td></td><td></td><td></td><td></td><td></td><td></td><td></td><td></td><td></td><td></td><td></td><td></td><td>●</td><td></td><td></td><td></td><td></td><td></td><td></td><td></td><td></td></tr>
<tr><td>수질환경컨설턴트</td><td></td><td></td><td></td><td></td><td></td><td></td><td>●</td><td></td><td></td><td></td><td></td><td></td><td></td><td></td><td></td><td></td><td></td><td></td><td></td><td></td><td></td><td></td></tr>
<tr><td>수학자</td><td></td><td></td><td>●</td><td>●</td><td></td><td>●</td><td>●</td><td>●</td><td>●</td><td>●</td><td></td><td>●</td><td></td><td></td><td></td><td></td><td>●</td><td></td><td></td><td>●</td><td>●</td><td></td></tr>
<tr><td>숲해설사</td><td></td><td></td><td></td><td>●</td><td></td><td></td><td></td><td></td><td></td><td></td><td></td><td></td><td></td><td></td><td></td><td></td><td></td><td></td><td></td><td></td><td></td><td></td></tr>
<tr><td>스노보드선수</td><td></td><td></td><td></td><td></td><td></td><td></td><td></td><td></td><td></td><td></td><td>●</td><td></td><td></td><td></td><td></td><td></td><td></td><td></td><td></td><td></td><td></td><td></td></tr>
<tr><td>스노보드해설위원</td><td></td><td></td><td></td><td></td><td></td><td></td><td></td><td></td><td></td><td></td><td>●</td><td></td><td></td><td></td><td></td><td></td><td></td><td></td><td></td><td></td><td></td><td></td></tr>
<tr><td>스마트공장시스템설치원</td><td></td><td></td><td></td><td></td><td></td><td>●</td><td></td><td></td><td></td><td></td><td></td><td></td><td></td><td></td><td></td><td></td><td></td><td></td><td></td><td></td><td></td><td></td></tr>
<tr><td>스마트그리드엔지니어</td><td></td><td></td><td></td><td></td><td></td><td></td><td></td><td></td><td>●</td><td></td><td></td><td>●</td><td>●</td><td></td><td></td><td></td><td></td><td></td><td></td><td></td><td></td><td></td></tr>
<tr><td>스마트그린도시기획자</td><td></td><td></td><td></td><td></td><td></td><td></td><td></td><td></td><td></td><td></td><td></td><td></td><td></td><td></td><td>●</td><td></td><td></td><td></td><td></td><td></td><td></td><td></td></tr>
<tr><td>스마트도시계획가</td><td></td><td></td><td></td><td>●</td><td></td><td></td><td></td><td></td><td></td><td></td><td></td><td></td><td></td><td></td><td></td><td></td><td></td><td></td><td></td><td></td><td></td><td></td></tr>
<tr><td>스마트도시전문가</td><td></td><td></td><td></td><td></td><td></td><td></td><td></td><td></td><td>●</td><td></td><td></td><td>●</td><td></td><td></td><td></td><td></td><td></td><td></td><td></td><td></td><td></td><td></td></tr>
<tr><td>스마트센서개발자</td><td></td><td></td><td>●</td><td></td><td></td><td></td><td></td><td></td><td></td><td></td><td></td><td></td><td></td><td></td><td></td><td></td><td></td><td></td><td></td><td></td><td></td><td></td></tr>
<tr><td>스마트시티전문가</td><td></td><td></td><td></td><td></td><td></td><td></td><td></td><td></td><td></td><td></td><td></td><td></td><td></td><td></td><td></td><td></td><td></td><td></td><td></td><td>●</td><td></td><td></td></tr>
<tr><td>스마트안전관리사</td><td></td><td></td><td></td><td></td><td></td><td></td><td></td><td></td><td></td><td></td><td></td><td></td><td></td><td></td><td>●</td><td></td><td></td><td></td><td></td><td></td><td></td><td></td></tr>
<tr><td>스마트의료기기개발자</td><td></td><td></td><td></td><td></td><td></td><td></td><td></td><td></td><td></td><td></td><td></td><td></td><td></td><td></td><td></td><td></td><td></td><td></td><td></td><td>●</td><td></td><td></td></tr>
<tr><td>스마트의류개발자</td><td></td><td></td><td></td><td></td><td></td><td></td><td></td><td></td><td>●</td><td></td><td></td><td>●</td><td></td><td></td><td></td><td></td><td></td><td></td><td></td><td></td><td></td><td></td></tr>
<tr><td>스마트의류디자이너</td><td></td><td></td><td>●</td><td></td><td></td><td>●</td><td></td><td></td><td></td><td></td><td></td><td></td><td></td><td></td><td></td><td></td><td></td><td></td><td></td><td></td><td></td><td></td></tr>
<tr><td>스마트인프라플랫폼구축전문가</td><td></td><td></td><td></td><td></td><td></td><td></td><td></td><td></td><td></td><td></td><td></td><td></td><td></td><td></td><td>●</td><td></td><td></td><td></td><td></td><td></td><td></td><td></td></tr>
<tr><td>스마트재난관리자</td><td></td><td></td><td></td><td></td><td></td><td>●</td><td>●</td><td></td><td>●</td><td></td><td></td><td>●</td><td></td><td></td><td></td><td></td><td></td><td></td><td></td><td></td><td></td><td></td></tr>
<tr><td>스마트파머</td><td></td><td></td><td></td><td></td><td></td><td></td><td></td><td></td><td></td><td></td><td>●</td><td></td><td></td><td></td><td></td><td></td><td></td><td></td><td></td><td></td><td>●</td><td>●</td></tr>
<tr><td>스마트팜구축가</td><td></td><td>●</td><td>●</td><td>●</td><td></td><td></td><td></td><td></td><td>●</td><td></td><td>●</td><td>●</td><td>●</td><td></td><td></td><td></td><td></td><td></td><td></td><td></td><td></td><td></td></tr>
<tr><td>스마트팜기술자</td><td></td><td></td><td></td><td></td><td></td><td></td><td></td><td></td><td></td><td></td><td></td><td></td><td></td><td></td><td></td><td></td><td></td><td></td><td>●</td><td></td><td></td><td></td></tr>
<tr><td>스마트팩토리기술자</td><td></td><td></td><td></td><td></td><td></td><td></td><td></td><td></td><td>●</td><td></td><td></td><td></td><td></td><td></td><td>●</td><td></td><td></td><td></td><td></td><td></td><td></td><td></td></tr>
<tr><td>스마트폰애플리케이션개발자</td><td></td><td></td><td>●</td><td></td><td></td><td></td><td></td><td>●</td><td></td><td></td><td></td><td></td><td></td><td></td><td></td><td></td><td></td><td></td><td></td><td></td><td></td><td></td></tr>
<tr><td>스마트헬스케어서비스기획자</td><td></td><td></td><td></td><td></td><td></td><td>●</td><td></td><td></td><td></td><td></td><td></td><td>●</td><td></td><td></td><td></td><td></td><td></td><td></td><td></td><td></td><td></td><td></td></tr>
<tr><td>스마트헬스케어전문가</td><td></td><td></td><td></td><td></td><td></td><td></td><td></td><td></td><td></td><td></td><td></td><td></td><td></td><td></td><td></td><td></td><td></td><td></td><td></td><td>●</td><td></td><td></td></tr>
<tr><td>스키강사</td><td></td><td></td><td></td><td></td><td></td><td></td><td></td><td></td><td>●</td><td></td><td></td><td></td><td></td><td></td><td></td><td></td><td></td><td></td><td></td><td></td><td></td><td></td></tr>
<tr><td>스키점프선수</td><td></td><td></td><td></td><td></td><td></td><td></td><td></td><td></td><td>●</td><td></td><td></td><td></td><td></td><td></td><td></td><td></td><td></td><td></td><td></td><td></td><td></td><td></td></tr>
<tr><td>스타일리스트</td><td></td><td></td><td></td><td></td><td></td><td></td><td></td><td></td><td></td><td></td><td></td><td></td><td></td><td></td><td>●</td><td></td><td></td><td></td><td></td><td></td><td></td><td></td></tr>
<tr><td>스토리컨설턴트</td><td></td><td></td><td>●</td><td></td><td></td><td></td><td></td><td></td><td></td><td></td><td></td><td></td><td></td><td></td><td></td><td></td><td></td><td></td><td></td><td></td><td></td><td></td></tr>
<tr><td>스포츠감독</td><td></td><td></td><td></td><td></td><td>●</td><td>●</td><td>●</td><td></td><td></td><td></td><td></td><td>●</td><td></td><td></td><td></td><td></td><td></td><td></td><td></td><td>●</td><td>●</td><td></td></tr>
<tr><td>스포츠강사</td><td></td><td></td><td></td><td></td><td></td><td></td><td></td><td></td><td></td><td></td><td></td><td></td><td></td><td></td><td></td><td></td><td></td><td>●</td><td></td><td></td><td></td><td>●</td></tr>
<tr><td>스포츠기록분석원</td><td></td><td></td><td></td><td></td><td></td><td></td><td></td><td></td><td></td><td></td><td></td><td></td><td></td><td></td><td></td><td>●</td><td></td><td></td><td></td><td></td><td></td><td></td></tr>
<tr><td>스포츠마케터</td><td></td><td></td><td></td><td></td><td></td><td>●</td><td></td><td></td><td></td><td></td><td></td><td></td><td></td><td></td><td></td><td></td><td></td><td>●</td><td></td><td></td><td></td><td></td></tr>
<tr><td>스포츠심리상담사</td><td>●</td><td></td><td></td><td></td><td></td><td>●</td><td></td><td></td><td>●</td><td></td><td></td><td></td><td>●</td><td></td><td></td><td></td><td></td><td>●</td><td></td><td></td><td></td><td>●</td></tr>
<tr><td>스포츠애널리스트</td><td></td><td></td><td></td><td></td><td></td><td>●</td><td></td><td></td><td></td><td></td><td></td><td></td><td></td><td></td><td></td><td></td><td></td><td></td><td></td><td></td><td></td><td></td></tr>
<tr><td>스포츠에이전트</td><td></td><td></td><td>●</td><td></td><td></td><td></td><td></td><td></td><td></td><td></td><td></td><td></td><td></td><td></td><td></td><td></td><td></td><td>●</td><td></td><td></td><td></td><td>●</td></tr>
<tr><td>스포츠통역사</td><td></td><td></td><td></td><td></td><td>●</td><td></td><td></td><td></td><td></td><td></td><td></td><td></td><td></td><td></td><td></td><td></td><td></td><td></td><td></td><td></td><td></td><td></td></tr>
<tr><td>스포츠트레이너</td><td></td><td></td><td></td><td>●</td><td></td><td>●</td><td></td><td></td><td>●</td><td></td><td></td><td></td><td></td><td></td><td></td><td></td><td></td><td>●</td><td></td><td></td><td></td><td></td></tr>
<tr><td>스포츠해설가</td><td></td><td></td><td></td><td>●</td><td></td><td></td><td></td><td></td><td></td><td></td><td></td><td></td><td></td><td></td><td></td><td></td><td></td><td></td><td></td><td></td><td></td><td>●</td></tr>
<tr><td>승무원</td><td></td><td></td><td></td><td></td><td>●</td><td>●</td><td></td><td></td><td>●</td><td></td><td></td><td></td><td></td><td></td><td></td><td></td><td></td><td></td><td></td><td></td><td></td><td>●</td></tr>
</table>

직업명	중학교 교과서													고등학교 교과서								
	씨	미	엔	비	와	이	교	삼	성	북	지	천	학	씨	미	이	삼	성	북	지	천	학
시각디자이너				●	●	●	●	●				●	●					●		●	●	
시나리오작가															●							
시니어디지털금융교육강사																						●
시니어전화안부상담사			●	●																		
시민단체활동가																	●			●		
시설관리자									●													
시스템분석가				●																		
시스템소프트웨어개발자																		●				
시스템엔지니어										●										●		
시인						●			●													●
식당접객원			●																			
식료품구매대행자																			●			
식물학자	●								●		●											
식용곤충요리사										●											●	
식용곤충전문가						●																
식품공장생산관리자						●																
식품공학기술자				●		●		●										●	●	●		
식품융합엔지니어							●			●												
식품제조업자																					●	
신경외과의사				●					●									●				
신문기자		●																				
신사업아이디어컨설턴트																				●		
신약개발연구원								●														
신재생에너지전문가	●		●		●	●	●		●		●	●	●		●	●						
실감콘텐츠제작자						●																
실감형전시체험기획자																●						
실내공기질관리사										●											●	
실내장식디자이너																				●		
실버로봇서비스기획자			●																			
실버커플매니저										●												
실버케어로봇공학자						●																
심리상담사			●				●														●	●
심리치료사						●			●													●
심리학자	●		●			●		●	●			●					●	●		●	●	●
아나운서	●	●	●			●	●	●	●	●						●		●		●	●	●
아동보육사						●																
아바타개발자			●							●												
아바타관리자																				●		
아바타패션디자이너														●								
아보리스트					●																	
아이스하키선수			●																			
아파트외벽도장공			●																			
악기제조원				●				●	●												●	
안경사															●							
안마사																						●

직업명	중학교 교과서													고등학교 교과서								
	씨	미	엔	비	와	이	교	삼	성	북	지	천	학	씨	미	이	삼	성	북	지	천	학
안무가	●	●						●												●		
안심귀가드론도우미				●																		
안전지도사									●												●	
알고리즘전문가																					●	
애널리스트		●							●							●			●			●
애니메이션기획자	●						●															
애니메이터	●			●		●	●	●				●			●				●	●	●	
앱개발자												●						●				
야구기록원				●																		
야구선수		●				●			●								●	●	●		●	●
야생동물생태복원사	●																					
야외활동지도사												●										
약물남용행동장애상담사												●										
약물중독예방전문가																				●		
약사			●	●		●	●		●									●	●			●
약학연구원																				●		●
양식원																						●
양자컴퓨터전문가																	●					
어부			●	●																●	●	
언론인						●	●		●	●						●				●		
언어병리학자										●										●		
언어치료사						●			●											●	●	
언어학자		●																		●		
업사이클주얼리디자이너											●											
에너지공학기술자	●					●									●			●				●
에너지수확전문가																	●					
에너지저장장치전문가															●							
에너지효율검증개발자				●																●		
에코장례지도사																						●
에코제품디자이너				●	●																	
엔지니어	●		●	●		●			●													●
엔터테이너									●													
여행가이드																				●		
여행기획자						●	●									●			●			
여행사무원																				●		
여행상품개발자		●							●							●		●		●		
여행서비스종사자	●																					
여행안내원				●																		
여행작가											●											
역사여행가이드									●													
역사학연구원																					●	
역사학자																				●		
연구실안전전문가	●																					
연극배우									●													
연금전문가			●																			

직업명	중학교 교과서													고등학교 교과서								
	씨	미	엔	비	와	이	교	삼	성	북	지	천	학	씨	미	이	삼	성	북	지	천	학
연기자	●			●			●	●		●		●	●						●		●	●
연예인			●		●	●		●		●								●	●			●
연예인매니저				●												●				●	●	
연주가	●			●																●		●
영상크리에이터																	●					
영양사			●	●		●				●								●	●	●	●	
영업사원			●			●	●	●	●									●		●		●
영업원																						●
영유아안전장치설치원				●																		
영화감독	●	●	●	●	●	●	●	●	●	●		●	●			●			●	●	●	
영화관스크린청소부												●										
영화배우						●																
영화제작자												●										
영화평론가															●							
예술가			●	●		●	●	●				●								●		●
예술치료사			●						●											●		
오피스프로듀서																	●					
온라인교육관리자				●																		
온라인튜터																				●		
온실가스관리컨설턴트			●	●							●											
외과의사	●														●						●	
외교관	●			●	●			●	●			●	●					●	●		●	●
외국어교사									●										●			
외식업경영자		●																				
외식업체매니저		●																				
외환딜러	●		●	●		●	●								●		●					●
요리사	●	●	●	●	●	●	●	●		●					●		●		●	●	●	●
요리사농부			●						●													
요리연구가																					●	
요리평론가									●													
요리학원강사			●																			
요양보호사												●								●		●
용접사	●					●														●		
우주관리인																	●					
우주발사체기술연구원				●																		
우주비행사																		●				
우주센터발사지휘통제원												●								●		
우주여행가이드			●			●			●			●						●			●	●
우주전파예보관												●								●		
우주항공공학자							●		●													
우편물집배원				●																●	●	
운동경기심판원			●																			
운동선수	●	●	●	●	●	●	●	●	●			●	●			●				●	●	●
운동재활치료사																	●					
운동코치									●													

직업명	중학교 교과서													고등학교 교과서								
	씨	미	엔	비	와	이	교	삼	성	북	지	천	학	씨	미	이	삼	성	북	지	천	학
운동화디자이너						●																
운전기사							●															
웃음치료사									●													
원격진료코디네이터						●			●		●	●	●						●	●	●	
원예기술자				●			●	●	●												●	
원예치료사					●																●	
웨딩플래너				●								●									●	●
웹개발자												●				●		●		●		
웹디자이너		●		●		●									●					●		
웹마스터						●														●		●
웹툰기획자						●																
웹툰번역가												●										
웹툰작가	●	●	●	●	●	●	●	●	●	●	●	●		●	●	●	●	●				●
위험관리원	●																					●
유전공학연구원									●			●									●	
유전상담사	●																●					
유전체분석가				●						●		●									●	
유치원교사	●		●						●			●							●		●	
유튜브콘텐츠개발자												●										●
유품정리사						●									●							
유헬스케어의사			●																			
육아도우미	●			●																●		
윤리기술대변자					●									●								
은행원	●		●	●			●	●	●			●	●	●	●				●	●	●	
음반기획자									●												●	
음성처리전문가							●															
음식메뉴개발자			●	●		●																
음식서비스종사자														●								
음식평론가			●																			
음악가	●	●	●	●		●		●				●			●			●			●	
음악머천다이저						●																
음악치료사								●	●													●
음악편집기사									●													
음악평론가	●																					
음향기사																				●	●	
음향기술자	●			●			●	●	●			●								●		
응급구조사						●			●										●	●	●	
응급실의사						●																
응용소프트웨어개발자						●														●		
의료관광코디네이터				●																		
의료기기개발전문가									●										●			
의료기술자																					●	
의료복지사			●																	●		
의료용로봇전문가				●																		
의료정보분석사				●																		

343

직업명	중학교 교과서													고등학교 교과서								
	씨	미	엔	비	와	이	교	삼	성	북	지	천	학	씨	미	이	삼	성	북	지	천	학
의료코디네이터															●							
의류디자이너					●																	
의복수선원				●														●				
의사	●		●	●	●	●	●	●	●	●	●	●	●			●	●	●	●	●	●	●
의학자							●						●							●		
의학전문기자				●																		
의학정보전문가	●																					
이러닝시스템기획개발자															●							
이미지컨설턴트									●													
이발사		●				●																
이벤트업종사자			●																			
이용사																				●		
익스트림스포츠가이드																●						
인공위성개발원											●										●	
인공장기제조전문가			●			●			●													●
인공지능개발자																				●	●	
인공지능교통관제전문가																				●		
인공지능엔지니어							●															
인공지능윤리학자																				●		
인공지능전문가	●		●	●	●	●		●		●	●	●		●		●	●	●				●
인문학자											●											
인사 및 인재개발관리자																●						
인생설계사												●										
인재관리자																●						
인터넷게임중독치료전문가				●																		
인터넷소셜이슈전문가																●						
인테리어디자이너				●														●				●
인포그래픽디자이너							●															
인형의사										●												
일러스트레이터		●				●			●						●				●			
임상병리사															●			●		●		
임상시험코디네이터	●																					
임상심리사																●	●			●		●
임신출산육아전문가				●		●									●					●		
임종설계사																●						
자기인식훈련프로그램지도자						●																
자동차공학기술자						●										●				●	●	
자동차디자이너						●	●					●	●							●		
자동차부품조립원												●										
자동차영업원						●						●									●	
자동차정비사			●	●														●				
자동차튜닝엔지니어												●						●				
자동화정보보안전문가			●																			
자산운용가															●					●		
자연과학연구원	●																					

직업명	중학교 교과서													고등학교 교과서								
	씨	미	엔	비	와	이	교	삼	성	북	지	천	학	씨	미	이	삼	성	북	지	천	학
사녕농식품안전관리전문가					●																	
자영업자																				●		
자율주행자동차개발자				●		●						●				●				●		
자율주행자동차엔지니어	●		●				●		●				●		●							
자율주행차보안전문가						●																
작가	●		●	●	●	●	●	●	●	●		●	●	●		●		●	●	●	●	●
작곡가				●		●			●	●			●		●					●	●	
작업치료사																				●		
장기취급전문가																	●					
장례지도사												●								●		
장애인여행도우미			●																			
재난인문학전문가																				●		
재료공학기술자	●					●						●										
재료공학자																				●	●	
재무분석가				●					●													
재무상담가									●											●		
재봉사												●						●				
재생에너지전문가															●							
재활공학기사	●																			●		
재활상담사									●													
저술가												●										
전기공학기술자						●						●								●		
전기기사	●					●				●								●				
전기차설계기술자																						●
전기차정비원				●																		
전문도슨트						●																
전문상담교사																	●					
전문항해사				●																		
전자공학자						●						●								●		
전자상거래전문가						●														●		
전통건축원			●				●	●				●									●	
전통식품제조원			●																			
정리수납컨설턴트		●																				
정밀농업기술자								●	●			●						●		●		
정보보호전문가	●					●	●	●	●	●		●				●		●	●	●		
정보시스템 및 보안전문가				●																		
정보시스템운영자															●					●		
정보통신관리자											●											
정신과의사			●	●		●			●	●										●		
정신보건임상심리사																	●					
정신분석가	●						●															
정원사		●				●	●															
정치가	●	●	●			●		●	●	●					●		●				●	●
정치분석가			●					●	●													
정치인보좌관								●														●

<table>
<thead>
<tr><th rowspan="2">직업명</th><th colspan="13">중학교 교과서</th><th colspan="9">고등학교 교과서</th></tr>
<tr><th>씨</th><th>미</th><th>엔</th><th>비</th><th>와</th><th>이</th><th>교</th><th>삼</th><th>성</th><th>북</th><th>지</th><th>천</th><th>학</th><th>씨</th><th>미</th><th>이</th><th>삼</th><th>성</th><th>북</th><th>지</th><th>천</th><th>학</th></tr>
</thead>
<tbody>
<tr><td>정치컨설턴트</td><td></td><td></td><td></td><td></td><td></td><td></td><td></td><td></td><td></td><td></td><td></td><td></td><td></td><td></td><td></td><td></td><td>●</td><td></td><td></td><td></td><td></td><td></td></tr>
<tr><td>정치학자</td><td></td><td></td><td></td><td></td><td></td><td></td><td></td><td></td><td></td><td></td><td></td><td></td><td></td><td></td><td></td><td></td><td></td><td></td><td></td><td>●</td><td></td><td></td></tr>
<tr><td>제4세대핵발전전문가</td><td></td><td></td><td></td><td></td><td></td><td></td><td></td><td></td><td></td><td></td><td></td><td></td><td></td><td></td><td></td><td></td><td>●</td><td></td><td></td><td></td><td></td><td></td></tr>
<tr><td>제과제빵사</td><td></td><td></td><td>●</td><td></td><td></td><td>●</td><td>●</td><td></td><td></td><td></td><td></td><td>●</td><td>●</td><td>●</td><td></td><td></td><td></td><td>●</td><td></td><td>●</td><td>●</td><td></td></tr>
<tr><td>제품개발관리자</td><td></td><td></td><td></td><td></td><td></td><td>●</td><td></td><td></td><td></td><td></td><td></td><td></td><td></td><td></td><td></td><td></td><td></td><td></td><td></td><td></td><td></td><td></td></tr>
<tr><td>제품디자이너</td><td></td><td></td><td></td><td></td><td>●</td><td></td><td>●</td><td></td><td>●</td><td></td><td></td><td></td><td></td><td></td><td></td><td></td><td>●</td><td></td><td></td><td>●</td><td></td><td>●</td></tr>
<tr><td>제품환경컨설턴트</td><td></td><td></td><td>●</td><td></td><td></td><td></td><td></td><td></td><td></td><td></td><td></td><td></td><td></td><td></td><td></td><td></td><td></td><td></td><td></td><td></td><td></td><td></td></tr>
<tr><td>조각가</td><td>●</td><td></td><td></td><td></td><td></td><td></td><td></td><td></td><td>●</td><td></td><td></td><td></td><td></td><td></td><td></td><td></td><td></td><td></td><td></td><td>●</td><td></td><td></td></tr>
<tr><td>조경기술자</td><td></td><td></td><td></td><td></td><td></td><td>●</td><td></td><td></td><td>●</td><td>●</td><td>●</td><td>●</td><td></td><td></td><td>●</td><td></td><td></td><td></td><td></td><td>●</td><td></td><td>●</td></tr>
<tr><td>조류학자</td><td>●</td><td></td><td></td><td></td><td></td><td></td><td></td><td></td><td></td><td></td><td></td><td></td><td></td><td></td><td></td><td></td><td></td><td></td><td></td><td></td><td></td><td></td></tr>
<tr><td>조리사</td><td>●</td><td></td><td>●</td><td>●</td><td></td><td>●</td><td>●</td><td>●</td><td>●</td><td></td><td></td><td>●</td><td></td><td></td><td></td><td></td><td>●</td><td></td><td></td><td>●</td><td></td><td></td></tr>
<tr><td>조선공학자</td><td></td><td></td><td></td><td></td><td></td><td></td><td></td><td></td><td></td><td></td><td></td><td></td><td></td><td></td><td>●</td><td></td><td></td><td></td><td></td><td></td><td></td><td></td></tr>
<tr><td>조선해양공학자</td><td></td><td></td><td></td><td></td><td></td><td></td><td></td><td></td><td></td><td></td><td></td><td></td><td></td><td></td><td></td><td></td><td></td><td></td><td></td><td>●</td><td></td><td></td></tr>
<tr><td>종교교육지도자</td><td></td><td></td><td></td><td></td><td></td><td>●</td><td></td><td></td><td></td><td></td><td></td><td></td><td></td><td></td><td></td><td></td><td></td><td></td><td></td><td></td><td></td><td></td></tr>
<tr><td>종교지도자</td><td></td><td></td><td></td><td></td><td></td><td></td><td></td><td></td><td></td><td></td><td></td><td></td><td></td><td></td><td></td><td></td><td></td><td></td><td></td><td></td><td></td><td>●</td></tr>
<tr><td>종복원전문가</td><td></td><td></td><td></td><td></td><td></td><td></td><td></td><td></td><td></td><td></td><td></td><td></td><td></td><td></td><td>●</td><td></td><td></td><td></td><td></td><td></td><td></td><td></td></tr>
<tr><td>종이비행기오래날리기국가대표</td><td></td><td></td><td>●</td><td></td><td></td><td></td><td></td><td>●</td><td></td><td>●</td><td></td><td></td><td></td><td></td><td></td><td></td><td></td><td></td><td></td><td></td><td>●</td><td></td></tr>
<tr><td>종합격투기선수</td><td></td><td></td><td></td><td></td><td></td><td></td><td></td><td></td><td></td><td>●</td><td></td><td></td><td></td><td></td><td></td><td></td><td></td><td></td><td></td><td></td><td></td><td></td></tr>
<tr><td>주거복지사</td><td></td><td>●</td><td></td><td></td><td></td><td></td><td></td><td></td><td></td><td></td><td></td><td></td><td></td><td></td><td></td><td></td><td></td><td>●</td><td></td><td></td><td></td><td></td></tr>
<tr><td>주방장</td><td>●</td><td></td><td></td><td></td><td></td><td>●</td><td></td><td></td><td>●</td><td></td><td></td><td></td><td></td><td></td><td>●</td><td>●</td><td></td><td></td><td></td><td>●</td><td></td><td></td></tr>
<tr><td>주변환경정리전문가</td><td></td><td></td><td></td><td></td><td></td><td></td><td></td><td></td><td></td><td></td><td></td><td></td><td></td><td></td><td>●</td><td></td><td></td><td></td><td></td><td></td><td></td><td></td></tr>
<tr><td>주식딜러</td><td></td><td></td><td></td><td></td><td></td><td></td><td></td><td></td><td>●</td><td></td><td></td><td></td><td></td><td></td><td></td><td></td><td></td><td></td><td></td><td></td><td></td><td></td></tr>
<tr><td>주택임대관리사</td><td></td><td>●</td><td></td><td></td><td></td><td></td><td></td><td></td><td></td><td></td><td></td><td></td><td></td><td></td><td></td><td></td><td></td><td></td><td></td><td></td><td></td><td></td></tr>
<tr><td>중소기업관리자</td><td></td><td></td><td></td><td></td><td></td><td>●</td><td></td><td></td><td></td><td></td><td></td><td></td><td></td><td></td><td></td><td></td><td></td><td></td><td></td><td></td><td></td><td></td></tr>
<tr><td>증강현실전문가</td><td>●</td><td>●</td><td></td><td></td><td></td><td>●</td><td></td><td></td><td></td><td></td><td></td><td></td><td></td><td>●</td><td>●</td><td>●</td><td>●</td><td>●</td><td></td><td></td><td></td><td></td></tr>
<tr><td>증권분석가</td><td></td><td></td><td></td><td></td><td></td><td></td><td></td><td></td><td></td><td></td><td></td><td></td><td></td><td></td><td>●</td><td></td><td></td><td></td><td></td><td></td><td></td><td></td></tr>
<tr><td>증권사직원</td><td></td><td></td><td></td><td>●</td><td></td><td></td><td>●</td><td></td><td></td><td>●</td><td></td><td></td><td></td><td></td><td>●</td><td></td><td></td><td></td><td></td><td>●</td><td></td><td>●</td></tr>
<tr><td>지능로봇개발자</td><td>●</td><td></td><td></td><td></td><td></td><td></td><td></td><td></td><td></td><td>●</td><td></td><td></td><td></td><td></td><td>●</td><td></td><td></td><td></td><td></td><td></td><td></td><td></td></tr>
<tr><td>지능형교통시스템연구원</td><td></td><td></td><td></td><td></td><td></td><td></td><td></td><td></td><td></td><td>●</td><td></td><td></td><td></td><td></td><td>●</td><td></td><td></td><td></td><td></td><td></td><td></td><td></td></tr>
<tr><td>지능형교통체계전문가</td><td></td><td></td><td></td><td></td><td></td><td></td><td></td><td></td><td></td><td></td><td></td><td></td><td></td><td></td><td></td><td></td><td></td><td></td><td></td><td>●</td><td></td><td></td></tr>
<tr><td>지능형반도체개발자</td><td></td><td></td><td></td><td></td><td></td><td></td><td></td><td></td><td></td><td></td><td>●</td><td></td><td></td><td></td><td>●</td><td></td><td></td><td></td><td></td><td>●</td><td></td><td></td></tr>
<tr><td>지능형오염물질측정장치개발자</td><td></td><td></td><td></td><td></td><td></td><td></td><td></td><td></td><td></td><td></td><td></td><td></td><td></td><td></td><td>●</td><td></td><td></td><td></td><td></td><td></td><td></td><td></td></tr>
<tr><td>지리정보시스템전문가</td><td>●</td><td></td><td>●</td><td></td><td></td><td></td><td></td><td></td><td></td><td></td><td></td><td>●</td><td></td><td></td><td></td><td></td><td></td><td></td><td></td><td>●</td><td></td><td></td></tr>
<tr><td>지속가능경영전문가</td><td></td><td></td><td></td><td></td><td></td><td></td><td></td><td></td><td></td><td></td><td></td><td></td><td></td><td></td><td></td><td></td><td></td><td></td><td></td><td>●</td><td></td><td></td></tr>
<tr><td>지식재산전문가</td><td></td><td></td><td></td><td></td><td></td><td>●</td><td></td><td>●</td><td></td><td></td><td>●</td><td></td><td></td><td></td><td></td><td></td><td></td><td></td><td>●</td><td></td><td></td><td></td></tr>
<tr><td>지질학자</td><td></td><td></td><td></td><td></td><td></td><td></td><td></td><td></td><td></td><td>●</td><td></td><td></td><td></td><td>●</td><td></td><td></td><td></td><td></td><td></td><td>●</td><td></td><td></td></tr>
<tr><td>지휘자</td><td>●</td><td></td><td>●</td><td></td><td></td><td></td><td></td><td>●</td><td>●</td><td></td><td>●</td><td></td><td></td><td>●</td><td></td><td>●</td><td></td><td></td><td></td><td>●</td><td>●</td><td>●</td></tr>
<tr><td>직무능력평가사</td><td></td><td></td><td></td><td></td><td></td><td>●</td><td></td><td></td><td></td><td></td><td></td><td></td><td></td><td></td><td></td><td></td><td></td><td></td><td></td><td>●</td><td>●</td><td></td></tr>
<tr><td>직업재활상담사</td><td></td><td></td><td></td><td></td><td></td><td></td><td></td><td></td><td>●</td><td></td><td>●</td><td></td><td></td><td></td><td></td><td>●</td><td></td><td></td><td></td><td>●</td><td></td><td></td></tr>
<tr><td>창업가</td><td>●</td><td></td><td></td><td></td><td></td><td></td><td></td><td></td><td>●</td><td></td><td></td><td></td><td></td><td></td><td></td><td>●</td><td></td><td></td><td></td><td></td><td></td><td>●</td></tr>
<tr><td>창업창직전문가</td><td></td><td></td><td></td><td>●</td><td></td><td></td><td></td><td></td><td></td><td></td><td></td><td></td><td></td><td></td><td></td><td></td><td></td><td></td><td></td><td></td><td></td><td></td></tr>
<tr><td>창업투자전문가</td><td></td><td></td><td></td><td></td><td></td><td></td><td></td><td></td><td></td><td></td><td></td><td></td><td></td><td></td><td></td><td></td><td>●</td><td></td><td></td><td></td><td></td><td></td></tr>
<tr><td>창작자에이전트</td><td></td><td>●</td><td></td><td></td><td></td><td>●</td><td></td><td></td><td></td><td></td><td></td><td></td><td></td><td></td><td></td><td></td><td></td><td></td><td></td><td></td><td></td><td></td></tr>
<tr><td>천문학자</td><td>●</td><td></td><td></td><td>●</td><td>●</td><td></td><td></td><td></td><td>●</td><td></td><td></td><td></td><td></td><td></td><td></td><td></td><td></td><td></td><td></td><td>●</td><td></td><td>●</td></tr>
<tr><td>철도기관사</td><td></td><td></td><td>●</td><td></td><td></td><td></td><td></td><td></td><td></td><td></td><td></td><td></td><td></td><td></td><td></td><td></td><td></td><td></td><td></td><td></td><td></td><td></td></tr>
</tbody>
</table>

직업명	중학교 교과서													고등학교 교과서								
	씨	미	엔	비	와	이	교	삼	성	북	지	천	학	씨	미	이	삼	성	북	지	천	학
철학자	●		●	●		●	●		●	●		●	●						●	●		●
첨단과학기술윤리학자			●																			
청소년지도사													●				●			●		
청소원		●	●					●	●				●		●		●			●		
체육교사															●							
초등학교교사																						●
촬영기사				●														●		●		
최고경영자				●	●	●			●		●											
최고경험관리자																	●					
축구구단프런트												●										
축구선수			●	●								●		●	●							●
출판물편집자			●			●			●				●							●	●	
측량기술자																				●		●
치과기공사																				●		
치과기공소 운영자						●				●					●				●	●		
치과의사	●					●	●								●							
치매전문가							●															
치매치료사																	●					
치어리더																			●			●
치유농업사						●													●	●		
친고령산업전문가				●																		
친환경건축연구원												●										
친환경모빌리티에너지원개발자															●							
친환경선박개발자															●							
친환경포장디자이너			●																			
카레이서			●			●		●	●			●										●
카이로프랙틱치료사																					●	
카지노딜러												●										
카피라이터						●			●									●	●			
캐디						●																
캐릭터MD																	●					
캐릭터디자이너			●			●			●	●							●					
캐스팅디렉터						●														●		
커플매니저									●				●				●					
컨벤션기획자						●																
컬러리스트	●																					
컴퓨터공학자			●	●		●		●					●				●					
컴퓨터그래픽디자이너						●														●		
컴퓨터보안전문가			●			●																●
컴퓨터시스템분석가						●			●											●		
컴퓨터애니메이터						●																
컴퓨터프로그래머	●	●	●	●	●	●	●	●	●			●	●				●					●
컴퓨터하드웨어연구원																				●		
케어매니저												●										
케어팜운영자																						●

직업명	중학교 교과서													고등학교 교과서								
	씨	미	엔	비	와	이	교	삼	성	북	지	천	학	씨	미	이	삼	성	북	지	천	학
코디네이터									●							●		●				
코딩강사														●								
코치			●						●				●									
콘텐츠가치평가사				●																		
콘텐츠크리에이터						●				●						●						
큐레이터						●			●			●						●	●	●	●	●
크라우드펀딩기획자				●																		
크라우드펀딩전문가						●			●				●						●			
크루즈승무원	●			●																		
크리에이터			●	●	●	●													●		●	●
클라우드서비스기획자						●																
클라우드시스템엔지니어									●				●		●							
클라우드엔지니어																				●		
클라우드컴퓨팅개발자	●		●																			●
타이어디자이너				●																		
타일공						●																
탄소배출권거래중개인																	●					
탄소배출권거래컨설턴트	●					●													●			
탄소배출점검기록전문가																	●					
탄소포집연구자										●												
탄소포집활용저장기술자																	●					
탐험가														●								
택배기사	●		●			●								●			●				●	
택시기사				●								●								●		●
탤런트															●			●				●
테마공원디자이너			●			●		●														
테크니컬라이터			●			●															●	
토목공학기술자	●					●							●									
토목공학자																				●		
토이아티스트								●														
통계원			●						●											●		
통계학자			●																	●		
통신공학기술자						●	●													●		
통신공학연구원																				●		
통신망설계운영기술자																	●					
통역가			●			●	●	●				●						●		●	●	●
통화정책전문관료			●																			
투자분석가	●	●	●			●	●	●		●		●				●			●	●	●	
트레이너			●						●												●	
특수교사								●												●		●
특수청소전문가						●																
특수효과전문가																	●					
특파원																				●		
파티쉐			●			●																
파티플래너				●								●										

직업명	중학교 교과서													고등학교 교과서								
	씨	미	엔	비	와	이	교	삼	성	북	지	천	학	씨	미	이	삼	성	북	지	천	학
판매사원										●												
판사			●		●	●	●	●		●	●									●	●	●
패션디자이너	●			●	●		●	●	●	●	●	●	●		●		●			●	●	●
패션코디네이터	●			●																		
패턴사				●				●			●										●	
팻푸드요리사						●																
퍼레이드연기자									●													
퍼포먼스마케터						●																
펀드매니저		●				●																●
펫시터	●								●													
[판독 불가]																						
폐기물에너지연구원		●																				
폴리아티스트					●				●	●									●			
푸드스타일리스트	●			●	●	●												●				
품질관리엔지니어												●		●								
프로게이머				●				●	●		●				●				●	●	●	●
프로그램개발자													●	●								
프로파일러				●	●	●	●	●													●	
플라스틱제품생산자													●									
플랫폼기획자															●							
플랫폼프로듀서										●												
플로리스트				●		●		●	●				●						●		●	
피겨스케이트선수									●					●								●
피부관리사						●														●	●	
피아니스트				●																●		
핀테크전문가				●		●	●					●	●							●		
학원강사								●										●				
한국문화강사		●																				
한국어교사							●															
한복디자이너												●										
한식목공																						●
한옥건축가															●							
한의사		●	●	●		●		●							●	●	●			●		
할랄전문가				●																●		
합창단원									●													
항공공학자																				●		
항공교통관제사						●	●								●					●	●	●
항공기객실승무원					●			●														●
항공기승무원	●			●		●						●	●	●	●	●	●	●	●	●	●	●
항공기정비사				●			●					●							●			
항공기정비원																					●	
항공기조종사	●			●		●		●		●	●	●	●	●	●		●	●	●	●	●	●
항공우주공학자					●							●	●		●				●			●
항해사	●			●								●								●	●	
해녀			●	●									●						●		●	●

직업명	중학교 교과서													고등학교 교과서								
	씨	미	엔	비	와	이	교	삼	성	북	지	천	학	씨	미	이	삼	성	북	지	천	학
해양경찰관																				●		
해양공학자						●														●		
해양레저전문가									●				●									
해양생명공학자											●											
해양생물학자											●											
해양에너지기술자									●													
해양연구원																						●
해양치유사											●									●		
해양학자									●					●				●				
행사기획자												●								●	●	
행사도우미						●																
행정공무원									●	●	●	●			●			●	●			
헤드헌터						●														●		●
헤어디자이너		●	●			●															●	
헬스케어컨설턴트								●	●		●							●	●			
헬스트레이너	●																					
협동조합코디네이터						●														●		
형사						●			●	●												
호텔관리자																				●		
호텔종사자			●	●	●	●	●	●				●	●					●		●		
호텔컨시어지																						●
홀로그램전문가	●								●			●				●						
홀로그램전시기획자		●				●				●											●	
홈트레이너											●											
홈팩토리마스터		●																				
홍보도우미																		●				
홍보전문가			●				●	●												●		
화가	●	●	●	●			●	●	●		●	●			●	●	●			●		●
화공 및 기계엔지니어		●																				●
화이트해커											●											
화장품연구원		●																				
화학공학자		●	●			●						●	●					●				
화학물질안전관리사						●																
화학자																				●		
화훼재배자			●																			
환경공학기술자	●					●					●	●							●	●		
환경미화원		●					●												●			
환경법컨설턴트																		●				
환경빅데이터전문가															●							
환경손해평가사											●										●	
환경오염분석가							●															
환경운동가	●								●		●	●										
환경작가														●								
환경컨설턴트	●			●		●	●	●					●							●		
회계사	●		●	●	●	●	●	●	●		●	●	●			●	●	●	●	●	●	

미래는 자신의 꿈이
아름답다고 믿는 사람들의 것이다.

The future belongs to those who
believe in the beauty of their dreams.

루스벨트, 엘리너
Roosevelt, Eleanor
미국의 인권운동가 (1884~1962)

이 책을 펼쳐 들었던 순간부터 지금까지, 다양한 직업 세계를 탐험하며 어떠한 생각이 들었나요? 어쩌면 "우와, 이런 직업도 있었네?" 하고 깜짝 놀라기도 하고, "이건 나랑 정말 잘 어울릴 것 같아!" 하고 두근거리는 마음으로 미래를 그려 보았을 수도 있습니다. 아니면, "으음⋯ 아직은 잘 모르겠는걸?" 하며 잠시 고민에 빠진 친구도 있을 것입니다.

여러분은 지금 무궁무진한 가능성을 품고 있는 세상의 한가운데 서 있습니다. 앞으로 어떤 길을 걷게 될지는 누구도 단정할 수 없지만 한 가지 확실한 것이 있습니다.

"미래는 자신의 꿈이 아름답다고 믿는 사람들의 것이다."라는 엘리너 루스벨트의 말처럼, 여러분의 마음속에 피어나는 꿈을 소중히 여기고 그 아름다움을 믿는다면, 어떤 미래든 여러분의 것이 될 수 있다는 것입니다.

여러분의 모든 순간을 응원하며 멋진 미래를 만들어 갈 용기 있는 도전을 항상 지지하겠습니다. 자신만의 아름다운 꿈을 향해 힘찬 발걸음을 내딛기 바랍니다.

한상근

AI 시대 직업 세계

캐릭터와 인포그래픽으로 발견하는 나의 미래 직업

1판 1쇄 인쇄   2026년 1월 5일

지 은 이   한상근
그 림 지 도   김인성, 김도형
펴 낸 이   김남인
펴 낸 곳   씨마스21
편   집   강민아, 박영지
디 자 인   표지: 이기복, 내지: 곽상엽
마 케 팅   김진주
출 판 등 록   제 2021-000079호(2020년 11월 24일)
주   소   서울특별시 강서구 강서로 33가길 78 5층
내 용 문 의   02-2268-1597
팩   스   02-2278-6702
홈 페 이 지   cmass.co.kr
이 메 일   cmass@cmass21.co.kr

I S B N   979-11-995600-0-0 43370